Les Cadres Sociaux de La Mémoire
Maurice Halbwachs

ソシオロジー選書 5

記憶の社会的枠組み

モーリス・アルヴァックス
鈴木智之 訳

青弓社

"LES CADRES SOCIAUX DE LA MÉMOIRE"by Maurice Halbwachs
Librairie Alcan, 1925

記憶の社会的枠組み　目次

装丁——神田昇和

凡例

1、本書は Maurice Halbwachs, *Les Cadres sociaux de la mémoire*, Albin Michel, 1994（初版は一九二五年刊行）の全訳である。

2、なお、Albin Michel 版に収めてある Gérard Namer の “Postface” は訳出していない。

3、原文のイタリック体による強調には傍点を付す。書名は『 』でくくり、雑誌は「 」でくくる。

4、訳者による補足は〔 〕でくくる。

5、訳注を［ ］で付した。

6、邦訳がある文献については、適宜参照しながら訳者が訳し直した。

前言

先日、「マガザン・ピトレスク」誌の古い号をめくっていたところ、そこに一つの変わった話が載っていた。それは、一七三一年にシャロン近郊の森で発見された九歳か十歳の女の子の話である。その女の子は、どこで生まれたのかも、どこから来たのかもわからなかった。幼少期の思い出をまったくとどめていなかったのである。彼女がさまざまな時期の自分の生活について語った断片を総合すると、この子はヨーロッパ北部、おそらくはエスキモーの家族に生まれ、そこからアンティル諸島へ、そして最後にフランスへと連れてこられたのだろうと推測された。自分はたしかに二度大海原を渡ったのだとその子は語り、エスキモーの小屋や小舟を描いた絵、アザラシの絵、サトウキビやその他の中米諸島の産物の絵を見せると、心を動かされているようだった。彼女は、自分は奴隷としてある女主人に仕えていて、この主人からはとても愛されていたのだが、男主人のほうは彼女に我慢ができず船に乗せて追い出したのだということを、かなりはっきりと覚えている様子だった(1)。

この話が本当のことかどうかわからないし、私たちはこれを二次的な形でしか知ることができないのだが、にもかかわらずこれをここに引用しているのは、記憶がどのような意味で社会環境に依存すると言えるのかを理解させてくれるからである。九歳か十歳の子どもであれば、最近のことについても、かなり以前のことについても、たくさんの記憶をもっているものである。しかし、突然家族から切り離され、その土地の言葉を話すことができない国、人も場所も習慣もそれまで慣れ親しんできたものとはまったく異なる国に連れていかれてしまったとしたら、何が残されるだろう。この子は、一つの社会を離れ、別の社会へと移動していった。それと同時に、最初の社会で自分がしたこと、自分の印象に残ったこと、最初の社会のなかでは容易に覚えていられたことの一切を、二つ目の社会では思い起こすことができなくなってしまったように思われるのである。不確かで不完全な思い出のいくつかをよみがえらせるために、少なくとも、いま身を置いている社会のなかで、その子の周りに一時的にでも、その子が引き離されてしまった集団や環境を再現しているような絵を見せることが必要だったのである。

この事例は極端なケースにすぎない。しかし、私たちがどのようにして過去を想起するのかをもう少し詳細に検討してみれば、かなり確かなこととして、思い出のほとんどは、親や友人や他の人々がそれを思い起こさせてくれるときに、自分のなかによみがえってくるのだということがわかるだろう。記憶について論じた心理学の概説書を読むと、人間が孤立した存在として考察されていることに強い驚きを覚える。私たちの心のはたらきを理解するためには、個人に対象を限定し、個人をその仲間たちの社会に結び付けている絆の一切をあらかじめ切断しておくことが必要だと言わんばかりである。しかし、通常、人が思い出を獲得し、それを想起するのは、またしばしば用いられる言い方に従えば、それを再認し（reconnaître）、位置づける（localiser）のは、社会のなかでなのである。一日のうちで、自分が他の人々と直接・間接の関係をもつ場面で想起した思い出を数えてみよう。多くの場合に、私たちが記憶を呼び起こすのは、人が自分に向ける問い、あるいは向けうるだろうと考えられる問いに答えようとするときにほかならないということ、さらには、その問いに答えるために、私たちはその人々の視点に立ち、その人々と同じ一つの集団、または同じ複数の集団の一員であるかのようにして自問するのだということがわかるだろう。さて、これは大半の思い出に当てはまる事実だが、それがすべての思い出に妥当しない理由はあるだろうか。多くの場合に、自分が過去を思い出すときには、他の人々が自分に想起するようにうながし、他の人々の記憶が自分の記憶を助け、自分の記憶は他の人々の記憶を支えとする。少なくともこうした場合に、思い出を呼び起こすということに何も不思議なことはない。思い出がどこにあるのか、どこに保存されているのか、自分の脳のなかなのか、それとも自分だけが近づくことができる心の小部屋のどこかなのかを問う必要はない。なぜなら、自分が属する集団に向き合い、たとえ一時的にであっても、その集団の思考様式を採用するかぎり、思い出は外部から自分のなかに呼び起こされ、それらの集団がそのつどそれを再構成する手段を自分に授けてくれるからである。では、すべての場合にそうであるわけではないだろう、というのはどうしてなのだろうか。

こうした意味で、集合的記憶と記憶の社会的枠組みは存在するのだろうし、個人的思考がその枠組みのなかに置き換えられ、集合的記憶に加わるかぎりで、個人的思考は想起することができるだろう。本書の論考は、夢について論じた第1章、さらには第2章から始まる(2)。眠っているとき人はしばらくのあいだ孤立の状態にあり、それは少なくとも部分的に、どのような社会とも接触をもたず、関係を結ばずに生きている人の状態と類似していることを認めるならば、その理由は理解されるだろう。そのとき、人は集合的記憶の枠組みに依拠することができないし、さらにはその必要さえもない。そうした枠組みの作用がもはやはたらかないときに個人的記憶がどうなるのかを観察することによって、その集合的記憶の枠組みの作用を測ることができる。

しかし、このように個人の記憶を他の人々の記憶によって説明しようとするのは、堂々めぐりに陥ることにならないだろうか。実際、その場合には、他の人々がどのようにして記憶を呼び起こすのかが説明されなければならないし、それを説明するときにはまったく同じ問いが繰り返されるように思われるのである。

過去が再び現れるとき、それが自分の意識のなかでなのか、他の人々の意識のなかでなのかは、たいして重要ではない。なぜ過去は再び現れるのか。もしそれが保存されていなかったなら、再び現れることがあるだろうか。古典的な記憶の理論では、どのようにして想起されるのかを説明するよりも先に、獲得された思い出がどのようにして保存されるのかを検討しているが、そうする理由もあるように見える。しかし、思い出の保存を脳内プロセスによって説明する(その説明は実はかなり曖昧なもので、多くの批判を呼んでいる)ことを避けるとすれば、心理的状態としての思い出は無意識のまま精神のなかに存続し、それを想起するとき再び意識にのぼると考えるよりほかに選択肢はないように思われる。そう考えるならば、過去が解体され消失するのは、表面上のことにすぎず、各個人の精神は、自分の背後に、ひと連なりの思い出をすべて引きずっていることになるだろう。そう言いたければ、ここで、さまざまな記憶が助け合い、互いに支え合おうとしているのだと認めてもいいだろう。しかし、そうすると、記憶の集合的枠組みと呼ばれるものは、一社会の多数のメンバーの個人的思い出の結果、その総和、その結合でしかないことになるだろう。その場合にはおそらく、記憶の集合的枠組みは、個人の思い出を事後的にうまく分類し、思い出を他の人々の思い出との相互関係のなかに位置づけるのに役立つものになるだろう。しかし、枠組みは記憶そのものを説明するものではなくなってしまう。なぜなら、枠組みが記憶を前提とすることになるからである。

第1章で見る夢の研究はすでに、無意識状態での思い出の存続というテーゼに反論する非常に重要な論拠をもたらしている。しかし、夢の外でも現実に過去はそのままの姿では再現しないこと、あらゆる点から見て、過去は保存されているのではなく、現在を起点として再構築されているように思われることが示されなければならなかった。(3) また他方で、記憶の集合的枠組みは個人的思い出の結合によって事後的に形作られるのではないこと、集合的枠組みはどこか他の場所からやってきた思い出が投入されていく、単なる空虚な形式でもないこと、そうではなく、集合的枠組みはまさに、集合的記憶が過去のイメージを再構成するために用いる道具であり、そのイメージはそれぞれの時代にその社会の支配的思考に適合するのだということを示す必要があった。この点の証明に本書の第3章と第4章が当てられている。そこでは、過去の再構築と思い出の位置づけについて論じている。

第1章から第4章までの検討は、かなりの部分で批判的なものだったが、そのなかですでに記憶の社会学理論の基礎が提示されている。そのあとで、集合的記憶を直接それ自体で考察しなければならなかった。実際のところ、個人が想起するとき、常に社会的枠組みを使用することを示すだけでは十分ではなく、特定の一集団または複数の集団の視点に身を置いてみることが必要だったのである。とはいえ、二つの問いは密接に結び付いているだけでなく、一つの問題を形作っている。個人は集団の視点に身を置くことによって想起するのだと言うこともできるし、同様に、集団の記憶は個人の記憶のなかに具現化し、明らかになるのだと言うこともできる。したがって、最後の三つの章では、集合的記憶について、すなわち、家族の伝統と宗教集団と社会階級の記憶について論じた。たしかに、他にもさまざまな社会があり、社会的記憶の諸形態がある。しかし、どこかに限定しなければならなかったので、本書では結局、最も重要と思われるもの、またこれまでの研究からその検討に入っていくことが最も容易だったものに限ることにした。おそらくこの最後の理由から、社会階級について論じた章に最も多くの紙幅を割いている。そこでは、他の箇所で示したり、漠然と予測したりしたいくつかの考え方を再発見し、さらに発展させようと試みている。

注

（1）「マガザン・ピトレスク」(*Magasin Pittoresque*), Édouard Charton, 1849, p. 18. 出典について、この記事の著者は次のように述べている。「この少女については、一七三□年（最後の数字は空欄になっている）九月の「メルキュール・ド・フランス」(*Mercure de France*) に記事があり、一七五五年に小冊子（そのタイトルは示されていない）が出版された。その小冊子からこの物語を借用した」

（2）本書の研究の出発点となった第1章は、一九二三年一―二月の「哲学雑誌」(*Revue philosophique*) に論文として発表したものであり、これをほぼそのまま再掲している。

（3）もちろん、筆者は、印象が生まれたあと、一時的に、またときには長いあいだ、その印象が持続するということにまったく異論を唱えるものではない。しかし、こうした印象の「共鳴」は決して、思い出の保存という言葉によって通常理解されるものと混同されるものではない。印象の共鳴は、一切の社会的影響の外にあって、個人ごとに、またおそらくは種類ごとに異なるものである。それは、心理生理学に属していて、それは、社会学的心理学がそうであるように、それ自体で独立した分野を形成している。

第1章

夢とイメージ記憶

エミール・デュルケムは次のように述べている。(1)「多くの場合に、私たちの見る夢は過去の出来事に関わるものである。私たちは、昨日、一昨日、自分が若かった頃などに、目覚めている状態で見たものやおこなったことを再び夢で見ているのである。そして、この種の夢は頻繁に出現し、夜間の生活のなかでかなり大きな位置を占めている」。これに続けてデュルケムは、「過去の出来事に関わる夢」という言葉の意味を明確化している。それは「時間の流れをさかのぼり」、「ずっと以前に過ぎ去ってしまったとわかっている生活を、眠っているあいだにもう一度生きたと思う」こと、つまりは「思い出を昼間と同じように、ただし特に強い形で」呼び起こすことである。一見したかぎりでは、この指摘に意外な点は一つもない。夢では、非常に多様で複雑な心理状態、ともすれば何らかの活動と、精神的エネルギーの一定の消費を必要とするような心理状態が示されることがある。夢のなかの反省や感情や思考に、想起された記憶（souvenirs）[1]が入り込んでこないなどと言えるはずもない。しかし、より詳細に検討してみると、この命題はそれほど自明のものとは思えなくなる。

私たちが夢に思い描く像のなかに、過去の現実そのものと見なしうるような思い出が挟まれているかどうかを考えてみよう。この問いに対して、夢の素材はすべて記憶からきていて、夢の世界とはまさに私たちがその瞬間にはそうと認識できない思い出のことなのだが、多くの場合、目が覚めたあとでは、それが何であり、どこからきたのかを突き止めることができるのだ、と答える人もいるだろう。そう考えることに無理はない。しかし、証明されなければならないこと（そして、右に引用した一節のなかでまさに主張されていること）は、過去の出来事、場面の全体が、夢のなかでそのまま、その細部の一切にいたるまで完全に再現されていて、他の出来事や場面あるいは純粋なフィクションに関わる要素をまったく混入させていないということである。そうであるならば、私たちは目覚めたときに、この夢はしかじかの状況でおこなったことや見たものによって説明がつくというだけでなく、さらに、この夢は紛れもない想起（souvenir exact）であり、ある場所であるときにおこなったことや見たものを純粋かつ単純に再現していると言うことができるだろう。そのことだけを指して、「時間の流れをさかのぼり」、自分の人生の一部を「もう一度生きている（revivre）」と言うことができるのである。

しかし、これはあまりにも過度の要求ではないだろうか。そして、こうした形で問いを立ててしまうと、そんなことはありえないと言って、ただちに答えが出てしまうか、さもなければ、答えがあまりに明白なので問いそのものが成立しないことになりはしないだろうか。もしも、それほどまでに詳細な思い出が呼び起こされているのだとしたら、その夢を見ている最中に、それを過去の経験として認識できないなどということがあるだろうか。その時点で、夢想（illusion）は破れ、人は夢見ることをやめる〔＝目を覚ましてしまう〕ことになるだろう。では、そのような過去の場面が、ぎりぎりで疑念を抱かせない程度の、ほんのわずかな変化を伴って再現されていると仮定してみよう。思い出はそこに、正確で具体的なものとしてあるのだが、そこには、精神の潜在的活動のようなものが介在し、これが思い出だというしるしを外してしまう。それは、目覚めさせまいとする夢の無意識の防衛のようなものである。たとえば、夢のなかで私がテーブルについていて、その周りを若者たちが囲んでいるとしよう。そのなかの一人がしゃべるのだが、それは学校の友人ではなく、そこにいる理由がまったくないはずの私の両親のどちらかだったりする。こうした細部の差異だけですでに、私は〔夢のなかでは〕、この夢と、この夢が再現している思い出とを関連づけることができなくなってしまう。しかし、目を覚ましてから、関連づけてみようとすると、私は、この夢があることの思い出にほかならなかったと言うことができるのではないだろうか。

そうだとすると、私たちは眠っているあいだに、それを思い出として認識することがないまま、自分の過去をそのままの形で生き直すことはできないということになるだろうし、事実、夢想を維持するためにそれを無意識のうちに修正しているのだとすれば、自分の夢のなかに、再現された思い出にほかならない部分、あるいはそうだろうと思われる部分があることを、私たちはあらかじめわかっていたようにも思えるのである。しかしそもそも、なぜ思い出は、漠然とでもそれとして認識された時点で、私たちを目覚めさせようとするのだろうか。また、夢を見続けているにもかかわらず、自分が夢を見ていると感じることがしばしばある。また、目覚めている時間をそれなりの長さであいだに挟んで、まったく同じ夢を何度も見直すことがある。そして、それが再び現れるときには、これはまた同じ夢の繰り返しにすぎないということが漠然と意識されている。しかしそれでも、目覚めるわけではないのである。他方、自分の過去の一部分が完全に再現されるような本来的な意味での思い出が、これは過去に経験したことだと認識されぬまま呼び起こされるというのは、本当に考えられないことなのだろうか。ここでの問題は、想起（souvenir）と再認（reconnaissance）の分離が実際になされうるかどうかにある。もしも思い出が、それとして認識されることがないまま、しばしば眠っているあいだに呼び起こされているのだとしたら、夢はこの点に関して「きわめて重要な」経験でありうることになるだろう。少なくとも、思い出は思い出として認識されることなく再現されうるという結論を、そこから導き出せるような、記憶についての考え方は存在する。その考え方に従って、過去は記憶の奥底に変更も欠落もなく保存されているものなので、私たちはいつでも自分の人生に起きたどのような出来事でも再び生きることができるのだと仮定してみよう。ただし、目覚めているあいだには、それらの思い出の一部だけが呼び起こされる。そして、目覚めているあいだにそれを思い起こしているときには、現時点の現実と接触し続けているので、それが過去のことだということを示す諸要素を認識しないことなど、まったくありえないことになるだろう。しかし、眠っているあいだは、この現時点の現実との接触が中断されているので、思い出が意識全体に広がってしまう。では、私たちはそれをどうやって思い出として認識するのだろうか。そこにはもはや、思い出と対比させることができる現在が存在しない。思い出は、距離を置いて見直されるような過去としてではなく、その過去が現在だったときに展開されていたままの形なのだから、それが自分にとってはじめて示されたものではないことを明らかにするようなものは、その思い出のなかにはまったく存在しないことになる。――したがって、理論的には、思い出は眠っているあいだに一種の幻覚作用を私たちに及ぼしているのであり、それが思い出として認識されないようにするために変装したり偽装したりする必要がない、ということに異論の余地はない。

＊

四年少し前から（正確には一九二〇年一月から）筆者は、本書が関心を寄せる視点に立って、つまり、夢が私たちの過去の完全な場面を含んでいるか否かを明らかにするために、夢についての検討をおこなってきた。その結果は明確に否定的なものだった。目覚めているときの思考や感情や態度、出来事の詳細な一部分が、夢のなかに入り込んでいるケースを非常に多く確認することができたのだが、一度たりとも思い出そのものを夢のなかに認めることはなかったのである。

また筆者は、自分が眠っているあいだに見たものについて観察した何人かにも問い合わせてみた。アルベール・カプランは、次のように返答している。「過去に経験した場面をそっくりそのまま夢に見るということは、一度もありませんでした。夢のなかでは、そこに一つの場面が成立しているということから生じる追加や修正の部分のほうが、最近経験した現実、あるいはこう言ってよければ、夢に見た場面に組み込まれている諸要素が引き出されている過去の現実の部分よりもずっと大きいのです」。アンリ・ピエロンの手紙からは、以下の一節を抜粋しておこう。「私はある時期すべてをきちんと記録していたのですが、夢のなかでは目覚めているときの一定期間の生活を同じ形で経験することはありませんでした。多少なりとも変形を加えられた感情やイメージやエピソードを再発見することがときどきありましたが、それ以上のものはありません」。アンリ・ベルクソンは、自分はたくさん夢を見るが、一度たりともその夢のなかで、彼がイメージ記憶（image-souvenir）と呼ぶものを認めたことはないと言う。しかし、彼はこれに付け加えて、自分はときどき、深い眠りのなかで過去へと深く降り立っていくような感覚を覚えるとも言っている。この留保点については、またのちに立ち返ることにしよう。

さらに筆者は、できるだけ多くの夢に関する記述を読んだのだが、探しているものと一致する事例に出合うことはなかった。夢の諸問題に関わる「文献」(2)を論じた章のなかで、ジークムント・フロイトは書いている。「夢は過去の断片しか再現しない。それが一般原則である。しかし例外が存在する。夢は目覚めているときの記憶と同じくらい正確に（vollständig）出来事を再現することがある。ジョゼフ・デルブッフ[2]は、彼の勤める大学の同僚の一人（現在はウィーン大学の教授である）について語っている。その人は夢のなかで、危ない思いをした馬車での旅をたどり直していた。そのとき、その同僚は奇跡的に事故を免れたのだが、夢のなかではその出来事の細部のすべてが再現されていたという。メアリー・ウィットン・カルキンズ[3]は、目覚めているときの出来事を正確に再現する二つの夢について述べている。そして私自身、折に触れて、子ども時代の出来事が夢で正確に再現されるのを経験するが、これも例としてあげることができるだろう」。ただしフロイトは、この種の夢については直接の検証をまったくおこなっていないようである。

これらの例について検討してみよう。デルブッフは、彼の友人であり、かつての同僚であり、その後プラハ大学の教授を務めた高名な外科医カール・グッセンバウアー[4]から聞いた夢について、以下のように報告している(3)。「馬車に乗って移動し続けていたある日、名前は忘れてしまったが、二つの地点を結んでいる一本の道があった。その道には急坂と危険なカーブを示す箇所があった。御者が馬たちをあまりにも強く鞭打ったために、馬が暴れだして、馬車と乗客は何度も崖から落ちそうになったり、道の反対側にそそり立つ岩壁にぶつかりそうになったりした。グッセンバウアーは最近、夢でこの道筋をたどり直し、同じ場所にたどり着いた。そして、自分が危うく犠牲者になりかけた事故について、その詳細にいたるまでを思い出したのであった」。この一文からわかるのは、フロイトがこの例を理解しそこなった、あるいは不正確にしか記憶していなかったということである。というのも、当の教授は、たしかに夢で同じ道筋をたどり直した（ただし、彼が夢でも同じ馬車に乗っていたかどうかなどについては語られていない）のだが、しかし、まったく同じ行程で、もう一度同じ事故にあいそうになったというわけではない。彼はただ、夢のなかで、その現場にたどり着いたとき、事故のことを思い出しているにすぎない。ところで、夢のなかで目覚めているときの出来事を思い出すということと、夢で目覚めていたときと同じ状況に立って同じ出来事に遭遇したり関わったりするということは、まったく別のことである。両者を混同するのは、少なくとも奇妙なことである。

この事例の代わりに、マルセル・フーコーによって報告された、やはり伝聞に基づく一例を取り上げることができる。ただしそれは、フロイトが知ることができなかった事例である。[4] それは「一人の医師」の話である。この医師は手術中、クロロフォルムを使うことができなかった患者の脚をずっと抑えていなければならず、その手術によって大変つらい思いを経験したのだが、二十日間ほどのあいだ、夜になると同じ出来事をずっと夢に見続けたのだった。「私は手術のときと同じように、手術台の上に横たわる体と医師たちの姿を見ました」。目覚めたあともそのイメージが、幻影的にではなく、なお非常にはっきりとした形で残っていた。眠りにつくや否や、同じ光景が目に浮かび、この医師は目を覚ましてしまうのだった。そのイメージはときどき、昼間にもよみがえることがあったが、それは夜のあいだほど鮮明なものではなかった。思い浮かべる場面はいつも同じで、出来事の正確な記憶（souvenir）を示していた。しかし、最終的には、強迫的妄想は生じなくなったという。私たちはここで次のように問うてみることができる。つまり、問題となっている出来事は、それが実際に起きたときから、最初に夢に現れるようになるときまでに、この人の思考にあまりにも強烈な印象を与えてしまったせいで、おそらくは部分的に再構築されたイメージが思い出に置き換えられてしまい、その結果、そこにはもはや出来事それ自体ではなく、段階的に作られていった一つ、あるいはいくつかのコピーが現れていたのであって、のちにその出来事を夢に見る段階では、それらのコピーがこの人の想像力を喚起していたのではないか、と。実際、思い出が何度も再現されたときには、それはすでに、一度だけ起こった出来事の時系列的順序には従っていない。というよりむしろ、その思い出（それが記憶のなかにそのまま存続していると認めるとしても）には一つまたは複数の表象が重ね合わされていて、人はそれを何度も思考のなかで見直しているために、それらの表象はもはや、一度だけしか見なかった出来事と正確に対応してはいないのである。したがって、ある特定のときにある場所で出会った人物の記憶と、その人物についてのイメージ、（それ以来一度も再会していなかったとすれば）想像力によって再構成されたかもしれないイメージ、あるいは、同じ人のことを何度か続けて思い出すことによって生み出されたイメージとは、区別する必要がある。こうしたイメージが夢に現れることはありうるが、その場合は厳密な意味で思い出を呼び起こしているとは言えないのである。

この考察は、ジョン・アバークロンビー[5]からの引用によって、ブリエル・ド・ボワモンの考察と関連づけることができる。(5) アバークロンビーは「ブリエル・ド・ボワモンの語りとして」以下のように記している。「私の友人の一人は、グラスゴーにある大手銀行に出納係として勤務しているのだが、彼が職場にいるとき、一人の人物がやってきて、六ポンドの金額の払い戻しを求めた。その人の前には、何人か順番を待っている客がいたのだが、彼の声が騒々しく、特に吃音で話し続けるのが耐えがたかったため、居合わせた客の一人が、彼への支払いを先にすませて早く出ていってもらえるように出納係に頼んだのだった。出納係はいらだちながらもこの訴えを認め、この件については記録にとどめなかった（アバークロンビーの文章では、最後の一文はこうではなく、この件についてはその後考えることがなかった、とある）。その年の末、このことがあってから八カ月か九カ月あとのことだが、出納の収支が合わないことがあった。何度計算しても六ポンド食い違うのだった。私の友人は、何日もかけて、何度もこの損失の理由を探し求めたのだが、結局わからなかった。疲れ果てて家に戻り、床に就いた彼は夢を見た。その夢のなかで彼は職場にいて、そこに吃音で話す客がやってきた。そしてすぐに、その出来事の細部の一切が、彼の心のなかで忠実にたどり直されたのである。彼は、その夢のことで頭がいっぱいになったまま目を覚まし、そして、探しても突き止められなかったものを発見できるのではないかという期待を抱いた。出納記録を調べてみると、実際にその金額が自分の日誌にはまったく記載されておらず、それはぴったり損失額と一致していたのだった」。これが、ブリエル・ド・ボワモンが語っていることのすべてである。ところで、アバークロンビーのテクストを読むと、この著者がとりわけ例外的だと見なしているのは、次の点であることがわかる。それは、この出納係が、その場では彼の意識にまったく印象を残さなかったような細部、彼が気づいてもいなかったこと、すなわちその支払いを記録しなかったということまで、夢のなかで思い出すことができたということである。しかし、実際に起こったのは、こういうことだったのかもしれない。この出納係は、夢を見る前の何日間かに、彼にとって印象に残っていたこの場面を思い出していた。しかし、たびたび彼がそれを思い出し、それについて何度も考えたために、その思い出は単純なイメージになっていた。他方で、彼は自分が支払いを記録し忘れていたのではないかと考えていたにちがいない。そうであれば、このイメージと、気がかりになっていたこの推測とが、夢で一つになっていったのも当然のことである。しかし、そのいずれも、厳密な意味での想起(souvenir)ではなかった。もちろんそれだけでは、このように夢のなかで想像した出来事が、実際に起こったことに照らして正しいものであると確認されたことが説明されない。しかし、もっと不思議な偶然も存在するのである。

　これに対して、次に紹介するカルキンズの考察[6]は彼女自身の経験に基づくものだが、彼女が語っていることは、以下の点に要約される。「C(カルキンズは自分自身のことをそう記している)は、(夢の)直前にあった出来事の正確な細部を、二度夢に見た。それは、最も単純な種類の機械的想像力(imagination mécanique)の一事例である」。カルキンズは注で、「これをアルフレッド・モリー〔6〕のように「気づかれざる思い出」とか「意識されざる記憶」と呼ぶのは不正確である。記憶は、出来事がそうと知られる形で過去と自己とに関連づけられているという点で、想像力と区別される」と付け加えている。それはそのとおりだが、用語や定義については議論しないことにしよう。重要なことは、ここで言及されている夢が、まさに、これまで私たちが探し求め、見つけられなかった夢なのではないかという点にある。残念なことに、どの夢もまったく内容が記述されていない。この研究が、ごく短い期間に見た、非常に多くの夢を対象としていただけに、それはより一層残念なことである。カルキンズは、五十五夜のあいだに見た二百五の夢について、つまり一夜あたり四つの夢について記録をつけている。二人目の観察者であるSは、四十六夜のあいだに見た百七十の夢について観察しているが、本書が関心を寄せているものと同じような夢は記録されていない。研究は六週間から八週間にわたって続いている。こうした状況はいささか常軌を逸している。さらに、第一に、カルキンズは「出来事の正確な細部」という言葉で何を意味しているのか、第二に、それに先立つ出来事とは何だったのか、そして最後に、その出来事と彼女が夢を見た夜のあいだに時間の隔たりが本当になかったのかどうかを、知る必要があるだろう。

その他にも、フロイトが確認した夢の事例がある。フロイトは自著のなかでその夢について報告した箇所では何も語っていないのだが、彼が記述したすべての夢のなかで彼が主張していたことにおおよそ合致しているのは、この夢だけである。それは、彼の同僚の一人が彼に語ったものである。その同僚は、ほんの少し前に、自分の昔の家庭教師を夢に見たのだが、家庭教師は思いもよらないことをしていた。家庭教師が一人の家政婦（この女性は、この同僚が十一歳のときまで家にいた人だった）と一緒に寝ていたのである。その場面が起きた場所も夢に現れていた。この同僚の兄が断言するところによると、夢に見たことは現実に起きたことだった。「その兄は、当時はもう六歳だったので、はっきりと覚えていた。家庭教師と家政婦の二人が兄にビールを飲ませたせいで兄は酔ってしまったのだが、三歳だった下の子である同僚のことはほったらかしで、同僚は、家政婦の部屋で眠っていたのである」(7)。フロイトは、この再現が特定の一夜に関する明確な思い出なのかどうか、夢を見た人〔同僚〕がたった一度だけ目撃した出来事に関するものなのか、それとももっと一般的な性格をもつ諸観念の連合なのかを、私たちに示していない。フロイトはここでは、その場面が、細部の一切にいたるまで再現されていたとは、一度も述べていない。しかしこの事実は、それが正確であるとすれば、やはり興味深いものである。これを、他の報告者らが記録している同種の事例と突き合わせてみることができるだろう。

モリーは次のように語っている。「私は幼少時代をモーですごした。そして、ときどきトリルポールという隣村を訪ねていた」(8)。彼の父親がそこで橋を架ける仕事をしていたのだ。「ある晩、私は夢で、自分の子ども時代に連れ戻され、トリルポールの村で遊んでいた」。モリーはそこで、制服を着た一人の男に出会い、その男はモリーに名前を告げた。目覚めたあとでも、モリーはその名前に結び付くような思い出を一つも見いだせなかった。しかし、古くからの使用人に聞いてみると、モリーの父親が建てていた橋の守衛が、まさにその名前だったと教えてくれた。――また、ある友人が彼に次のような話をしてくれた。その友人は、二十五年前に子ども時代を過ごしたモンブリゾンへ帰ろうとしていたとき、夢を見た。それは、その町の近くで一人の見知らぬ男に出会う夢だった。その男は、自分がモリーの父親の知人であり、Tという名だと語る。この夢を見た友人は、誰かそんな名前の人を知っていたような気がするのだが、その顔つきまでは思い出すことができなかった。しかし、彼は実際にその人と再会することになったのである。少し老けていたが、夢に現れた姿によく似た人物だった。

　エルヴェ・ド・サン＝ドゥニ(9)[7]によれば、ある晩、彼は夢のなかで、ブリュッセルの聖ギュデュル教会の前にいた。「私はゆっくりと散歩していました。いちばんにぎやかな通りの一つを、ずっと歩いていきました。通りの両側にはたくさんの店があって、色とりどりの看板が通行人の頭上にその長い支柱を差し伸べていました」。自分が夢を見ていることを彼は知っていて、夢のなかで、自分は一度もブリュッセルに来たことがないと思っていたので、あとになってもそれを見分けられるようにと、彼は一軒の店を細心の注意を払って観察し始めた。「それはメリヤス店でした……。私はまず、二本の支柱が交差している看板に目を向けました。一本が赤、もう一本が白で、通りの上に突き出ていました。そしてその上に、王冠のように、ストライプが入った大きな綿の帽子がかぶせてあったのです。私は何度も商店の名前を見てしっかりと記憶にとどめました。私は、家の番地にも、それから、いちばん上のところに組み文字で数字をあしらったゴシック建築風の小さな門にも注意を向けました」。何カ月かのち、サン＝ドゥニはブリュッセルを訪れ、「色とりどりの看板の通りと、夢に見た店」を探したが見つけることができなかった。それから何年かが過ぎて、彼は「子どもの頃に」行ったことがあるフランクフルトに赴き、ユダヤ人街に入っていった。「一群のとりとめがない追想《レミニッサンス》が私の心を捉え始めました。私は、この特別な印象がどこからくるのか突き止めようとしました」。そして、サン＝ドゥニはそのとき、ブリュッセルでの報われなかった探索を思い出す。彼が立っている通りは、まさに夢に見たとおりだった。思い思いに飾られた看板の、六年の時間をさかのぼって、それ以来まだ目を覚ましていないかのように感じました」も、人々の姿も、その動きまでもが。そして彼は、店を発見する。「私が以前夢に見た家と正確に同じだったので、六年の時間をさかのぼって、それ以来まだ目を覚ましていないかのように感じました」

これらの夢はどれも共通の性格をもっている。それは、いつからかすっかり忘れてしまっていた子ども時代の思い出に関わっている。私たちは、夢がその思い出を呼び起こしたあとでさえも、目覚めているときにはそれを捉え直すことができない。その思い出は、私たちの夢の世界に紛れ込んでよみがえってくる。そしてそれがかつて見た現実と正確に一致していることを確認するためには、他の人の記憶の助けを借りたり、調査や客観的な検証をおこなったりしなければならない。さて、たしかにここで夢に再現されたものは、場面の全体ではなく、名前や顔、通りや家の光景である。しかし、それらはすべて、私たちにとっておなじみの経験、つまり夢のなかに断片的な状態で再発見されても不思議ではないような思い出の一部をなしているわけではない。そうした思い出が再発見されるのは、最近の出来事についてのものだったり、目覚めていればそれについての手がかりをもっていることがわかるものだったりするからである。要するに、それらは自分の想像活動の産物に入り込んでくるだけの十分な理由を有しているのである。それとは反対に、子ども時代の思い出は、型にはめて固定化された状態になっていることを認めなければならないだろう。エルヴェ・ド・サン＝ドゥニが言うように、それらの思い出ははじめから、陰画《ネガ》として焼き付けられたイメージ（clichés-images）であり、かつそうあり続けている。意識は、それらの思い出が「記憶盤（tablettes de notre mémoire）」に刻み込まれて以来ずっと、それを認識してこなかったのである。それらが再び現れた場合に、表層へと浮かび上がってきたものが、遠い過去の一部分―断片にほかならないということに、異議を唱えることはできないだろう。

とはいえ、こうした子ども時代の追想《レミニッサンス》が思い出と呼ばれるものと正確に対応しているとは思えない。目覚めている状態ではその当時のことを何一つ思い出さないのだとしたら、その時代について再発見しうるものは、厳密な意味での記憶に手がかりを与えられないほど漠然とした印象、不正確なイメージにとどまっているからではないだろうか。小さな子どもの意識生活は、多くの点で、夢を見ている大人の精神状態に類似している。そして、私たちがその子ども時代の生活についてごくわずかな思い出しかとどめていないとすれば、その理由はおそらくそこにある。数少ない思い出を除けば、子どもの生活と夢という二つの領域は、私たちのまなざしに対して同一の障害を課している。幼少期と夢を見ているあいだという二つの期間においては、出来事は、目覚めているときの思い出がとっているような時系列的な順序にまったく組み込まれていない。そのため、幼少期に十分正確な知覚が形成され、その結果として、その知覚によって残された思い出が再び現れてくるとき、人々がそう語るほどに正確なものとなりえたのだとはとても思えないのである。モリーが引用した二番目の夢のなかで、夢のイメージと現実の顔とがよく似ていたとしても、やはり両者は同一のものだとは言えない。二十五年間に、顔つきが変化しないということはありえない。その人物がこれほどまでにそのイメージに似ているとすれば、おそらくそれは、イメージ自体がかなりぼんやりとしたものだったことに起因するのではないだろうか。エルヴェ・ド・サン＝ドゥニは、現実に見た店が夢で見た店とそっくりだったことを確認したと思っている。目覚めたあと、彼は細部にいたるまで店の様子を丁寧に絵に描いていたからである。しかし、彼が正確に何歳のときにその家を見たのかを確かめなくてはならないだろう。もし、「子どもの頃に」というのが、五、六歳を指すのだとしたら、そのときに彼が、それほど細部にいたるまで記憶しておくことができたとは思えない[(10)]。その年齢では人は、ほとんど、物事の全体的な様相しか知覚していないからである。しかもサン＝ドゥニは、その店をフランクフルトで再び見たとき、自分で描いた絵を参照したとは言っていない。にもかかわらず、すぐさま彼には、自分が六年前に見たのと正確に同じ状況だと思われたのである。この記憶の確かさには驚かずにはいられない。現実に、子どもも時代の印象と夢のイメージに強い類似性があったということと、夢のイメージが子ども時代の印象を正確に再現していたということを、認めることにしよう。しかしそれは、その店の細部にいたるまでが夢で再現されていた、すなわち本当の想起だったということではない。それは、人が以前の夢のなかで見たもの、または見たと信じたものを再び夢のなかで見ているのと同じようなものである。たしかに、それらのイメージがなぜ夢のなかでしか再現されないのか、なぜ目覚めているときの記憶が直接そこに到達しないのかを説明しなければならないだろう。おそらくそれは、それらのイメージがあまりにも粗い表象であること、それに比べて、私たちの記憶は過度に正確な道具であり、一般に自分の視野のなかに置かれているもの、つまり、時間と場所を位置づけることができるものにだけ作用しうるということに起因している。

他方、かつて見た顔や物や出来事がその一切の細部を伴って私たちの前に再現され、同時に、その夢のなかで自分自身が現在の姿で現れているような場合にも、その場面の全体には変化が生じている。ここでは、実際の思い出と、いま自分自身について抱いている感情とが並置されているとは言えず、その二つの要素が融合してしまっている。そして、いまある姿とは別のものとして自分の姿を思い描くことはできないので、かつて見た顔や物や出来事をいまそこにあるものとして見るためには、それらを変化させなければならないのである。たしかに、自分の人格が背景に退くばかりかほぼ完全に消えて見えなくなり、自分の役割が十分に受け身のものとなった結果、最終的には無視しうるものとなって、そのときどきに次々と現れてくるイメージをまったく変化させることなく映し出す鏡のようなものと化するという状態を、考えることもできる。(11) しかし、夢を性格づけている特徴の一つは、自分自身の現時点での人格が常に介入し、行動したり、考えたり、その時点での自分の心理状態、恐れや不安や驚きや戸惑い、好奇心や関心などから生じる独特のニュアンスを、自分が見ているもののうえに投影したりすることにある。

この点に関して非常に示唆的なのは、モリーによって報告された二つの事例である。それは、すでに死んでいると知っている人が現れる夢に関するものだ。「十五年ほど前のことです。Lさんが亡くなって一週間がたっていましたが、私は夢で彼の姿を非常にはっきりと見たのです……。彼が現れたことに私はとても驚いて、埋葬されてしまったのにどうしてこの世に戻ってくることができたのかと、興味津々で彼に尋ねました。Lさんが私に示した説明は、ご推察のように常識離れしたもので、そこには私が最近勉強したばかりの生気論の諸説が混在していました」。このときには、彼は自分が夢を見ているという感覚をもっている。しかしまた別のときには、自分は夢を見ているのではなく、Lさんに再会しているのだと信じていて、いったいどうして彼がそこにいるのかと本人に尋ねているのである。[12] また別の箇所で、モリーは、人は夢のなかではきわめて信じがたいような矛盾にも驚かず、死んだとわかっている人とおしゃべりをしたりするのだと指摘している。[13] しかし、そうであるにせよ、人はその矛盾を解消させようとはしないまでも、それが矛盾であることに気づいている。少なくとも、矛盾であるという感覚を抱いているのである。――カルキンズは述べている。彼女ともう一人の研究者が考察した三百七十五例のなかには、自分が、現在ではない他の時間に立っていると認められた夢の事例は一つも存在しない。自分が子ども時代に過ごした家や、もう何年も会っていない人が夢に呼び起こされるときにも、夢を見ている人について想定される年齢が、時間のずれ《アナクロニズム》を回避するために縮小されたりするということは、まったくない。夢に現れる場所やその性格がどうであれ、夢を見る主体はまさにいま現在の年齢にあり、その生活の全体的な条件は少しも変わっていないのである。[14]

すでに何年も前から目が見えなくなってしまっていたセルジュ・セルゲイエフは、自分がペテルブルクの冬宮にいる夢を見ている。[15] 皇帝アレクサンダー二世が彼に話しかけ、もう一度自分の軍隊に加わらないかと誘う。セルゲイエフはそれを受け入れ、連隊長に会う。連隊長は彼に、明日から軍務に戻ることができると語る。「しかし、私には馬を手に入れるだけの時間がありません。――では、私の厩舎の馬を一頭お貸ししよう。――しかし、私の体はもうよれよれです。――医者があなたの軍務を軽減してくれるでしょう」。このときになってはじめて、つまり、この最後の場面にいたってようやく、セルゲイエフは連隊長に根本的な問題があることを伝える。自分は盲目なので、騎兵隊を指揮することは絶対に無理だと告げるのである。セルゲイエフははじめから、できるわけがないという感覚を抱いていた。つまり、この夢の過程の最初からずっと、現在の彼の人格が介在していたのだ。――このように、人は夢のなかでは決して現在の自分を完全に脱ぎ捨てることがない。このことだけでもすでに、夢のイメージが過去の光景をほぼ同一の姿で再現していたとしても、それはやはり思い出とは異なるものとなっているのである。

しかし、これまでのところでは、目を覚ましたときに覚えている夢についてしか論じてこなかった。そうではない夢も存在するのではないだろうか。そして、おそらくは偶然の理由があってまったく覚えていない夢のほかに、その性格上思い出すことができないような夢も存在しているのではないだろうか。ここで、もしも現在の人格の感覚が完全に消失してしまうような、そして過去をそのまま正確に再体験するような夢が、まさにその思い出すことができない夢なのだとしたら、実際には、思い出が現れる夢が存在し、ただし夢を見終わったときには常にそれを忘れてしまうのだと言わなければならない。それはまさに、ベルクソンが、浅い眠りのなかで見る夢は覚えているが、深い眠りのなかでは思い出が夢の唯一の対象、あるいは少なくとも可能な一つの対象になるのだと推論する際に、主張していることである。

しかし、エルヴェ・ド・サン＝ドゥニは、無理に起きようとしたときどの程度のつらさを感じるかによって眠りの深浅を測ったうえで、深い眠りでは夢はより「生き生き」として「明晰」であり、同時に「より筋が通っている」と述べている。ここには、人は深い眠りのときの夢を憶えているという証拠を見いだすことはできるのだが、その一方で、浅い眠りのとき以上に深い眠りのときの夢には数多くの思い出が含まれているとか、より正確な思い出が見られるということはまったく示されていないのである[16]。たしかにこれに対しては、次のように応じることもできる。人を起こそうとし始めたときと、その人が実際に起きたときのあいだには、ある幅をもった時間が流れている。それがどれほど短い時間だったとしても、夢の展開する速度を考えれば、深い眠りと目覚めの中間状態にあたるこの幅のなかで夢が生み出され、この夢が、それに先立つ深い眠りの時点に誤って結び付けられることも十分にありうる。このように、ほんの短い時間の流れのなかに、見かけ上は非常に長く続くように見える夢が収められているのだとすれば、厳密な意味で深い眠りのときの夢を認識できているということを証拠づけるものは、実際のところ何一つないのである、と。しかし、現実の世界では何時間も何日も、さらには何週間もかかるだろう出来事が、瞬く間に目前に展開されていく場に、人が夢のなかで実際に立ち会ったのだと考える古典的観察には、おそらく警戒が必要である。その人は、どの程度までその出来事そのものに立ち会ったのか、それはどこまで図式的な見取り図にすぎなかったのか。カプランは「目覚めているときに考えるのと同じような速さで夢を見るばかりでなく、夢のほうがむしろゆっくりと進んでいくのを何度も確認する」ことがあったと述べている。その速さは、カプランには「ほとんど現実の行動と同じくらい[17]」に思えたという。エルヴェ・ド・サン゠ドゥニは次のように語っている。非常に鮮明な夢を見ている人を起こしたことが何度かあり、したがってその人は、眠っているあいだの時間の目安を彼に示すことができた。しかし「たったいま見ていた夢についてすぐに尋ねると、その思い出が五、六分以上の隔たりを超えてさかのぼることは決してないということが常に確認」された。とはいえ、この場合でも、目覚めに要する数秒間よりはずっと長い時間をさかのぼって夢を思い起こしている。サン゠ドゥニはさらに付け加えている。[18]「私がまどろみ始めた瞬間と、すでにはっきりと形をなした夢に引き込まれる瞬間のあいだ、すなわち、まだはっきりと目覚めている状態から完全に眠っている状態までの五、六分間に、自分の思考が結び付いていった過程をすべてたどり直すことが、何度となくできた」。このように、夢は早く進むものだから深く眠っているときの夢はまったく覚えていないのだという考察に対しては、これと反対のことを証拠立てるような別の夢を、容易に対置させることができる。

　ここで、異論の余地がより少ない与件に基づいて推論を進めることができるだろう。私たちの夢のなかには、不確実な解釈になってしまうことが多いが、解釈しようと努めることでようやく、目が覚めたあとで記憶の一領域あるいはいくつかの領域のなかにその出どころを見いだすことができるような、断片的イメージの組み合わせからなるものがある。その一方で、単純に思い出の流用からなるものもある。そして、両者のあいだには、さまざまな中間形態が存在している。では、一連の変化の幅はその範囲にはとどまらない、とは考えにくいのはなぜだろうか。流用された思い出のさらに向こうに、そうではない夢があるとか、さらにその先には、純粋で単純な（具現化された）思い出を含むような夢があるのだと想定しないとすれば、その理由はなんだろうか。この点については、次のように解釈することもできるだろう。思い出がそっくりそのまま再現されるのを妨げているのは、身体感覚（sensations organiques）であり、それはどれほど漠然としたものであっても、夢のなかにまで入り込んでくるとともに、私たちを外界に接触させ続けている。この接触は、眠りが深まるにつれて少しずつ限界まで弱められ、イメージが次々と現れてくる順序を規制するように外部から介入するものは何一つなくなっていくのだが、それでも過去の時系列的秩序だけは残り、これに従って一連の思い出が新たに展開していくのである。しかし、仮にこのような形で夢のイメージを分類することができるとしても、私たちが夢のカテゴリーから純粋な思い出のカテゴリーへといつのまにか移行しているということを認める理由は、一つとしてないだろう。思い出については、こうした考え方によって規定しうるかぎりは、複数の段階を含むものではないと言うことができる。ある状態は、思い出かそうでないかのいずれかである。部分的に思い出であり、部分的にそうでない、ということはない。おそらく、不完全な記憶は存在する。しかし、夢のなかで不完全な思い出と他の要素が混在しているということはない。というのも、たとえ不完全な思い出であっても、それが想起されるときには、過去が現在に対置されるように、他のすべてに対置されるからであり、これに対して、夢はそのすべての部分で、私たちにとっては現在と一つになっている。踊り子がつま先だけで地面に触れ、まるで宙を飛んでいるような印象を与えるとしても、重力の法則をもった世界からいささかも逃れられないのと同様に、夢はこの条件を免れることができないのである。したがって、相対的に見て思い出と類似する夢があるとしても、純粋な思い出である夢が存在するとは結論づけられない。実際のところ、夢から思い出へと移行するということは、一つの事実領域からまったく性格の違う他の領域へと飛躍することを意味するだろう。

もしも、深い眠りのなかでまさに精神がおこなっている活動が思い出の喚起にあるのだとしたら、眠りにつく前に、自分自身の注意を、現在の知覚やその代理となる直近の思い出からだけでなく、ありとあらゆる種類の思い出からもそらして、知覚と同時に記憶の活動を中断させなければならないということは、きわめて奇妙なことだと言えるだろう。しかし、まさにそのようなことが生じているのだ。カプランは、次第にまどろみ始めた段階では「思い出の喚起が容易で、切れ目がなく、豊かである」ような夢想状態をたどっていくことが観察された、と考えている。しかし、そのあと「覚醒時のエネルギーを制御しなければならなくなる。そして、その段階にたどり着くのは、何もない状態（un vide）、弱まっていく状態（un appauvrissement）を作り出すようなはたらきによって、すなわちメロディーや何か他の韻律的なイメージによって、その夢想が占められていくことによってなのである」。さらにカプランは、ある特異な状態があることを指摘している。彼によれば、長い訓練によってはじめてそれを把握することが可能になったのだが、それは本当の夢の直前に訪れるのだという。「韻律的モチーフがすべて消え去り、単純で短いイメージ、明確に客観的で、自立的で、外在化されたイメージが、たえまなく急速に湧き上がる光景を、受動的に見ている状態になる。特異な潜在システム（目覚めている状態での現実意識）がばらばらにほどけ、その諸部分が、消え去る直前に活発に動いている場面に立ち会っているように思われる。このシステムの諸要素（方向性の概念、自分たちを取り巻いている人々、あるいはかつて出会った人々）が、いわば最後の輝きを放っているようである」[19]。このようにして、私たちが目覚めている状態のときにイメージを振り分けて入れていた「箱《ケース》」は消失しなければならず、これに代わって新しい体系《システム》化の様式、夢の様式が成立可能になっていく[20]。しかし、その「箱」は、目覚めているときに思い出の喚起がなされる箱でもある。したがって、目覚めているときの知覚と想起の一般的システムは、夢のなかに入っていくうえで障害になるように思われるのである。

　反対に、人が目覚めている状態に戻ることをためらったり、また、目を覚ます間際に、はっきりと夢を見ているのでも覚醒しているのでもない中間状態にしばしのあいだとどまったりするとすれば、それは、夢の世界で見ていた最後のイメージが割り振られていく箱を押しのけることができず、覚醒時の思考の枠組みが夢のイメージに適合できないということである。ここで、この不一致が明瞭に現れているように見える一つの夢を記述しておこう。「悲しい夢でした。私は、自分の指導する学生の一人とよく似た若者と一緒に、刑務所の面会室のような部屋にいるのです。私は彼の弁護士で、彼とともに文書を作成しなくてはなりません。できるだけ詳細に書きなさいと、私は言われていました。何の罪かわからないのですが、彼は絞首刑になることになっています。私はそれに異議を唱え、彼の両親を思い浮かべ、彼が罰を逃れることを願っています。――目が覚めてからも、私はとても悲しく、気がかりで、（もし彼がそのような状態にいたら）どうすれば彼を助けて救い出すことができるだろ

う と考えているのです。私は自分がある大きな町にいると思っていて、頭のなかでは、大きな家々が建ち並び、そのあいだをたくさんのレストランなどがあるアーケードが走っているような、大きな街区を移動しているのです（これは私がしばしば夢に見る町で、いつも同じなのですが、目覚めているときの記憶に対応するものは一つもありません）。しかし、同時に私は、自分が現実に生きている町のなかでは、一度もそんな街区を訪れたことはないということ、そんな街区が地図上に存在しないこともわかっているのです」。この状態はおそらく、夢の感情の強さによって説明される。そのために、目を覚ましても、自分はまだ夢で味わった感覚の支配下に置かれていたのである。したがって自分は、二つの異なる町に同時に存在しているように思い、そのなかの一つは自分の夢のなかの町であり、一方の町で見たことをもう一方のなかに見いだそうとしても、見つけ出すことはできなかったのである。

＊

夢の思考と目覚めているときの思考とのあいだには、やはり根本的な差異があり、両者は同一の枠組みのなかで展開するわけではない。そのことを、その他の点では考え方が大きく隔たっている二人の論者、モリーとフロイトが正確に理解していたように思われる。モリーは、夢と精神異常のいくつかの形態を突き合わせてみるなかで、その双方で、主体はその人に固有の世界を生きていて、そこでは、人や物や言葉のあいだにその人にとってしか意味をなさないような関係が成立していることに気づいていた。夢を見ている人は、現実の世界を離れ、物理的法則や社会的慣習を忘れ、精神異常者と同様に、おそらくは心のなかでひとりごとをつぶやき続けている。しかし同時に、夢を見ている人は一つの物理的・社会的世界を創造し、そこでは新たな法則や慣習が生まれ、ただしそれは絶えず変化していくのである。他方、フロイトは夢のなかのヴィジョンに記号としての価値を認め、主体の隠れた関心のうちにその意味を求めているのだが、結局のところモリーと別のことを言っているわけではない。たしかに、夢に現れたものをそのまま書き写してみるときには、その無意味さと一貫性のなさが印象づけられることになる。しかし、目覚めている者にとって意味をなさないことも、夢を見ている人にとっては間違いなく意味がある。そして、その矛盾のすべてを説明する夢の論理が存在する。おそらく、フロイトはそれだけでは満足せず、夢の表面的な内容を、眠っている人の隠れた関心によって説明しようとしたのである。加えてフロイトは、夢のなかで欲望の成就が表現されるためには、主体がさらに、第二の自我に配慮して、その欲望の本質を隠蔽しなければならないと考えている。この第二の自我は、内面のドラマに一種の検閲をかけるのであり、その監視をあざむき、疑念をはぐらかさなければならない。そこから、夢の世界の象徴的性格が生じてくるのである。しかし、フロイトが提示する解釈は、非常に複雑であると同時に非常に曖昧である。覚醒時の出来事と夢のなかで起こることを結び付けるためには、しばしば、思いもよらない観念の連合を介在させなければならず、しかも多くの場合にフロイトは、一方から他方への翻訳だけにとどまらない。フロイトは、一つの解釈システムを他の二つ、三つ、四つの解釈システムに重ね合わせ、ある段階で答えを出しても、なおそれ以外の関連性があると考えていることを示唆する。ひとまずそこにとどめざるをえないために、他の可能性には触れずにおくのだとほのめかすのである。すなわち、目覚めている状態では、人が知覚するイメージはそれそのままのものであり、一つのイメージは一人の人物を表すだけであり、一つの物は一つの場所だけにあり、一つの行為は一つの帰結だけをもたらし、一つの言葉は一つの意味だけをもつ。そうでなければ人々はさまざまな事態のなかに自分の位置を見いだすことも、互いに理解し合うこともできない。それに対して、夢のなかでは象徴が現実に取って代わり、そこではすでに前述のような規則の一切が適用されない。それはまさに、私たちがもはや外的な事物とも他の人々とも関係をもたず、自分自身に対してしか関わり合っていないからなのである。そうなれば、その時点で心のなかにあるもののすべてを、すべての言葉が表出し、すべての形態が表象する。何者も、そしてどのような物理的な力も、それを妨げることはないからである。

そうであれば、夢の世界と目覚めているときの世界とのあいだには大きなずれがあることになり、一方の世界でしたことや考えたことの思い出をほんのわずかでももう一方の世界でとどめていられるのはどうしてなのかさえ、わからなくなってしまうほどである。目覚めているときの思い出を正確に再現された場面全体の完全な思い出として理解するならば、それは、夢と呼ばれる幻のイメージ（images-fantômes）の連なりのなかには位置を占めることができなくなってしまうだろう。それは、純然たる個人の恣意的判断に従っている出来事の領域を、物理的・社会的法則に従っている出来事の領域と一つに融合させてしまおうとするようなものである。しかし反対に、目覚めているとき、人はどのようにして自分の夢について何らかの思い出をとどめているのだろうか。その夢のなかの一貫性を欠いたつかの間のヴィジョンが、どのようにして覚醒した意識のなかに入り込むことができるのだろうか。

ときどき、目が覚めたあとも、夢についての限られた一部のイメージが、なぜかはわからないが記憶にとどめられ、心のなかに残っていることがある。それは、潮が引いたあとに岩礁のなかに取り残されたほんの小さな潮溜まりのようなものである。そしてときにはそのイメージが、それに先行するものから切り離されていないことがある。そのイメージは、ひとまとまりの物語の端緒になって、他のさまざまなイメージをつないでできる鎖の最初の環になる。またときには、それは空虚な時間のうえに切り離され、前にも後にもそれにつながっていくものが一つも見いだせないこともある。何であれ、意識のなかで、そのイメージを起点としてそのあとに展開していったものの痕跡をぼんやりとたどることはあっても、そのイメージの前にはもはや何も見いだすことができない場合もある。しかし、そのイメージが決して無から生まれたわけではないことはわかっている。それを過去から切り離して映し出しているスクリーンの背後に、記憶の底に残っているたくさんの思い出があることを人は感じ取っている。しかし、それをもう一度つかみとる術がまったくないのだ。それでも、そのスクリーンの向こう側を見ることに成功するとき、つまり、はじめは不透明であっても次第に透明なものになっていくイメージそれ自体のなかに、さらにはそのイメージを通して、夢のなかでそれに先行していたものや出来事の輪郭を見分けることができるようになるとき、こうした記憶のはたらきのなかにある逆説的なものの存在が、強く印象づけられる。イメージそれ自体のなかにも、そのあとに続くもののなかにも、それ以前の時点へと移動していくための支点をまったく見いだせなかった。つまり、イメージとそれに先行するもののあいだには、理解可能なつながりがまったく存在しなかった（そのために、そのイメージが始点であるように思われた）。そのようなときに、どうすれば記憶に残っている夢のイメージからそれに先行するものへと移っていくことができるだろうか。イメージとそれに付随するものはともに多少なりとも一貫した絵柄を形作り、それらのいくつもの部分が互いに依存し合い支え合って、一つの閉じた世界をなしているように思われる。自分がいつその世界のなかに封じ込められたのか、その世界を横断していくすべての道がいつまたそこに帰着するのか、知ることができないし、自分がその世界を抜け出し、別の世界に移っていくことができるかどうかもわからないのである。一つの平面のなかで移動することを強いられている者にとって、その平面から別の平面へと移動するということがよくわからないのと同様に、それは理解しがたいことなのである。空間に新たな次元が存在するということと同じように、別の次元に移動しうるということは、私たちにとって捉えがたいものなのである。

　では、私たちが自分の見た夢を思い出そうとするとき、そこに介入しているのは記憶そのものなのだろうか。眠っているあいだの光景《ヴィジョン》を記述しようと試みた心理学者たちは、そのイメージが非常に不安定なので、目覚めたらすぐに書き留めておかなければならないと認識している。さもなければ、あとから再構成したもの、そしておそらくは多くの点で変形したものを、夢に置き換えてしまいかねない。結局はそういうことが起こるように思われるのである。このように、目を覚ましてから夢を振り返るときには、液体のなかでかき混ぜたばかりの絵具のように、鮮明さを異にするさまざまなイメージの連なりが、心のなかに中途半端に浮かんでくるような印象をもつ。言うなれば、心はまだすっかりそのイメージに浸っているのである。そして、それらのイメージに急いで注意を向けなければ、それが少しずつ消え去ってしまうことがわかっているし、その一部はすでに消え去ってしまっていて、どんなに努力をしてもそれをつかまえることはできないと感じている。したがって、知覚される外在的な事物とほぼ同じように、人はそれらのイメージを注視し、それを固定させる。そして、その時点で、それを覚醒時の意識のなかに取り込んでいくのである。それ以後、このイメージを思い出そうとするときには、目を覚ました時点に現れてきたままのイメージではまったくなく、そのときそのイメージについて抱いた知覚を呼び起こすことになる。そうすることで、記憶が夢に届いていると信じることができるのだが、実際には、そのようにして固定させることができたものに媒介されて、間接的に夢を認識することになるのである。覚醒時の記憶が再生するのは、覚醒時に構成されたイメージである。たしかに、夢を見たあと昼間になってから、あるいはもっとあとになってから、目を覚ました時点ではそのように固定できなかった夢のある部分が、再び意識に現れることがある。しかし、そのプロセスは同じだろう。それらのイメージは心のなかにとどまっていたのだが、何らかの理由でそちらのほうに注意が向けられなかったのである。そして、その存在に気づいた時点でこれを固定させるために必要な努力をしないと、それらのイメージもまた完全に消え去ってしまうことがわかる。

したがって、夢の記憶（souvenir d'un rêve）と呼びうるものを所有するにいたるプロセスのなかに、二つの明確に異なる段階《フェイズ》を区別する必要がある。その第二の段階では、その他の場面と同じように記憶（mémoire）が作動している。すなわち、人は思い出を獲得し、それを保存し、呼び起こし、再認し、最後に、これを獲得した目覚めの時点に、また間接的には、それに先立つ睡眠の時間のなかに、それを位置づける。その睡眠のあいだにその夢を見たことは明らかなのだが、正確にどの時点でと言うことはできない。これに対して、第一の段階では、単純に以下のようなことが生じている。目を覚ました時点で、心のなかにははっきり定まらないいくつかのイメージが存在するのだが、それはまだ思い出の体をなしていない。

この最後の点を少し強調しておかなければならない。というのも、思い出とは、過去に結び付けられているイメージが、そうであるにもかかわらず現在も存続していることにほかならないのではないかと思われるからである。しかしここで、ベルクソンが提示した区分、すなわち、多少なりとも頻繁に再現される心理的状態に対応する習慣記憶（souvenirs-habitudes）や運動記憶（souvenirs-mouvements）と、一度限りで生じた状態、したがってそれぞれに日付をもち、[8]私たちの過去の明確な一時点に位置づけられるような状態に対応するイメージ記憶（souvenirs-images）との区分を受け入れるならば、目覚めたときに現れるがままの夢のイメージは、いずれのカテゴリーにも入らないように思われるのである。

それらは、一度きりしか現れないものなので、習慣記憶ではない。私たちがそれを見いだすとき、自分が頻繁に接している物や人の知覚に伴うような慣れ親しんだ感覚が呼び起こされているわけではないのだ。[21]とはいえ、それらはまた、イメージ記憶であるわけでもない。というのも、それは「自分自身の過去の明確な一時点に位置づけられて」いないからである。たしかに私たちは、それを事後的に位置づけている。すなわち、目覚めたときに、それらのイメージは過ぎ去ったばかりの夜のあいだに生み出されたものだと言うことができる。しかし、どの時点で生み出されたのだろうか。それはわからない。それらのイメージが何時から何時までのあいだに生み出されたのかをはっきりさせることを忘れたまま、（例外的に起こりうることだが）数日後または数週間後にそれを思い出したとしよう。その場合私たちは、その日付を特定する手段をまったくもちえないだろう。

この場合私たちに欠けているのは、思い出に位置づけを与えるような目印である。そのような目印がなかったならば、目覚めているときの出来事の思い出の多くも、やはり思い出すことができないだろう。そうした目印を欠いているために私たちは、目覚めているときの出来事と夢のイメージとを、同じような形で想起することができないのである。私たちは次のような感覚（おそらくそれは錯覚なのだが）をもっている。すなわち、（目覚めているときの意識的生活に関わる）思い出は、自分の記憶の底に順序を変えることなく配列されていて、この点に関して、過去のイメージの連なりが、外的世界の対象と呼ばれる現実的あるいは潜在的なイメージの連なりと同じように客観的なものに見えているのだが、それは過去のイメージが実際に不動の枠組みのなかに並んでいるということであり、その枠組みは自力で作り上げたものではなく、外部から課せられたものである、と。単なる感情の状態が再現されるとき（ただしそれはきわめてまれであり、ほとんど明確な位置づけがなされていない）でさえ、またとりわけ、自分の生活上の出来事が反映されるときにはなおさら、思い出は自分を自分自身の過去に結び付けるだけでなく、一つの時代に関連づけ、一つの社会状態のなかに位置づける。その時代や社会状態の遺産は、自分自身のなかに見いだすもの以外にも、自分の周りに多数存在している。他の人々の感情に従うことによって自分の感情を明確なものにしていくのと同様に、私たちは少なくとも部分的には、他の人々の記憶の助けを得ることによって自分の思い出を完全なものにする。多くの思い出が失われてしまうのは、時がたつにつれて、自分の人生のある時期と現時点との隔たりが大きくなっていくから、という理由からだけではない。それとともに、一緒にいた人たちと過ごさなくなるからなのである。そうなると、かつての出来事を思い起こさせてくれただろう、多くの人々の証言が失われてしまう。しばしば、暮らす場所や職業を変えたり、一つの家族から別の家族に移動したり、戦争や革命のような大きな出来事が自分たちを取り巻く社会環境を根本から変化させたりすると、それだけで、過去のさまざまな時代全体について、ほんのわずかな思い出しかとどめなくなってしまう。反対に、自分が若き日をすごした土地を訪ねて、思いがけず幼なじみの友人に出会うと、そのおかげで自分の記憶が呼び覚まされ、「再び生き生きとしたものになる」。その思い出は廃棄されていたのではなく、他者の記憶のなかに、さまざまな事物の変わらない姿のなかに、保存されていたのである。私たちが夢のなかでたった一人で見るイメージを、他者とともに見たイメージと同じように呼び起こすことができないのは、少なくとも夢がそれを提示する順序に従って呼び起こすことができないのは、驚くには値しないことである。

先に注意を引いた事実、すなわち、夢のなかには決して、目覚めているときに想起されるような現実感がある完全な思い出が導き入れられることはなく、それはあまりにもばらばらな、あるいはその他のものとまぜこぜの思い出の断片から作られていて、私たちはそれをいつどこのものと再認することができないという事実は、このように説明されるだろう。それは驚くべきことではないし、私たちが眠っているとき以外に感じるような確かな感覚を夢のなかにはまったく見いだすことがないという点についても、同様である。そうした覚醒時の感覚は、あるレベルでの反省的注意をうながし、自分が他の人々とともに経験する自然な関係の秩序に合致している。さらにまた、もし夢の一連のイメージが本来の意味での思い出を含んでいないとすれば、それは、過去を思い出すためには人々が形成する社会との関係のなかで推論し、比較し、自覚することができなければならないということである。その社会が、記憶の正しさを保証するのであり、言うまでもなく、そうした条件の一切は眠っているときに満たされることはない。

このような記憶の考察は、少なくとも二つの反論を呼び起こす。たしかに私たちは、ときに、それを認識することが有用でありうるような出来事を再発見するためではなく、過ぎ去った一時期を心のなかで追体験するという純粋に無心の喜びを味わうために、過去を呼び起こす。ジャン゠ジャック・ルソーはこう述べている。「私はしばしば、自分の人生のさまざまな出来事を思い浮かべることによって、いまの自分の不幸を紛らわせています。後悔や甘い思い出、心残りやほろりとする思いが、手を携えて、しばしのあいだ私に苦しみを忘れさせてくれるのです[9]」。なるほど、私たちがこのようにして接触することになる過去のイメージの集合体のなかには、しばしば自分自身の最も内密な部分、ほとんどの場合に外的世界からのはたらきかけ、とりわけ社会からのはたらきかけを逃れている部分が見いだされる。そしてまた、このようなものとして了解される思い出のなかには、不動とは言わないまでも、少なくとも変わりにくい状態を見いだすことができる。それは、長い時間にわたって、やはり変えることができない順序に従って配列され、はじめてそれを経験したときのままに再び現れ、間隔を置いてもなんら修正を被らなかったものである。しかも、思い出とはそのように出来上がった形で与えられているものだと思うために、人は、思い起こすという心のはたらきのなかに一切の知的活動が入り込むことを認めないのである。目覚めた状態で夢想する（rêver）ということと、想起するということのあいだに、人はほんのわずかなニュアンスの違いしか見ない。そうだとすれば、思い出すということも、夢想することと同じように、現在に向けられた意識とは異質なものだということになる。そして、その意識が思い出に向けられたとしても、思い出が意識のまなざしのもとでばらばらにほどけ、精神のはたらきがゆるみ、もはや実践的視点からものを見なくなってしまうときには、思い出は、実在の対象と同じように、意識の側の努力をほとんど要求せずに、意識のなかに入り込んでくることになるだろう。そうであれば、夢想や想起のなかに介在するものは特別な能力、とりわけ人々が行動することに関心を向けているときには使用されていない能力だと容易に認めることができるだろう。それはただ、反応を返すことなく印象を与えられるがままになる能力、あるいは、その印象を意識化するのに足りるだけの反応を返す能力である、ということになる。しかしその場合には、どのような点で思い出が夢想のイメージと区別されるのかがわからなくなる。そして、なぜ思い出は夢想のイメージのなかに入り込まないのかが、まったく理解できなくなってしまう。

しかし、思い出を呼び起こす行為は、本当に、きわめて完全な形で自分自身の内面へと入り込むことを可能にしてくれるのだろうか。私たちの記憶は、本当に、自分自身に固有の領域なのだろうか。そして、自分の過去へと逃げ込んでいくとき、私たちは社会を逃れ、みずからの「自己」のなかに閉じこもっていると言うことができるのだろうか。すべての思い出が自分以外の人々を表すイメージと（その人々に関する内容を直接にはまったく構成していないときでさえ）結び付いているのだとすれば、それはどのようにして可能になるのだろうか。たしかに私たちは、自分一人がその証人だった出来事や、たった一人で歩き回った国の様子を数多く思い起こすことができる。そして何より、誰にも伝えたことがない感情や思い、自分一人の秘密として抱えている感情や思いがたくさん存在する。しかし、たった一人で歩いているときに見たものの正確な思い出を保持できるのは、その場所を位置づけ、その形をはっきりと見定め、それを名づけ、何らかの機会に自分でそれを振り返ってみることがあった場合に限られている。そして、その場所や形や名前や反省的振り返りといったもののすべては、知性がそれを利用して、過去の与件についての手がかりを得る道具なのであって、それらがなくては、過去は不分明で曖昧な残像《レミニッサンス》としてしか残らないだろう。探検家は旅のさまざまな行程について記録《ノート》をつけなければならない。日付、地図上の位置づけ、常に一般的なものであるような言葉、図示的なスケッチ、こうしたものがすべて鋲となって、探検家は思い出を固定するのであり、さもなければそれは、眠っているときに現れるものとほとんど同じように忘れ去られてしまうことだろう。

ここで思い出の最も外側にあるものにしか触れていないこと、記憶の表層にとどまっていることを、非難しないでいただきたい。たしかに、没人格的な形式的指標〔日付、地図、言葉など〕はすべて、消え去ってしまった内的状態を再発見し、再生させるのを助けることによってはじめて、その価値が引き出されるものである。それらは、それ自体として思い出を呼び起こす力をもっているわけではない。人がアルバムを開いて写真を見るとき、そこに写っているのが自分の人生のなかである役割を果たした親や友人たちであるならば、そのときには、それらのイメージの一つひとつが息を吹き返し、突然過去のある時期、またはいくつかの時期を思い出すための視点となってくれる。しかし、そうではなく、そこに写っているのが見知らぬ人であるならば、そのときには、私たちのまなざしはその消えかけた顔と流行遅れの服の上を無関心のまま滑っていき、それらは自分のなかに何も呼び起こさない。その場合でも、感情についての思い出は、自分がそれを感じた状況についての思い出から切り離すことができないものである。直接心の内側を通って、すでに過去のものとなった苦しみや喜びに出合うような通路は存在していない。ヴィクトル・ユゴーの「オランピオの悲しみ（La Tristesse d'Olympio）」[10]でも、詩人はまずどうにかして、木々や壁や道沿いの生け垣に引っかかって残っている思い出のかけらを探し求め、それらを突き合わせ、そこからかつての情熱をかつての現実のままに出現させようとしている。思考や活動の一般的枠組みと同様に、いつまでも変わることがないそのイメージが容易に見いだされるような人物や事物を取り除いてしまったならば、私たちはかつて経験した自分の精神状態を探し当てることができなくなってしまうだろう。それらは、目の前に見えなくなってしまった時点で、夢に見るものと同様に、捉えがたい幻となってしまうことだろう。自分の過去の意識状態の純粋に個人的な様相が記憶の底に保存されていて、それを再び把握するためには「そちら側に顔を向け」ればいいのだと考えるべきではない。私たちがかつての内面の状態について何らかの手がかりをとどめ、少なくとも部分的にそれを再構成したりすることができるのは、過去の意識状態が社会的意味作用を伴ったイメージと結び付いているからであり、自分がその社会のメンバーであるというだけの理由で、たとえば、「ぎしぎしという音をたてて夕方になると戻ってくる大きな荷車」や「施し物をして財布を空にしてしまった町外れの門」のイメージを、繰り返し思い浮かべているからである。

記憶について一つの考え方がある。それによれば、意識の状態はひとたび生み出されると、いわば、限定されることがない存続の権利を獲得し、先行する意識状態に付け加えられて、過去にあったままの状態にとどまるものと見なされる。だとすれば、それら過去の意識状態と「現在の平面または立脚点」のあいだを、精神が移動していると考えなければならなくなる。いずれにせよ、過ぎ去った日々の光景を再構成するためには、いまあるイメージや観念や思考だけでは不十分だということになるだろう。そうなれば、「純粋記憶（souvenirs purs）」を呼び起こす手段は一つしか存在しない。それは、現在を離れ、合理的思考のばねをゆるめ、過去へさかのぼり、永遠にそれを封じ込めている生の形のなかに固定されたかつての現実に触れるところまで入り込んでいくことである。こうした純粋記憶の平面と現在とのあいだには、知覚も思い出も純粋な状態で姿を現すことがないような、中間領域が存在することになるだろう。そこでは、精神は、その形を歪めることなしには過去に注意を向けることができず、思い出は意識の表層に浮上し、現在に近づいてくるにしたがって、知性の光の作用を受けて変形し、様相を変え、損なわれてしまうかのように見える。

しかし、実際に確認されるのは、記憶のなかで精神は、決して直接には触れることがない過去との隔たりへと向かっていくということであり、その輪郭と痕跡をたどり直し描き出すことを可能にしてくれるにちがいない要素をすべて、この隔たりに向けて投げ入れていくということである。ただし、精神は、過去それ自体には決して到達しえない。もしそうなら、思い出がそのままの形で存続していると想定することに何の意味があるだろうか。それを証拠立てるものは何一つもたらされないのだから。また、思い出がそのまま残っていることを認めなくとも、それを再生できることは証明できるのだから。

精神がみずからの記憶の内部にある思い出を再発見しようとする行為（それはまさに行為である）は、現在の内面の状態を外に向けて表そうとする行為とは逆のものであるように思われる。それぞれの場合の難しさもまた、実際に正反対で、何にしてもまったく異質なものである。考えていることや感じていることを表現する際には、多くの場合、流通している言語の一般的用語を使うだけである。ときとして比較を用いることがあるし、一般的観念を指し示す言葉を結び付けて意識状態の輪郭をより一層細かくつかみ取ろうとすることもある。しかし、印象と表現のあいだには、いつも隔たりがある。一般的な観念や思考様式の影響を被っている個人の意識は、それ自体のなかにある例外的なもの、流通している言語にはほとんど翻訳されえないものへの関心を回避する習慣をもっている。ある種の病いに侵された人が自分の感じていることを語ろうとする際の記述に、往々にして不正確な性格が見られるのは、そのような点から説明されてきた。病む人々のなかに、健常《ノーマル》な人々にはほとんど、あるいはまったく存在しないようなある種の身体感覚が強まっていくと、同時に病む人々は、その感覚を表現するのに適さない言葉を使うことを余儀なくされていく。なぜなら、それにふさわしい言葉がまったく存在しないからである。(22) しかし、他の多くの状況でも同様のことが起こる。表現のなかには空白が生じ、それは通常の生活条件に対する個々人の意識の不適合の大きさを示している。

反対に、過去を想起するときには、現在の時点から、常に自分たちの手の届くところにある一般的な観念の体系から、社会によって採用されている言語や基準点から、すなわち社会が私たちに準備してくれている表現方法から出発する。そして、過去に見た姿や出来事、より一般的にはかつての意識状態の細部やニュアンスを再発見できるように、それらを組み合わせているのである。しかし、そうした再構築は、常に近似的なものでしかない。私たちは、こうしたやり方では呼び起こすことができないかつての印象に個人的要素が存在することを、十分に感じている。表現のなかには空白が生じていて、それは、過去の個人的意識生活の条件に対する、現在の社会的把握の不適合の大きさを示している。

だが、そうだとすれば、ときとしてこの空白が突然満たされること、失われてしまったと思っていた思い出がほとんど予期していなかったときに再発見されて驚かされるということには、どのように説明がつけられるのだろうか。悲しい夢や幸せな夢のなかで、ある時期の自分の生活、ある人の姿、かつての思いが、いま現在の自分の気持ちと矛盾することなく、自分の内なるまなざしのもとによみがえってくるように見える。それは、抽象的な図式でも、粗い素描でも、無色透明な人間でもない。そうではなく、私たちは変わることがない過去を再発見しているような気がしている。なぜなら、その過去を体験していたときの状態のままの自分自身を見いだしているからである。その現実感は疑いようのないものである。私たちは、外在する事物に対するのと同じように、直接その過去に接しているのであり、それをひと通り検討することができ、自分が探し求めていたものを見つけ出すのではなく、もはやまったく考えることもなくなっていたいくつかの細部を、そこに再発見する。この場合には、自分の精神が思い出を呼び出しにいくのではない。思い出のほうが、私たちに呼びかけ、それを再認するようにうながし、それを忘れていたことを責める。つまり、私たち自身の奥底に、ちょうど廊下のいちばん奥の隅のように、自分だけが入っていける場所があり、そこでは思い出が自分に会いにやってくる、あるいは、自分自身が思い出のほうへと進んでいくのである。

しかし、私たちの思い出のある部分を満たし、現実生活と同様の外観を与えるまでにいたる、この種の樹液(sève)はどこから滲み出してくるのだろうか。それは、その思い出が保存してきた過去の生活からだろうか。それとも、私たちが過去の生活に投影した新しい生活、ただし現在から引き出された借り物の生活、つかの間の興奮や現時点の感情的状態が続くあいだだけ持続するような生活からだろうか。自分自身のことであれ他人のことであれ、それを思うと胸が熱くなってしまうような一連の出来事が想像のなかにおのずから再現されていくとき、とりわけ、それらの出来事が生じた場所に立ち返ってみて、かつて通り過ぎたことがある家々の門構えや、木々の幹や、自分と同じだけ歳を重ねながらその面影を残している、おそらくは同じ過去の思い出をとどめている老人たちのまなざしに確かな名残を見いだしたと思えるような場合、あるいは、何もかもが変わってしまって、自分が慣れ親しんでいたかつての姿のうちどれほどわずかなものしか残されていないのかを知り、物事のはかなさを感じ取り、自分が抱いた大小の情熱を彩ったものがすでに消え去ってしまった場所を今日占めている物たちを、心のなかで一掃することにほとんど痛痒を感じないような場合には、その類似によって、あるいはその対照によって、自分の思考や欲望や悔悛の念によって、みずからの心と体の全体に伝えられた振動が、自分はかつての感情を本当にもう一度経験しているのだという幻想を与えるのである。そのときには、相互に交換が生じて、私たちが再構成するイメージは現在の感情から現実感覚を借り受け、それによってイメージを変形させ、いまなお存在するものであるかのように見せ、他方では、現在の感覚がそれらのイメージに結び付き、かつてそれに付随していた感情と一つになって、すぐにも、現在の状態という様相を脱ぎ捨てる。このようにして私たちは、過去が現在のなかによみがえり、同時に自分は現在を離れて過去にさかのぼっているのだと信じるのである。しかし、そのいずれもが真実ではない。ここで言えることは、思い出もその他のイメージと同様に、しばしば現在の状態を模倣し、自分の現在の感覚が思い出に遭遇することで、具現化されるのだということに尽きる。

*

過去は実際にどの程度まで幻想を生み出しうるのだろうか。思い出が、ある種の幻覚のイメージと同様に、意識に対して現実性の印象を押し付け、それを感覚と混同するにいたるということが起こるのだろうか。本書ではすでに夢に関してこの問題を論じたが、ここであらためて、問題をその射程の全体的な広がりのなかで提起しなければならない。既視体験（paramnésies）と呼ばれる記憶の病理、あるいは亢進状態が存在する。それは以下のような事態を指す。はじめてある町にやってきたり、はじめてある人に会ったりする。ところが、すでに見たことがあるかのように、その町や人を再認してしまうのである。本書で先に検討した幻想はこれとは逆のものである。そこでは、以前実際にいたことがある町に記憶のなかで戻ってきたとき、あるいは自分がそこにいるとイメージしたとき、はじめてそこにやってきたのと同じ時間のなかにいると信じられるかどうか、そして、かつて自分が体験したことがあると気づかないままに、同じような興味と驚きの感情を経験することができるかどうかが問われる。より一般的に言えば、夢とはおそらく（人が常に夢を見ているのではないとすれば）意識が空白となる合間の時間を挟んで相互に区切られている幻想なのだが、それとは別に、目覚めているあいだの意識状態の流れを中断させ、再体験された過去を現実と混同させるような、記憶によって支配された幻想は存在しないのかどうかが問題なのである。

ところで、この種の幻想を手に入れたいと望み、それに成功したと信じた人々は間違いなく存在している。自分自身の見た光景《ヴィジョン》をまざまざと思い出す神秘主義者たち（mystiques）は、過去を再体験しているように見える。

しかし、なお問われなければならないのは、そこで再現されているものが間違いなく思い出そのものなのか、それとも、少しずつ置き換えられ変形されたイメージなのかである。ここで、想像力が大きな役割を果たしていると思われるケースを除いて、意図的であろうとそうでなかろうと、もともとの統一性をよく保っているような思い出、すなわちその他の証拠からあらかじめ引き出してきたわけではない思い出を呼び起こそうとする状況を考察するとしても、知覚や感覚についての思い出を、その知覚や感覚それ自体と取り違えることなど考えられないように思える。それは、目覚めた状態のときに現れるこうした思い出が、現在の知覚とぶつかり合い、その現在の知覚が思い出の力を弱める役割を果たすからではない。なぜなら、もしそうだとすれば、逆に、私たちの感覚が衰え、弱まることによって、より強力な過去のイメージが精神に押し付けられ、現在の知覚よりも現実感があるものに見えるようになるということも、考えられないわけではないからである。しかし、実際にはそうしたことはまったく生じない。そのうえ、感覚の弱まりが思い出の喚起にとって好都合な条件であることを示す証拠は何一つない。老人の場合、感覚の衰弱とともに記憶が呼び覚まされるようになると主張されるかもしれない。しかし、老人が他の年齢の人々に比べておそらくはより多くの思い出を頻繁に呼び起こしていることを説明するためには、彼らの関心が移り、その思考が若い頃とは別の道筋をたどるようになっていることを指摘すれば十分だし、他方で、老人になると現実の感覚が弱まるわけでもないのである。まったく反対に、五感が生き生きとして、より現実の世界に関わり、精神が外部からやってくるさまざまな興奮によって刺激され、より一層の弾力をもち、そのすべての力を十分に発揮しているときほど、思い出はより鮮明で、正確で、完全で、精彩と色彩に富んだものになる。思い出す力は、目覚めている精神の力の全体と密接に関わっている。後者が弱まるときには、同時に前者も縮小していく。だから、私たちが思い出と現実の感覚とを混同したりしないのも当然のことなのである。私たちは、思い出を思い出として再認し、現実の感覚と対置することができる状態でなければ、思い出を呼び起こすこともないのである。

記憶に関しては、単なる感覚とイメージのあいだの闘争に、すべてが還元されてしまうわけではない。そうではなく、そこには知性が完全な形ではたらいていて、もしも知性がまったく介在していなかったら、人は思い出すことができなくなってしまうだろう。ヴォルテールは『コント集』のなかのある一編で、次のような王の姿を描いている。すなわち、その地位を追われ、敵対者たちの意志によって独房に入れられた王に対して、彼を奴隷の身分におとしめた者が、残酷な気まぐれから、しばらくのあいだ、自分がまだ王であり、王の座を奪われてからのことはすべて夢でしかなかったという幻想を与えようと思い付く。こうして王は、眠っているあいだに、いつも休息をとっていた宮殿の一室へと移され、目を覚ますとそこに見慣れた物や顔を見いだすことになる。こうすることによって、目覚めたときに目にするものと記憶のなかによみがえるものとが一つになるので、両者のあいだに生じうる衝突が完全に回避できると考えられたのだ。しかし、王にその陰謀にすぐには気づかせないようにするには、どんな条件が必要だろうか。そのためには、王に自分の姿をよく見直すいとまを与えないこと、音楽や香水や照明で彼の感覚をくらませ麻痺させる必要があるだろう。つまり、王がいま自分を取り巻いているものを正確に認知することもできなければ、自分が囚われの身になったと思わせられたときのことを正確に思い起こすこともできない状態に、彼を置き続けなければならないのである。彼が関心を集中させることができるようになり、検討を始めた時点で、人々が彼に現状であると思わせようとしたこの虚構《フィクション》の現実と、彼の記憶が呼び起こさせる過去の現実を取り違えるという状態から、彼は徐々に離れていくことになるだろう。そのとき、実際に、王が識別の原理を見いだすのは、自分がいま見ている、かつて見ていたものとほぼ同一の見世物のなかにではない。その場面がいわば宙づりのままにとどまっているかぎり、それは本当のところ知覚でもなければ思い出でもない。それは、私たちを過去へと連れていくことはないが、にもかかわらず現在の世界と現実から遠ざけてしまう、あの夢のイメージの一種なのである。その場面が何であるのかは、それを取り巻く世界のなかに位置づけ直されたときにしかわからない。すなわち、その場面が描き出している狭い場所から抜け出し、その場面を一部とする全体を思い描き、その全体のなかでこの場面の位置と役割を明らかにしてはじめて理解できるのである。しかし、過去のことであれ、現在のことであれ、ひとつながりのもの、一つの全体について考えるためには、純粋に感覚的な操作、つまり、比較も一般的概念も、さまざまな基準点〔日付や時刻〕によって区切られたそれぞれの時期に関する時間の表象も、自分がそのなかで生活している社会についての表象も伴わないような感覚の操作だけでは不十分だろう。思い出は、精神のすべてがそこに差し向けられるときにはじめて完全なものになって、(そうなりうるかぎりで)現実的なものになる。

私たちの精神のなかに次々と現れるイメージ[23]が、そのなかに位置を得ていくような一種の見取り図(plan)や図式(shéma)の潜在的表象が、知覚にとって必要である以上に、記憶にとって必要な条件であるのはなぜか。それは、感覚がそれ自体によって生み出され、私たちがそれを過去の知覚と結び付けたり反省的思考に照らして明確化したりする以前に生起するのに対して、ほとんどの場合、思い出の喚起には反省的思考が先行しているからである。思い出が唐突に湧き上がるときには、それはまず、むき出しの、孤立した、不完全な状態で現れるのだが、そのような場合でも、これはいったい何だろうと思い、これをもっと明確に認識しようとして、よく言われるように「いつのことだったのかをはっきりさせよう(localiser)」と考える契機になる。このとき、こうした反省的思考が生じなければ、それは思い出というよりもむしろ、精神に痕跡を残すことなく通り過ぎるつかの間のイメージの一種ではないかと思うかもしれない。

反対に夢のなかでは、ときとして体系的な組織化の兆しが見えるものの、睡眠中に見える世界が展開される論理的・時間的・空間的枠組みは非常に脆弱なものである。かろうじて枠組みについて語ることができるとしても、それはむしろ、きわめて夢幻的な思考がそこから生まれ出るような特異な雰囲気のようなものであり、思い出がこれを受け入れるようなものではない。

おそらく、ここで、感情(sentiments)の思い出にさらに的を絞って考察を進めていくべきだろう。思考や感覚(sensation)についての思い出は、これに付随していたかもしれない情緒(émotions)から切り離してしまえば、新たな思考や感覚からほとんど区別できないものになる。そこでは、現在は過去とよく似ているので、あたかも、思い出は反復でしかなく、かつての状態の再現ではないかのように見える。感情については、とりわけ自分の人格性（personalité）、そのときその状態での人格性が模倣しがたい固有のあり方で表現されているような感情については、これと同じではない。そうした感情を思い出すためには、その感情が、代用的ないくつかの特徴のもとにではなく、おのずから再生されてこなければならない。感情の記憶が存在するとすれば、それは感情がそのまま消えずにあるということ、私たちの過去のある部分が存続しているということなのである。

　しかし、感情もまた、その他の意識状態と同様に、以下の法則を免れない。すなわち、感情を想起するためには、それを、私たちが社会について抱く表象の一部をなす、ひとまとまりの事実や存在や観念のなかに位置づけなければならないのである。ルソーは『エミール』の一節で、朝日が昇る時刻に連れ立って野原にやってきた先生と子どもの姿を思い描きながら、子どもは自然を前にして感情を経験することができず、自然に対して感覚を割り当てるだけなのだと明言する。自然に対する感情が目覚めるためには、いま目にしている光景に、自分自身が過去に関わった、つながりがある出来事の記憶を結び付けることができなければならない。しかし、そうした出来事は、その人を他の人々との関係のなかに置く。したがって、自然が私たちの心に語りかけるのは、それが私たちの想像力に対して、十分に人間的な意味を浸透させているときに限られるのである。興味深い逆説なのだが、十八世紀にみずからを自然の友、社会の敵として示したこの著作家は、同時に、社会生活をより広い自然の世界に広げて見ることを教えてくれた人物でもある。そして、ルソーが事物に触れて感動していたとすれば、それは事物のなかに、その周辺に、感じる力をもった人間、愛されるべき人間を発見していたということなのである。すでに示されているように、『ヌーヴェル・エロイーズ』の刊行は人々の心を揺さぶり、十八世紀の社会を拡張された自然理解へと導いたのだが、それは現実にはまず何より、この小説それ自体に内在する小説的《ロマネスク》要素に規定されるものだったし、またもしルソーの読者たちが、嫌悪や悲哀や倦怠とともにではなく、共感と同情と熱狂をもって、人里離れた野生の山々や森や湖の光景を眺めることができたとすれば、それは読者の想像力が、この本の著者によって創造された登場人物たちをその光景のなかに書き込んでいたからであり、読者が著者とともに、物質的な自然の姿と、感情あるいは人間が置かれた状況とのあいだにさまざまな結び付きを見いだすことに慣れていたからである。[24]

とはいえ、『告白』がこれほどまでに強い喚起力をもつとすれば、ルソーがそこで、人生の大小さまざまな出来事を、その生起の順序に従って私たち読者に語り、その場所や人の名をそのまま私たちに告げ、それらを私たちに向けて描き出しているからではないのか。また、そのようにしてルソーが彼の人生となりえたことの一切を詳述していくとき、その出来事が自分に対する代償として呼び起こした感情を一般的な用語で指し示せばそれだけで、その過去のなかでいまも存続しているもの、再発見されうるものがすべて、私たちにとって接近可能なものとしてあることを伝えるのに、十分だからではないだろうか。そうだとしても、ルソーが私たちにもたらしたのは、その時代の社会生活から切り取られた諸事実であり、それは、かつて他の人々が彼について考えたこと、または彼が他の人々について考えたことであり、彼と付き合いのあった人が彼に向けていただろう評価であり、どのような点で彼が他の人々と類似し、どのような点で異なっていたかに関するものである。こうした違いさえも、社会との関係によって表現される。ルソーは、自分は他の人々に比べて、ある種の悪徳や美徳、観念や幻想をより遠くに退け、そして、それらのものを認識するためには自分の周囲や自分自身を振り返って見れば十分だと感じていた。たしかにルソーは社会についての彼の視点を少しずつ私たちに押し付け、その社会から出発しながら、私たちはいつも彼自身のもとへと送り返されていく。しかし、私たちがその視点を外れて彼自身に直接たどり着くわけではまったくないのだから、彼が実際に交わった人間、あるいは離れて見ていた人間について彼が抱いた観念を通じてだけ、私たちは彼自身が何者だったのかについての観念を手にすることができるのである。ルソーの感情は、彼がそれを記述したときにはすでに存在していなかったものである。だとすれば、彼が私たちの前に描き出している、その感情が生起した場面以外に、私たちはそれについて何を知りうるだろうか。彼は、目の前にモデルを見ているのではなく、その場面のなかにそれらの感情を再構成したのである。

こうした本書の考え方に対して、記憶の作用をこのような再構成へと還元するのは正当ではないという反論が寄せられるかもしれない。その反論に従えば、ここでの考察は、自分自身の現在から出発して、そのなかで過去が占める位置へと入り込み、みずからの精神を一般的なやり方でその過去のある時期に差し向けることを可能にしている方法を取り上げているにすぎない。しかし、そうした方法が用いられ、さまざまな思い出が現れるときには、おそらくすでに、論理的推論にも比較されうるような精神のはたらきによって、努力して思い出を相互に結び付けたり、相互に区別したりする必要はなくなっていることだろう。つまり、ひとたび思い出の流れが、そのために開いた水路に注ぎ込まれたならば、それはそれ自体の動きによってそこに流入し、動いていくのだと考えられるのである。ひとつながりの思い出は連続的なものである。私たちは記憶が導くままに、さまざまな思い出の流れに身を任せているのだと、人々はむしろ語りたがる。このようなときには、自分の知的能力を駆使するよりも、それを眠らせておくほうが好ましく思える。反省的思考は常に、私たちの思考や注意をそらせてしまいかねない。そうだとすれば、受け身になって、単なる観客としての態度をとり、提示されるだけのいとまもなかった問いに対しておのずからやってくる答えを聞いているほうが望ましいのだ。とはいえ、過ぎ去った年月や日々を満たしていた行為や出来事のつながり全体をこのようにして振り返っていくとき、私たちがそこに、特定の一時点を超え出てしまうような、そしてより持続的であると同時に没人格的でもあるような、より一般的な集合体のなかにこれを置き換えることをうながす特徴や性格を見いだすとしても、何を驚くことがあるだろうか。私たちがそれぞれの時点で、自分自身にしか知られていない自己の内面に起こっていることと、自分が属している集団や社会の生活のなかで自分の関心を引き付けることの一切を同時に意識しているのだとすれば、他にどのようにありうるのだろうか。それを理由に、私たちはこのようなバイアスを通じてしか過去に接近することができないと考えるべきだろうか。そうではなく、思い出が明確なものになって数が増えていくにつれて、私たちは個々の思い出を一般的で外在的な枠組みのなかに位置づけ直そうとするというより、むしろ自分の内的な状態のつながりのなかに社会的特徴や性格を位置づけていくのだということ、そしてそれは、それらを互いに切り離すためというより、一つのものにしていくためであるということに、気づかされるのではないだろうか。言い換えれば、ある日付やある場所はこの時点で、自分にとっては、他の人々に対してはもちえないような意味を獲得するのである。反省によって、それを自分自身の他の諸状態から切り離すことによってだけ、私たちはその日付や場所を抽象的に思考することになり、同時に、その意味が自分たちの集団にとってもつ意味と一致していくことになる。しかしまさに、このように自分の思い出を呼び起こすとき、私たちは、それらを反省的に振り返り一つひとつを個別に検討することをやめてしまう。言葉を換えれば、反省的作業や言語的思考の枠組みの不連続性とは相いれないような、思い出の連続性が存在することになるのである。

しかし、ここで、二つの考え方のいずれかを選択しなくてはならない。もしも、想起する（se souvenir）という言葉が、それによって、過去を再構成するということではなく、それ以上に、またもっぱら、過去をもう一度生きることを意味するのであれば、過去のさまざまな出来事は、むしろ一つひとつ別々に私たちの意識のなかにあらためて現れてくるにちがいない。出来事と出来事のあいだに断絶があるとは言えないとしても、実際のところ、一つひとつの出来事が現実に時間の流れのなかの一時点、ただ一つの時点を占めていたということに異論を唱えることができるだろうか。もしもそれが記憶のなかに保存され、かつてのままに再び現れることが可能なのだとすれば、私たちがその出来事を思い起こすのは、出来事それ自体のあるがままの姿に向けてのことであり、他の出来事との関係のために、あるいはまたその関係を介してなされることではない。そして、もしそうだとすれば、こうした思い出の一つと、夢に現れてくるようなイメージ、記憶が保持していた一連のイメージからは明らかに切り離されているようなイメージとのあいだに、どのような差異があることになるだろうか。さらに、どうして思い出は、夢と同じような幻想を引き起こさないのだろうか。夢と現実とをまさに混同させているもの、それは、夢を構成するイメージが過去に属するものであるにもかかわらず、過去から切り離されているということである。知っている人のイメージであれ、自分がかつていた場所やその一部のイメージであれ、感情や態度や言葉についてのイメージであれ、イメージは私たちに押し付けられ、人はその現実性を信じてしまう。なぜなら、そのイメージが単独で現れるから、それが、目覚めているときに思い描くもの、すなわち自分の知覚や、過去の全体的な場面とはまったく結び付いていないからである。それは、思い出とはまったく異なるものとしてある。

思い出は、個々ばらばらに現れるものではない。注意や関心がそのなかの一つのものに集中していることはあるとしても、私たちは、その他の思い出もまたそこにあり、それらは自分の記憶の大きな方向性と重要な基準点に従って編成されていることをはっきりと感じ取っている。それは、全体的な構図をすでに知っている絵画作品のうえに、ある特定の線や形が浮かび上がってくるのと同様である。

したがってまた、なぜ、どのようにして人は一つの思い出からまた別の思い出へと移っていくのかを説明するうえでも、二つの考え方のいずれかを選択することができる。想起するとき、人が過去の出来事をもう一度生きているのだとすれば、人はそれらの出来事が生じた時代へと、実質的に移動しているのだと認めなければならないだろうし、そのときには、各時点間の継起関係、すなわち一つの出来事に続いてある別の出来事が現れたという事実を過去に規定したのと同じ理由が、思い出のなかでも同じ順序で同じ状態が再現されているということを説明するうえで、呼び起こされることになるだろう。そうだとしたら、私たちはそれらの状態を外部から検討するのではなく、それらの状態の内部にあるのだから、一つの状態から別の状態が生み出されていく内在的な自発性を自由に作動させておけばいいことになるし、実際のところ、その自発的なはたらきは、かつておこなった反省や推論を再現するということを除けば、理性的活動や一般的表象を必要としないことになる。これに対して、私たちが過去をもう一度生きるのではなく、それを再構成しているにすぎないのだとすれば、もはや実在の呼び戻しではなく、表象としてあるものを説明しなければならない。このとき、継起的に生じている一つひとつ別々の出来事の表象が、ある一定の順序で現れるためには、私たちがその順序の観念を常に心に抱き、同時にその順序に適合する表象を探し求めていなければならない。言い換えれば、私たちがひと続きの出来事、たとえば、戦争の最初の一カ月に自分の身に起こったことを思い起こしたとすれば、そのとき私たちは次のような問いをみずからに発していたはずなのである。召集の前には自分はどこにいただろう。シャルルロワの戦いの結果を知ったときには、あるいはパリが攻撃されたときには、どこにいただろう、などと。そして、自分の思い出が、社会的に重要な意味をもつこれらの日付と合致しなければならない。それは自分がどこに移動し、どこに滞在し、家族や友達のなかの誰が近くにいて、誰が遠く離れていたのかということが、自分たちの社会のなかで表象されている場所の一般的配置と合致していなければならないのと同様である。ここで、一般的な射程をもつ事実を強調するためにこうした例を選ぶことを、非難する人がいるかもしれない。それならば、自分自身にしか関わらない事実、おそらくは自分自身のなかにだけ痕跡を残すような事実が生じたあと、それをどのように思い描くのかを考えてみよう。たとえば、近しい人の死がそれである。このとき、悲しみや苦しみを、自分が感じ取った一定の強度とニュアンスで思い出そうとしても、ただその感情だけを取り出して呼び起こすことはできないだろう。そうではなく、回り道をしなければならないだろう。すなわち、その出来事のなかのより個人的な事柄、自分の感情的反応からは決して出発することができず、まずは、病いに罹ってから最期を迎えるまで、葬儀から埋葬にいたるまでの経過を思い、さらには死者の家族や友人、あるいはその人が住んでいた場所や、亡くなる前に見舞いのために訪ねた町を思うことになるだろう。そして、その人自身のことを鮮明に思い起こすために、その年齢や職業、性格や生活全般の特徴について考えるだろう。もちろんそれは、より内密な細部のあれこれを思い出すことを妨げるものではない。たとえば、少し前にその人が自分にこんなことを言ったとか、もっと具体的で個人的なことであれば、テーブルの上にその人の書きかけの手紙があったとか、いつもその人らしいきちんとした姿、あるいはだらしがない姿をそこに見いだすことができたというようなことを。しかし、こうした細部は、その場所や日付を思い描いてはじめて、出来事との関わりのなかでそれを思ってはじめて、十全な価値を担うものである。というのも、それだけでは細部は意味がないものにとどまるからである。他方、人は夢で無意味な細部をたくさん見る。しかし、それらを思い出しているのではない。

　人は、一つの思い出を呼び起こすために必要とされる精神のはたらきのすべてを理解しているわけではない。しかし想起された一つの出来事がある時系列的なつながりの一部をなしていれば、意識の舞台の上にその出来事に先立つものを現出させるのに十分である、と思っている。それが不十分なものになるようなポイントがどこにあるのかと言えば、それはまさに夢によってもたらされるものである。私たちはたくさんの夢を見る。にもかかわらず、自分は決して夢など見ないと考える人が、何と多くいることだろう。そして、私たちが見る夢のなかで、そのいくつかの細部しか思い出せないものが、どんなに多くあることだろう。このとき、夢のさまざまなイメージは、それが互いに結び付いていくときには、おそらく特殊な論理に従っている。少なくとも、それらは決して、目覚めているときに私たちが知覚する対象と同じ時間、同じ空間のなかに配置されているわけではないし、そのときどきに私たちの世界と社会の捉え方を規定する一群の観念に結び付いているわけでもない。とはいえ、私たちがそれらを覚醒時の時間のなかに位置づけているわけではまったくないとしても、それらのイメージが持続のなかに位置を得て継起していくことも、やはり確かである。ただし、それらのイメージが生み出されていく際に、記憶のなかで、継起的な順序を追って配置されていくとしても、そこにあるのはやはり夢のイメージであり、一つのイメージが生じるとその次に別のイメージが生まれていくのではあるが、そのとき私たちはただ、先に見たものが何で、そのあとに見たものが何だったのかを問うことしかできない。しかし、夢のイメージのあいだにはほぼ時系列的な順序のつながりしか存在しないからこそ、私たちはその大半を忘れてしまうのである。むしろ反対に、ある一つのイメージを思い出すと、これが他のイメージを覆い隠し、あるイメージ群が遠ざけられ、忘却され、自分の思考の筋道を変更しないかぎり、夜のあいだに経験した他の一連の場面を偶然にでも見いだすことができないように思われるのである。したがって、目覚めているときのイメージがこれと同様ではないとすれば、そのなかのかなり大きな部分を思い起こせるとすれば、そして実際に、自分では埋め合わせることができない欠落が目覚めているときの生活のなかには存在しないのだとすれば、私たちが一つの思い出から別の思い出へと移っていく際には、時間的な継起とは別の関係のうえにみずからを導いているはずなのである。

自分の経験した最近の出来事を枠づけていた空間をすみずみまで頭のなかでたどることができるとしても、そのとき、その空間のどの部分にも夢に見たイメージにつながるきっかけを見いだすことができず、自分の夢と関係していそうなものを何一つ見いだせないとすれば、夢のイメージを覚醒時の経験と同じように想起することなど、どうしてできるだろうか。反対に、私たちがある都市やそのさまざまな街区や通りや家々を思い起こすときには、完全に消え去ってしまったと思っていた多くの思い出が現れ、今度はそれがさらに他の思い出を見いだす助けになってくれることだろう。そのようにして、私たちは、いわば、次第に近づいていく同心円状の曲線をその周囲に描きながら、自分の思い出に向かっていくのであり、時系列的なつながりがはじめから与えられているわけではない。多くの場合、いくつかの基準点を往復し、そのあいだにさまざまな記憶を一つひとつ発見していき、そののちに、全体としてそれらが生じたにちがいないと思われる順序のなかに、自分の思い出を配列することができるのである。

*

ここまでの分析と、それによって本書がたどり着いた結論を要約しよう。分析はすべて一つの事実に基づくものであり、一つの理論に対置されるものである。その事実とは、私たちは夢のなかで自分の過去をもう一度生きることはできないということ[25]、私たちが夢の世界で、見かけ上は思い出のように見えるイメージを作動させているとしても、それが呼び起こされるのは、私たちが実際に経験した場面からばらばらに切り離された断片や部分という状態でしかないということだ。その個別の部分のすべてを伴い、その他の要素が介在することがないような出来事、過去の完全な一場面が、眠っているあいだの意識のなかで再現されることはない。本書では、これに対する反証になりうるような事例のいくつかを検討してみた。そのなかのいくつかは、あまりにも不正確または不完全にしか報告されていないので、その意味を把握しきれなかった。また別のいくつかのケースでは、出来事と夢のあいだで反省的思考がはたらき、思い出が振り返られ、一度もしくは何度かにわたってそれが呼び起こされていたために、その思い出がイメージに変形されていたのだと推論することができた。このとき、夢の世界に現れたのは、この構成されたイメージだろうか、それとも、そのイメージに先行し、イメージが作られるきっかけとなった思い出なのだろうか。いずれの可能性も同じくらい正しいように思われた。さらに、目覚めているときには忘れられていて、夢を通じてよみがえってくる幼児期の思い出を取り上げて検討してみた。しかし、そこにあるのは、子どもが描く、明らかにあまりにも曖昧な表象であって、それが本当の思い出を呼び起こすものとは言えなかった。そのうえ、すべてのケースで、考えられうるすべての夢で、過去のものではない、現在の人格が夢のなかに積極的に介入していて、再現される出来事や人物の全般的な様子がそれによって変質を被らないということはありえなかった。

私たちはここで、ベルクソンの理論と衝突することになるだろう。ベルクソンは、思い出と夢とがこれほど明確に相いれないものであることを認めていないように思われる。彼は記憶＝イメージ（image-souvenir）という名で、私たちの記憶の底に保存されている私たちの過去それ自体を指し示していて、精神がもはや現在へと向かわず、覚醒時の活動が弛緩したときには、おのずからそこに降り立つはずなのだとしている。そのことは、記憶に関する彼の考え方のきわめて必然的な帰結であり、ベルクソンは、実際にはイメージ記憶（souvenirs-images）がそのまま夢に再現されるわけではないことを確認しながらも、次のように述べている。「人は深く眠っているときには、また別の性格の夢を見ている。しかしそれは、目覚めたときにはほとんど残っていないのである。私は――特に理論的理由から、したがって仮説的に――次のように考えたい。そのとき我々は、自分の過去についての、ずっと大きな広がりをもった、より詳細なヴィジョンを得ているのであると」[26]。すなわち、ベルクソンによれば、夢における自我（le moi des rêves）とは、実際のところ、「私の過去の全体」[27]なのである。また他方では、みずからが区分する二つの記憶のうちの前者、つまり記憶＝イメージとして私たちの日常のすべての出来事を保持し、それぞれの事実と振る舞いに場所と時間を与えているような記憶を、ベルクソンが夢と結び付けている一節もたしかに存在する。「イメージという形で過去を呼び起こすためには、現在の行為を気にかけることをやめなければならない。無意味なことに価値を認めなければならない。夢見ようとしなければならない……（こうした記憶＝イメージは）意識のなかに再現される際に、生活の実用的性格を変質させ、夢を現実に混入させるのではないだろうか。おそらくそれは、夢のイメージ（について、自発的記憶によって蓄えられたイメージ）である」[28]。さらにその先では、「その感情的な色彩までを含むすべての細部を伴って、そのままの姿で再生された過去のイメージとは、夢想の、あるいは夢のイメージである」としている。そしてさらには、「みずからの生活を生きるのではなく、それを夢に見るような人間は、おそらくこのように、いつも、みずからのまなざしのもとに、果てしなく多様なみずからの過去の歴史の細部を保ち続けるのである[29]」と書いている。

しかし、このように人が夢からイメージ記憶へといつのまにか移行しうるということを証明するものは何一つない。夢について考えてみるときに印象的なことは、夢はいつも、はじめて見る、現在の、新しい出来事という性格をもち、休みなく創造し続けられる光景を私たちに与えているということである。そうだとすれば、いったいどのようにして夢が、たとえその極限においてであるにせよ、そうした思い出の一つになりうるのだろうか。ベルクソンは、夢（rêve）と夢想（rêverie）という二つの言葉を結び付けるとき、夢を見る＝夢想する（rêver）という言葉の二つの違うはたらきを指していることを十分に承知している。にもかかわらず、彼の考え方によれば、その双方で精神は同じようなことをしている。想起するとは目覚めた状態で夢を見るということであり、夢を見るとは眠っているあいだに想起することなのであり、そのために二つのことを同じ語で表すことに理があると見なすのである。しかし、このように結び付けることは、それがどれほど熟慮に基づくものであるとしても、なお混同であることに変わりはない。精神が目覚めている状態から夢へと、夢から目覚めている状態へと移行するときのことをよく自己観察してみるならば、目覚めているときの思考は、睡眠中の思考のそれとは関連がない枠組みのなかで展開されていることに気づくだろう。したがって、目を覚ましたあとに、どうすればその夢を思い起こせるのかを理解することさえできないのである。

実際に、厳密に言おうとするならば、人は夢を想起してはいないのだということ、あるいはむしろ、目覚めたすぐあとに定着させることができたものだけを想起するのだということを、ここまでの考察で示してきた。記憶のはたらきは、実際に、構築的であるとともに合理的な精神の活動を前提としていて、それは眠っているあいだにはまったく不可能なものである。したがって、記憶は、私たちがそれぞれの瞬間にその全体図と主要な動線とを把握しうるような、まとまりをもって秩序化されている、自然的・社会的環境のなかでしか作動しない。すべての思い出は、たとえ個人的なものであっても、自分だけがその証人であるような出来事に関するものや表出されなかった思考や感情に関するものであってさえも、自分以外の多くの人々が所有する一群の概念、さまざまな人間、場所、日付、語や言葉の形、さらには推論や観念、すなわち自分が現にその一員であるか、過去にその一員だった社会の物質的・精神的生活の一切との関係のなかにある。ある一つの思い出を呼び起こすとき、それを特定の場所や時間のなかに位置づけて明確なものにしていくとき、つまり私たちがそれを完成させるとき、思い出はその思い出を取り巻いているものと結び付けられていくとしばしば言われる。現実に、その思い出と関わりがある他のさまざまな思い出が、自分の周囲に、自分がそのなかで生きている物や人間たちのなかに、あるいは自分自身のなかに存在しているからこそ、つまり、空間や時間上の基準点、歴史的・地理的・伝記的・政治的概念、日常的経験上の所与、慣れ親しんだ物の見方があるからこそ、はじめは過去の出来事の空虚な図式でしかなかったものを、次第に明確に限定していくことができるのである。しかし、思い出がこのように再構成されなければならないものであるならば、比喩としてでないかぎり、私たちが目覚めた状態でそれを、もう一度生きていると言うことはできない。そしてまた、私たちが経験したこと、見たこと、おこなったことの一切が、そのまま存続していて、私たちの現在はその背後に過去のすべてを引きずっているのだと、認める理由もない。

記憶のなかでではなく、夢のなかで、精神は社会から最も遠ざかる。もしも、純粋に個人的な心理学が、意識が孤立し、それ自体に委ねられている領域を探し求めるのであれば、それは夜眠っているあいだの生活である。そこでだけ、心理学はそのような領域を見いだす最大のチャンスを有することだろう。しかし、覚醒時の限定が取り払われて拡張されるのではなく、また一貫性と正確性において失われたものがその広がりにおいて取り戻されるのでもなく、意識は、そこでは著しく縮小し、狭小になるように見える。社会的表象の体系から完全に切り離されてしまったイメージは、もはや生の素材でしかなく、ありとあらゆる種類の結び付きに加わりうるものであり、それらのイメージのあいだには、偶然に基づく関係、実際のところ、身体的変容（modifications corporelles）の無秩序な戯れに基づく関係しか成立しないのである。たしかにそれらのイメージは、時系列的な順序に従って生起している。しかし、夢のなかで次々に生起するイメージのつながりと、思い出のつながりとのあいだには、乱雑に切り取られた諸部分が滑り落ちて互いに折り重なり、偶然によって均衡を保っているような石材の山と、しっかりした骨組みによって支えられ、さらに隣接する家のそれによって補強されている建物の壁のあいだにあるほどの違いが存在する。それはつまり、夢はそれ自体のうえにしか立脚していないのに対し、私たちの思い出は、他のさまざまなもの、社会が有する記憶の一般的枠組みに支えられているということである。

注

（1）Émile Durkheim, *Les formes élémentaires de la vie religieuse*, Librairie Félix Alcan, 1912, p. 79.（エミール・デュルケーム『宗教生活の基本形態――オーストラリアにおけるトーテム体系』上・下〔ちくま学芸文庫〕、山﨑亮訳、筑摩書房、二〇一四年）

（2）Sigmund Freud, *Die Traumdeutung*, 1re édit., Franz Deuticke, 1900, p. 13.（ジークムント・フロイト『夢判断』上・下〔新潮文庫〕、高橋義孝訳、新潮社、一九六九年）

（3）Joseph Delbœuf, "Le sommeil et les rêves," *Revue philosophique*, t. 9, 1880, p. 640.

（4）Marcel Foucault, *Le rêve: études et observations*, Félix Alcan, 1906, p. 210.

（5）ブリエール・ド・ボワモン（Brierre de Boismont）の著作『幻覚論』（*Des hallucinations* 3e édit., 1852, p. 259.）からの引用。これは、アバークロンビー（Abercrombie）『知的能力に関する探求』（*Inquiries concerning the intellectual powers*, 11e édit, 1830）、第十一版（London, 1841）による。本書ではこの第十二版のほうしか参照できなかった。

（6）*The American Journal of Psychology*, vol.V, 1893, p. 323, Statistics of deams.

（7）Freud, *op. cit.*, p. 129.

（8）Alfred Maury, *Le sommeil et les rêves: études psychologiques sur ces phénomènes et les divers états qui s'y rattachent, suivies de recherches sur le développement de l'instinct et de l'intelligence dans leurs rapports avec le phénomène du sommeil*, 4e édit., Didier, 1878, p. 92.

（9）Léon d'Hervey de Saint-Denys, *Les rêves et les moyens de les diriger*, Amyot, 1867, p. 27.（エルヴェ・ド・サン＝ドニ『夢の操縦法』立木鷹志訳、国書刊行会、二〇一二年）

（10）アルフレッド・ビネ（Alfred Binet）によれば、子どもは七歳になってようやく人物像の欠落を指示することができる。すなわち、たとえば人として認識した描画に目や口、あるいは腕がないと指摘することができる。「心理学年報」（*Année psychologique* XIV, 1908.）を見よ。筆者は、六歳児についてこのテストをおこない、七歳児のような指摘ができないことを確認した。

（11）カルキンズは、次のように指摘する。いくつかの事例では、「人格的同一性の感覚がはっきりと消失することがある。自分は他の誰かであると、あるいは自分は自分自身の分身であると思っていて、その場合には、第二の自己が存在し、それが見えたり、その声が聞こえたりするのである」（*Ibid.*, p. 335.）。モリーは次のように言う。「ある日私は、夢のなかで、女になり、しかも妊娠していると思った」（Maury, *Le sommeil et les rêves, op. cit.*, p. 141, note）。しかし、このとき思い出はさらに変形されている。というのも、他の人であってもそれを見ることができたようなものとして、その事実を思い描いているからである。

（12）Maury, *op. cit.*, p. 166.

（13）*Ibid.*, p. 46.

（14）*The American Journal of Psychology*, vol. V., p. 331.

（15）S. Serguéeff, *Le sommeil et le système nerveux. Physiologie de la veille et du sommeil*, 2e vol., Félix Alcan, 1892, p. 907 et suiv. この事例は、ベルクソン（"De la simulation inconsciente dans l'état d'hypnotisme," *Revue philosophique*, Nov. 1886.）によって記述されたきわめて興味深いケースと照合することができるだろう。それは、催眠状態にある女性のケースで、彼女は、自分のなかに異常な力があると想定したうえで命令を実行しようとするのだが、結局ごまかしをする。それは彼女が、そのような能力をもっていないことをよくわかっているからである。

（16）フリードリヒ・ヘールヴァーゲン（Heerwagen（Friedr.））は、『夢と眠りについての統計的研究』（*Statistische Untersuchungen über Träume und Schlaf, Philos. Studien* de Wundt., V, 1889.）のなかで、五百人近い対象者につい

ての調査に基づいて、人は通常、浅い眠りのときに、より鮮明な夢を見、かつそれをよく思い出すことができるのだと結論づけている。しかし、女性は例外である。ただし、質問はかなり漠然とした言い回しで提示されている。

(17) Albert Kaploun, *Psychologie générale: tirée de l'étude du rêve*, Payot, 1919, p. 126. 同時に、「モリーの夢（rêve de Maury)」についての批判（Yves Delage, *Le rêve: étude psychologique, philosophique et littéraire. Tome premier*, Imp. du Commerce, 1920, p. 460 et suiv.）も見よ。イヴ・ドゥラージュは、少なくとも一般的には、夢の「電撃的な速さ」を信じていない。

(18) Denys, *op. cit.*, p. 266.

(19) Kaploun, *op. cit.*, p. 180.

(20) アンリ・ドラクロワ（Henri Delacroix）は、夢のイメージの組織化の様式を非常に見事に、「心理システムの多発的崩壊」として定式化している（"La structure logique du rêve," *Revue de Métaphysique et de Morale*, vol.12, 1904, p. 934.)。

(21) カプラン（Kaploun, *op. cit.*, p. 84, 133.）は、私たちは夢のなかでも目覚めているときと同様に、物や人を「認知している」と述べている。すなわち、自分が見ているものの一切を理解しているのである。これはそのとおりである。しかし、夢の場面の全体についても同じことが言えるわけではない。夢のなかでは、場面の一つひとつがむしろ完全に新しい、現時点のものであるように思われる。

(22) Charles Blondel, *La conscience morbide*, Félix Alcan, 1914.

(23) カプラン（Kaploun, *op. cit.*, p. 83, §86.）によれば、「思い出は、はじめに過去から切り離されて回帰し、直後に再認されて位置づけられるのではない。再認と位置づけはそのイメージに先行している。私たちはそのイメージがやってくるのを見るのである」。実際に、再認し、位置づけるためには、潜在的な状態で「みずからの過去全体の体系」を有していなければならない。再認されない思い出は、不完全な知識にすぎない。

(24) Daniel Mornet, *Le sentiment de la nature en France de J.-J. Rousseau à Bernardin de Saint-Pierre*, Burt Franklin, 1907.

(25) ルクレーティウスはすでに、この事実に気づいていた。彼は言う。夢を見ているあいだは「記憶は不活発になり、弛緩している（meminisse jacet, languetque sopore)」。この点で記憶は慣性に従い、まどろんでいるものであり、夢を見ているとき人はしばしば、生きて夢に現れた人がずいぶん前に死んでしまったことを思い出さない。Titus Lucretius Carus, *De natura rerum*, IV, p. 746.（ルクレーティウス『物の本質について』樋口勝彦訳〔岩波文庫〕、岩波書店、一九六一年)。この一節は、モーリス・プラディーヌ（Maurice Pradines）によってご教示いただいたものである。

(26) Henri Bergson, *L'énergie spirituelle*, 7e édit., Félix Alcan, 1922, p. 115.（アンリ・ベルクソン『精神のエネルギー』竹内信夫訳〔「新訳ベルクソン全集」第五巻〕、白水社、二〇一四年）

(27) *Ibid.*, p. 110.

(28) Henri Bergson, *Matière et mémoire: essai sur la relation du corps à l'esprit*, 2e édit., Félix Alcan, 1900, p. 78 et suiv.（アンリ・ベルクソン『物質と記憶――身体と精神の関係についての試論』竹内信夫訳〔「新訳ベルクソン全集」第二巻〕、白水社、二〇一一年）

(29) *Ibid.*, p. 169.

訳注

［1］本書では、mémoire は記憶全般や記憶のはたらきを指し、souvenir は保存または想起された具体的な記憶内容を指すことが多い。これをふまえて基本的に、mémoire には「記憶」、souvenir には「思い出」という訳語を当てるが、特に後者については文脈に応じて訳し分ける必要があると判断した。したがって、souvenir には「想起」「想起内容」「記憶内容」「記憶」などの訳語を適宜選択し、必要に応じて原語を挿入した。

［2］ジョゼフ・デルブッフ（Joseph Delbœuf, 1831-96）は、ベルギーの哲学者、心理学者。ヘント大学とリエージュ大学で教授を務める。論理学の数学的処理に関する研究と、催眠術研究で知られる。

［3］メアリー・ウィットン・カルキンズ（Mary Whiton Calkins, 1863-1930）は、アメリカの心理学者、哲学者。ギリシャ語と古典学を修めたあと、ウィリアム・ジェイムスのもとで心理学を学ぶ。「自己心理学」の体系化をはかり、

女性としてはじめてアメリカ心理学会会長を務める。クラーク大学のエドモンド・サンフォードとともに、二カ月間にわたって自分が見た夢の記録・分析をおこない、ジークムント・フロイトにも大きな影響を与えた。

［4］カール・グッセンバウァー（Carl Gussenbauer, 1842-1903）はオーストリアの外科医。ウィーン大学で医学博士号を取得後、リエージュ大学、プラハ大学、ウィーン大学で教授を務める。

［5］ジョン・アバークロンビー（John Abercrombie, 1780-1844）は、スコットランドの医師。エジンバラを拠点に臨床実践をおこなう一方で、哲学、宗教学の研究に従事。著書に、『知的能力と真実の探究』（一八三〇年）、『道徳感情の哲学』（一八三五年）、『聖なる真実の要素』（一八四四年）などがある。

［6］アルフレッド・モリー（Alfred Maury, 1817-92）は、フランスの学者。考古学、古典言語、現代諸語、医学、法学など、多様な主題についての研究をおこなった。古代や中世の科学や宗教についての書物を著す一方、『眠りと夢』（一八六一年）に代表される夢の研究でも知られる。

［7］レオン・ド・エルヴェ・ド・サン＝ドゥニ（Léon d'Hervey de Saint-Denys, 1822-92）は、フランスの中国学者、作家。長年にわたって夢と眠りの研究をおこない、一八六七年に『夢の操縦法』を刊行。

［8］souvenir-image は「イメージ記憶」と訳す。これは、実際にイメージとして想起された記憶内容を指している。これに対して image-souvenir は「記憶＝イメージ」と訳す。アンリ・ベルクソンの『物質と記憶』の訳書では、「記憶心像」「想起＝イメージ」などの語が当てられている。アルヴァックスは二つの語を必ずしも厳密に使い分けていないように思われるが、ベルクソンでは、「記憶＝イメージ」は「記憶として記録された過去のイメージ群」、イメージとして保存されている記憶（アンリ・ベルクソン『物質と記憶――身体と精神の関係についての試論』竹内信夫訳〔「新訳ベルクソン全集」第二巻〕、白水社、二〇一一年、訳注、p.xxiv 参照）を指す。この言葉の意味については、竹内訳とその訳注から学ぶところが多かったが、「想起＝イメージ」という訳語には倣わないことにした。というのも、少なくとも社会学の文脈では、「想起」という言葉を使った場合に、実際に何かを想い起こす、想い起こしているという行為や状態を指すことが多いように思われるからである。ベルクソンが souvenir と言う場合にも、その意味での「想起」あるいは「想起された内容」を指す場合が多いが、実際に「想起されている／いない」にかかわらず、記憶として保持されている過去の経験を指して、この言葉が用いられる文脈があるように思われる。たとえば、現在

の行動と知覚の文脈から切り離された、純粋な状態における記憶は souvenir pur と呼ばれるが、それは、それ自体としては、日常の行動場面で「想起」されるものではない。こうした「想起されざる」過去のイメージをも含めて指示する言葉としては、「記憶」という語のほうがふさわしいように思える（したがって、souvenir pur も「純粋記憶」と訳す）。加えて、アルヴァックスは本書で、ベルクソンが言う「純粋記憶」は「想起」可能か否かを問うているので、souvenir に対応するこの二つの訳語を文脈に応じて切り分けることが有益であると判断した。

souvenir-habitude は「習慣記憶」と訳す（竹内訳の前掲『物質と記憶』では、「習慣＝想起」と訳されている）。ベルクソンは、過去の経験が二つの異なる形式で存続されると論じている。一方では、過去に知覚されたイメージが運動のメカニズムに組み込まれ、新たな態勢を身体のなかに作り出す。この身体化された記憶は、現在の文脈で現働化し、運動を実現するのに役立つ。これが「習慣記憶」である。他方で、そのときどきに経験されたさまざまな状況のイメージ群は、それらが継起した順序に従って、そのまま保存されている。この「記憶＝イメージ」は、現在の文脈に応じて「イメージ記憶」として再現前化＝表象される。ただし、「記憶＝イメージ」がその過去の経験のままに想起されるためには、現下の行動の必要性から意識が解放されることが条件となる。

［9］Jean＝Jacques Rousseau, Quatre Lettres à Monsieur Le Président de Malesherbes, 1762.（「マルゼルブ租税院長官への四通の手紙」。引用箇所は、一七六二年一月二十六日付の第三の手紙から。原著に出典の指示なし）。

［10］「オランピオの悲しみ（Tristesse d'Olympio）」は、詩人・小説家ヴィクトル・ユゴー（Victor Hugo, 1802-85）の詩作品で、のちにガブリエル・フォーレによって曲がつけられた。失われた愛の思い出を探し歩く男の悲しみを歌い上げる叙情詩。一部を抜粋する。「彼はもう一度見たかった、すべてのものを、泉のそばの池を、／ふたりの財布が空になるまで施しをした、あの荒屋《あばらや》を、／たわんだとねりこの老木を、／ふたりの愛をつつんでくれた林の奥の秘められたいくつもの場所を、／何度も交わす接吻《くちづけ》にふたりの魂が溶けあって、／すべてを忘れた木の虚《うろ》を！／彼は探した、庭を、ぽつんと建った一軒家を、／並木の植わった脇道が見える格子の門を、／斜面にひろがる果樹園を。／色青ざめて彼は歩んだ。―重く暗いその足音を聞きつけて、／ああ！木々の一本一本から立ちあがるのが見えた、／過ぎさった日々の幻影が！」（『ユゴー詩集』辻昶／稲垣直樹訳、潮出版社、一九八四年、一五九―一六〇ページ）

第2章
言語と記憶

前章で私たちは、夢を見るとき、人は自分の仲間たちのいる社会と接触することをやめるのだと述べた。それはしかし、言い過ぎではなかっただろうか。眠っているあいだでさえも、人がそのなかで生きている集団の信念や慣習の一部は、なおその人に負わされているのではないだろうか。おそらく、夢を見ているときと目を覚ましているときに共通する数多くの概念が存在するにちがいない。もし、この二つの世界のあいだにまったく通じ合うものがなかったとしたら、つまり、それぞれの世界で認知されたものを理解するために精神が同一の道具を持ち合わせていなかったとしたら、夢のなかの精神は、ある種の動物やおそらくは乳幼児のそれと見なすことができるような類いの意識活動へと引き下げられてしまい、およそ、物や人や状態に対して、目覚めているときに出会うのと同じ名を与えることも、そこに同じ意味を付与することもできないだろう。そして、自分の見た夢を物語ることなどできなくなってしまうだろう。

こうした観点から、フロイトの著作(1)に見いだされるかなり複雑な夢について、詳細な分析を試みよう。ただしここでは、本書の関心を引き付ける部分だけを取り上げることにしたい。また、フロイトの仮説がいささか大胆すぎると思われるところでは、立ち止まってみることにしよう。つまり、フロイトはさらに解釈を進めていくのだが、本書が取り上げるのはその手前までのところである。フロイトは、ヒステリー症と診断した一人の女性の治療をしたときのことを語っている。その女性の家族とフロイトの家族は非常に親しい関係にあった。彼女がほぼ完治した時点で、治療は中断された。ただし、フロイトがこの病人に「もう治ったということ」を受け入れさせようとしても、彼女はそれを拒否していたのであった。このことに関連して、フロイトはオットーという一人の若い同僚の訪問を受けることになる。オットーはフロイトに、この女性は回復しつつあるが、すっかりよくなっているわけではないと、いやな言い方をした。フロイトは、オットーが患者の両親に影響されていると考えた。両親はフロイトの治療を好意的な目では見ていなかったのだ。その日の夕方、フロイトはみずからの立場の正当性を主張するために、イルマ〔治療を中断した女性〕の病気の経緯を、共通の友人であるM医師に書き送る。その晩、フロイトは夢のなかで、自分が大きな広間でたくさんの客人を迎えているのを見る。イルマがそこにいる。「私はすぐに彼女を離れたところに連れ出して、彼女からの手紙への答えとして、「治ったということ」をまだ認めずにいるのは間違っている、と責める。私は彼女に言う。「もし、まだつらいとしても、それはほんとうに君の勘違いなんだ」。彼女は答える。「私がいま、首やおなかや体にどれだけの痛みを感じているか、わかってもらえないかしら。締め付けられているみたいなの」。私は不安になった。彼女を見つめる。彼女は青ざめて、むくんでいるように見える。そこには何か身体的な問題があると思い、私は彼女を窓際に連れていき、喉の奥を検査すると、急いでM医師を呼び、彼にも診察して確認してもらう。M医師はいつもとまったく様子が違っている。彼は顔色が悪く、足を引きずっているうえに、顎ひげがない。友人のオットーもまた、このときには彼女のそばにいる。Mが言う。「間違いない。プロピリン系の混合剤が注射されている。プロピリンだ……。毒物は排泄されるだろうが」。私たちはすぐに、誰がそれを注射したのかを見抜く。オットーがやったのだ。最近のことだ。プロピリン系の混合剤、プロピリン、プロピオン酸、トリメチラミン（私は太い活字でその処方が印刷されているのを見ているように思う）。この種の注射は、うっかりやってしまうものではない。どうやら、注射器が清潔ではなかったのだ」

フロイトはこの夢を願望の表れとして解釈している。つまり、自分の責任を免れたい。治療がうまくいかなかったとしても、それはイルマが身体的な疾患に侵されていたからだと明らかにしたい。彼女の状態が悪くなるとすれば、オットーの手際の悪い、不注意な処置のせいだと説明したい。しかし、本書にとって興味深いのは、フロイトがこれに与えている説明よりもむしろ、そこに見いだされる、否定しがたいいくつかの現実的要素である。たとえば、イルマやオットーやM医師やフロイト自身が属している集団と、そこに展開されているライバル関係や、そのなかで互いに向け合っている評価（M医師はそのサークルのなかで最も人望が厚い人物である。オットーやその他の同僚たちはヒステリーのことをわかっておらず、フロイトは彼らをばかにしている、など）。あるいは、イルマの家族とフロイトの家族との親密な関係。だからフロイトはイルマを「君」と呼んでいるのだし、のちに見るように、彼女のことに関連して、フロイトは自分の妻や娘のことを考えている。さらには、医学的、化学的などの一群の概念。それは一つの職業を明確に表している。そして、職業的な良心のあり方。そこに伴う規則や原理をフロイトは問題にしている。こうした生活に由来する集合的な要素のすべてが、夢を見る人の孤立した意識のなかに入り込んでおり、それは、目覚めているときの社会環境に由来するものにほかならない。

さらに、フロイトのいくつかの夢に目をとめ、それを検討し、比較してみれば、すぐにも次のような点に気づくはずである。それらの夢のほとんどには、一般的性格をもつ概念が少なからず入り込んでいて、それによって、夢は、家族や友人や同僚などのうちのどの集団と関連しているか、どのような職業生活の特徴に関わっているか、感情や仕事、勉強や趣味や旅行といった事実領域のなかのどれと関連しているか、さらには家や、都市の街区や通りや、地方といった限定的な社会的意味をもつどの場所と関わっているか、そして、子どもや老人、商売人や社交界の人間、学者など、どのようなカテゴリーの人と関わっているかに応じて、分類することができる。もちろん、一つの夢は、同時に複数のカテゴリーにまたがっている。しかし、それだけに一層夢のイメージは、そこに自分自身の存在しか見いだせないほどの個人的創造物のようなものではないと考えられるのである。

したがって、私たちの意識のなかには、少なくとも潜在的状態で、夢のイメージの背後にあって、それを何ものかとして認識し、なじみがある他のイメージと結び付けることを可能にするような、言い換えると、それを理解することを可能にするような思考が存在していることになるだろう。しかし、思考とイメージの関係は、夢のなかでは、目覚めている状態よりも不明確で、ゆるいものであるように思われる。先に引用した夢に対してフロイトが与えた分析が、すでにその点を認識させてくれる。この夢には、まずイルマが現れる。彼女のいずまい、窓辺に肘をついているその姿がフロイトに、イルマと同様にヒステリー症である一人の女性の知人のことを思い起こさせる。実際、フロイトは、夢のなかでイルマをこの知人に置き換えている。この女性は、フロイトの妻と同様に、青白い顔色をしているように見える。そのときフロイトは、イルマを妻に置き換えてはいなかっただろうか。しかし、イルマはまた、フロイトの長女とも同一視されている。なぜなら長女は、夢のなかでイルマに見られたのと同じ身体的症状を呈しているからである。[2]（夢のなかの）M医師は青白く、顎ひげがなく、足を引きずっている。この後者の二つの特徴は、フロイトの兄に関連づけられている。しかも、このときフロイトは、M医師と兄のどちらに対しても悪感情をもっている。つまり、M医師は兄なのである。さらにフロイトは、M医師の口から、別の同僚に言われた言葉を語らせている。ここにもまた置き換えがある。このように、一つの名前の背後に、複数の人物を探し求めなければならない。しかも、その人物たちは、互いにいつでも入れ替わり可能なのである。そして、夢の世界でのほとんどの出来事や事物もまた、これと同様である。

最近の出来事のなかの細部のどこかが夢のなかで再現されていると、しばしば私たちは、目を覚ましたあとでそれが何のことかを容易に特定することができる。その点について間違えることはないように思われる。というのも、そこには、こうして夢に見るのが偶然だとは思えないほど、生き生きとした身ぶりや、はっきりした感情の動きや、目に鮮やかなイメージ、そして何より、ごく最近の思い出が現れているからである。しかし、少し考えてみると、その同じ細部が、目覚めているときに経験した別の場面にも結び付いていることに気づき、戸惑いを覚えることになる。たとえば私は夢のなかで、何かを飛ばすために立てられた帆柱の杭のそばにいる。そして、その作業はすでに終了し、私はその柱をかついで運んでいくことになる。目が覚めて、私は前日、フレイザーの『金枝篇』のなかのくだりで、五月の祭りの物語を読んだことを思い出す。その祭りでは、人々が行列を作って木の幹や松や帆柱を運び、それを立てるのであった。あ、これだ、と私は思い当たる。この読書が、私の見た夢を説明してくれる。しかし、私はまた、同じ日に、自分が住むアパルトマンに家具を運び上げてもらったことを思い出す。板材や薄い横板などの洋服ダンスを解体した部品を、業者たちが肩に担いで部屋に運び込んでいった。これもまた、私が夢に思い浮かべたものの出発点になるだろう。そしてさらに、この二つの説明はいずれも完全な正解ではない。つまり、もっと些末な細部、この瞬間には本人の意識に残っていない細部が、夢見る人の思考をそちらの方向へ導いたということもありうるのである。

こうした事例、すなわち、目覚めているときに経験したあの事実やこの状況が、夢のなかで再現されたあれなのか、これなのか、はたまた別のものなのか、わからないような事例はたくさんあるのだが、そこから次のように結論づけることができる。夢で認知されたイメージの背後には多少なりとも一般的な概念が存在していて、イメージそれ自体は概念を形象化するにとどまり、部分的には概念と融合しているために、写実画よりも単純化されたシンボルに、すなわち、事物の一側面だけを再現するようなシンボルに類似しているのである、と。(3)本章ですでに検討した事例でも、イルマは、何らかの身体的な個別性や性格上の特徴をもちながらも、完全な一個人とは見なすことができないような、一般的な意味での病者を体現しているのではないだろうか。オットーとは、夢を見ている人と同じ職業の人間で、まったく好感をもてない医師一般という以外の何者でもないだろう。この人物は夢を見ている人の競争相手であり、両者の診断はしばしば一致を見ないのである。しかし、このような記述には複数の個人が当てはまるのであって、それは具体的な一個人の肖像画ではない。オットーはここでは、一つのシンボルでしかない。私が夢に見た飛行装置は、単純な操帆具の形をしていた。それは、組み立てると支え合うようにできていた。同じような特徴は、異なる用途に使われる他の多くの装置にも当てはまる。競馬場のテントの杭や教会の十字架、建築の足場、絞首台、さらにはまた車軸や帆柱《マスト》。私の夢は、おそらくこうしたカテゴリーの物すべてに関する思考がイメージへと移し替えられたものにほかならない。『聖書』には、ファラオ〔古代エジプトの王〕が眠っているあいだに経験したことを語るくだりがある。「私は川のほとりに立っているように思われた。七頭の牛がその川から上がってきた。つややかな、よく肥えた牛で、湿原の牧草地を通り過ぎていった」などといった記述があり、その先には、「私は夢を見た。よく実った七本の穂が、見事な美しさで一本の茎から伸びていた[1]」とある。豊饒な実りをもたらす自然の肥沃さ、豊かさの観念がすぐさま心に浮かぶ。まず間違いなく、ファラオがこの夢を見たのは、その何日か前に牧草地へと登っていく牛に出会ったからなどではない(牛の頭数を除けば、こうした場面を実際に個別に特定させるものは何もない)し、ヨセフがファラオに啓示するにとどめたことを、ファラオがひそかな気がかりとして心のなかに有していたから(フロイトならそのように説明しただろうが)でもない。偶然に、豊穣と欠乏の観念、豊かさと貧しさの観念がその人の思考のなかに生起すれば、それだけでこのような象徴的な形となって現れるのには十分なのである。

私たちが見る夢のイメージには多くの反省的思考が混在している。眠っているあいだにも、純粋で単純な思考からイメージへ、あるいはその逆へと、絶えず気づかないうちに移行している。しばしば、夢のなかで、あるいはまどろみのなかで、さらには目覚めていながらある種の瞑想に引き込まれてしまうときに、推論をはたらかせたのか、観念に従ったのかがよくわからないのは、これによって説明される。これから眠ろうとするとき、眠りが訪れる直前の時間に、ある考え、行為や出来事についての考えが、自分の反省的思考のつながりから切り離され、眠りにつこうとするそのときに、現実の行為や出来事と半ば入れ替わってしまうように思われることがある。そのとき、急に目を覚ましたり、あるいはまたぼんやりとした状態で眠気と闘ったりすると、そのイメージが一掃され、消失し、その瞬間に私たちがその思考を捉え直すことがある。このとき私たちは、そのイメージが、もはや意識的制御が及ばなくなった思考の形象以外の何ものでもなかったことを認識する。それは、ある種の物体が、それを照らしている光源が見えなくなったときにはじめて輝いて見えるようになるのと同様である。

夢を見ているあいだ、感情や身体的感覚を象徴する一連のイメージが展開することがあるということは、これまでもしばしば指摘されてきた。悪夢にはおぞましい姿の形象が宿ることがある。そのことから、民衆的な迷信のなかに現れる怪物や悪霊を説明しようとする試みがなされてきたのだが、その説明ではそれらは、抑圧や不調の感覚を形象化するものだということになるだろう。悪夢のなかで見る世界と苦痛な身体的印象のあいだには、相互浸透が生じる。ときどきあることだが、つらい夢や恐ろしい夢を見て急に目を覚ましたとき、夢によって引き起こされたと思われる不安の感情が残っていて、しかもその不安は身体的な苦痛の状態によって引き起こされたもので、夢を見る前から存在していたにちがいないとわかることがある。そして、不安は夢よりも長く続いており、不安が原因で夢が結果だと気づく。だが目覚めたときに、夢が形象化していた思考を正確に特定するのは、これよりも難しい。というのも、思考は感情よりも不安定であり、一般に、それを具体的に示していた場面とともに消えてしまうからである。しかし、夢のなかにあって、思考があまりにも抽象的で、イメージに融合して姿を隠してしまうことができない場合には、イメージの象徴的性格が見いだされることがある。そして、同時に、思考がつかみ取った感情的要素、思考がみずからを外部化しようとするときにその形式を押し付けようとした感情的要素に、気づかされるのである。以下にあげる二つの夢の例では、こうした作用を生き生きとした形で捉えることができるように思われる。

「それは、自分がとろうとしている動きにある種の計算をはたらかせるところから始まる。まるで、自分で自分にその問題を課したかのようだ。たとえば、最小限の動きで毛布をはぐためにはどうすればいいのかというような問題。その答えは、私がこの数日間解いていた数学の問題に対する答えとして示されるのだ」。この場合には目覚めているときの知的態度（問題を解こうとしている）が夢のなかに浸透していた。しかし、それは一つの態度でしかなく、目覚めているあいだにこうした問題を考えるときのような一群の数学的概念のなかに位置づけられているわけではなかった。もう一つの概念（notion）として現れている、ベッドのなかでの自分の位置についての感覚もまた、目覚めている人間の意識のなかに捉えられている場面からは切り離されているのだが、それがこの知的態度とたまたま遭遇することによって、双方が互いに浸透し合い、その組み合わせがこのように奇妙な行為や作業のイメージとして表出されたのである。もう一つの例はこうである。「私は試験の答案を採点しながら、その日の午前中を過ごした。そのあと自分の論文を、観念論の立場をとるある哲学者とともに読み、意見交換する夢を見た。私たちは一緒に、私の視点について検討し、それをうまく把握することができるような思考が立ち上がっていく。そこで突然、私たちは立ち上がり、どのようにしてそうしたのかはわからないのだが、天窓に上がり、それをくぐり抜け、屋根の傾斜面をよじ登って、どんどん高いところへ向かっていくのだ」。思考が立ち上がるというのは、一つの観念でしかないのかもしれない。しかし、それがこのような形で形象化され、私がその形象を本気で受け止めたとすれば、それはおそらく、私がある特定の場所、あるいは少なくともその空間のなかにいるという感覚が、同時に、私の思考のなかにも位置を見いだしていたからにほかならない。目を覚ませば、私はそれぞれを別の枠組み（互いに外在的な、しかし同時に並列的な枠組み）のなかに位置づけ直し、一方には自分の思考を、他方には自分の感覚を収めることになるだろう。そうした枠組みから切り離されてしまったことで、この二つの見方は、実際ここで可能だったように、一つに融合してしまったのであり、それでこのようなメタファーが経験されたのである。

人が夜眠っているあいだの経験のなかで反省やはっきりとした思考がかなり大きな位置を占めているということに、心理学者たちが従来着目してこなかったとすれば、それは何より、彼らが自分の夢を記述する際に、自分の見たことやしたことを、あたかも夢の内容が、目覚めているとき心のなかで展開されるイメージ、感覚的世界を知覚するときのイメージと同じような、連続的イメージに帰着するかのように語ることしか、していなかったからである。夢についての文献のほぼ全編にわたって物語られている出来事は、一貫性の欠如や奇妙な性格において、目覚めているときに現れる出来事と異なっているだけである。それらを読むと、あたかも夜のあいだにもう一つ別の人格を生み出す機会が訪れたかのように、眠っている人間は単にもう一つの人生を送っているだけなのだと思える。夢の世界は、どの部分をとってみても、目覚めているときの世界と同じように精彩に富み、感覚的に捉えられるものであるように見える。しかし、夢のなかには、幻想的だが生き生きとしていて、かなりはっきりとした輪郭を保っているイメージのかたわらに、またときにはその合間に割り込むようにして、思考や反省や推論のはたらきを模倣する不明瞭な表象が数多く存在している。なぜ私たちは、目覚めたときに、それらの表象を容易に思い起こすことができず、夢の記憶として残っているものは、目覚めているときのそれと近い場面ばかりになってしまうのだろうか。また、なぜ私たちは、それらの場面や、それらを構成する光景のあいだに、欠落の存在ばかりを見て、思考の連続性があるとは考えないのだろうか。目覚めているときのことでも、思考の流れを思い起こすには苦労を要するものである。しかし、生き生きとした感覚的経験がなくても、それらの思考を結び付けていた多少なりとも論理的なつながりがあれば、思考の流れを再構成するのを助けてくれる。これに対して、夢のなかの思考は、夢のイメージと同じように、一貫性を欠いている。そこには論理が欠落している（あるいは少なくとも、かなりめちゃくちゃな論理に従っている）が、同時に、それは思考であるために、感覚的対象のような色彩も模様も備わっていない。どのような心理的状態にあろうと、夢を見ている状態でも、目覚めている状態でも、そのような論理的一貫性も感覚的具体性も欠いた思考は、思い起こすのがきわめて難しいのである。

しかし何より、人が目を閉じて、神経器官が外からの刺激に反応するのをどんな形であれやめてしまうと、視覚や触覚や嗅覚や身体器官を通して得られる印象を漠然としか意識できなくなり、それらの印象はあまりにも未発達なため、対象についての概念や、対象同士のつながりについての認識はもたらされなくなるのだと、あまりにも安易に想定されてきたのである。その想定に従えば、こうした不連続な、互いにまったくつながっていない、その一つひとつでは何ら意味をなさない印象に遭遇すると、自動的に、記憶の底のほうから、それらの印象に合致するイメージが浮かび上がることになるだろう。それは、ベルクソンに言わせれば、「対応する身体的態度のなかに組み入れられる」のに最も適したイメージである。印象はこれらのイメージに肉付けをする。つまり、現実化の手段を提供することになるだろう。このようにして、イメージが私たちのなかに現れ、それが一貫性を欠いたまま次々に生起する現象が説明されるのである。ベルクソンは述べている。「幻想＝記憶（souvenirs-fantômes）[2]は、色彩や音、つまりは物質的なものによってみずからを満たそうとするのだが、そのなかでも、私が見ている色彩の粒子や、私が自分の内外に聞いている音などと同化し、さらには、私の身体的印象が構成する一般的な感情の状態と調和するようなものだけが、それに成功するのである。こうしたつながりが、思い出と感覚のあいだに結ばれたとき、私は夢を見るのだと言えるだろう」[4]

したがって思い出は、闇《エレボス》の底のいたるところからやってきて、オデュッセウスがうがった穴の周りに集まってくるあの影たち、何かしら生ける者の姿を取り戻そうとして犠牲者の血を飲もうとする影たち[3]に似ている。ただ、これらの影たちは、実は、オデュッセウスが生者の世界から持ち込んだ宗教的信念から、その実体を引き出すのである。これはおそらく、幻想＝記憶についても同様である。眠っているあいだに私たちのなかに入ってくる感覚的要素は、おそらく、幻想＝記憶に対して、より多くの一貫性を与えている。しかし、それらの要素は、みずからの存在と生命を、私たちが目覚めているときの世界から持ち込む観念やその原基的要素から、引き出しているのである。

もしも実際に夢が、記憶のなかにそのまま保存されている思い出と、感覚の原基的要素との遭遇と接続から生まれるものならば、夢を見ているあいだ、私たちがそれを思い出と認知しながらも、その意味を理解することがないイメージが現れているはずである。そのための条件はきわめて好都合な状態でそろっている。というのも、このような漠然とした印象、流動する色彩の点、渾然とした音は、同様にゆるやかな枠組みを伴うさまざまな思い出へと意識を開いていくからである。しかし、すでに見たように、夢のイメージのなかには、本来の意味での思い出、すなわち、目を覚ましたときにそれを再認し、いつどこのものと位置づけることができるような思い出は、まったく見いだすことができない。そこにあるのは、あまりにも慣れ親しんだ概念に対応しているがために、個別には見分けることができない思い出の断片だけである。まさに、そうした断片がたくさん意識のなかに流れ込んでいるからこそ、思い出は砕け散り、その飛び散った部分がそれぞれ、いささか偶発的にまとまっていくのだと言えるだろう。この新たな結び付きのなかで、それらの思い出は、もともとの個別的なまとまりを失うのである。私たちがそれを特定できなくなってしまうのは、そのためだと説明できるだろう。しかし、なぜこのような形で、すなわち、社会生活の共同の思考のもとで私たちにとってなじみのものとなっているような分割線に沿って、思い出は砕け散るのだろうか。記憶の底に保存されている思い出を規定しているものは、それがそうした枠組みには入らず、時系列的な連続性を形作るところにある、と言われている。しかし、人々がそこに呼び入れる論理的区分や、そこに与えている一般的意味や、そこに当てはまる知的な呼び名はすべて、目覚めているときの思考がもたらしたものであり、その枠組みの所産である。眠っている人間の意識のなかにこうした枠組みを形成するものが一つも残っていないのだとすれば、なぜ夢に見る世界は、少なくともそうした枠組みの一部に沿ったイメージを送ってくるのかが、まったく理解できなくなってしまう。というのも、たとえ恣意的でちぐはぐな結び付き方をしているとしても、それらのイメージはやはり、その大半が、またその細部において、直接に把握可能な意味を示しているからである。

さらに検討を先に進めよう。眠っているあいだに私たちの感覚器官（sens）のフィルターを通して入ってくる漠然とした感覚（sensations）が、どのようにして思い出を呼び起こすのかを説明するために、ベルクソンは、それらの感覚が身体のなかにもたらす物理的変化に言及している。ベルクソンは、先ほどとは別の箇所で次のように述べている。「知覚が持続するのは模倣の運動によってであり」、それはイメージの選別をつかさどり、「知覚と想起されるイメージに共通する枠組みとして役立つ」。前に述べた漠然とした印象に付随または追随し、したがって夢のなかでの思い出の再生を説明するのも、おそらくはより散漫なものではあるが、やはりこの模倣の運動なのである。しかし、それらの印象のあいだ、さらには続いて生起する運動のあいだには、関係が存在しない。それらは、相互に何ら直接のつながりをもたない印象や運動の不連続な連なりなのである。そうであるならば、うまくつながっているような夢、多くの物語と同じようにあとから語ることができるような夢は、どのように説明されるのだろうか。一つの印象によって呼び起こされたイメージが、続けて他のいくつものイメージを呼び出すのだと言う人もあるだろう。すなわち、印象の役割は想像力を起動させることにあるのだというのである。想像力は、ひとたび目覚めれば自由に作動し、新しい印象が新しいイメージを喚起し、先行するイメージによって開かれたつながりに道筋をつけるのである。では、一つのイメージはどのようにして他のイメージを呼び出すのか。そのときもはや身体が介入しないのだとすれば、観念の連合の理論で研究されている関係の領域に言及しなければならない。しかし、ここでのイメージは（イメージ記憶という意味での）思い出なのだから、それら相互のあいだには、時系列的な関係しか存在していない。したがって、そのいずれから出発するにしても、再生されなければならないのは、私たちの過去の一時期だということになる。ところが、過去は夢のなかには再現されないのだ。こう言うと、イメージ記憶という言葉の意味を極端に限定しすぎていると言われるかもしれない。すなわち、こうした思い出の多くは、反省を伴う知覚や判断や抽象的思考に対応しているのであり、この種の思い出の単純な結び付きからもさまざまな関係が引き出されてくるのである、と。その意味では、目覚めているときに生じるつながりはすべて、夢を見ているあいだに、思い出として再生されることになるだろう。しかし、ここで二つの考え方《テーゼ》のいずれかを選択しなければならない。第一の考え方に従えば、集団生活のなかに絶えず介在し私たちがそのときどきに自由に想起することができるような、対象や関係についての慣れ親しんだ概念は、一つの記憶の対象となるが、その記憶は、個別の出来事とそのつながりを、もともと生起するがままの形でとどめている記憶とは異なるものである。そうであるならば、この後者の記憶によって保持されている思い出のあいだには、時系列的な関係しか存在しえないと言わなければならない。そして、それはまさに、ベルクソンが「幻想＝記憶」について語るときに念頭に置いていた類いの思い出である。それが再現されるには、好都合な機会を待たなければならない。もう一つの考え方によれば、一般的諸概念は、目覚めているあいだにはいつも私たちの思考がこれを使えるように準備されているのだが、それだけでなく、たしかに弱められてはいるが、夢のイメージに対しても実質的な作用を及ぼしうるだけの例外的な力を備えていることになる。夢のイメージは、現に、図式的概念が半ば消え去った土台の上にしか現れない。それはすなわち、それらの概念が眠っているあいだにも私たちのなかにとどまり、私たちはそれを使い続け、手が届くところに感じ続けているということである。そして、これこそがまさに、本書が明らかにしようとしている考え方にほかならない。

　しかし、目覚めているときの枠組みと、夢を見ているときの枠組みのあいだには、多くの差異が存在する。後者はたしかに前者から生まれるものであり、眠っているときの精神が、形や音や姿や動きの万華鏡的展開あるいは乱舞のなかで、さまざまな部品から、理解可能なもののすべてを創造しているのだと考えることはできない。夢のなかで展開されるものは、ときには私たちの覚醒時の精神から遊離し、またときには、その時点での動きや形や音や私たちの感性の形象に交ざり合う。しかし、目覚めているときの諸概念は、眠っているときの意識のなかに入り込むときには、屈折し、拡散し、途中でその内容と形式の一部を失わざるをえない。つるつると滑ってしまう表面に白墨で描かれた幾何学模様のように、その輪郭の一部、その一辺や一角などを、失っているのである。

その点を知るためには、時間や空間、すなわち距離を置いて隔てられている人間の思考を接続させ調和させるとともに、その人々の動きや移動を同じ集団の他のメンバーのそれに合わせて調整しようとする枠組みが、夢ではどのようなものになるのかを考察すればいい。他者への接し方や、さまざまな部分の区分の仕方、その全体のまとめ方を、他者を通して学ぶことがなかった人間にとって、空間がどのようなものとして経験されるのかについては、よくわかっていない。その人には、前に、後ろに、奥に、上に、何かに沿って、左に、右に、進む、曲がる、といったことが何を意味しているのか、認識できるだろうか。夢を見ている人は、こうしたことはすべて理解している。以下のような夢の断片のなかには、これに似たような言葉がたくさん出てくる。「私は大きな町を横切っていった。土地の低い、広い区画を抜けて、駅から遠ざかろうとしていた。私は、かなり人通りの多い(カフェなどがある)、非常に長い道に沿って歩いていた。その道は、赤いレンガ造りの工場の裏で、急に曲がって下り坂になっていた。そして、また突然にぐるりと曲がっていて、私は向きを変えるときに、後ろに転んでしまいそうになった。さらに下のほうには、大きく開いた井戸のような空間があり、レリーフ状に切り取られた赤い石の大きな塊でふさがれていた。そして、サックス元帥の寝室だった場所の入り口を見つけるには、さらに下へ下りていかなければならなかった」。ただし、夢を見ている人が、方向や高さの変化を理解し、さまざまなものを自分との関係で、あるいは相互の関係で位置づけているとしても、その場面のなかには多くの欠落があり、一貫性を欠いたところがある。ときとして、自分がどこにいるのか、たとえばレストランにいるとか、居間にいるとか、実験室にいるということがわかっていて、そのために、その場所やその部屋の内部の様子や配置についての漠然とした観念が、自分の想像力のなかに漂っていることがある。しかし、多くの場合、夢のなかでは自分がどこにいるのかわかっておらず、カフェから礼拝堂へひと続きに移っていったり、踊り場や階段にたどりついて扉を開けると路上だったり、工事用の足場の上に立っていたり、いくつもの部屋を通り抜けて、またもとの場所に引き返してくると、まったく様子が違っていたり、乗り合いバスの屋根がない屋上席から降りて、忘れ物を取って引き返すとその屋上席に屋根がついていたりするが、そうしたことに特に驚くこともない[5]。こうした混乱や一貫性の欠如は、私たちが夢のなかで、空間（一つの町や国）の全体についての表象、さらには、私たちが現実にいる場所や、その場所を含む多少なりとも大きな広がりの全体についての表象をもっていないことに由来している。夢のなかでは、自分が「空間の一画」にいて、漠然とした広がりと方向をつかんでいれば、あるいは、自分がよく知っている土地のなかのどこにいるのかがわからなくても、暗闇のなかで灯火をともして身の回りのものの形をうかがうことができるのと同じように、いくつかの対象物のおおよその位置を把握していれば、自分が迷子になったとは感じなくてすむ。こうした空間感覚だけでも、そのときの現在しか生きていない孤立した人間にとっては十分なのだろう。それさえあれば、立っていることも、めまいを感じずに歩くことも、何度も手探りをせずに必要な行動をとることもできる。逆に、その空間感覚だけしかなくなってしまうと、他の人間に対して、社会的に共有された基準点に沿って、自分がどこに向かっていたのかを説明することや、他の人と一緒に行ったり来たりすることは、できなくなってしまうだろう。

時間に関しても同様である。おそらく、夢を見ている人は、目覚めているときの空間の枠組みに対してそうである以上に、その時間の枠組みから、より一層はっきりとした形で離脱してしまう。一般に夢を見ているときには、自分がどの時点にいるのかがわからず、その日が何年のどの週であるのかさえも、ましてや何日であるのかを言うことはできないだろう。あるいは、仮にわかるとしても、それは特定の光の加減や日常生活上のある行為が、それに対応する時間を示唆しているからである。つまり、夕日が沈もうとする路上にいるとか、明るい電光にあふれる部屋にいるとか、昼食のテーブルについていて正午をとうに過ぎたことに気づいているというような場合には、そのときが夕方であるとか、夜であるとか、昼間であるということがわかるのである。しかし、特定の日付が、これといった理由もなく選ばれたり、それが歴史的な出来事や祭日または単なる待ち合わせや試験や約束に対応していたりという形で思い浮かんでいることがあるとしても、そのとき人は、日付だけを単独で考えているのであって、これをその他の日付との関係のなかに位置づけているわけではない。それは、固有名詞に似た表示の形式であり、時間的区分というよりはむしろ、しばしば恣意的な形でそれに結び付けられている行為や出来事を指示しているのである。夢のなかでは思考全体が現在に飲み込まれ、過去を呼び起こすよりもむしろ未来を感じているようなものである。言うならば、状況に味付けをするために、虚構の日付を割り振る必要を感じて先取りしようとしている。そのとき、夢に現れるさまざまな出来事のあいだに少なくとも時系列的な順序関係が思い描かれているのだ、と言うことがそもそもできるのだろうか。とはいえ、夢を見ているあいだでも、人はたしかに順序の感覚をもっている。夢のなかで、夢そのものを思い出すということさえできるのではないだろうか。夢で複数の人間が関わっているような場面が展開しているとき、そこでその直前にその人々が言ったことやおこなったことが考慮されているのだから、その夢のなかで経験したばかりのことが思い起こされているということは、もちろんある。しかし、それだけではなく、ある事実、ある人物について、以前に見たことがあると思い出し、その時点での状況を説明してくれそうな、かつてあったにちがいない虚構の出来事までもが、想像されることもある。これに対して、夢の時間に欠けているのは、目覚めているときの記憶が私たちにもたらすような一群の基準点であり、私たちが通常、新たなものであれ想起されたものであれ、一つの出来事をそのなかに位置づけていくような現実の事実の連鎖関係である。そうした基準点や連鎖関係を前提とすれば、その前後で出来事があわただしく進む時期と、物事がゆっくりと進み人々がじっと待っている状態にある時期とを区別したり、さらには、遠い過去のことであるという感覚を抱いたり、前世紀に属する歴史的出来事や人物について考えたりすることができるのも、うなずけるところである。しかし、こうしたすべての時間的与件が、相互にうまくつながっているわけではない。それは不連続で、恣意的で、ときに偽りのものである。夢を見るとき、自分が常に現在のなかにあると思うのだとすれば、それは想像上の現在、他のどの時点とも関係づけられない所与の時間的一点に位置づけられる現在である。つまり、それは完全な否定による限定であり、次の点に帰着する。すなわち、私たちは、自分の過去のある時期を、想像によっても記憶によってもそのまま経験し直すことはできず、またみずからを未来に移動させることもできないのだから、未来のなかにも過去のなかにも存在していない。しかし、私たちはまた、現実の社会生活上の現在、すなわち他の時間的区分や時期との関係で自分やその仲間たちが位置づけることができるような一時点に、存在しているわけでもない。

このように、目覚めているときにそのなかで知覚や思い出を整理しているような空間や時間の枠組みを構成する多くの要素を、夢のなかにも見いだすことはできるのだが、それはばらばらに割れてしまった陶器の絵柄のかけらのように、断片化され、ちぐはぐな形で切り離されている。夢のイメージは空間的で時間的だが、それを位置づけて調和させることができるような空間や時間のなかには存在していない。この場合、夢の思考は過去を想起すること（つまり、過去をそのまま経験し直すこと）も、知覚することもできないのだから、そこには、目覚めているときの空間的・時間的枠組みの断片を強く結び付けているような凝縮力が欠けているということではないだろうか。ここに、集団によって作り上げられてきた一群の概念に従属し、鍛えられている精神と、一時的かつ部分的にその影響力から解放されている精神とを分けている隔たりを測る、おそらく唯一の機会を見いだせる。そしてまた、集合意識の作用がどれほど強いものか、それがどれほど深くまで及び、私たちの心理生活全体を条件づけているのかを検証することができる。なぜなら、夢を見るという孤立した状態のなかでも、壊れて弱まりながら、なおはっきりと認識しうるものとして、その作用を見いだすことができるからである。

＊

夜寝ているあいだに見る世界をある程度まで明快で秩序立ったものにしている空間や時間やその他の枠組みは、

すべて、目覚めているときに人々が互いに理解し合うことを可能にしている概念を変形し、その一部を欠落させたイメージである。ところで人間は、言語という手段を使って、共同で思考している。したがってここで、夢のなかでの言語の役割とはどのようなものであるのかを考えてみなければならない。

しばしば観察されてきたように、眠っているときに人は声に出して話すことがあり、程度の差こそあれおおよそ聞き分けることができる語や音を発する。しかし、かたわらにいる誰かが発せられた音にも唇の動きにも気づかないとき、眠っている人は必ずしも、声に出さないモノローグのようなものを続けているわけではない。眠っているときに人が語や文の一部を発したすぐあとに、その人を起こして何の夢を見ていたのかと尋ねると、夢は見ていなかったと答えたり、言っていたこととはまったく関係がないように思われる夢について語ったりすることがある。その一方で、眠っているあいだ表情も穏やかで、呼吸も正常で、頬の引きつりもまったく見られず、唇も動いていなかったのに、その人が目覚めると、恐ろしい悪夢に襲われていたと語ることもある。こうした事実からは、人は眠っているあいだ常に話しているのだとも、また話していないのだとも、結論づけることはできない。実際のところ、目覚めている状態の人間は、何かが目の前に現れたり、何かを考え続けたりしているとき、それをまったく外に表すことがなくとも、心のなかで話していて、言葉を呼び起こし、節や文をつなげ、それを内面で反復し、増幅させている。しかし、それらの語を実際にそのまま発してみたとき、その人が結び付けていた意味、他の人々ではなく自分自身に対して表していた考えが、聞き手に伝わるかどうかは定かではない。そして、無自覚のうちに文の断片や間投詞などを脱落させてしゃべっていたようなぼんやりとした状態から抜け出したときに、その言葉をその人自身に向けて繰り返してみても、その人は自分が何を言っていたのかがもうわからないということもよくある。とはいえ、もし仮に、内面で繰り返すことによってはじめて言葉の意味は理解されるのだということが確かだとするならば、また夢を見ている人の耳元で、ある名前や一群の言葉を発したあと、その言葉によって呼び出された思いを発展させるような夢が喚起されたとしたならば、夢を見ている人は心のなかで話しているのであり、この内的な発話が夢のイメージを生み出したのだと考える理由は大いにあるだろう。

しかし、すべての夢が、必ずしもそうであるわけではない。

　ここで、夢のなかで自分が話しているのを聞いているケース、自分が話していると感じているケースを取り上げてみることができるだろうか。(6) 言い換えるならば、夜間〔睡眠時〕の意識に現れる生き生きとして移り変わっていくさまざまな形象（formes）の裏側にあって普段は見えない横糸のように走っている内面の言語に、眠っているあいだの直接的な観察によってたどり着くことは可能なのだろうか。この章ですでに述べたように、それらのさまざまな形象には多くの反省的思考が混在していて、ときには気づかぬうちに一方から他方へと移行してしまうことがある。したがって、自分はある行為、出来事、光景、会話を思い浮かべていたのか、それとも実際に行動したり見たり話したりしていると思っていたのかを、あとではっきりと言うことはできない。しかし、形象が鮮明さを失い、輪郭を消失するときには、心のなかにはもはや図式的表象しか残っていないように思われる。そのときしばしば、その表象それ自体は一連の語や文に解消されるが、ただしそこには視覚的イメージ（たとえば、印刷された言葉）や聴覚的イメージ（そのようなイメージがあると仮定してだが）が対応していないのである。私たちは、それでもなお、それらの言葉を思い浮かべている。ところで、自分が話していると思うということは、心のなかで話すということと、まったく同じではないだろうか。

　ここまでのところで、議論はさほど大きく前進したわけではない。眠っている人が、それをまったく外に示すことなく、内面で話しているということはありうる。しかし、その内的な発話は継続的なものなのだろうか。そして、この内的発話が展開されるとき、それは私たちの夢の流れに何らかの影響を与えているのだろうか。自分が話している場面を夢で見ている人が、内面で話しているということはありうるし、おそらくは確実にそうだとさえ言うことができる。しかし、内面の言語は、意識される範囲の言葉に限定されるのだろうか。そして、夢の中心部分を形成する大量の視覚的イメージのただなかでは、概して失われてしまうものなのだろうか。

　たしかに、こうしたイメージそれ自体の連なりが、語や発せられた音の連なりによって説明されたならば、夢のいくつかの性格をよりよく理解することができるだろう。(7) まず第一に、夢のイメージが非常に速く移り変わっていくとすれば、そしてそれらの一つひとつに時間をかけて注意を向けることを妨げるように、イメージの変化がスピードを速めているように見えるとすれば、それはまさに、内面の発話それ自体が速く進んでいるからではないだろうか。夢に見た一連の出来事を思い返すとき、それらのイメージが何らかの形で一瞬のうちに次々と現れ、その場面が突然完成され、そしてまたときには、ある形象が移行を経ずに変貌を遂げることに、しばしば驚かされる。それによって夢は、それまで経験していたことに思考が振り向けられ、それについてよく考え、いつのまにかイメージを離れて自意識を取り戻すための休止期間を一切伴うことなく、一つの対象から次の対象へと進んでいく、息詰まるような競走にも似たものになる。このとき、この加速したリズムを連想させるものとしては、ある種の錯語症患者や躁病患者に見られるような、あるいは生じてしまいかねない欠落を躍起になって埋めようとしている会話の流れに見られるような、せわしなく多弁な発話がまさに当てはまる。夢のなかでの視覚的・聴覚的妄想と、発話の領域で対称をなすような、言語的妄想が存在する。(8) 前者は後者の置き換えにほかならないのではないか、と考えずにいられるだろうか。

こうした比較対照はまた、なぜ夢はある部分ではうまくつながっている場面を形成するのか、なぜ夢はそこに展開される中心的主題に沿って構成されることが多いのか、そしてなぜ、その他の場面では、相互に何の関係も見いだすことができない主題から主題へ、イメージからイメージへと突然飛躍するのかを、うまく説明してくれるだろう。たとえ一貫性を欠いているとしても、多くの夢は、切り離された複数の物語としてあとから語ることができるような、一連の出来事や言葉や身ぶりを提示している。夢を見ている人の想像力は、特異な論理的規則に従ってそれらを構成している。いずれにしても、それらの出来事や言葉や身ぶりは、そのままの姿で始めから終わりまでずっとたどられうるような意味を表している。しかし、先に示したように、それは自分の過去のエピソードそのものではない。物語の諸要素はおそらく自分の記憶から取られている。しかし、それらは新しいものであるという印象を生み出すような形で、組み立てられている。このとき、最初に呼び起こされたイメージが続けて別のイメージを呼び出し、それらは相互に、また最初のイメージに合わせて組織されるのだと言う人がいるだろう。しかし、続けて呼び出されるこれらのイメージがもともと別々のものなのだとしたら、どうやってある一つのイメージが現れるときに、それに先立つイメージを呼び起こせるのだろう。あるいはまた、先行するイメージのなかのいくつかの要素が後続のイメージのなかに存続し、それがすべてのイメージのあいだにある種の連続性を保証するのだと言う人がいるかもしれない。それはすなわち、夢がある種の枠組みのなかで展開し、その枠組みのなかに収まりうるイメージだけを喚起するということ、ただし、枠組みそのものが流動的なのでイメージは変形し、ときには砕け散ってしまうということである。しかし、夢を見ている人の意識や身体のなかにそれをつなぎとめるためのポイントが存在しないのだとしたら、夢が構成されて、ある種のイメージやイメージの一部、さらにはある種の思考や一般的な心理的態度は定着するのに、他方で、その他のものは現れてはすぐに消えてしまうということを、どのように説明できるのだろうか。[9] ベルクソンによれば、夢のなかで呼び起こされるすべてのイメージは、身体内で展開される運動、特に発話の運動と、それを準備している脳内の変化を伴っている。最も明確で、最も長く持続する運動に、安定的なイメージが対応し、それらのイメージが私たちの夢の一時的枠組みを構成すると考えるのが自然である。したがって、私たちが眠っているとき、内面では、一つの言葉、一連の言葉、あるいはさらに一つまたは複数の文が繰り返されるだけでいい。それによって、思考は、発せられた言葉と同じ方向へ導かれ、私たちが夢に見る複数のイメージのあいだには、言葉のあいだにあるものと同じ連続性が生じることになる。細部の非一貫性については、その他の言葉や文が不完全で、きちんと反復されていないということによって説明されるだろう。ただし、それらの不完全な言葉や文は、弱まり砕け散ったイメージの反響として、この細部を再現しうるのである。

夢の非一貫性とは、内的言語の混乱に対応するものだということになるだろう。眠っているとき人間は社会の統制から逃れている。眠っているときは、他の人に理解されることを求めていないのだから、その人に正しく表現することを強いるものは何もない。一部の躁病者には、「文の構成さえもできなくなるほどの思考の混乱」があると指摘されてきた。「半諧音や頭韻や脚韻によって結び付いていく言葉が激しく交ざり合い、心のなかで渦巻いている。精神異常者はいくつもの、そして果てしない数の結び付きに身を委ねてしまう。一つの言葉、韻律によって目覚めさせられたさまざまな思考が生起し、別の言葉や韻律に押しのけられて、またすぐに消失してしまう」[10]。眠っているあいだは、失語症者たちに見られるものとして早くから関心を集めてきたものと同じような、言語的動揺が生じているのではないだろうか。錯語症（paraphasie）の場合には、意味や形の類似によって記憶のなかに語が呼び起こされながらも、それらが文のなかに位置づけられることがない。音節障害の場合には、有機的なまとまりとしての語の構造が損なわれ、音や音節の分節化が崩壊してしまう。そしてときには、語のなかに含まれていない音節が呼び込まれてしまうことがある[11]。ある種の夢の記述のなかには、夢を見ている人はそれを正しく発音していると思っていたのだが、目を覚ましてから思い起こしてみると、形がおかしくなっている言葉の例を、たくさん見いだすことができるだろう。

夢とは何の媒介もなく呼び出される視覚的あるいは聴覚的イメージにすぎないと仮定してしまうと、夢がもっているもう一つの性格もまたかなり謎めいたものにとどまってしまう。夜のあいだに見る世界をいくつかの場面として切り取ることを可能にするような、多少なりとも持続的な枠組みに加えて、いわばそれらの背後に、そのすべてを包摂し、そのなかにすべてのイメージが位置づけられるにちがいない一つの枠組みが存在している。それは、私たちの同一性の感覚である。私たちは夢のなかのさまざまな場面のすべてに立ち会い、参加しているのだが、そうしている自分、すなわち、その現在にある存在は、自分の目前に現れる対象と自分自身とを区別している。このとき、夢はありのままに再現された単なる個人的思い出と同一視されないのだとしたら、おそらくは記憶から引き出されながらも、そのしるしを外され没個人的なものとなったイメージが、いったいなぜ、目覚めているときに見る対象と同じような自己に対する外在性の印象を、私たちにもたらすのだろうか。なぜ私たちは、それらのイメージと自分自身とを混同してしまわないのか。なぜ私たちは、物であれ自分以外の人であれ、さまざまな存在が自分自身に取って代わってしまったという感覚を抱かないのだろうか。もし私たちが、眠っているあいだも自己の概念を保ち続けているのだとすれば、つまりある意味で、イメージされた場面の中心に常にとどまり続けているのだとすれば、それは、私たちのすべての夢に共通する一要素が存在するということである。それは、イメージそれ自体に含まれる要素ではありえず、私たちがそれらのイメージに対して及ぼす、自動的であると同時に構築的な、持続的はたらきかけの感覚にほかならない。ここで、それらのイメージは私たちが内心で発する言葉によって呼び起こされているか、あるいは少なくとも、そのときどきに私たちはそれらのイメージを名づけることができると感じていて、その条件のもとではじめてそれを描き出すことができるのだと仮定するならば、夢を見ている人の人格とその人が自分自身について保持している意識が、いわばそれこそが、つながっていく糸のように、外見上それ以外の関連をもたないたくさんの出来事や場面を結び付けているのだと説明することは、もはや難しいことではない。

本書のこのような仮説、すなわち眠っている人間は心の内側で話すことをまったくやめていないという仮説は、夢の最も特徴的な性格のいくつかを説明してくれるだろう。しかし、内側からも（少なくとも明晰で自覚的には）、外側からも認知されることがない、この内心の言語は、正確にはどのようなものとしてあるのだろうか。実際、これまでのところ、それを明確にはしてこなかった。しかし、その言語に何らかの影響力を認め、とりわけその言語によって夢のイメージのつながり方を説明しようとすることは、この言語は夢のなかにその基礎的な知性として入り込んでいるものの一切と等価であるということ、さらに、私たちは言葉の助けを借りて定式化し、したがってまたそれらの言葉が使用可能なものとしてあると感じているかぎりで自分の夢を理解しているように思われる、ということである。私たちが、その言葉を反復しうると感じてもいず、また何らかの形式に従ってそれらの言葉を思い浮かべてもいないのだとしたら、いったいどうやって夢を理解することができるのだろうか。

人は、みずからが見るもの、感じるものを、社会的規準《ディシプリン》に従って理解するように鍛えられているということ、そしてその知性は、その人を取り巻く直接的ないし間接的人間関係からもたらされた（そのほとんどがある程度まで言語的な）諸観念によって作られているということを認めるならば、本書が、夢の表象に混入し、本書の見方に従えばそれを条件づけ、そのつながりを制御している包括的知性の役割をこれほどまでに強調しているのはなぜなのかを、理解していただけることだろう。たしかに、前章で結論づけたように、眠っているあいだ、この規準は極端に弛緩する。個人はさまざまな集団の圧力を逃れている。眠っているとき、個人はもはや集団の統制下にはない。しかし、個人は同時に、集団から与えられていた知性(lumières)の一部を奪われてもいるのである。そのために、眠っている人は、過去の生活の特定の時期や場面を、明確に時間と場所を与えられた出来事の一貫したつながりという形では思い起こすことができない。言い換えれば、眠っている人の記憶はもはや、目覚めている人の記憶と同じ程度の正確さでは機能せず、同じ程度の複雑性をもった思い出の集合体には適用されないのである。目覚めている人の記憶は、さまざまな知的能力を備え、それを通じて、その個人のものよりもずっと安定的で、より強く組織され、ずっと大きな広がりをもっている集合的経験に立脚することができる。しかし、睡眠中であっても、眠っている人がたどる心理的生活のなかには、形を変えながらではあるが、社会の作用が感じ取られるように思われるのである。私たちは、夢に現れる人や物、さらには状況も、一から十まですべて創作しているわけではない。それらは、目覚めているときの経験から借用されている。すなわち、眠りによって封じ込められた孤立状態のなかで、私たちは仲間たちと接しているときに自分の目に訴え、感覚を動かしたものを、再び見ているのである。しかも、単にそれらのイメージを再び見ているだけでなく、それが何であるのかを認識している。単にいつも接している物や見慣れた顔を認識するだけでなく、たとえばまったく思いがけない出来事や、奇妙な、または恐ろしい姿の人が眠りのなかに現れたとしても、私たちはそれが何であるのかを認識する。私たちはそれらに意味を与え、目覚めたときに説明することができる。つまり、自分が所属する集団の人々が共有する概念の助けを借りてそれらを解釈できるのである。したがって、社会生活のなかでの思考の習慣の少なくとも一部分、とりわけ自分の見ているものを少なくともその細部で理解する能力は、夢の生活のなかでも存続している。しかし、その認識や理解は、そこに真実性や一貫性の感覚が伴っていないという点で、またとりわけ、夜眠っているあいだに現れる形象や出来事を位置づける時間や場所を、目覚めているときの、あるいは社会がもつ時間や空間のなかにはまったく置き換えることができないという点で、目覚めているあいだの認識や理解とは区別される。だが、これほどまでに浮遊的で不安定な世界のことを理解し認識するとは、どのようなことなのだろうか。それは、私たちがこれを事後的に、純粋なフィクションを書くのと同じように記述しうるということ、つまり、その世界が言語的表現の手がかりを示しているということを意味している。そして、それ以上のことをほとんど意味していない。

その他の仮説に立って夢のイメージのつながり方を説明しうるかどうかを検討しながら、本書の視点を明確にしていこう。その仮説に立つとすれば、イメージは次々に直接喚起されていくということ、あるいは、映画のスクリーンに次々と同じ性格をもつ他の要素を付け加えながら完成されていくということ、純粋に視覚的な場面が現れるように、他の純粋に視覚的な場面を続けて呼び出していくのだということを、認めなければならないだろう。ベルクソンは、こうした考え方に異論を唱えていた。彼によれば、イメージは決して、相互の類似性によって引き付けあうような分子に類するものではない(12)。イメージが他のイメージと連合し、それを呼び起こすように見えるとしても、それは、ベルクソンによれば、それらのイメージが次々に同一の身体的運動に結び付いているからである。私がある会話を理解しているとすれば、つまりこの会話が私にとって単なるノイズではないとすれば、それは、音声表現が私のなかに「生起する運動」を組織し、「聞き取られた文を区切って、そこに分節化の規則を見いだすことができる」ということである。したがって、私が、人から自分に向けられた文を理解し、その冒頭の部分しか聞いていないにもかかわらず、その続きを予測できるとすれば、それは、音声表現が直接他の音声表現を呼び起こしているからではなく、私がそれに対応する言葉を発することができると感じているからである。ベルクソンはこの感覚を、聞き言葉の運動図式（shème moteur de la parole entendue）と呼んでいる。この図式が意識のなかで展開されない場合、聞き取られた一つの言葉から別の言葉へ、さらには自分が聞いている言葉から自分が待ち受けている言葉へ、つまりは、音声上のイメージや思い出に、移行することはできないだろう。

ここで、聞き取られた言葉をこのように内面で「区切って把握する」運動が、意志のはたらきとも、獲得された習慣とも、さらには社会の影響とも無関係に、自然に生み出されるかどうかを考えてみよう。どのような形であれ、自分の周りで外国語が話されているのを、人は長い時間聞いていることができる。しかしその言語を学びたいという気持ちやその必要がなければ、人はそれに注意を向けようとはしないだろう。それは、音楽家ではない人が、自分の耳を鍛えようとすることがなくとも演奏会を聞いていられるのと同様である。これに対して、外国語による講演を聞いたり会話に参加したりする前に、そこで話される内容をあらかじめ読んでいたならば、あるいは少なくとも、書物を通じて、または誰かが一語ずつ反復してくれたことによって、その言語の主要な単語や表現や文法をあらかじめ学んでいたとしたら、どれだけの進歩が見られることだろう。その場合、人は音の連続的な連なりのなかに、それらの語や形式を探し出し、それをずっと多く、またずっと早く見つけることだろう。こうした運動図式の構成に成功するのは、すなわち、はじめは渾然としたノイズとして耳に届いていた文や語を理解できる状態になるのは、自発的なものではないし、言葉や音声が私たちのなかに呼び起こす自然な反応に助けられてのことでもない。外部から、つまり人為的な手段に助けられて、そうなるのである。

これまでのところでは、心理学者が言う「音声的言語イメージ」[13]しか検討してこなかったが、それは、夢のイメージ全体のなかでは、結局のところ二次的な役割を演じているにすぎない。しかし、同様の説明は、非言語的音声イメージや、最も数が多い視覚的イメージについても要求されるのではないだろうか。たしかにベルクソンは、これらすべてのイメージもまた、身体的変化に伴って展開されていくと考えている。しかし、非言語的音声イメージや視覚的イメージを運動図式だけの問題として語ることができるだろうか。もし、これらのイメージが、音声的言語イメージと同様に、まずは混沌とした連続という形で示されているのだとしたら、たしかに運動図式の作動が必要である。これまでまったく別様に構成された世界に生きてきた人が私たちの世界に入り込み、このような混沌としたイメージの流れを前にしたならば、先に見たような、自分の知らない言語が話されているのを聞いている人と同様の戸惑いを感じることだろう。それらの場面を区別し、そのいくつもの部分を相互に区分するためには、それらを解体し、際立った特徴に強調のしるしをつける必要がある。しかし、それらの場面が生み出されていくなかで、その形を再現したり、その輪郭をなぞったりする粗削りな運動や身ぶりが相互に自発的な形で組織されていくだけで、私たちはそこまでたどり着くことができるだろうか。実際には、私たちは個々の対象や場面について、その図式を再生産するような一種の単純化された素描《デッサン》を心のなかで思い描く習慣を、すでに身に付けているのだと認めることができるだろう。おそらく、ある種の文字や言語の体系は、それ以外の起源をもっていない[14]。しかし、この習慣はどこから生まれ、どのようにして形成されたのだろうか。この点に関して、幼い頃から継続して、社会が私たちに与えている教えの影響を度外視することができるだろうか。社会こそが、さまざまな物の扱い方や使い方を私たちに教えているのではないだろうか。社会が、それらの物の類似と差異に目を向けさせ、私たちの前に人為的な素描を置くことによって、私たちの目に入ってくる自然物の総体のなかから、その社会によってすでになじみのものとされている、さまざまな形や輪郭線の結び付きや色の組み合わせや対立を再発見させるのではないだろうか。プラグマティストの哲学者たちが、人間はみずからの行為に関わるものや現実の側面しか、つまりみずからがはたらきかけることができるものや現実の側面しか認識しないと言うとき、彼らは、人間の行為の様式はその身体のありようによってのみ規定されるのではなく、同時に、むしろそれ以上のレベルで、社会生活の習慣によって規定されているのだということを、十分に考慮しているだろうか。このことから、人はそれを理解しているときしか、ある場面を本当には見ていないのだとすれば、そしてその場面を分割することによってはじめて理解するのだとすれば、この分割がなされる区分線は社会によって示されているのだから、私たちが理解し、見ることを助けているものもまた、社会だということになる[15]。しかも、視覚的イメージに関しても、言葉は図式的素描以上に、また身ぶりによる表示や描出以上に、大きな役割を果たしている。というのも、多くの場合、一つの場面を輪郭や動きで描き出すよりもこれを言葉で記述するほうが簡単だからである。またさらに、少し複雑な体の動かし方を学ぶときには、フェンシングの選手や舞踊の踊り手の構えや動作を観察するだけでは不十分であり、それを記述することができるとき、つまり、単純な一つひとつの動きに一つひとつの言葉を対応させ、要素になる動作を実際につないでいる関係を再現できるように、それらの言葉を互いに結び付け、有機的に関連づけたときにこそ、本当にその動きの展開を理解することができるのである。つまり、そのイメージの種類が、言語的であれ、聴覚的であれ、視覚的であれ（これらのイメージが実際にそれぞれ明確に存在するかどうかは別としても）、精神は常にそれを見る前に理解しなければならないし、それを理解するためには少なくとも、言葉の力を借りて自分でそれを再現し、記述し、その本質的性格を指示できると感じていなければならない。

＊

ところで、この命題についての最も優れた検証は、すでに数多くの研究の対象となってきたきわめて興味深い障害、失語症[4]という名でくくられている障害についての考察のなかに見いだされるのではないだろうか。それはしばしば、言語記憶（souvenirs verbaux）の消失と定義されている。おそらくそのほかにも、言葉についての認識や知識が欠落している場合が存在する。たとえば、まだ話すことができない子どもが物を区別して特定することができるかどうかを問題にすることもできる。しかし、児童心理学はようやく形を取り始めたばかりである。しかも、話し言葉を除けば、子どもはきわめて初歩的な表現手段しか持ち合わせていないため、子どもが認知しているものや考えていることを理解するのはかなり難しい。これに対して、以下に見るように、失語症の場合には、言葉についての記憶が完全に消失しているわけではない。この病気になった人々は、書くことができるときもある。言葉を理解することはできないのに、それを発声することができたり、みずからそれをしゃべったりすることができる。回りくどい表現を用いることもあるし、発せられた言葉が混乱しているだけのこともある。しかも、こうした人々は、現在にいたるまで、社会のなかで生きていて、話すことを学び、言語を介して他の人々との継続的な関係のなかに置かれてきたのである。言語の喪失や変質によって、どんな種類の思い出であれ、彼らがそれを呼び起こしたり、再認したりすることが多少なりとも困難になっているのだとしたら、記憶は一般に言葉に依存していると言うことができるだろう。言葉は社会のなかでしか理解されないものだから、人は他者との接触やコミュニケーションをやめるにしたがって思い出すことができなくなる、ということを同時に示しうるだろう。

そこでまず、言葉についての記憶の喪失として理解される失語症が、言葉を呼び起こしたり表したりする音の記憶に関するものであれ、言葉を表現している文字に関するものであれ、あるいは言葉を書く際の手の動きに関するものであれ、知力の混乱や衰弱を伴うか否か、より正確に言えば、私たちは言葉を忘れると同時に、自分の周りの人々に受け入れられている慣習的規則に従って思考したり考えをつなげていったりすることが、部分的にであれできなくなるのか、を問うことができるのである。

この点に関しては、二つの考え方をきわめて明確に対置するべきだと考えられてきた。失語症の局在性(localisation)、つまり現象の生理学的側面を強調する場合には、運動に関するものであれ発語に関するものであれ、視覚的、聴覚的、触覚的などのイメージを相互に区別し、それぞれの種類のイメージに個別の神経中枢が割り当てられてきた。この場合、他方では、観念形成または知的活動の中枢が特定されていたために、組織の部分的損傷は、観念形成の中枢を損なうことなく、一つまたは複数のイメージ中枢を破壊することがあると考えられた。このように、局在性の理論によれば、失語症の個別的形態が累積することによってはじめてイメージ全体の破壊に対応するものになるのであり、したがって、その個々の形態のもとでは、中枢が損傷していない思い出は保持され、観念形成の中枢さえ損なわれていなければ、いわゆる知的能力はすべて備わっていることになるのである[(16)]。

ジョゼフ・ジュール・デジュリン[5]は、こうした古典的理論の本質部分をそのまま支持していた。なかでも彼が主張しているのは、失語症が知的能力の保持を前提としているという点である[(17)]。しかし、まず第一に、デジュリンはいくつかの種類の失語症についてしか、絶対的な形でこれを断言してはいない。単純な運動能力に関わる失語症(aphasie motrice pure)[(18)]の場合は「完全な知的能力」が存在しうる、と彼は言う。しかし、この種の障害は構語障害でしかなく、ピエール・マリー[6]はこれを失語症と呼ぶことを拒んでいるという点に留意しておこう。反対に感覚や理解に関わる失語症（aphasies sensorielles ou de compréhension）では、「知的能力はほとんど常に損なわれていて（略）、運動能力に関わる失語症者と比べて一般に知的衰弱は顕著であり（略）、健常者と比べてしばしば身ぶり表現に乏しい」。そして全面的な失語症では、「知的欠陥は感覚あるいは運動に関わる失語症と比べてしばしば顕著である」[7] ことを、デジュリンは認めている。たしかに、読解能力が失われる単純な失読症（cécité verbale pure）では、「知的能力と内的言語は常に無傷で、身ぶり表現は完全である」[8]。しかし（これがデジュリンの命題に関する第二の確認になるのだが）、デジュリンは、ポール・ブローカやアルマン・トルソー[9]が言うのと同じ意味で知的能力の混乱や縮小を理解しているわけではない。ブローカやトルソーは、主体が読む力や書く力を、またはその双方を失ったときに、知的能力が変質したと見なしていた。デジュリンは、「慣習的言語」の変質は必ずしも知的衰弱をもたらさないと見ている。反対に「自然言語の変質（特に、身ぶり表現の混乱）は知的能力の際立った欠損を伴っているものであるために、非常に複雑な性格の失語症事例のなかでしか出会うことがない」[19]のである。そのため、印刷された文字を読解する能力の喪失が人間の知的な力に打撃を及ぼすとは、デジュリンには思われなかったのである。そして、そう主張しているだけにますます特異に見える考え方だが、デジュリンは感覚に関わる失語症に侵された人々の知的能力の衰弱を認めたうえで、これを「病者が仲間たちとの一切の交渉から切り離されている」[10] という事実によって説明するのである。ところで、読書は、少なくとも病気になる前には読書をしていた者にとっては、その人をさまざまな形でみずからの集団へと関係づけるものである。貼り紙《ポスター》、新聞、教科書、大衆小説、歴史書などは、わずかな時間のあいだに、その人が一定量の集合的思考の流れに身をさらすことを可能にする。もしこうした扉がすべて閉ざされてしまえば、彼らが生きている社会的地平、したがってまた知的能力は大きく縮小してしまうことになるだろう。

　しかし、デジュリンは、こうした症例の多くに知的欠損が存在することを認めながらも、それは原因ではなく、知的能力の後退は言語的イメージの解消の結果であると主張する。「その場合主体は、言葉のイメージではなく、物のイメージを使って思考する。その主体はもはや何一つ把握することができない」[20]。この考え方によれば、障害は、その初発の形態では感覚に関わるものであり、書かれたり聞こえたりする言葉を認識したり思い浮かべたりする力の欠如に起因する。しかし知的能力は、少なくともはじめは無傷のままだというのである。この失語症患者を、ある種の道具を使えなくなってしまったが体力はまだもとのままである労働者になぞらえてみれば、この命題を正しく翻訳できるように思われる。それでも、力が落ちていくように見えるとすれば、さらにはそれがいつか完全に衰えてしまうとすれば、それはこの労働者が他の方法で仕事をこなすことができず、その人が弱ってしまったような印象を与え、さらには、自分の力を使うことができないために実際にそれを失っていくからなのである。

しかし、失語症については、まったく別の視点から考察することも可能である。局在性の理論から出発するのではなく、古典学派が区分してきたような思い出の消失の多様で特徴的な諸形態を、さまざまな事実のなかに探し求めるならば、まず第一に、忘却は明確に限定された思い出のカテゴリー、すなわち視覚イメージや音声イメージや発声の運動記憶のそれぞれにだけ生じるというのは、正しくないことが確認される。つまり、あるカテゴリーの思い出の消失が見られるときには、ほぼ必ず、記憶はそれ以外の変質を示しているのである。したがって、いずれの形態の失語症であれそれぞれを独立した臨床的実体として構成することはできない（おそらく、単純な失読症や識字不能症〔alexie〕は別として）[21]。記憶の喪失のあり方は個人ごとの多様性が大きく、さまざまな種類の思い出が不規則につながったり結び付いたりしながら消失するので、いくつかの単純な図式を組み合わせて考えてみたり、主たる障害を中心に置いて、その余波でしかない付随的障害をかたわらに位置づけてみたり、というやり方ではうまく捉えることができない。むしろ、いくつかの基本的カテゴリーには区分することができない、単一の枠組みを想定するところにとどまらざるをえないのである[22]。ところで、もし、失語症で消失するものがいずれかの個別の形態の言語ではなく、ピエール・マリーが言うように「内的言語がその全体において奪われる」のだとしたら、傷ついているのは知的能力一般だということになる。たとえば、錯語症について考えてみよう。そうでは錯語症の人はいくつかの言葉、特定のカテゴリーの言葉を発することができないのだ、とは言えない。そうではなく「観念がその音声的イメージに対応しなくなってしまっていて、その結果、意味に対して適切な言葉のかわりに、反対の意味の、完全に奇妙で理解不能な言葉が浮かんできてしまう[23]」のである。他方で、患者にさまざまな物や身体の部位などを見せると、その人は、そのうちのいくつかについて正しく名称を言うことができるのだが、そのあと、おそらくは注意力がゆるんだときに、言葉の中毒（intoxication par le mot）と呼ばれるものが生じる。発したばかりの言葉の一つが、その人に焼き付けられたかのように、それ以降はどんなものを指してもその言葉を繰り返してしまうのである。この二つの事例で、揺らいでいる機能は、知的注意能力（intelligence attentive）ではないだろうか。しかし、発話に対する理解力の欠如（あるいは、言語聾〔surdité verbale〕）についても同様なのだと、ピエール・マリーは付け加えている。それは感覚的なものに固有の症状ではない。というのも、「患者は通常すべての語をばらばらに認知し、文の全体を取り逃がしてしまうからである。それは個別の〔語の〕聞き取りそれ自体というよりも、むしろ知的理解の次元に関わっているのである……」。さらに、「カール・ウェルニッケ[11]の失語症（aphasie de Wernicke）のさまざまな障害は、厳密に言語に限定されているわけではない。それは知的能力全体、とりわけ教育によって学習されたものに対して打撃を与える[12]」。私たちは、この最後の指摘に、あとでまた立ち返ってみることにしよう[24]。

こうした議論の全体から、言語の変質は知的能力の恒常的で深層的な障害を生み出すのだから、言語とは単なる思考の道具ではなく、私たちの知的機能の総体を条件づけるものである、という結論が導かれる。その点にいち早く気づくことができなかったのは、記憶のはたらきと障害を生理学的言語に翻訳することに執着していたからである。しかし、心理的事実は心理的事実によって説明されるのであって、ここに他の次元についての考察を混入させると、その事実についての研究をいたずらに複雑化してしまうことになる。表象から生まれる運動反応（réactions motrices）や、イメージに沿って起こる体の動きや神経的ショックを問題にするとき、一方で私たちは、さまざまな仮説を構成しているのであり（なぜなら、こうした身体的反応やショックについては、直接的観察によってはほとんど何も知りえないからである）、他方では、その物理的あるいは身体的側面を見ることができないまま、それらの事実の心理的側面と呼びうるものから、注意を背けてしまうのである。さてこのとき、私たちは言語をつかさどる脳のメカニズムがどのようなものであるのかを知らない。しかし、話をするときに、語や文に意味を割り当てていると感じている。つまり、私たちの精神は空虚ではなく、一方では、この意味が慣習的なものであることを感じている。私たちは他者を理解し、他者が自分を理解することを知っている。そしてさらに、だからこそ私たちは自分自身を理解する。したがって、言語とは一種の精神的態度である。しかもそれは、虚構であれ現実であれ一つの社会の内部でだけ了解可能なものなのだ。そこに、思考のすぐれて集合的な機能がある。

「言語とは何にもまして社会的な事実である」とアントワーヌ・メイエ[13]は語った。「言語は、デュルケムが示した定義に正確に当てはまる。一つの言語体系（une langue）は、それを話す個人一人ひとりからは独立して存在する。そして、そうした諸個人の総和の外部にどのような実在ももたないにもかかわらず、やはり、その一般性において諸個人一人ひとりに対しては外在している。そのことは、どのような個人の力をもってしてもその言語体系を変えることはできず、用法からの個人的逸脱は常に反作用を呼び起こすというところに示されている[25]」。これに基づけば、失語症とは、この種の言語体系からの逸脱の集合であり、その存在が認められるのは失語症者が属する集団の反作用によるものである。その集団の他のメンバーたちが付与している慣習的意味を、同じ集団のメンバーの一人がもはや言葉に対して結び付けていないことに、集団は驚くのである。こうした障害の原因を、脳の損傷や患者の個人意識に限定された心理的混乱のなかに探し求めるのは間違っている。言葉の意味が決定されず、絶えず変化し、その集団のメンバーのなかの誰かがもたらした言語的革新がそのつどすぐに採用されてしまったり、言語体系が休みなく発せられる指示によって常に修正されていったりするような社会を想像してみよう。そんなめまぐるしい心の運動についていくにはあまりにも緩慢な精神や、あまりにも怠惰な記憶をもった人々、そしてしばらくの不在のあとでその集団に戻ってきた人々は、多くの点で、失語症者と同じ状態に置かれることになるだろう。反対に、個人が集団の言語的慣習による持続的拘束を被っていなかったとしたら、自分が使う言葉をすぐに修正し、なじみの物を指し示すために新しい語を作り出すだろう。メイエがさらに言うように、

「言葉は発せられるにせよ聞かれるにせよ、それがしるしとなっている物や行為のイメージそれ自体を正確な形ではほとんど呼び起こさない。呼び起こされているのは、何らかの性格をもった傾向、その物や行為の知覚、ただし相当に弱い知覚が呼び覚ます傾向だけである。このように、イメージがほとんど呼び起こされないか、きわめて不正確にしか呼び起こされないとすれば、そのイメージは、そのこと自体によって、大した抵抗もなく修正を被るものになる」。このような状況に置かれた場合、人は集団に対して失語症者と同じ条件のもとに置かれることになるだろう。実際に、一つの言語体系のなかの語や表現や文は、さまざまな力に押されていわば相互にぶつかり合うようなときには、機能しなくなり、もはや相互に支え合わなくなってしまい、「その意味を修正しようとする多様な影響力の作用にさらされやすくなる」[26]。したがって、失語症の原因は脳の損傷には見いだされえない。失語症は、その点では完全に健常な人にも生じうるからである[27]。それは、個人と集団のあいだの関係の重大な変質によって説明される知的な障害なのである。言い換えれば、社会のなかで生活するすべての正常な人間の精神のなかには、イメージの解体と再構成と編成の機能が備わっていて、それによってみずからの経験と行為を自分の集団のメンバーたちの経験や行為に調和させることが可能になっているということになるだろう。この機能が持続的に狂ってしまったり、弱まってしまったり、消え去ってしまったりするような例外的状態にあるとき、その人は失語症者と言われる。こうした異常の最も際立った症状が、言葉が使えなくなるという形で現れてくるからである。

この命題についての貴重な確証は、ヘンリー・ヘッド[14]が著した戦争失語症者（aphasiques de guerre）についての見事な研究のなかに見いだされる。これまでのところ、当事者たちがほとんどそれを受け入れられる状態になかったからか、また研究者たちがそうした方向で調査を進めることを興味深いと判断してこなかったからなのか、自分の集団によって認められている実践的慣習をおこなうだけの知的能力を前提とするようないささか複雑な行動を、失語症者が達成する（または達成しない）方法について、正確な情報はごくわずかしか得られてこなかった[28]。しかし、ヘッドは、戦争で負傷したせいで失語症になった十一人の患者、つまりまったく健康な状態で傷を負った「非常に知的能力が高く、（少しずつ回復していくなかで）憂鬱に落ち込んでいるのではなくむしろ快活な」若者たちを研究することができた。彼らはその点で、動脈変性に見舞われた通常の失語症者とは大きく異なっていて、そうした人々に比べて自己分析能力が高く、長時間にわたるしばしば複雑な実験に耐えることができた。その一方で、ヘッドは、これらの失語症者について、まさに視覚的イメージや思い出が編成される際に言葉とその他の象徴的表象が担う役割を研究したのである。ヘッドがおこなったいくつかの新しいテストは、すでに知られていたことから思いがけない一面を引き出すことに成功したが、それは本書が関心を寄せている問題を解くために役立つ。そこで、以下に、ヘッドの実験の詳細のいくつかを紹介することにしよう。

すでに知られていることだが、失語症者はしばしば、人が目の前でやってみせるある種の、多少なりとも複雑な運動を再現することができない。そして、そのことは対応するイメージや思い出の消失によって説明されることが多かった。だが、こうした能力の欠如は、言葉を忘却したことの直接の帰結ではないだろうか。その点をヘッドは、以下のように論証しようとしたのである。[29]

「あなたの右耳を左手で触ってください」などという形で患者に身ぶりを再現してもらう「目と耳」の実験が、次のような条件のもとでおこなわれた。はじめは、観察者が被験者の正面に位置して、何も言葉を発せずにその動きをやってみせる。次に被験者は鏡の前に立ち、観察者がその後ろに位置して、二人とも鏡に向き合うようにする。すると、「鏡に向かって」模倣するときのほうが、全体としていいテスト結果が得られた。[30] その後、被験者に対して正面から、おこなうべき身ぶりを描いた絵を提示し、さらに同じ絵を鏡に映して見せた場合も同様だった。被験者は最初の対面的状況では間違え、そのあとの鏡に並んで向かう状況では間違えなかった。最後に、指示が口頭で伝えられた場合や、何も言わずにカードを見せ、印刷された文字でそこに指示が書かれていた場合にも、被験者と身ぶりを描いた絵や観察者とが鏡に映っていたときと、ほぼ同じ結果が得られた。[31] ヘッドによれば、ここから、身ぶりを示したり再現したりする能力の欠如が存在する場合、それはイメージの解体によるものではなく「言葉の欠落」に由来するものであると結論づけることができる。おそらく、被験者が鏡のなかに見た身ぶりを再現するときには、模倣は自動的である。そこには理解しなければならないことがあるわけではない。右と左を区別する必要もない。その人の腕は、言ってみれば、観察者の腕に引っ張られているのである。[32]視覚の領域でおうむ返しの反復（écholalie）と同じことが起こっているということである。しかし、「私〔ヘッド〕の正面にいる被験者が、片方の目や耳に触れている私の右手や左手の動きをまねようとするときには、内的な発話が正常な行為の一局面になる」。実際、そのときには、あらかじめ身ぶりを理解すること、すなわち慣習的方法にのっとってそれを表現し表象する必要がある。少なくとも、右や左といった言葉で言い表し、ある程度まで、身ぶりを内的言語に翻訳しなければならない。「この点に関して、被験者の一人がはっきりと言うには、それはまるでまったく知らない外国語を翻訳しているようだと、いつも思ったそうである」。全体的に、「思考や〔慣習的〕象徴表現のもつ言語指示的（nominal）一面が介在しなければならない行為は、どれもうまく達成されていない」。そのため、これに対する対照実験として、同じ被験者が口頭、または印刷された文字による指示を遂行しうることが確認された。この場合には、口頭または書かれた言葉とともに、必要な記号《シンボル》がその時点で被験者に与えられているのである。そして、そのためにまた、被験者は鏡に映っているのを見るときでさえ、そこで実際になされた、または絵に描かれた身ぶりを言葉に描いて指し示すことが、非常に困難なのである。「書くためには、その介在がなければ非言語的な模倣行為になってしまっていただろうものを、言葉に置き換えるという操作を必要とする[33]」

一つの身ぶり、または複数の身ぶりのまとまりを明確に把握するということと、その身ぶりを描いた絵を理解したり再現したりすることとのあいだに、大きな違いはない。だが失語症者たちはその身ぶりを絵に描くことにはかなりの苦労を覚えるということ、さらにはほとんど描くことができないということが予測される。しかし、それはなぜだろうか。それは、絵を描こうとするとき、失語症者たちの心のなかに、もはやそのモデルについての詳細で具体的なイメージ、または思い出が存在していないからだろうか。ベルクソンは、失読症の患者、すなわち、アルファベットに限って視覚的認識能力を失ってしまった人々について論じるなかで、これらの人々は、

「文字を写し取ろうとするときに、その文字の動きとでも呼ぶべきものを把握すること」がまったくできない、と指摘していた。「彼らは、その文字の任意の一点から書き始めてしまい、見本どおりに書いているかどうかを常に確かめている」。そしてこの点は、彼らがしばしば、書き取りをする能力や自発的に書く能力を損なわずにいるだけに、ますます注目すべきものになる。したがって、消失してしまったのは、言葉に対応するイメージなのではない。そうではなく、患者は、「認知された対象の分節構造を解きほぐして理解する習慣、つまり図式を描き出す運動傾向によって視覚的知覚を補完する習慣を失ってしまったのである」[34]。この患者に欠けているのは、それを描き出す運動傾向であるというよりも、単純化された絵柄であれ、言葉であれ（たとえば、iと書くために線を引く、oと書くために丸を描くなど）、複数の描線や文字相互の位置関係であれ、図式の観念そのものであると想定できるだろう。ヘッドの研究のなかに散見される考察から、はっきりと次のように結論づけることができる。失語症の患者たちは、その対象を見ずに自分から再現することができるときでさえ、ある種の対象については、これを図式的形式のもとに思い浮かべることができないため、絵に描くことに失敗するのである。しかし、失語症者たちに、図式そのものを描いてみるようにうながすのは、興味深いことであった。そして、ヘッドはそれを思い付いたのである。

　失語症者の一人に対して、たとえば、自分のベッドが置かれている部屋にあるさまざまな物の位置関係を、紙の上に描いて示してくれるように求めてみた。その人はうまくできなかった。そこでヘッドは、紙のなかに四角形を一つ描き、「ほらこれがあなたのベッドだ」と言った。するとその人は、他のベッドや複数のこまごまとした物の位置を正確に思い出すことができた。ところが、その位置関係を紙の上に指し示すことができなかったのである。すなわち、テストの最初の段階では、彼はどこから始めていいのかわからなかったし、何を基準点に選べばいいのかもわからなかった。次に、四角形を描いて彼の注意をベッドに向けさせたときには、彼は周りにあるいろいろな物のことをよく思い出した。おそらく彼は、自分がベッドに横たわっているときに見た物を思い描き、たとえば、頭を左から右に回したときに現れるイメージを一つひとつ記述することができたのである。しかし、彼にはそれを「象徴的図式（formule symbolique）に還元すること」ができなかった。彼には、図式的な見取り図の概念が、またおそらくは物と物との関係上の位置を定めることを可能にするような言葉が、欠けていたのである。また別の被験者は、自分の病室の見取り図を描き始めた。しかし彼は、次々と細かいものを描き込んで、紙を埋め尽くしてしまった。つまり彼は、とにもかくにもいろいろな物のことを覚えているのだが、それらの物を、見取り図のなかに、その位置と距離を抽象的に思い描くことができなかったのである。[35] 三人目の被験者は、「目を閉じたまま、難なく、窓や暖炉や洗面台や整理ダンスやドアやその他の調度品の位置を示すことができた。ところが、洗面台は暖炉との関係でどこにあったか、暖炉はドアに対してはどうだったかを言うように求められると、まったく答えられなかった。ただしこの人に、「暖炉はここで、ドアはここで」というような言い方をさせると大変正確に指示することができたのである」。「彼はそれらの物がどこにあるのかをよくわかっている。彼がそれらを心のなかで見ることができているのは確かである。しかし彼には、それらの位置関係を言い表すことができなかったのである[36]」。このように、すべてのケースで、物のイメージはたしかに損なわれていなかった。すなわち被験者はそれを再現する能力を失ってはいないのである。なぜなら、それを記述し、見えるがままに描き出すことができるのだから。そして被験者は、それらの物が自分に対してどのような位置にあったのかを示している。しかし、物と物との相互の関係については、示すことができない。これに成功するうえで患者に欠けているのは、見取り図のうえに関係上の距離と状況を図式的に思い描く能力である。そしてそうなってしまうのは、これを可能にさせる言葉がその人に欠けているからでもある。

　精神盲に侵された失語症者（これはまれなケースだが）は、しばしば、何カ月もの訓練を経ても自分の病室に行くことができないほど、方向感覚を失ってしまう。[37] また、ピエール・マリーとシャルル・フォア[38]が観察した戦争失語症者たちの場合、「しばしば方向の混乱が見られ、通りや部屋のなかをうまく進むことが困難で、単純な方向についての記憶（souvenirs）が消失している」。これらの場合とは異なり、ヘッドが診た失語症者たちは、難なく道をたどることができる。ただし、最も症状が重い二、三人については、道が曲がりくねっていると混乱をきたす、とヘッドは言う。しかし、まったく間違えずに道を進むことができている人でさえ、しばしば、ある場所から別の場所へどうやって行くつもりなのか、まったく説明できないことがある。その人は、その建物相互を隔てている距離についての記憶までもっている。ところが彼は、自分のたどるべき道筋を指し示すことができなくなっているのである。そうした被験者の一人は、途中にあるいくつかの建物の外観をはっきりと覚えている。ところが彼は、自分のたどるべき道筋を指し示すことができなくなっているのである。「たくさんの小さな断片によって、自分が言いたいことを表さなければなりません。こんなふうに、次々と跳び移っていかなければならないのです」。そう言ってこの被験者は、「ある物からその次の物へと跳び移っていく人みたいに」二つの点のあいだに鉛筆で太い線を引く。「見えているのですが、言い表すことはできません。本当のことを言えば、その名前もはっきりとわかっているわけではありません。実際には、もうその名前を覚えてはいないのです」(39)。つまり、イメージを呼び起こすことはまだ可能なのである。しかし、それらの全体を、相互の関係のなかで思い描くためには、それを言葉によって定式化することが必要なのだろう。言い換えれば、イメージはばらばらになり、分散し、その一つひとつがそれ自体だけを表すものになる。これに対して、言葉は通常、他のさまざまな言葉を呼び起こす。人が言葉を使うことができなくなるときには、あたかも思考のつながりが断ち切られてしまったかのようになるのである。

とはいえおそらく、言葉そのものと、それによって形作られる文や命題と、さらにはより一般的な図式、すなわち、形式や態度や距離や時間的持続についての象徴的表象（représentations symboliques）とを区別する必要がある。それらの表象は、言語や、抽象的であると同時に視覚的でもある記号体系の諸要素のようなものを構成するのである。ヘッドは、失語症者たちがどのように時計を合わせるのかを観察することによって、この種の象徴（symboles）を析出することに成功している。別の時計に倣って時計の針を合わせる場合にはどうだろうか。それは機械的模倣の作業であって、すべての失語症者が正確になし遂げることができる。しかし、書かれていたり印刷されていたりする指示に従って同じように時計を合わせる場合にはどうか。何人かは、時計の盤面に示された時刻を読むことに一定程度の困難を覚えながらも（彼らはその時刻に対応する言葉を即座に見つけ出せないからだ)、時刻を表す言葉を聞いたり読んだりすると、すぐに文字盤合わせをすることができる。その他の人たちは明らかに、時刻を読むことも、また針を動かして時刻を示すことも、同じようにうまくやることができない。「彼らに欠けているのは、時間についての認識ではなく(彼らは「あなたが食べるとき」とか「自分たちがそこにいたとき」と言うことができる)、自分がわかっていることを、自分自身に対して表現するための象徴的手段である」。彼らは、長い針と短い針を取り違えたり、十五分前と十五分過ぎを区別できなかったり、短い針は進んだ分数《ふんすう》の分だけ隔たっていなければならないことが、理解できなかったりする。つまり彼らは、時刻を指し示す名辞を理解しながらも、それを表す慣習的なやり方を思い付くことができなくなっている。したがって、言葉に従って針を合わせることができない被験者の場合には、たとえ言葉を聞き取り、その一つひとつを、あるいはそのおよその意味を理解したとしても、文字盤上に時刻を示すという象徴的表象を再現するにはいたらない。被験者はそれができなくなっているのである。言葉に従って針を合わせることができる被験者の場合には、その観念が損なわれていない。この被験者たちは時刻を読むことができるし、言葉が外から意識にもたらされたときには、まさにその観念を有しているために、その言葉を理解し、正しく解釈しているのである。

こうした一連の考察から、以下のように想定することができる。失語症者に欠けているものは、記憶内容(souvenir)というよりもむしろ、それを枠組みのなかに置き直す能力であり、その枠組みそのものである。この枠組みを失ってしまうと、失語症者は、周囲の人々から向けられた明確な問いに対して、中立的な用語で、多少なりとも客観的に答えることができなくなってしまう。答えが問いに対して適切であるためには、実際のところ、その人が、問いかけている自分の集団のメンバーと同じ視点に立っていなければならない。そしてそのためには、その人が、自分自身に対して距離を置き、思考を外部化しなければならないように思われる。それは、何らかの象徴的表象の様式を用いることによってはじめてなされうる。失語症の場合には、そうした象徴的表象の様式が欠けているのである。

たしかに、失語症者が書かれたり話されたりした指示の意味を理解できないだけでなく、それが指示であるということさえわからなくなることはまれである。しかしいずれにせよ、指示を遂行したり要求に応えたりすることの困難は、多くの場合、指示や要求、遂行や応答には一種の視点の逆転が伴うということによって説明される。失語症の人は、常に、また完全にそれができるわけではないのである。人が自己の外に出て、一時的にでも他者の位置に立つためには、自己と他者、および自分たちと彼らのあいだにある関係についての明確な観念をもたなければならない。それは、象徴的であると同時に社会的な表象の第一段階である。おそらくそれは、最も下位にある表象であり、決して完全に消え去ることはないのだが、非常に弱まり、狭まることによって、ほんのわずかの行為にしか介在できなくなることがある。ここまで検討してきたすべての事例のなかには、何らかの程度でこの能力の変質を見ることができる。被験者が自分で直接には再現できない身ぶりを「鏡のなかで」まねるとすれば、それはおそらく、ある場合には、反省的な努力によって観察者の右手と自分の左手を区別する必要がなくなっているからだが、同時にまたそのような場合には、鏡によって送り返されてくる連動する二重のイメージのなかで観察者と一つになってしまい、この観察者と自分を区別する必要がほとんどなくなってしまうからでもある。被験者が、時刻を読むことができなかったり、その言葉の意味がわかっても、口頭や文字による指示でうながされたように正確に時計を合わせることができなかったりする場合、それは、針の位置と時間の区分との関係が社会的慣習に基づいて決まっていて、これを理解するためには集団のメンバーの視点に立たなくてはならないのだが、被験者にはそれが困難だったり不可能だったりするからである。また、患者が一つひとつの物や家や建物の思い出を保っていながら、それらを相互に関係づけたり、自分が描く地図の上にその場所のしるしをつけたりすることができないのは、個々のイメージの上に、それを超えて、非人称的な形でいくつかの状況のつながりを思い描かなければならないからである。そうした概念は、同じ社会に生きる人々が空間のなかの場所や位置について話すときに、互いに理解し合いたいと望むのであれば必要不可欠なものだが、被験者にとっては決定的に理解が及ばないものなのである。被験者は可感的対象によってもたらされる感覚を、他の対象から受け取る感覚、あるいは受け取りうるだろう感覚とつなぎ合わせることができなくなっている。実際に、たとえば、その人はもはやそれらの対象の順位に注意を向けることができないのである。[40] 言葉の喪失は、語を見つけることができないとか意図したとおりに構成することができないという場合であれ、それを聞いたときに意味やつながりを把握できないという場合であれ、より広範な能力の欠損の表れでしかない。慣習的象徴体系は社会的知性の不可欠の基盤だが、それがその人にとっては、多かれ少なかれよそよそしいものとなってしまったのである。

失語症についての考察を進めていけばいくほど、彼らにできること、できないことの多様性が明らかになっていく。そして、それらの区分を可能にするさまざまなカテゴリーは、前述の枠組みの分解や解体や部分的保持の多様な様式として理解される。ヘッドは、この「象徴的思考と表現のさまざまな解体の形」について論じるなかで、それらが明らかにしているのは、「個別の要素（elements）ではなく、完全な心理過程をこれに分解してみることができるような構成要因（composants）である」ことを示した。ヘッドが示す巧みな比喩に従えば、「足に大きな傷を負うと、はじめはまったく歩くことができなくなるだろう。しかし、一定の時間が経過すると、その けがが踵に及んでいるのかつま先に及んでいるのかによって、それぞれに違うやり方でその人は歩き始める。その人の歩き方は、その人の正常な歩き方の基本ではない」が、足の一部分を地面に着けることができないという事実に条件づけられた別の歩行スタイルである。ここでこの人が、歩き方を周囲の人々から教わったと仮定してみよう。もし、この人が他の人々と同じように歩くことができなくなっているとすれば、それはその人がさまざまな運動を他の人々と同じように結び付け、みずからのバランスを他の人々と同じように保つ力を失ってしまったからである。そして、その人に他の人と同じように歩くよう求めてみたとき、明らかになるのは、それができないということだけではない。他の筋肉を使い、他の支えを用いて、その人なりのやり方で歩くこと、すなわち、その人にとって価値があるような別の地平から着想を得て歩くことができるようになるためには、その人が、仲間たちを模倣することを求められていることを、忘れてしまわなければならないのである。

こうした理由で、失語症者についての調査は、観察者にいくつもの新たな発見をもたらしてくれる。この障害は、あるカテゴリーのイメージ、言語的あるいはそれ以外の聴覚的あるいは視覚的イメージの消失によって、性格づけられるものなのだろうか。長いあいだそのように考えられてきた。しかし、もしそうなら、ある条件のもとで発語したりそれを理解したりしなければならないときには実際に欠落しているように見える言葉が、その条件が課せられなくなると再び表に現れてくるということが、どうして起こるのだろうか。それを人から求められたときには、文章を書き写すことも、文を解読することも、絵を描くことも、地図を描くことも、時刻を読むこともできなかった患者が、自発的にであれば、つまり人から求められたのでなければ、読むことも、書くことも、描くことも、時間や空間のなかで自分を導くこともできたりするし、それを語に分解することを強いられなければ、文を読むことができたりもする。(41) あるいは、冠詞や接続詞を使わなければ書くことができるが、そうでないと書くことができない場合もある。こうしたことは注目に値するのではないだろうか。失語症とは、知的能力全般の衰弱なのだろうか。これもそのように考えられてきた。しかし実際には、知的能力の全体が侵されているのではなく、できることとできないこととのかなり微妙な組み合わせが示されているのである。ある患者は、一つひとつの貨幣の価値を示すことはできないのだが、両替は正確にできる。別の患者は、数字は忘れているのだが、足し算や引き算の規則は覚えている。また別の患者は、チェスは人並み以上に指せるのだが、ブリッジの遊び方を忘れてしまっている。さらにまた別の患者は、自分の名前や住所を書くことができるが、母親の名前や住所は、同じ家に住んでいるにもかかわらず、書くことができない。ある将校は、大きな地図の上に戦線の動きをたどっていった（それは、相当量の慣習的表象に関する知的能力があることを意味している）のだが、その同じ事柄についての会話にはついてくることができなかった。実際のところ、彼らはある種の慣習を理解することができなくなっているのだが、その他の慣習は彼らにとって完全にその意味を保っているのである。

＊

要するに、社会のなかで生きている人々がみずからの思い出を固定し、再発見するために用いている枠組みの外では、記憶は成立しえないのである。夢や失語症、すなわち記憶の領域が狭くなってしまう最も典型的な状態の研究から、そう結論づけることができる。夢の場合も失語症者の場合も、その枠組みは変形し、変質し、部分的に解体している。しかしそれは、非常に異なる二つの様式でなされているので、夢と失語症の比較は、枠組みの二つの側面、ならびに枠組みを構成する二種類の要素を明らかにすることを可能にしてくれる。

失語症にはさまざまな形態があり、同様にこれによってもたらされる思い出の縮小にもさまざまな幅がある。しかし、失語症者が、自分が社会の一員であるということを忘れてしまうことはまれである。失語症者は、自分を取り巻き、自分に話しかけている者たちが、自分と同じような人間であることをよくわかっている。失語症者は、その人々の言葉に強い関心を向ける。その人々に対して、気後れと不安の感情を示す。自分の力が衰え、屈辱的な状態にあるのを感じる。悩み、ときにはいら立つ。自分が社会集団のなかで位置を保ったり、得たりすることができないからである。そのうえ、失語症者は周囲の人々を見分け、それぞれを明確に同定している。一般的には、（記憶喪失者とは違い）自分自身の過去の重要な出来事を想起することができ、ある程度まで追体験することができる。ただし、他の人々に向けて、それについての十分に詳細な概念をうまく提示することができない。したがって、記憶の一部分、すなわち出来事を保持し、人物についての思い出を保つ部分は、集合的記憶とのつながりをとどめ、自分で制御できる範囲にある。失語症者は、他者によって理解されようとするし、また他者を理解しようと努める。失語症者は、外国にいて、その国の言葉を話すことはできないが、その国の歴史を知っていて、また自分自身の歴史も忘れてはいない人に似ている。ただし、人々が共有しているはずの相当数の概念が欠けているのである。より正確に言えば、自分ではその意味を理解することができなくなっている一定数の慣習的規則《コンベンション》が存在し、その慣習的規則があることはわかっているのだが、それに合わせて振る舞おうとすると失敗してしまうのである。言葉を聞いても、読んでも、失語症者にとっては、その意味が把握されたという感覚が伴わない。対象物のイメージは、そこに名前が付されることなく、つまりその性質も役割も認識されることなく、目の前を通り過ぎていく。失語症者はもはや、ある種の状態では、自分の考えを他者に一致させることができず、概念や図式、身ぶりや物の象徴といった社会的表象の形式に達することができない。ある範囲の細部で、みずからの思考と集合的記憶の接点が断ち切られてしまうのである。

これに対して、眠っているあいだに夢を見ている人の心に次々と浮かんでくるイメージは、一つひとつ切り離して捉えられるのだが、それが「何であるかはわかっている」。すなわち、夢を見ている人はそれが何を表しているのかを理解し、その意味を把握していて、それを名指すことができると感じている。したがって、眠っているときでさえも、言葉が理解の道具であるという意味で、人は言葉を用いていることになる。眠っている人は、さまざまな行為を見分け、それを見分けるために社会の視点に立つ。目覚めている人が夢を見ている人のそばにいて、夢を見ている人が自分の見ていることを声に出して話していると仮定してみよう。このとき、目覚めている人は夢を見ている人の言葉を理解することができるだろう。したがってそこには、社会生活の素描のようなものが存在することになる。たしかに、目覚めている人は、夢を見ている一人の人の思考の流れを他の人のそれにつなぎ合わせること、言うなればブレーズ・パスカルが語っていたような意味で一緒に夢を見る状態を作り出すことはできないだろう[42]。つまり夢を見ている二人の人のモノローグからは対話を生み出すにはいたらないのである。実際、そのためには、夢を見ている人々の精神が社会生活から借りてきた概念のうえに活動しているだけではだめで、その人々の思考が、社会の思考が展開される秩序に沿って生起していかなければならない。実質的に社会は、まとまりをつけながら思考している。社会は概念同士を互いに結び付け、それを人や出来事についてのより複雑な表象にまとめあげ、その表象自体がさらに複雑な概念によって理解されていく。しかし、夢を見ている人は、目覚めているときのそれと似通った形で人や物を思い浮かべているのだが、そのそれぞれについて、覚醒時にその人の性格や物の様子が示されているときのような詳細な特徴が、夢のなかでも呼び起こされているわけではない。夢を見ている人が構成しているものは、幻想の流れのなかにあって、確かさも深さも一貫性も安定性ももたない。言い換えれば、夢の状況とは、夢を見る人が、一つひとつ個別に取り上げられる言葉の意味、さらには物のイメージの意味を規定している規則を保持しながらも、社会生活の空間と環境のなかで場所や出来事や人物が占める相互的な位置についての慣習的規則を覚えておらず、その規則に従うことがないようなものなのである。夢を見ている人は、自分自身の外に出ることができない。それは、社会の記憶の第一次元に存在する人や事実、地域や時代、一般的な物やイメージ群の集合体を、集団の視点から捉えることができないという意味でそうなのである。

付け加えておくならば、こうした区分はまったく相対的なものであり、このように失語症と夢とでは別々に切り離されて現れる記憶の二つの側面は、それでもやはり緊密に結び付いている。非常にはっきりとした失語症の場合には、出来事の記憶が残っているかどうかや、患者がどこまで人を見分けているのかを判断するのは、きわめて困難である。比較的症状の軽い失語症者は、言葉が出てこなくて自分の過去を物語ることができないために、また他の人々との関係が乏しくなっているために、時間や場所や人についてのかなり曖昧な感情だけを保持しているはずである。他方、夢のなかに生起するイメージはおおよそのところ認識されているとしても、それについては表面的で混乱した見方しかなされていない。夢のなかにはたくさんの矛盾が入り込み、そこではある程度まで物理的法則や社会的規則から解放されているため、夢のなかで一つひとつの物について抱く観念と、目覚めている状態で抱くだろう概念のあいだには、かなり大きく隔たった関係が存在する。さらに、単純な概念と複雑な概念、個別のものと集合体のあいだのどこに境界線を引くことができるだろうか。またどこに視点を置くかによって、同じ群に属する事実や人物も別様に考察されうるのではないだろうか。とはいえ、それでもやはり、人がこれほどまで異なる形で集合的記憶との接触を失うことがあるのだとすれば、やはり、集合的記憶のなかには二つの慣習的規則の体系が存在しているにちがいない。それは、通常は同時に人々に課せられていて、互いに結び付くことによってさらに強固なものになるのだが、他方では、別々に切り離されて現れることもある。先に示したように、夢を見ている人は、かなり長い時間にわたって持続し、大きな空間的な広がりを占めているような複雑な出来事の思い出を再構成することができなくなっている。それは、目覚めている人がそうした全体を思考のなかで把握することを可能にしているような慣習的規則を、夢を見ている人は忘れてしまっているということである。そのかわりに、夢を見ている人は、断片的なイメージを呼び起こし、これを再認すること、すなわち、その意味を理解することができる。それは目覚めている人が物を名づけ、その名を用いてそれぞれを区分することを可能にしているような慣習的規則を、夢を見ている人もまた保持しているということである。したがって、言語についての慣習的規則は、集合的記憶のきわめて基本的で安定的な枠組みを構成している。ただしそれは、多少なりとも複雑な思い出はすべて取り逃がしてしまい、私たちが描く表象の孤立した細部と不連続な要素だけをとどめているという点で、かなりゆるんだ枠組みなのである。

注

（1）Freud, *op. cit.*, p. 67. 私たちは、シャルル・ブロンデル博士の著作のなかに、ここで取り上げている夢についての解説を見ることができる。それは、フロイトのテクストを非常に丁寧にあとづけ、その分析の本質部分を忠実に描き出している（Charles Blondel, *La psychanalyse*, Félix Alcan, 1924, pp. 160-192.）。本章は、この本を読んだ時点で書かれている。それによって、ここに訳出したフロイトの文章のなかの相当数の表現を、少なくともより正確に提示することが可能になった。

（2）「イルマのジフテリア症状は、フロイトに彼自身の娘がもたらした不安を想起させる。イルマは娘を代理的に表しているのである。さらにその背後には、名前の類似によって、中毒による致死の病いが隠されている。（略）このように、イルマの分析に現れるすべての人物が、直接夢のなかに登場するわけではない。その人物たちはイルマの背後に隠れ、イルマは、圧縮の作用を通じて、犠牲になった他の人物たちを代表しているのである」（Blondel, *La psychanalyse*, p. 182.）

（3）その証拠は、直後に続くいくつかの夢、あるいは同じ夢のなかの複数の部分のなかに見いだすことができるだろう。そこでは、具体的であれ抽象的であれ、同一の観念がかなり異なった形で具現化されるのである。たとえば、「以下のようなばかげた夢。私は、教会のなかのオルガン台の上にいる。下には、違う時代（第二帝政期？）に生きたと思われる人々がいる。私は、誰かに引っ張り込まれて、チューブのようなもののなかを下りていかなければならない。その人は私に、自分は私の体なのだと言う（あるいは彼が私の体だと私が思っている）。そして、私自身は私の魂で、その身体に接合しているのである（私はその前日に、友人の一人と輪廻転生の話をしたのだった）。そのあと私は、オルガン台の上で、山岳地方の労働者たちと一緒にいる。そこには、穴が開いていて、その周りにはまったく柵がなく、底なしの淵が口を開いている。そして、一人の労働者がそこをのぞき込んでいる」。心のなかには、チューブのなかの階段や、穴や、山岳のクレバスという形をとって次々と具現化される図式的表象が存在していたにちがいない。

（4）Bergson, *L'énergie spirituelle*, pp. 102-103.

（5）他の事例については、エウジェニオ・リニャーノ（Eugenio Rignano）の『推論の心理学』（*Psychologie du raisonnement*, Félix Alcan, 1920, p. 410 sq.）を参照。

（6）おそらく、他の人々が話すのを聞くような夢でも同様である。「私たちが夢で聞いていると思っている声は、たしかに自分自身の声であり、叫びは自分自身の叫びであり、歌は自分自身の歌である」（L'Auteur des Propos d'Alain, *Quatre-vingt-un chapitres sur l'esprit et les passions*, L'Émancipatrice, 1917, p. 45.）

（7）「夢は本質的に視覚的過程（visualing achievements）である。そしてフロイトの指摘によれば、それは言葉と言葉の関係（verbal connextions）をイメージとイメージの関係に変形するのである（*Traumdeutung*, chp. VI）」（C. Gregory Joshua, "Visual images, words and dreams," *Mind*, 123, 1922.）

（8）Adolf Kussmaul, *Les troubles de la parole*, trad. fr., J.-B. Baillière et fils, 1884, p. 244.

（9）たとえば、私は自分が大聖堂のなかにいる夢を見る。見上げると、教会をぐるりと取り巻く回廊の上にたくさんの人がいる。そのなかの何人かは、石の欄干を乗り越えようとしている。その人たちは何をしようとしているのかと、私は思う。気がおかしくなっているのだろうか。空中に身を投げようとしているのだろうか。それとも何か曲芸を見せようとしているのだろうか。あるいは、見えない紐が張られていて、その上で踊ろうとしているのだろうか。そして、実際に一人は、空中でバランスを取り始める。しかし突然、一つの通路が、内陣の仕切りのように、教会のなかを伸びていく。それはあまりにもほっそりとしており、もしもこの人々がそこに足を踏み出さなかったならば、見えないままだったことだろう。——この夢では、教会の支配的な表象が他の表象の枠組みになっている。他の表象は、別々の絵画のように続いていき、それぞれに非常に異なった場面や思考に対応している。しかし、それらは支配的な表象に適合しなければならないので、相互に結び付き、組織化されている。

(10) Kussmaul, *op. cit.*, p. 280.「モリーの三つの夢が代表的である。そこでは、出来事が、それぞれの名辞の単純な連合によって結び付き、継起している。巡礼（pèlerinage）、ペルティエ（Pelletier）、シャベル（pelle）。庭（jardin）、シャルダン（Chardin）、ジャナン（Janin）。キロメートル（kilo-mètre）、キロ（kilos）、ジローロ（Gilolo）、ロベリア（lobélia）、ロペス（Lopez）、籤《くじ》（loto）」（Eugenio Rignano, *op. cit.*, pp. 421-422.）

(11) Kussmaul, *op. cit.*, p. 240 sq.

(12) ヴィルヘルム・ヴント（Wundt）もまた彼なりの立場から、観念連合の理論家たちは、連合的に結び付けられた心理状態がそれ自体、基礎的現象から生じていることを忘れていると批判する。この複合的な状態は、各要素が相互にそのように結び付くのにはまったく適していないとしても、互いに連合するのだが、人々はそれを理解しえないだろうとヴントは言う。しかし、それらの基礎的現象は、その心理的な側面で考察される運動に接近し、それらの要素が従う「融合」や「同化」や「複合化」がおそらくは、その運動同士の結び付きを生み出すのである。したがって、二つの視覚イメージの連合は、決して直接的でも即時的でもない。それは、そのイメージに伴う基礎的傾向のはたらき、特に、目のさまざまな運動や機能と、対応的な諸感覚のはたらきから生じるものだろう（Wilhelm Wundt, *Grundriss der Psychologie*, 10e édit., Wilhelm Engelmann, 1911.）。

(13) 本書ではこの言葉によって、本書の考え方に沿って、発話を聞く、または聞いていると思っているときに、私たちが覚える感覚を意味することにしよう。

(14) マルセル・グラネ（Granet）は言う。「描画であるために、すべての漢字は必ずしも言葉の厳密な意味での表意文字《イデオグラム》であるわけではない。（略）相当数の漢字は、文字どおりの描画だったり、単純なものであれ複合的なものであれ象徴的表象だったりする」。さらに次のように付け加えている。「身ぶりは、原初的には、声が口頭的に描き出していたイメージを、視覚的にかたどるものであった」。古い詩経のなかで繰り返される表現、あるいは注釈書について論じながら、グラネはそこに、「現実を非常に高度な、総合的で個別的なイメージという形で把握し、これを音声の形態に置き換えることによってそのイメージを表現する」きわめて特徴的な配置を発見する。「特に着目すべきことは、表現されたイメージがその複雑性をまったく失うことなく、そのイメージを再生する音がそれ自体記号ではなくイメージであるような形で、この置き換えがなされることにある」。身ぶりの模倣的な力の一切が、発せられた言葉のなかに移されているのである（Marcel Granet, "Quelques particularités de la langue et de la pensée chinoise," *Revue philosophique*, 1920, 2 articles, p. 117.)。

（15）「私たちの言語は思考の遺産のすべてを私たちに伝えるが、感覚を記録するうえでは私たちを完全に自由なままの状態に置いている。これに対して、彼らの言語は、中国人たちに、膨大にして多様な完成されたイメージを与えていて、彼らはそれを使って物事を表さなければならない。個人的な所与から始めるのではなく、彼らは伝統によって明確に規定されたきわめて特徴的な直観的所与からスタートする。彼らが、一つのイメージを一つの語によって呼び起こすとき、そのイメージは、採用された語それ自体がもつ喚起力によってだけでなく、また同時にその伝統的な使用法によってもまた、すぐれて厳格な形で規定される。（略）類似の光景では、中国人たちは、特徴的な同一の所与一式を見いだす。それは、彼らの詩や絵画の見事なまでの均質性を証言するものである」（*Ibid.*, p. 194, note）

（16）複数の中枢とそれらの関係を説明するために想定された図式のほとんどすべてに、観念形成に関わる中枢を見いだすことができる。たとえば、B・バジンスキー（Baginski, 1871）の図式では観念構築の主要な中枢が、アドルフ・クスマウル（Kussmaul, 1876）のそれでは観念生成の中枢が、ウィリアム・ヘンリー・ブロードベント（Broadbent, 1879）では彼が「命名的」および「定立的中心」と呼ぶ二つの際立った優越的中枢が、ルートヴィヒ・リヒトハイム（Litchtheim, 1884）では諸概念の発展の中枢が、ジャン・マルタン・シャルコー（Charcot, 1885）では、観念形成の中枢が見られ、それはエドゥアール・ブリソー（Brissaud）、ジョゼフ・グラセ（Grasset）、カール・メーリ（Mœli）、アルフレッド・ゴールドシャイダー（Goldscheider）などでも同様である。カール・ウェルニッケ（Wernicke, 1903）の図式には、観念形成の中枢が見いだせない。これらすべての図式、さらにその他については、フランソワ・ムーティエ（Moutier）の『ブローカ失語症』（François Moutier, *L'aphasie de Broca*, G. Steinheil, 1908, p. 32 sq.）に再掲されている。

（17）J. Déjerine, *Sémiologie des affections du système nerveux*, Masson et Cie, 1914, p. 74.

（18）デジュリンは以下を区別する。①ブローカ失語症：「言語の全様式での変質。発語された言葉の側の優越〔変質による〕を伴う」。②単純な運動能力に関わる失語症：主体は言葉を発音することができない。「しかし、発声の運動上のイメージは保持している。発声を伴わない読解は正常で、音声イメージの自発的喚起も同様である」。③感覚あるいは理解に関わる失語症。「その言語的盲目〔文字が読めないこと〕と言語的難聴〔言葉が聞こえないこと〕は」、錯語症やジャーゴン失語症とともに「余病である」。この項目に含まれる純粋な感覚的失語症は、クスマウルによって発見されデジュリンによって位置づけられた純粋な言語的盲目と、リヒトハイムによって記述された、かなりまれで純粋な言語的難聴（自発的な文字の筆記、およびその模写の能力は保たれている）である。最後に、④すべてのなかで最も頻度が高い、全面的失語症。

（19）Déjerine, *op. cit.*, p. 74.

（20）*Ibid.*, p. 105.

（21）アンリ・ピエロン（Piéron）は、位置づけの理論を完全に放棄したわけではない。彼自身によれば、「言語的難聴の純粋な状態に出合うのは、ごくまれなことである。（略）それは例外現象なのだ」（Henri Piéron, *Le cerveau et la pensée*, Félix Alcan, 1923, p. 204.）。

（22）これは、一九〇六年の「医学週報」（*Semaine médicale*）の「失語症問題再考」の三本の論文によってはじめて提示された、ピエール・マリー（Pierre Marie）が立てた命題である。しかし、一八九七年の時点で、『物質と記憶』でベルクソンはすでに、古典理論の不十分さを明確に認識し、指摘していた。ピエール・マリー、フォア他（Pierre Marie, Foix, etc.）『神経学』巻一、「失語症」（*Neurologie*, t.I, L'aphasie）も参照。周知のように、ピエール・マリーは、次の二つを区分している。まず構語障害（anarthrie）だが、これは、外的言語の消失によって生まれるもので、失語症ではない。「こうした構語の障害は、内的言語の消失によって生まれる障害とは完全に区別されるもので（略）、これほど発声の運動イメージの存在によって証明されるものではない」。これに対して、ウェルニッケ失語症（aphasie de Wernicke）（ブローカ失語症はその一変種にすぎず、構語障害との複合形態である）がある。「ウェルニッケ失語症は内的言語全体の変質によって生じる。それは感覚的イメージの喪失によって生じるものと言うのが正しい」

（23）Kussmaul, *op. cit.*, p. 240.

（24）同じ意味で、ムーティエ（Moutier, *op. cit.*, p. 211.）によって提起された次のような比較を引用しておこう。「失語症者は、現地の言葉がうまく話せない（ムーティエは、まったく話せないとは言っていない）外国にいる人間と同じ状態にある。この人が、早口で話したり、長い文章にしたり、音節が多い語を使ったりする相手の言葉を理解できないからといって、言語的難聴に侵されていると言えるだろうか。もちろん、ノーである」

(25) Antoine Meillet, *Linguistique historique et linguistique générale,* Klincksieck, 1921, p. 230.

(26) *Ibid.*, p. 236 sq.

(27) 口述試験を受けるときに、一時的に、言葉の記憶や、学術的な概念の全体や、その双方を失うほど混乱してしまう受験者は、失語症者と同じ症状を示している。しかし、こうした混乱は、脳の損傷によってではなく、紛れもなく社会的な原因によって説明されるものである。

(28) ムーティエによって発表されたこの点に関するきわめて詳細な記述のなかの一つに、たとえば、彼がいかに「一般知能（l'intelligence générale)」を評価しているのかを示すものがある。患者は、貨幣の正確な金額を理解している。彼は、線を組み合わせた単純なモデルの写し絵を正確に描くことができる。複雑なモデルの写し絵を描くときには非常にぎこちなくなるが、それでも忘却は伴わない。模倣は十分にできるのである。敬礼や、からかいのしぐさ、蝿取り、こうしたことのすべては非常にうまくおこなわれる（Moutier, *op. cit.*, p. 655.)。

(29) Henry Head, "Aphasia and kindred disorders of speech," *Brain,* 43, 1920, pp. 87-165. ヘッドによれば、「脳の表面への局部的な衝撃によって生じた構造的変化は、（血栓症〔trombose〕による軟化と比べて）軽度の、広域に及ばない形で脳に現れるだけでなく、解離的な形態のもとでの機能喪失の出現の機会を与えることが多い」。

(30) 第一の実験場面で何らかの間違いを示した九人の被験者のうち、四人は、第二の実験場面では正確に動きを再現し、一人は不完全な形でしか再現できず、二人は小さな間違いを、一人はきわめて軽微な間違いを示した。一人だけが、第一の場面でも完全な間違いを示し、それよりはひどくないものの、第二の場面でも間違いを示した。

(31) ヘッドは、失語症が、発語に関わっている（口で言うにせよ、文字で書くにせよ、語を見つけることが難しい）のか、名辞に関わっている（語の不正確な使用。その明示的な価値の理解の欠如）のか、統辞に関わっている（わけのわからない話し方。語の分節化や文のリズム、および文法的な調和が変質している）のか、意味に関わっている（被験者は、語と文の意味全体が理解できず、指示された行為の最終的な目的が理解できず、人が彼に指示を与えていることを理解できない）のかによって、被験者を四つのカテゴリーに区分している。この最後のカテゴリーの被験者は、これらの実験のどれも成功しない。名辞に関わる失語症の被験者は、「鏡に映った動作」を再現するときには、相対的にひどい間違いを示さないが、口頭または文書による指示は遂行できない。したがって、ここに示されたような観察は、特に、発語に関する失語症者と統辞に関する失語症者に妥当する（後者は、口頭または文書による指示を遂行するときに、ときどき間違いを示しはするが）。

（32）被験者が、自分は同じ腕を上げ、同じ方向に動かさなければならないのだと理解している（意味に関わる失語症者だけはこの点をまったく理解していないように見える。そのせいで、「鏡に映った動作」を再現できないのである）うえに、自分の動きと鏡像とのあいだに対称的な関係があるというなじみの感覚を保っている（一部の動物はこの感覚を有している）と仮定して。

（33）本章を書き終えたのは、アンリ・ドラクロワ（Henri Delacroix）の著作『言語と思考』（*Le langage et la pensée*, Félix Alcan, 1924.）のなかの失語症の研究にあてられた部分、彼が伝えたいと願っていたテストに関する部分を読むことができた以前のことであった。ヘッドが思い付き、本書でも前述した実験について論じたうえで、ドラクロワは次のように言う。「これらの事実についてまったく異論を唱えることなく、これをヘッドとは違った視点で解釈することができる」と。そしてドラクロワは、ラウル・ムルグ（Raoul Mourgue）の論文「象徴的思考の障害」（“Disorders of symbolic thinking” *British journal of Psychology*, 1(2), 1921, p. 106.）と、ファン・ヴァールコム（Van Woerkom）の論文（*Revue neurologique*, 39, 1919 et *Journal de Psychologie*, 18, 1921.）に言及する。ドラクロワはさらに次のように言う。「ヘッドの鏡の実験では、医師の前に立たされた被験者が、認知した動きを右から左へと移し替えなければならないと自分に言って聞かせる必要があるのではなく、空間と空間中の方向に関する視覚像を有している必要がある。被験者は、空間図式を反転させることができなければならず、分析し、切断し、再構成することが求められる。こうした操作は、言語と絡み合うこともあるし、言語なしに想定されることもある」。さらにその先では、「ファン・ヴァールコムやムルグが的確に述べているように、成人についておこなわれたヘッドの実験は、内的言語よりも、空間地図、方向の操作を前提に置いている。（略）それは、自分がその欠落を見いだす空間を再構成する機能である」。しかしドラクロワは、ヘッドが想定していた反論には言及していない。それは、同じ被験者が、口頭または文書で指示が与えられたときには、指示の遂行ができるという点である。したがって、注意を向けるように提示されている動作を理解するうえで、この被験者に欠けているものは、それを言い表すのに必要な言葉であると思われるのである。しかし、その場合には二つのまったく異なる操作が問題にされているのであって、もし被験者が自分の見ている動作を言い表すことができないとすれば、それは単に言葉が欠けているからというだけではなく、同時に、「空間図式を反転させる」ことができないからではないか、と言われるかもしれない。本書としては以下のように答えるにとどめよう。つまり、被験者が、口頭または文書による指示を理解するときには、同時に三つのことをわかっているのである。まず、その指示が外からもたらされていること。次に、その指示を与えている者もそれを理解していること。そして、その者はそれを遂行できるだろうということ。ちなみに、置き換えの努力についても同様である。被験者は、自分がおこなおうとしている動作を思い描いているが、それは他者によってなされた動作、または他者がおこない、自分がそれを再現する動作である。したがって、言語的な表現は、被験者がその意味をわかっているかぎりで、すなわち被験者が慣習的規則《コンベンション》を認識しているかぎりで、被験者にこの種の倒置を理解させるのに十分なのである。さらに本書では、次の点を考察することになるだろう。言語的表現は、空間のなかで方向を定めるうえで十分なだけでなく、必要でもあるということ、言い換えれば、空間の象徴表現は、空間についての一群の慣習的規則を前提としているということである。だが、言葉なしに、どのようにしてこの慣習的規則を形成することができるだろうか。

（34）Bergson, *Matière et mémoire*, p. 99.

（35）「意味に関わる失語症」のグループ（Head, *op. cit.*, p. 97, n. 1.）では、被験者のうちの誰一人、慣れ親しんだ部屋の図を書くことができなかった。そのなかの一人は、損傷を負う以前には優れた画家だったが、はじめはうまく描き出したものの、窓とドアを忘れてしまった。しかも、彼は自分の椅子が、部屋の中央にあるにもかかわらず、暖炉の脇に置いてしまった。「彼は自分の正面にあるテーブルを書き忘れていたが、はかりやタイプライターのような相対的に重要性が低い数多くの細部を示していた」（*Ibid.*, p. 147.）

（36）*Ibid.*, p. 146.

（37）Bergson, *Matière et mémoire*, p. 98.

（38）Les aphasies de guerre, *Revue neurologique*, février-mars, 1917.

（39）*Ibid.*, pp. 134-135.

（40）この点は、いくつかの古典的な実験のなかに見ることができる。たとえば、三枚の紙の実験がある。それは、被験者に大きさが異なる三枚の紙を提示し、「始め」の合図が示されたら、たとえば、中間の大きさのものを捨て、大きいものをとっておき、小さいものを観察者に渡すように言う。被験者は、あとでそれを遂行するようにという指示を受けているにもかかわらず、自分がなさなければならない動作を前もって練習しようとする。もしもそこに二枚の紙と二つの動作しかなかったならば、あるいは被験者が第三の腕をもっていたならば、おそらくうまくできるだろう。しかし、三つの動作のうちの一つは、あたかも他の人（もう一人の自分）によってなされなければならないかのように思い描かれざるをえなかったのであり、それをすることはできないので、被験者は実験に成功しない。

（41）私たちはサルペトリエール病院で、字を読むことができない一人の患者に出会った。彼が私たちに説明するところによると、彼は六月（juin）生まれだったが、手で、カレンダー上の七月（juillet）の最後の数文字を隠していた。ヘッドは、字を読むことができない失語症者は、自分に示された色の一つに対応する、印刷されたカードを示すことができるという。

（42）「誰が疑うだろうか。もし私たちが一緒に夢を見ていたとしたら、偶然同じ夢を見ても、それが当たり前で、たった一人で目を覚ませば、何もかもがあべこべだと思ってしまうのではないだろうか」。パスカルは、『パンセ』の第八項（*Les Pensées*, l'article 8, t. I, édit., Havet, p. 228, note.）に付記したこの一節に線を引いて消してしまった。

訳注

［1］原著に出典の指示なし。このくだりは、『旧約聖書』「創世記」第四十一章に語られる（『聖書 新共同訳』日本聖書協会、一九八九年、参照）。

［2］ベルクソンの「幻想＝記憶（souvenir-fantôme）」は「幻のような記憶」とも訳される。無意識の底で待機している「思い出＝記憶内容（souvenirs）」を指す。これは純粋に「精神的」な状態にあって、感覚的な質料をもたない記憶内容である。この「幻想＝記憶」が「身体的な感覚」と引き付け合うことによって「想起」が可能になる。

［3］闇《エレボス》（Érèbe）は、ギリシャ神話の世界では、死者が行く冥界を指す。ホメーロスの『オデュッセイア』の第十一歌「冥府行（Nekuya）」で、オデュッセウス（ユリシーズ）は、女神キルケから、冥界に赴いてテレシアスの霊から帰

国の道を教える預言を聞けという指示を受ける。オデュッセウスは、その地にたどり着くと、「乳と蜜を混ぜたもの」「甘美の酒」「水」を注ぎ、「白い小麦粉」をふりかけ、「牝牛」と「羊」を供物に捧げる。そして、亡者の群れに祈りを捧げ、羊をつかまえその首を切って血を流すと「世を去った亡者たちの霊が、闇の底からぞろぞろと集まって」きて「不気味な声をあげながら、穴の周りをここかしこと飛び廻」るのである（『オデュッセイア』上、松平千秋訳〔岩波文庫〕、一九九四年、二七七―二七八ページ）。

［4］失語症（aphasie）は、「後天的な脳の局限病巣に由来する言語と了解の障害」を指す。その障害の表れ方に応じて、構音障害（発声・構音のぎこちなさや誤りが生じる）、喚語障害（意図した言葉を必要に応じて適切に用いることができない）、統語障害（単語を組み合わせて適切に文を作ることができない）、「聴覚的理解の障害」（言葉を聞いて理解することができない）、復唱の障害（聞いた言葉を自分で音声に変換することができない）、読みの障害（読解、または音読が適切にできない）、書字の障害（文字を適切に書くことができない）などに分類される（笹沼澄子編『失語症とその治療』〔「シリーズ・ことばの障害」第二巻〕、大修館書店、一九七九年、参照）。

失語症の研究は、臨床的観察と脳の解剖学的検索との結び付きをめぐって展開されてきたが、脳のはたらきについては、脳の各部が代理的に同じ機能をもちあうという主張と、言葉の能力を特定の部位に結び付ける「局在論」の主張とが対立してきた。局在論の立場を大きく前進させたのは、一八六一年に発表されたポール・ブローカの論文だった。ブローカは、発声器官に麻痺がないのに言葉がほとんど表出されない患者（彼はこの状態をaphémieと名づけた）について、左側大脳半球の第三前頭回脚部の損傷を確認した。この部位（ブローカ領域）が閉塞、出血、脳腫瘍、頭部外傷などによって破壊されると、発話の能力が損なわれ、「運動失語症」と呼ばれる状態になるとされた。この発話能力の喪失が、アルマン・トルソーの一八六五年の提案によって「失語症（aphasia）」と呼ばれることになったが、そのトルソーを含めた複数の学者が、そのほかの型の失語症が存在することを指摘した。

ブローカの失語症は、発話の能力を損ないながらも言語理解の能力を保ち続けるものだった。これに対して、カール・ウェルニッケは、「言葉を理解できなくなる」ことを症状の核心とする「感覚失語症」と呼ばれる状態があることを明らかにし、その病巣を第一側頭回の後ろ三分の一（ウェルニッケ領域）に限定した。ウェルニッケは、「当時の脳病理学を支配しはじめていた要素的・局在的な立場から失語症状群を整理しようと企てた。それは、言葉のはたらきを、聴覚的要素や運動的要素その他に分解し、それを大脳のそれぞれ別の中枢に局在するものとし、中枢間の連合繊維によって連絡されているものとみなす」理論だった。

ブローカやウェルニッケらの考え方を批判したのがピエール・マリーである。マリーは一九〇六年の論文で、ブローカ失語症の病巣がブローカ領域に局限されていないことを強調し、その病像は構音障害とウェルニッケ失語症との合併にほかならず、「真の失語症」はただ一つ「ウェルニッケ失語症」だけであり、その特性は「内言語の喪失」にあると見た。失語症に伴って、読み書き能力や計算にも障害を示すのであり、失語症は一種の知能の欠陥であると位置づけられた。マリーの見解は「局在論」に対する「全体論」の先駆となった。失語症に知能の欠陥を認める視点を引き継いだ一人がヘンリー・ヘッドである。彼は「自ら考案したテストを用いて、失語症者の行動を微細に観察した」。「話し言葉」や「文字」だけでなく、「数、金銭、円、姿態など」のさまざまな「象徴」を扱う検査を実施。これらの象徴が何らかの役回りを果たしているような「行動の様態（mode of behavior）」が失語症によって侵されていることを明らかにした。論理的な思考だけでなく、「室内の見取り図」を描くことや「時計の針を時間に合わせること」、あるいは「トランプやドミノ」といった遊びができなくなる。すなわち、障害されるのは、「言葉や象徴」そのものではなく、それを「用いるしかた」「象徴的な定式化と表現（symbolic formulation and expression）」であるとヘッドは主張した（井村恒郎『失語症』みすず書房、一九五四年、参照）。

[5] ジョゼフ・ジュール・デジュリン（Joseph Jules Déjerine, 1849-1917）は、フランス人の両親をもち、スイスのジュネーヴに生まれる。パリで医学を学び、ビセートル病院（パリ）、サルペトリエール病院（パリ）に勤める。脳内の諸機能の位置の特定に関する先駆的な研究をおこない、失読症（alexia）が縁上回と角回の損傷に由来するという説を示した。

[6] ピエール・マリー（Pierre Marie, 1853-1940）は、フランスの医師・神経学者。ジャン＝マルタン・シャルコのもとで医学を学び、ビセートル病院に神経科を創設。一九〇七年、シャルコの後を継いで神経解剖学の教授に、一八年にはデジュリンを継いでサルペトリエール病院の神経臨床学の教授となる。失語症に関するブローカとウェルニッケの局在論を批判した。

[7] Joseph Déjerine, *Sémiologie des affections du système nerveux*, Masson et Cie Editeurs, 1914, pp.93－94.（原著に出

典ページの指示なし)

［8］ポール・ブローカ（Paul Broca, 1824-80）はフランスの医師、人類学者。パリ大学で医学を学んだのち、ピエール・ニコラス・ジェルディのもとで助手を務める。のちにパリ大学の病理学、外科学の教授となる。一八六一年、言葉の理解の障害や知能の低下が認められず発語の機能だけが失われている患者についての臨床所見から、脳の左側の第三前頭回脚部に発語をつかさどる中枢があるという説を示した。人類学の領域でも多くの研究をおこない、六七年、パリに人類学研究所を創設。人体測定学の発展に寄与した。

［9］アルマン・トルソー（Armand Trousseau, 1801-67）は、フランスの医師。トゥールに生まれ、この町で医学を学んだのち、パリへ。パリ市民病院（L'Hôtel-Dieu）の内科教授を務める。黄熱や咽頭結核の研究によって高い評価を受ける。のちに、パリ大学医学部教授となる。

［10］Déjerine, *op.cit.*, p.93.（原著に出典ページの指示なし）

［11］カール・ウェルニッケ（Carl Wernicke, 1848-1905）は、シレジア地方のタルノフスキエ（現在のポーランド）に生まれ、ヴロツワフ（ブレスラウ）で医学を学ぶ。一八七四年の論文で、脳内の「感覚性言語野」の存在を指摘、機能局在論の基礎を築いた。

［12］引用元未確認（原著に出典の指示なし）

［13］アントワーヌ・メイエ（Antoine Meillet, 1866-1936)。フランスの言語学者。コレージュ・ド・フランスのインド＝ヨーロッパ語比較文法学教授。著書に『史的言語学における比較の方法（*La méthode comparative en linguistique historique*)』（一九二五年）など。

［14］ヘンリー・ヘッド（Henry Head, 1861-1940）はイギリスの神経学者。ストーク・ニューウィントンに生まれ、ケンブリッジ大学に学ぶ。感覚神経系の研究に寄与し、一九二六年に「失語症と類似の発語障害（Aphasia and kindred disorders of speech)」を発表。

第3章

過去の再構成

子ども時代に好きだったけれど、その後一度も開いたことがなかった本がたまたま手に入ったりすると、ある種の好奇心をもって、思い出の覚醒や一種の内面的な若返りを期待しながら、それを読み始めるものである。その本のことを考えただけで、その当時の自分の精神状態に戻れると思ってしまうのだ。この時点までに、あるいはまさにこの時点において、往時の印象のうちの何が、自分のなかに残っているだろうか。それは、本のテーマについての一般的な概念や、多少なりとも個性的な登場人物や、人目を引き付けたり、感動的だったり、面白おかしかったりするような個別のエピソードや、ときには挿絵や紙面や数行の言葉それ自体の視覚的な思い出だろう。実際のところ、私たちは、出来事全体の詳細にわたるつながり、物語のさまざまな部分と全体に占めるその割合、読者の心のなかに人物像や風景を少しずつ刻み込んでいったり、読者をその場面のなかに引き込んでいったりするような一連の言葉遣い、記述、描写、せりふ、省察を、頭のなかで考えるだけではとても再現できないと感じている。現時点の曖昧な思い出と、生き生きとして明確で強固なものだったと覚えている自分の子ども時代の印象のあいだに、それだけの隔たりがあると感じていればこそ、本を読むことでその思い出を補い、かつての印象を再生させたいと願うのである。

ところが、多くの場合次のようなことが起こる。自分がまったく新しい本を、少なくとも書き直された本を読んでいるような気がしてしまうのだ。以前にはあった何ページか、あるいは、いくつかのくだりや細部が欠け落ちているにちがいない。同時に、付け加えられたものがあるにちがいない、と感じる。それは、以前にはたしかに目を留めなかったと思えるような筋書きや人物のかなり大きな部分に、いまの自分の興味が向かい、それについて考えをめぐらせているからであり、他方で、その物語がそれほど素晴らしいものとは思えず、以前よりずっと図式的で精彩を欠いているように感じられ、物語世界はその輝きのかなりの部分をそぎ落とされているように感じられるからである。かつてそれらが、どのようにして、またなぜ、自分自身の想像力にあれほどまでの興奮を与えられたのか、すでにわからなくなってしまっている。おそらく、読み進めるにしたがって、私たちの記憶は、過ぎ去ってしまったように思われていたかなりの部分を捉え直している。ただしそれは、新しい形でのことである。あたかも、一つの対象物を別の角度から見たときのように、あるいは、別様の光が当てられたときのように捉えているのだ。影と光の新たな配分は、各部分の価値を大きく変えてしまい、それを同じものと認識しながらも、それらがかつてあったままのものにとどまっているとは言えなくなってしまうのである。

きわめて明白なことだが、まず検討したいのは、新たになされた読書によって呼び起こされた想念(idées)や思考(réflexions)は、最初にその本を読んだときとは同じものではないということである。それが子どものために書かれた本であり、子どもには理解できないような抽象的な展開はまったく見いだされないものと仮定しよう。そのような、たとえ子ども向けに語られた物語や旅行記であっても、それは子どもによって語られたお話ではない。著者は大人であり、子どもにも理解ができて興味がもてるように、出来事や登場人物やその行動や話を並べ、組み合わせているのである。しかし、それはまた同時に、子どもが所属している、そしてそのなかで生きていくことを求められている世界や社会の本当の姿を見せようとするものでもある。したがって、著者は常に大人として表現していて、子どもに向けて書かれたものであるとしても、その物語のなかに、おそらく著者に固有のものではない一般に流布している人間や自然についての考え方を、言外ににおわせる形であるにせよ取り込んでいる。ただし、子どもは、その水準にまで上がってくることができないし、それを望んでもいなければ、必要としてもいない。著者が技術に秀でた人であるならば、読者を、すでに知っていることからまだ知らなかったことへと、いつのまにか導いていくことだろう。子どもにとってなじみがある経験や想像力に訴えかけることによって、少しずつ、子どもの前に新しい地平を開いていく。しかし、それでもやはり、一人では上がってこられなかっただろう水準へと一気に子どもを移動させようとするし、きわめて不完全な形でしか理解できないたくさんの言葉や文章を読むことを、子どもに強いるものでもある。それはそれでかまわないのである。大事なことは、読者がうまく理解できない部分に足をとられてしまわないこと、自分で理解した範囲のことからさらに先へ、前へと進み続けることができるということにある。状況や説明が、自然の事象がもつ必然性とともに心に吹き込まれるということは、それだけでもすでにきわめて強い戸惑いや衝撃を与えることになるのだが、子どもがそれをどの程度まで受け入れられるのかについては、これまでにもしばしば論じられてきた。つまり、まったく新しい事実や物が子どもに示されたとしても、それを既知のカテゴリーに引き寄せてみることができれば、子どもの好奇心は満たされ、質問したり自問したりすることはなくなるのである。ずっとあとになってはじめて、子どもはこうしたカテゴリーの存在それ自体に驚き、個々の事実についての説明を求めるようになる。それまでのあいだ、子どもは、自分がはじめて見るものや話してもらったもののなかに、なじみの現実の新しい形や、新しい組み合わせを発見できれば、それで十分なのである。

社会の法や習慣が提示されたときは、自然事象に触れたときと比べて、子どもの受け身で無関心な姿勢がより一層際立つ。自然事象であれば、火山の噴火、台風や嵐、さらには雨、季節の移り変わり、太陽の軌道、植物の生育や多種多様な動物の生活といった、ごく身近に起こる現象までもが、子どもの目を引き付ける。子どもは、十分に明解で完全な説明を求める。次々と質問を投げかけ、答えを得ることでしか満たされないような細部にこだわって、うむことがない。そして、その点に関してこれまで自分が学び、観察してきたことのすべてが、素朴な体系のなかで結び付けられていく。反対に、社会的慣習や状況の多様性はあっさりと受け入れられてしまい、おそらくはそこに注意が向けられることさえない。子どもに対して、外国人とは、富裕者とは、貧民とは、労働者とは何かを説明するのは難しい。税金だの法廷だの商取引だのといった制度について話し始めたとたん、さらにポカンとして聞くようになり、そういうことには関心がないのだということがわかる。子どもは小さな野蛮人にほかならず、自然の学校に委ねられるべきであり、社会について語られることの一切は彼らには意味がない言葉にすぎないのだと考えたとき、ルソーは間違っていなかった。社会的差異は、人目を引くような絵のなかに移し替えられて表現されないかぎり、子どもの興味を引くことはない。それぞれに特有の服装や制服を身に着けた僧侶や兵士、仕事道具を手にした肉屋やパン屋や御者は、子どもの想像力に訴える。しかし、こうした身分や職業の現実は、子どもにとっては、その外見上の姿、具体的な外観にすべて回収されてしまう。それは、動物の種類と同じように、明確に定められた種なのである。子どもは、狐や狼がその種として生まれるのと同じように、兵士や御者も生まれつきそうなのだと考えたがることだろう。服装や身体の特徴はその人格の一部であり、それを十分に定義づけることができる。武器や猟師用の長靴や海軍将校の制帽さえ身に着ければ、それぞれをはっきりと区別できるし、同時にそれぞれに対して求められる理想的性質を備えることができるのだと、子どもは信じているのである。

これに対して、子どもにとっては背景に退いているような社会関係の領域は、おそらく、大人の気遣いと関心を最も強く引き付けるものである。大人が自分の仲間と関わり合うときにはいつも、自分が属する集団のなかでみずからの置かれている立場はどのようなものであり、それはどのような可変性を備えているのかについて、常に一定量の変化を見せるものとして意識を向けているために、そうならざるをえないのだろう。しかし、大人が子どもからたとえばジュール・ヴェルヌの本を借り、そのページをめくりながらかつての気持ちを取り戻そうとし、そこにたどり着いて、自分が覚えている熱狂や情熱的関心を正確に再発見しようとするとき、おそらくはそのことが最大の障害になる。登場人物たちに出会うや否や、それをそのまま受け入れるだけでは満足せず、どれほどその人物たちが「本物らしい」か、どんな社会的カテゴリーに属しているのか、その話し方や振る舞い方がその条件にふさわしいかをチェックし始める。その本を読んでから二十年も三十年も歳月が流れているのであれば、登場人物の服装や言葉遣いや態度のなかで、流行遅れや時代遅れになってしまっているところがどうしても気になってしまう。もちろん、そんなことを考えるのはお門違いというものである。その本の著者は大人向けの風俗研究や心理小説を書いたわけではなく、あくまで子どものための冒険物語を創作したのだから。著者は単純に、その時代のその国の比較的教養のある人々のなかで語られていたことやなされていたことから着想を得たのではないか、そして世論の流れが傾く方向に人間や人間関係をいささか理想化したのではないかと思えてしまうのだが、そのことで著者が責められるべきではない。ともあれ私たちは、登場人物たちのなかに、社会的慣習に属するものがあることに気づいてしまう。より正確に言えば、目の前に大人の姿が描かれると、大人である自分の考え方や経験に照らしてその大人と向き合ってしまう。それに対して、子どもは、子どもの基準しかもたないので、何の先入見もなく登場人物たちと向き合い、そこで語られていることだけで満足するのである。

このように、自分の目の前に、または思考のなかに、書かれた言葉とそれらが直接に呼び起こすものとが次々と現れていく際に、かつてそれらの言葉が自分のなかに刻み込んだ印象を再発見することを妨げている主たるものは、現在自分が抱いている観念、とりわけ社会についての観念であり、同時に自然事象についての観念も含むその総体であるということになるだろう。アナトール・フランスが『ジャンヌ・ダルクの生涯』の序文で述べているように、「過ぎ去った時代の精神を感じ取ろうとするうえで、いにしえの人々の同時代人になろうとするうえで（略）妨げになるものは、もはや知りようがないことだけでなく、すでに知ってしまっていることのなかにある。本当に十五世紀に生きようとすれば、いったいどれだけのことを忘れ去らなければならないだろう。科学や技術、私たちを近代人たらしめている獲得物の一切を忘れなければならないのである。聖トマスやダンテの学問、七日間の世界創造やトロイの崩壊のあとのプリアムの息子たちによる王国の創造について教える中世の宇宙誌学者の学問だけを信じるためには、地球が丸いということも、星とは水晶の天蓋につるされたランプではなく無数の太陽であることも忘れ、ラプラスの世界体系も忘れてしまわなければならない」[1]。同様に、子どもも時代と同じ気持ちで本を再読するためにも、多くのことを忘れてしまわなければならないのだ。子どもは本を芸術作品

いるからといって立ち止まったりもしない。そのときどきにどのような意図が著者を導いたのかを詮索したりもしない。現実味を欠いているからといって立ち止まったりもしない。こんな結末はありそうもないとか、こんな性格は嘘くさいとか、こんな考えは凡庸でつまらないのではないかとか、考えたりもしない。子どもはまた社会のイメージを求めることもない。人物や行為、行為者の置かれている状況は、子どもの目には、木々や動物の姿や大地の状態と同じように自然なものとして映っている。さらに子どもは、何の苦もなく、著者が描いた世界に入っていく。著者は子どもがその場所に身を置くのを助けることだけを目的として、登場人物を選び、その人物たちのするがままに語らせ、動かしていく。読者が想像力を重ねるために必要なだけの現実味があれば、それで十分なのである。大人の社会的・心理的経験は、子どもには完全に欠けている。しかし同時に、そうした経験にじゃまされることもまったくない。逆に、大人たちには、そうした経験がのしかかっている。それらの重みから解放されたならば、かつての印象が完全な形で再現されるかもしれない。

しかし、かつての思い出がよみがえるには、子ども時代よりもあとに身に付けた一群の諸概念を一時的に遠ざければそれで十分なのだろうか。その本を読むのが今日で二度目ではなく、これまでにもたびたび開いたことがあり、さらには間を置いて異なる時期に何度か通して読み直したことがある、と仮定してみよう。このような場合には、読書を重ねるたびに、それに応じて新しい思い出が生まれ、その思い出のすべてが前の回の読書と結び付いて、最初の読書のときから残っていた思い出は置き換えられていったと言えるだろう。そして、もしもその思い出のすべてを抑圧し、順番に忘れていくことができたとしたら、それまでその後の読書の背後に消失していたいちばんはじめの読書にまでさかのぼっていける、と言えるかもしれない。とはいえ、それはかなり難しいことである。なぜなら、思い出は相互に絡み合っていて、もはやそれらをより分けることはできなくなっているからである。しかし、ここで検討しているようなケースには、思い出が一つだけで、現在の読書とははっきりと区別されるため、過去と現在の混合物のなかから現在のものを取り除き、それとの対照で過去のものを再発見することが容易であるという点で、有利なところがある。したがって、過去のある時点についての思い出がそのままの形で存在するならば、それは再び姿を現すはずである。ところが、実際にはそうはならない。おそらくときには、かなり鮮明な既視《デジャ・ヴュ》の感覚を抱くこともあるだろう。しかし、現時点でこれほどまでに慣れ親しんだように見えるエピソードや挿絵は、はじめから強い印象を与えていたために、その後何度も思い起こしてきたものなのかもしれない。さらに、その気になればいつでもそれを思い起こすことができるものだったので、それらのエピソードや挿絵は、自分がずっと携えてきた一群の概念のなかに取り込まれていたのかもしれないのである。とすれば、思い出（一回の読書、唯一の印象に対応する思い出、その後一度も反芻して思い起こされたことがない思い出）は実際には存在しないということになるのではないだろうか。

　その物語が本当にはじめて接するもので、まったく知らなかった世界を開いてくれていたときに自分の心のなかに駆け抜けていったものを、いま以上に正確に思い起こす方法はたしかに存在するだろう（人はそれを漠然と感じ取っている）。そのためには自分がそれ以降に学んだものの一切を忘れるだけでは不十分である。そうではなく、そのときに知っていたことを正確に認識しなければならないだろう。かつてそこにあったはずの細部や個別部分を本のなかにまったく見いだせないように思われるとき、私たちは幻想にとらわれているわけではないからである。子どもの精神には、子どもなりの枠組みがあり、習慣があり、モデルがあり、経験がある。それは大人のものとは異なるが、それなくしては子どもは自分が読んでいるものを理解できないだろうし、少なくとも、どこをどうたどって自分が認識しているものへと到達するのかを理解できないだろう。失われてしまった精神状態を再発見するためには、その当時の自分と同年齢の子どもを観察するだけでは不十分だろう。そのためには、かつての自分を取り巻いていたもの、自分が手にしている一つの作品が置かれていた時代の関心や好み、それまでに読んでいたもの、その作品のすぐ前に、あるいは同時に読んでいたものが何だったのかを、正確に知らなければならないだろう。その当時すでに、自分が人生観や世界観をもっていたと言えるかどうかはわからない。しかしいずれにしても、子どもの頃の想像力は情景や人物や事物によってつちかわれていたのであり、その時点で、ある物語に反応することを可能にしたやり方についての正確な観念を得るためには、それらはどんなものだったのかを知らなければならない。もしも、自分の経験した出来事や振る舞いのすべてが毎日書き込まれていた日記があれば、自分の子ども時代の一時期について、いわば外部から研究することができるだろう。その時代の自分の考え方の枝葉の部分がただ漠然と集められたものであっても十分に密度が濃いので、ある物語世界の領域に入り込んでいったときに自分のものだったにちがいない印象を、正確に再構成することができるだろう。もちろん、こうした作業のためには、その当時の自分の内面がどのようだったのかについて、少なくとも漠然とした感覚が、自分のなかに残っていることが前提になる。自分の人生のそれぞれの時代ごとに、人はいくつかの思い出をもち、それは絶えず再生産され、それを通じて持続的つながりの効果のようなものによって、自分の同一性の感覚が永続する。しかし、まさにそれが反復されることによって、それらの思い出は、自分の人生のさまざまな時期に、次々と異なる概念体系のなかに組み入れられてきたのであり、そのために思い出はかつての形も外観も失っているのである。それは、かつてその一部をなしていた生き物の姿を再現するのにすでにそれだけで十分であるような、化石化した動物の無傷の椎骨とは異なる。むしろ、思い出は、それよりもずっと以前の建造物の素材の一部だったのだが、ローマ時代の建物のなかにはめ込まれた形で発見された石材に比較することができるだろう。そうした石材は、もともとの性格の名残を摩耗してしまった輪郭のなかになおもとどめているので、そのかぎりで古い時代のものであることは確かなのだが、その形からも外観からも、いつの時代のものとも推測することができないのである。

こうした過去の再構成は、どうやっても近似的なものにしかなりえない。書かれたものであれ、語られたものであれ、より多くの証言を手にすればするほど、それは過去に近づいていくことになるだろう。何らかの細部が思い起こされること、たとえば、夜のずいぶん遅い時間まで隠れてその本を読んでいたこと、ある言葉や箇所について説明してほしいと頼んだこと、友達との遊びのなかである場面を演じてみたり、物語の登場人物をまねしてみたりしたこと、橇に乗って狩りに行く話をクリスマスの夜に読んだこと、そのとき外では雪が降っていたこと、そして外の景色と物語のなかの出来事が呼応していたこと、いつまでも夜更かしするのを許してもらえたことが思い起こされたりすると、再現されたもともとの印象は、自分がそのとき感じていたこととかなり近いものになるにちがいない。しかし、いずれにしてもそれは再構成にほかならない。歴史上の出来事をその現実のままに再現しようとすれば、そこに関わったすべての行為者と証人を墓から引きずり出してこなければならないのと同様に、過去の精神状態のなかにそっくりそのまま身を置こうとすれば、同時に、そのとき自分に対して内面からも外面からも及んでいた影響力をすべて思い起こさなければならない。だとすれば、想起された過去は近似的なものにしかなりようがないのではないだろうか。

ここでこの事例を強調してきたのは、思い出の喚起をうながしたり妨げたりする諸条件を、こうした場合に明確に捉えることができるように思われるからである。これに対してあるいは、このケースでは、呼び起こそうとしている印象と現時点のあいだの開きが大きすぎると言われるかもしれない。一般的な法則として、思い出は過去へさかのぼっていけばいくほど薄まっていくのであり、したがって、遠く隔たった時点の印象を想起することが難しくなっていくのは当然である。だからといって、その印象が無意識の状態で存続していないという結論が導き出されるものでもない、という反論である。しかし、もし思い出というものがそれぞれに等しく実在するイメージであるならば、時間的に遠くへだたるとどうしてその意識への帰還が妨げられるのかがわからなくなる。思い出がよみがえるのは、それがそのままの形で存続しているからであって、現在の概念の助けを借りてそれを再生産する力を人が有しているからではないのだとすれば、思い出はその時点ですべて同程度に存続しているのだから、どれもまったく同じように再び現れることが可能でなければならないだろう。それでもなお、過ぎ去った時間の長さが一定の役割を演じるとすれば、それは決して、そのあいだに差し挟まれた思い出の量が増大しているからではない。記憶は、思い出を一つひとつ連続的にたどっていくことを強いられているわけではない。ベルクソンが言うように、「空間上のある一点で私の意志が発揮されるために、空間的距離と呼ばれるものを構成する一群の介在物や障害を私の意識が一つひとつ越えていかなければならないとすれば、逆に、そこでなすべき行為とは何かを明らかにするために、現在の状況を過去の類似する状況から切り離している時間の隔たりを跳び越えていくことが有益である（略）。私の意識は、そのようにして、過去の状況へとひと跳びで移動することができるのである」[1]。もしも思い出が単純に時間のなかに並列されているイメージだとするならば、そして、その一つひとつに内在し、それ自体を押し出してくる力によって再び姿を現そうとするものならば、水のなかに同じ密度のさまざまな物を投げ込んだとき、最初に投げ入れたものだけが水底にとどまり、あとに投げ入れたものから順番に浮上してくることに理由がないのと同様に、古いほうの思い出だけが姿を見せないという理由はないことになる。

これに対して、少なくとも現在の状況がそれらの思い出を呼び起こすのに適している必要がある、という声があるだろう。再びベルクソンが言うように、「感覚－運動器官は無力な思い出、すなわち無意識の思い出に、具現化の手段、物質化し（略）ついには現前する手段を与える」のである。しかし、なぜある部分の思い出は、それが古いものであるというだけで、前述のような感覚－運動器官が示す「枠組み」のなかに呼び込まれたり、それが開く（この偉大な心理学者の用語法に従えば）「裂け目」（fissure）を通り抜けたりするのを妨げられるのだろうか。これに対して、本章で検討してきた事例では、条件は都合よく整っているように思われる。そこには、同じ本があり、同じページがあり、同じ挿絵がある。つまり、外からもたらされる影響力は同一である。網膜と視覚神経には、過去の読書時点と同じ印象が与えられている。読み取られた言葉を再現したり、半分無自覚のうちに声に出してなぞったりするような、内的な発話は同一である。他方で、自分がその当時にはもっていなかった観念や概念の一切からは、自分の注意をそらそうとしている。それによってできるかぎり、自分の脳や神経に、かつては及ぼされなかっただろう影響力を、内側から及ぼさないように努めている。しかしそれでも、昔のままのイメージは再現されない。つまり、以前の態度を、自分の神経器官、脳器官に正確に伝えることには成功しなかったのである。これは、心理学的な言葉を用いれば、おそらく次のように表現するしかないだろう。すなわち、ここで不足しているのは、その当時の自分の意識を占めていたけれどいまはもう存在していない、あるいはごく一部しか存在していない、他の思い出や概念や感情や観念の集合なのである、と。身体的態度や感覚－運動系という考え方は、概念の体系という考え方に置き換えることができる。そうすると、ベルクソンの考え方は次のようなところに帰着する。思い出のある部分が再現されないとしたら、それは、それらの思い出が古すぎるからでも、次第に消失してきたからでもなく、かつてそれらが、いまはもう見いだすことができない諸概念の体系のなかに枠づけられていたからなのである。

しかしながらこのように、身体的変容（modifications corporelles）に替えて心理的表象について語ることが、論の展開に変更を及ぼさないわけではない。ベルクソンが立てている仮説のなかでは、感覚－運動器官は直接に過去の状態を生み出したり再生したりすることに貢献するわけではない。思い出のなかの心理的なものの一切は、身体から派生してくるのではなく、無意識のうちに「すっかり出来上がった」ものとして、完成されたものとしてあらかじめ与えられていると想定されているはずである。身体の役割は純粋に否定的なものである。それは、思い出を浮上させるためには遠ざけられなければならない障害である。しかし、身体に対する私たちの把握は不完全で、模索的で、不確実である。身体に生じる変化は、かなりの範囲で、偶然の効果である。したがって、常に次のように主張できるだろう。思い出が再生されないとすれば、それは脳の状態のなかのいまだ見いだされていないほんの小さな違いのせいなのである、と。思い出は存続している。しかし、それは障害を乗り越えたり迂回したりすることに成功していない。そして、私たちには、それを助ける力がないのだ、と。

ここで、その障害は身体にではなく、いま私たちの意識を占めている一群の概念にあると想定してみよう。思い出が、実際にそのままの形で保存されていると仮定するならば、こうした心理的障壁によって完全に食い止められていたり、遮断されていたりするのだと考えることは難しくなる。たしかに、思い出のある側面と現在の諸概念のあいだには両立しがたいところがある。しかし、それらはともに同じ素材からできていて、同じ資格で表象なのだから、双方のあいだには一種の妥協のようなものが成立すると考えることができる。現在の概念が過去の状態に対して示す抵抗を、引き下げ、除去し、忘れようと努めるのであれば、そしてその抵抗が相対的にゆるんでいる時間があり、そこでは大人になって獲得した考え方が及ぼす圧力を逃れることができるのであれば、それはなおさらのことである。すなわち、この障壁には空隙や合間や隙間があるのであって、もしこれ以外には障壁がないのだとしたら、そこからその背後にあるものが何も見えないということはないだろう。そして、思い出の一部だけでもそこを通り抜けることができれば、残りの部分がこれに続き、障壁は少なくともある幅で倒壊してしまうことだろう。ところが、先に見たように、そのようなことはまったく起こらない。人は、正確にかつての精神状態を取り戻したという印象を、一瞬たりとももつことができない。したがって、実際には、そうした思い出はもとのままの姿では存続していないのである。

たしかに、ページをめくっていると、ときどき、「ああ、忘れていたけれど、このエピソードや挿絵には見覚えがある」と思うことがある。それはつまり、自分がその本について抱いていた全体的認識とそれらの再発見された細部がうまく対応しているということであり、おそらくはその認識から出発してそれらの挿絵やエピソードを思い描くこともできただろうということ、さらにはまた、そこにひときわ明確な思い出があり、何らかの理由で、それを再現する能力を一度も失ったことがないという意味で自分のもとにとどまっていたということを意味している。しかし、再現することと再発見することは同じではない。再現するとはむしろ再構成することである。身体との関わりでは正しかったこと、すなわち、そこから思い出を呼び起こすことはできないということは、現在の表象体系については妥当しない。現在の諸表象は、書物それ自体が豊かな蓄えをもたらしてくれるような古い諸概念と結び付くことによって、場合によっては十分に、思い出そのものを再創造したりはしないまでも、少なくともその図式を描き出すことができる。精神にとっては、その図式が思い出の等価物になる。したがって、思い出がそのままの姿で残っている必要はない。なぜなら現在の意識は、思い出を作り出す手段をみずから所有し、またみずからの周囲に見いだすからである。意識が思い出を再現しないとすれば、それはそうした手段が不十分だということであり、実在する思い出が浮上しようとするのを意識が妨げているということではない。要するに、大人と子どもの考え方のあいだには、あまりにも大きな差異が存在するということなのである。

＊

冒険の物語に引き付けられる年頃には、大人に比べて、想像力がより活発で自由である。実際に、子どもは感受性豊かな性質ゆえに、想像的世界のストーリーに夢中になりやすい。そうしたストーリーは、恐怖と希望と忍耐を次々と味わわせ、子どもが感じ取ることができる極端な感情の濃淡や形態の一切を経験させていく。大人は、感情の動きが鈍く、本のなかで危険な冒険に乗り出さなければならないときにも、十二歳だったなら心を捉えていただろう冒険への欲求に、すぐに身を委ねたりしない。大人はもう、自分のなかに子どものような力の横溢を感じることはない。子どもは自分を抑制しようという気持ちも理由ももたず、同時に複数の筋をたどり、複数の人間のなかに入っていくことができると思っている。そのために子どもは苦もなく、ストーリーのなかの登場人物に同一化する。次々と、またほとんど同時に、責任を負って指揮をふるいすべてを予見しなければならない船長になり、あるときは慎み深くまたあるときには快活でおおらかな科学者になり、皮肉屋で寡黙ですべてを観察し決して冷静さを失わない軍の司令官になり、十六歳にしてすでに英雄として振る舞う若者になったりする。子どもは、ためらうことなく、登場人物たちの大旅行のすべてについていき、彼らと一緒に、平原を見渡す限り水面に変えてしまった洪水が終わるのを巨木の上で待ってみたり、オーストラリアの森のなかで車を走らせ沼地にはまってしまったり、難破して原住民に捕まってしまったりする。新たな局面に出会うたびに、それまでの展開を忘れ、物語が終わればまたはじめからうむことなくやり直し、その注意力も好奇心もゆるむことはない。自然の力に対する人間の闘いや、そこで人間が使う機械や道具、自然の力が人間に要求する資質や勇気にこそ熱中してしまうような、子どもの身体的・精神的発達の段階が存在するのである。それ以前の、おとぎ話を信じていた時期の子どもは、自然の諸力のなかには必然的で暴力的なものがあるということも、人間の身体能力には限界があるということも理解していない。子どもは苦もなく、自然の過度の豊かさや、超常的なものの介在による人間の力の無限の拡張を想像してしまえるからだ。しかし、この年頃になると、子どもの想像力はある面ではすでに制限されている。しかし、他の面ではそうではない。子どもは、自然のただなかに一人置かれている人間が、厳しい天候や野生の動物や、さらには未開社会の人間たちと争うなかで、何をなしうるのかを知っている。しかし、社会生活の必要性が、個人の活動をどのような限界のなかに閉ざすのかを、まだ知らない。大人にとっては、人間と物との関係は、人間同士の関係の条件であり、土台のようなものだが、子どもにとっては、それはそれ自体で目的をもっているように見えるのである。

物は子どもの関心を引き付け、その目には生きているもののように映る。物は、子どもにとっては、自分のじゃまをするものであると同時に助けてくれるものでもあるからだ。物は、重要な人物たちと対等のものとして、子どもの社会の一部をなしている。子どもは大人を、もっぱら、自分の目から見ていちばん重要な基準に従って評価する。階級という社会的概念は、まだ子どもと大人のあいだに介在するものにはなっておらず、子どもは、社会が最も高く評価する基準を第一に考えることを強いられてはいない。そのため、子どものなかでは労働者に高い威信が認められるのだが、それは一般に、子ども自身が、労働者には参入が認められていない集団の一員になると消え去ってしまう。金銭的豊かさに関しては、子どもはそこに、物の世界への人間のはたらきかけを拡張する手段を見いだす。富があることで、費用がかかる遠い場所への旅を企てることができたり、遠征や探検を組織したりすることができるし、金持ちなら未開拓の新しい土地に農場や採掘場を開いたり、町を作ったりすることもできる。このように、十二歳の子どもの心のなかには、人間と世界についての独自の考え方が打ち立てられていて、それによって巧みに構成された冒険と旅の物語をすぐに理解し、本のなかの登場人物に同一化し、まるで旅人に随伴してその行動や感情に寄り添っているかのように、登場人物たちの感覚をことごとく共有し、彼らの企てに同じくらい熱心に関心を向け、自然現象や土地や船、獣や樹木などの物について考察することができる。したがって物は「人間に寄り添っている何か」になり、同様に人間は物のある側面に関わる活動としてしか、つまり「ある物に寄り添っている誰か」としてしか表象されることがない。

大人の視点はまったく異なる。大人はそれぞれの種類の人間を、社会のなかでの位置づけによって判断する。

たしかに、さまざまな職人のカテゴリーはその仕事の種類によって区分されるのだが、その区分よりも労働者という共通の呼称によって束ねられ、まとめられている。物については、それが富を表しているかぎりで評価することもある。その場合、大人が所有の対象にしてしまった物は、とたんに生き生きとした楽しい性格を失い、経済的価値としての多少なりとも抽象的な性格を獲得することになる。またときには、大人の関心は、物の純粋に物理的な性格に向けられる。すなわち、その物が自分に対して示している有用性や、自分がその物に対してなしうるはたらきかけや、物が自分を脅かすその危険性を度外視して、自然のなかにある、人間とは無縁のものとして思い描いていくのである。それは、より一層抽象的な見方であり、科学が生まれる視点に近似している。このように、経済的概念と科学的概念が前面に出てくる。そこに物の美しさの感覚が混入するとしても、多くの場合には、社会生活の産物である観念やイメージが自然のうえに投影されており、もちろん子どもたちはそのような観念やイメージにもまた縁がないのである。ここに、子どもの視点と大人の視点を分ける一般的特徴のいくつかがある。したがって、子ども時代の印象を再発見するためには、大人の視点が、社会によってもたらされた観念の集合から無理やり解き放たれるだけでは不十分なのだが、それだけでさえも不可能なことが多いのである。大人は、子どもが抱いているさまざまな概念を再び自分のなかに呼び戻さなければならないし、さらには、小さい頃の自然と湧き上がるような充実した印象にはもはや釣り合いがとれなくなってしまった感受性を、もとの状態に戻さなければならない。優れた作家や芸術家が自己の源泉へと流れをさかのぼっていくような幻想を与えるとすれば、そして自分自身でもそのように語りながら、子ども時代を再体験していると信じているとすれば、それは、その作家や芸術家がかつてと同じように見る力、感じる力を保ってきたということである。しかし、子ども自身が生き残っているわけではない。大人がみずからのなかに、またみずからの周りに、消えてしまった世界をそっくり再創造し、実物ではなく、その虚構の絵のなかに入り込んでいるのである。

このように子どもと大人では思考が反対の方向を向いているとすれば、それは、本章で見てきたように、ある部分までそれぞれの身体的・感覚的性質に由来している。しかし、他方で、両者がそれぞれに置かれている外部的・社会的状況もまた、大人が子どもの魂を取り戻そうと意図してもできないほど、大きく異なっている。十歳や十二歳のときには、広い意味での社会についてまだ漠然とした観念しかもっていないのだが、それでも、家族や学校の友達や遊び仲間といった小さな集団の一員となっている。ある住居のなかに暮らし、一日の大半をいくつかの部屋や庭や通りのなかで過ごし、驚くべき出来事もこの小さな枠組みのなかで起きる。このように、特定の物や人、さらには周囲の世界によって繰り返しほのめかされる考え方と恒常的に触れ合っていると、その結果として、いくつかの支配的なイメージが他のイメージ以上に私たちの精神の奥深くにまで刻み込まれることになる。『詩と真実（*Dichtung und Wahrheit*）』[2]で、すでに高齢に達したゲーテが、みずからの子ども時代の印象を思い起こしている。彼は言う。「小さな頃に起こったことを思い出そうとするときには、しばしば、自分自身の思い出と他の人が言っていたことを混同してしまうものである……。しかし私は、互いに行き来ができるようにつながった二つの建物からなる古い家に、私たち家族が住んでいたという、非常にはっきりとした感覚をもっている。櫓《やぐら》状に作られた階段が同じ平面上にない複数の部屋につながっていて、その高さが不均等なために、部屋から部屋へと移動するのに階段を使って上り下りしなければならなかった。私たち子ども、妹と私にとってお気に入りの場所は、大きな玄関ホールだった。扉の脇には大きな木造りの格子窓があり、そこからじかに表通りを行く人とやりとりをし、外の空気を取り入れることができた。こんな形の小部屋は、いくつもの家で見ることができるものだった。（略）女たちはそこに座って縫い物や編み物をしていた。料理女はそこで野菜のへたを取っていた。格子を通して、隣の家同士で話をすることができた。通りに面していて、季節のいいときには、南国のような眺めになった」。ゲーテはさらに、祖母の部屋の様子を描写している。肘掛け椅子を離れることがなかった祖母。家の裏手の眺めは、隣家の庭に開かれていて、町の城壁のところまで広がっている。三階には勉強部屋があって、沈んでいく太陽が眺められる。古い住居のすみずみに、子どもたちの迷信じみた畏怖の念をかきたてるものがある。これがゲーテの幼少期の風景だった。その後、ゲーテは町を発見する。マイン橋やロメル広場などを見いだしていく。家のなかで起こった重大な事件を報告し、リスボンの地震やフリードリヒ二世のザクセンとシュレージェンへの入場といったもっと重要な出来事に、自分がどのようにして興味をもつようになったのか、家族はそれらの出来事にどんな印象を抱いていたのかを語っている。結局のところはそのなかのほんのわずかな思い出しか残っていないのだが、自分の人生の一時期のすべてが展開されていた環境（cadre）とはこのようなものなのである(2)。しかし、イメージの明確な輪郭や漠然とした記述は、どこまでが子どものときの視点に対応していて、どこまでが作家の明晰で卓越的な捉え方に対応しているのだろうか。人がしばしば、自分が住んだ家について記憶のなかにとどめているもの、それは設計図の上に記すことができるような部屋の配置ではなく、相互に関係づけようとしてもおそらくはうまく合致することがない、ときには互いに矛盾するような、多様な印象なのである。しかし、それが何であれ、そのなかで子どもの意識が芽生え、長い期間にわたってその限界を超え出ることができないような、空間的に限定された一つの世界が存在する。たしかに大人にとっても、住んでいる家や、頻繁に行き来する街なかの場所は一つの枠組みを構成している。しかし大人は、それがより大きな全体のなかの限られた一部でしかないことを知っていて、その全体と部分のバランスの観念、さらには全体それ自体についての観念をもっている。したがって、大人の思考を閉ざしている空間的枠組みはずっと大きなものである。自分自身がそのなかで活動している限定的な社交圏に対しては、大人もまた大きな重要性を認めているかもしれないし、自分の家や住んでいる通りや地域を特別に愛しているかもしれない。しかし、大人にとってそれは、そこに自分の思考や関心や感情のすべてが結び付けられているような閉じた世界では決してない。大人の活動は、その外に向かってはたらきかけていて、外からもまた影響が及んでいる。これに対して子どもは、自分の小さな世界を大きな世界のなかに位置づけ直す必要を長いあいだ感じることがない。子どもの想像力と感受性は、そのなかで、容易に花開くことができるのである。

ただし、ここで論じている空間的枠組みとは、地理的形象に類するものを指しているわけではない。社会学者が示してきたように、多くの未開の部族社会では、空間は均質な環境として描き出されているのではなく、この一画やこの方角はこの精霊の領域であり、この部族のこの氏族と同一視されるというように、それぞれに割り当てられた神秘的な本質をもつ性格によって、それぞれの部分が区別されている。家のなかのさまざまな部屋の一隅や、この家具や、家の周りのこの庭、通りのこの一画についても同様である。なぜなら、それらの場所は通常、子どものなかに生き生きとした印象を目覚めさせ、その心のなかで、家族のなかの誰かや、遊びや、一度きりのこともあれば繰り返されることもある特定の出来事と結び付いているからであり、また子どもの想像力がそれらの場所を活性化し、変形させたことによって、一種の情緒的価値を獲得しているからである。それは単なる枠組みにとどまらず、これらすべての慣れ親しんだ様子が、おおよそ家族生活の範囲に限定された、子どもの社会生活の重要な構成要素をなしている。それらの場所は、子どもの生活を限定すると同時に、それを育んでいるのである。おそらく、大人でも多少は同じようなことがある。長く暮らしていた家を離れるときには、自分自身の一部を置き去りにするように感じられるものである。実際、そうした空間的枠組みが消失すると、それと結び付いていた思い出のすべてもまた溶けてなくなってしまいかねない。しかし、大人はみずからの思考を居住空間やそこで生きてきた時間のなかに封じ込めてはいないので、多くの思い出が残っていくことになる。それは、他の事物や場所、住居を超えて広がっていく思考と結び付いている。居住空間それ自体についても、大人は多少なりとも豊かな思い出を保ち続ける可能性を有している。なぜなら大人は、そこで出会った人々と他の場所でも出会いうるからであり、大人の目には家は一つの大きな枠組みのなかの小さな枠組みであり、持続的に存在するその大きな枠組みはのちに小さな枠組みを呼び起こすことを可能にするからである。子どもが長い年月を過ごした家をまだ年若いうちに離れるときには、大人になって離れるときよりもずっとそれを悲しむ理由があるだろう。子どもの生活の一切はそこに閉ざされていて、その思い出のすべてがそこに結び付いていたからである。子どもと一緒にそこに暮らしていた人たちのなかで子どもがその後も再会しうる人の数は、たちまち少なくなってしまう。家がなくなって、家族が離ればなれになったり消えてしまったりすれば、子どもが家庭やそこに結び付いている一切のものについてのイメージを保持するには、自分以外に頼るものがいなくなってしまう。しかも、そのイメージは具体的な空間的枠組みを失って中空に漂っている。というのも、子どもの思考は、そのイメージを限定してきた枠組みのなかにとどまっているからであり、子どもは、そのイメージが他のさまざまなイメージ全体のなかに占める位置を、きわめて不完全な形でしか理解しておらず、そのイメージがもはや存在しなくなったあとになって、この全体を認識することになるからである。

＊

ここで少し立ち止まって、記憶の枠組みの消失や変形が、どのような意味で思い出の消失や変形を導くのかを説明してみることにしよう。これについては、二つの仮説を立てることができる。一つの仮説として、枠組みとそこに展開される出来事とのあいだには接続関係だけがあり、絵画の額縁（cadres）とそのなかに納まっている画布と同じように、両者は同じものから作られているわけではないと考えることができる。川の流れを考えてみよう。その枠組みになる両岸は、水面に影を映す以外には何も投げかけることなく、水の流れを見送っている。これに対してもう一つの仮説は、記憶の枠組みと出来事のあいだには同一の性質がある、すなわち、出来事は思い出になるが、枠組みもまた思い出〔＝記憶内容〕によって作られているのだと考えることもできる、というものである。この場合、両者のあいだには、一方がより安定的で、いつでも見いだすことができるので、もう一方の思い出を再発見し再構築するためにそれを使うことができるという違いしか存在しないことになるだろう。本書が支持するのは、この二番目の仮説のほうである。

第一の仮説を定式化したベルクソンは、二種類の記憶の区分に立脚している。一つは、一度きりしか起こらなかった事実の思い出をとどめるものであり、もう一つは、しばしば反復される行為や運動、および慣習的な表象に関わっている。(3)もし、これら二つの記憶がこの点で別々のものであるならば、純粋記憶、すなわちそのすべての部分で他の部分から区別され、ベルクソンが習慣記憶と呼ぶものとは決して混じり合うことがないような思い出を、想起できるとは言えないまでも（ベルクソンによれば、それらは決してそのままの形では再現されないのだから）、想定してみることができるはずである。ところで、詩の勉強のためにテキストを何度も朗読していたときの（それぞれに一回きりのものである）思い出と、そうした一連の朗読によってそらんじて覚えてしまった詩篇の記憶を対置する一節で、ベルクソンは次のように論じている。「そのとき、繰り返された朗読の一回一回は、その個別性とともに私の心によみがえってくる。私は、それに付随し、さらにはそれを枠づけていた状況とともども、その朗読の場面を思い浮かべる。それは、時間のなかでその場面が占める位置それ自体によって、先行する場面からもあとに続く場面からも区別される。すなわち、一回ごとの朗読は、私の個人史のなかの特定の出来事として、私の前に再び現れるのである。（略）こうした個別の朗読の思い出は、二番目、三番目の朗読場面の思い出とつながっていっても、習慣的な性格をまったくもたない。そのイメージは必然的に、その最初の刻印によって記憶のなかに植え付けられている。その他の朗読場面はその定義において、それぞれに別の思い出を構成しているのである。それは私の人生のなかの一つの出来事としてある。それは本質的に日付を伴っていて、したがって反復されることがない」[3]。本書としては、「それに付随し、さらにはそれを枠づけていた状況とともども」という点を強調しておこう。というのも、ベルクソンにとっては、この言葉をどのような意味で理解するのかによって、おそらく相当に異なる帰結へと導かれるからである。ベルクソンにとっては、たしかにそれは、一回の朗読場面を他のすべてから区別させる状況である。そして、その状況は、たとえば、いつもと同じ場所ではなかったとか、じゃまをされたとか、疲れていたというようなそのつどの新しさによって関心を呼び起こす。しかし、反復に伴う筋肉の動きや神経系に生じたすべての変化、すなわち、すべて同一とは言えないまでも、さまざまな朗読場面を通じて同一の結果へと向かおうとするような動きや変化を脇に置くとしても、やはりそれらすべての朗読のあいだには、さまざまな差異とともに多くの類似性が存在するのである。たとえば、複数回の朗読は、同じ場所で、同じ曜日に、同じ仲間たちとともになされているかもしれないし、同じ部屋のなかで、両親や兄弟や姉妹がかたわらにいる状況でなされているかもしれない。おそらく、それぞれの朗読場面について、こうした状況のすべてに等しく注意が向けられているわけではない。しかし、ベルクソンの理論的視点を採用して、それぞれの朗読には明確な一つの思い出が対応していて、それははっきりと他のすべての思い出から区分されると仮定してみよう。そして、それらすべての朗読の思い出を総合してみよう。すると、次のように見えてくるのではないだろうか。すなわち、それらの思い出を結び合わせるということは、同時に、それらの思い出がそのなかで展開された枠組みを構成するということになり、実際に、その枠組みが過去の状態を再経験させるとは言わないまでも、状況（安定的な思い出がこれに対応している）から推測してこうだったにちがいないものを想像させ、したがって、そうした支配的表象を手段として、可能なかぎりで、枠組みがその過去の状況を再現することを可能にしているのだ、と。これに対しては、たまたま選んだだけの事例を字句どおりに受け止めるべきではないという反論があるかもしれない。ベルクソンの論述では記憶の二つの極端な形式を定義することが求められていただけのことだ、と。しかし、その二つの別々の形式に、現実に出合うことはないだろう。実際には、記憶の中間的な諸形態しか示されることがないのだ。そうだとしたら、（一つひとつ固有のイメージという意味での）イメージが最も大きな位置を占めるような思い出のなかにさえも、習慣と反復によって私たちのなかに固定されてきた、より一般的な諸観念が見いだされるのは、驚くべきことではないだろう。そこで、その内容のすべてが実際に新しく唯一のもので、その他の経験によって知られるものとは関係をもたない場所にあるイメージ、一般的な時間や明確にいつと言えるような人生の一時期のうちにはまったく位置づけることができない時間のなかにあるイメージを、思い浮かべてみよう。純粋な思い出にたどり着くためには本当にそこまでやってみなければならないのであり、同時に、私たちの意識のなかに、その前から存在したり、その後から存在したりしている、より安定的に存続する諸観念が、印象に混在しないようにしなければならないだろう。たとえば、本という概念、活字という概念、テーブルや先生や親や教科といった概念などが混入しないようにしなくてはならない。しかし、そのような意識の状態が生じうると仮定することができるとしても、それをのちに想起する可能性を、どうしたら保ちうるだろうか。どこからそれを把握し直せばいいのだろうか。それらのイメージは、夢のイメージと同じように、はっきりと定められることがない空間と時間のなかに宙づりになり、それを位置づけることができないために、目覚めたあとしばらくのあいだ続く半眠半醒の状態を抜け出してしまうと、もはや想起することができなくなってしまうのである。

これに対して、まさに以下の二つのことを区別する理由がある、という声があがるかもしれない。すなわち、一方には、空間的で時間的な、より一般的には社会的な枠組みが存在し、実際のところその安定的で支配的な表象の総体のおかげで私たちは過去の重要な出来事をあとから、みずから望んで思い出すことができる。しかし他方には、当初の印象が存在し、それ自体のなかに、ひとたびこれが再現されたならば、その印象を特定の空間や時間や場所のなかに位置づけることを可能にするものがあるのだ、と。私たちは、もともとは明確に個別のものでありながら、次々と生じていく一連の状態を結び付けることによって、自分が抱いた印象と密に交わっている質的な視覚像の集合体にほかならないものを、一般的に均質な空間や時間や物についての連続的で単一の表象に変形しているのだろうか。そうだとしたら、私たちはベルクソンがしばしば批判しているような幻想にとらわれていることになるだろう。ともあれ、この区別に従うならば、私たちの思い出は、もともとは別々のイメージが首飾りの真珠のように一つずつ順番に連なっていくようなものではなく、イメージとイメージのあいだには「もとより」連続性があることになる。そして、こう言ってよければ、空間や時間や連続的な社会環境の、いわば動的な反映を、それらのイメージは表していることになるだろう。しかし、こうした連続性があるとしても、ひと連なりの視点と安定的な概念群のあいだにははっきりとした差異があり、それは、相互に質的に区別される個人の心理状態と、時間を超えて同一のままにとどまる一般的な思考の枠組みとを、分けていることになる。

しかしここで、かなり逆説的な結論にたどり着くことになる。さまざまな印象が生み出された時点で、そのなかには、こう言ってよければ二種類の要素が存在することになるのである。一つは、言い表すことができるものすべて、時間のなかでのその位置、自分自身や他の人々が感じ取った他の印象との類似と差異を認知することができるものすべてである。もう一つは、そうした印象のなかでも言い表すことができないもの、あるいは、ベルクソンが言う「独特のニュアンス」や「感情的色彩」をもつもので、自分自身にしか感じ取ることができないものである。これらの印象のうち、記憶と無意識のなかでベルクソンが言う「イメージ記憶」として残っていくのは、後者のニュアンスや色彩だけだということになるだろう。しかし、それこそまさに、私たちが決して想起することがないものである。それ以外の残りはすべて、再現されうる。その部分〔独特のニュアンスや色彩〕については、忘れてしまった夢と同じような思い出しか保てないのである。

さらに、記憶＝イメージ（それが存続すると仮定して）は、そのイメージと、かつてそこに付随し、また現在私たちの意識の一部をなしている概念枠組みとのあいだにまったく接触がなく、内容の共通性が存在しないのならば、それが想起されたときにどのようにして概念枠組みと結び付くことができるのだろうか。先に夢について論じた際に、次の点を指摘した。夜のあいだに見たイメージのほとんどが消えてしまうのは、それらを目覚めているときの世界のなかに位置づけることができず、目覚めているときの世界とその表象が夢のイメージを捉え直すための手がかりになっていないからである、と。目を覚ましたときに、注意を向け、振り返ってみて、それが消えてしまう前に覚醒時のイメージや思考に結び付けることができた夢のイメージだけが、想起可能な思い出になるのである。これに対して、ベルクソンが理論的な形で私たちの生活史上の固有の出来事と定義づけている状態の一つを取り上げてみるならば、すなわち、それらのあいだに組織化の始まりをもたらす自他に共通の表象の一切の要素から、その状態を切り離してみるならば、もはや、それは夢のイメージから区別できないし、さらには、たとえそれが保存されているとしても、どのようにしてそれが再現されうるのか、またどのようにしてそれを位置づけることができるのかが、理解できなくなってしまう。たしかに、ベルクソンにとって、それは現実の状態としては到達できない極限である。ある種のイメージの再現を可能にするもの、それは「（私たちの現在の知覚の結果として）達成される、あるいは単に生まれつつある運動である」とベルクソンは考えている。「（略）過去のイメージが再び、これらの運動のなかに延長されることが可能になるならば、イメージはその機会を捉えて現在の知覚のなかに滑り込み、みずからを受け入れさせるのである」[4]。したがって、それがどれほど固有のものであれ、すべてのイメージには、動因としての一面があり、それによってイメージは身体的態度と強く結び付いているのである。しかし、先に論じたように、意識の状態にとどまらず、身体について語るということは、おそらく、問題の全体を必要以上に複雑化し、より曖昧なものにしてしまう。結局のところ、身体的態度は、言語によって表現された一般的表象の明確な集合体に対応していて、その言葉の一つひとつが意味をもち、同時に有機体のなかのある種の運動を規定している。したがって本書では、次のように述べることにしよう。それがどれほど固有のものであれ、すべてのイメージのなかには一般的な傾向があり、それによってイメージは意識に対して現れる概念の総体に結び付いているのだ、と。このようにイメージと枠組みのあいだには連続性が再発見され、再設定されることになる。そして、その枠組みは、すべて心理的状態によって作られているのだから、枠組みとイメージのあいだには実質的内容の交換が起こりうるし、さらに枠組みそれ自体がイメージを再構成しうるということが理解されるのである。

＊

現下の関心にとらわれている大人たちが、その関心に結び付くことがない過去の事柄の一切に興味を向けないというのは、それなりに自然なことだと思われる。大人が自分の子ども時代の思い出を変形させるとすれば、それはまさに、その思い出を現在の枠組みのなかに無理に組み入れようとするからではないだろうか。しかし、老人については様子が違ってくる。何かをすることに疲れた老人たちは、反対に、現在から目を背けて、過去の出来事がそのまま再び現れるのにきわめて好都合な状況を生きている。ともあれ、それがそのまま再び現れるとすれば、それは過去の出来事がずっとそこにあったということである。そうだとすればこのことは、本書では破棄しうると考えている、思い出の保存という考え方の、紛れもない証拠になるのではないだろうか。

「私がボセイを離れてから、すでに三十年近くが過ぎている」と、ルソーは『告白』のなかで記している。「しかし、そこでの日々をいささかなりともつながりがある思い出として鮮明に覚えていたわけではなかった。ところが、壮年期を過ぎて老いの坂にさしかかっていくにつれて私は、その頃の思い出がよみがえり、その一方で他の思い出が薄れていくのを感じるようになった。その頃の思い出は、私の記憶のなかにはっきりとした輪郭をもって浮かび上がり、その魅力と力が日に日に増していくのである。あたかも、人生がすでに逃れ去ろうとするのを感じて、それを始まりからたどり直そうとしているかのようである」[4]

もしも、ベルクソンが論じた意味で二つの記憶があり、一方はもっぱら習慣によって作られ、行為に向けられていて、他方は現在の生活に対する一定の無関心によって特徴づけられるのだとすれば、たしかに老人は物や人の実践的側面から目を背け、職業や家族や一般的には社会のなかの活動的生活がもたらす拘束から自由であると感じているのだから、自分の過去に再び降りていき、これを想像のなかで生き直すことができるのだと考えたくなる。ベルクソンは言う。「私たちの過去が、現在の必要によって抑制されることによって、ほとんどが隠れたものにとどまっているのならば、人が実質的な行為への関心をもたず、こう言ってよければ、夢想的生活に移行する場合にはいつでも、過去は意識の閾を超え出る力を取り戻すことだろう」[5]

しかし、実際のところ老人は、このように自分の過去の子ども時代を思い起こすとき、夢を見ているわけではない。むしろ壮年期の大人こそ、現在の現実に差し向けられている精神がゆるみ、流されるように幼少期の日々へといざなわれるときには、夢を見ている人に似ていると言うことができる。成人の常日頃の関心と、現在の活動をうながすものに関わりをもたないそのイメージとのあいだには、実際にはっきりとした対照性が存在するからである。そのどちらも（私たちが定義した意味では）夢を見ているわけではないのだが、この種の夢想は大人にとっては気晴らしになり、老人にとっては中心的な関心事となっている。老人は通常、思い出がよみがえってくるのを受け身で待っているだけでなく、それをはっきりとしたものにしようと努め、他の老人たちに問いただしたり、古い書類や昔の手紙をひもといたりするし、とりわけ自分が思い出すことを書いて残そうとしたり、さもなければ誰かに語って聞かせようとしたりする。老人は壮年期の大人よりも、過去に目を向けている。ただし、その結果として、壮年期までと比較して、過去の思い出をより多く思い起こせるわけではないし、何より、子ども時代以来無意識のなかに眠っていた古いイメージがそのときはじめて「意識の閾を超え出る力を取り戻す」わけでもない。

どのような理由で、長いあいだ目を向けられなかった人生の一時期への新たな関心が、老人のなかに目覚めるに、老人にある役割を与えている社会のなかにのか。それは、もはやその活動的なメンバーではないとしても、なお老人にある役割を与えている社会のなかに老人を位置づけることによって、ずっとよく理解することができる。未開の部族社会では、老人は伝統の守護者である。それは、老人が他の者よりも早くから伝統に接してきたからというだけでなく、おそらくは、老人たちだけが互いのやりとりを通じて伝統の細部を明確に定め、通過儀礼を起点としてそれを若者たちに教えていくだけの時間的余裕をもっているからでもある。今日の社会でも、老人は長く生きて経験を積み、たくさんの思い出を担っているという理由で敬われている。だとしたら、老いた人々が、みずからに託された共有財産としての過去に熱烈な関心を寄せないことなどあるだろうか。そしていまや要求することができる唯一の威信を、自分に授けてくれる役割を、精いっぱい果たそうと努めないはずがあるだろうか。もちろん、人生の終わりにさしかかった人にとって、自分はかつてどのようであり、かつて自分自身の一部をなしていた楽しみや苦労や人々や物事がどのようだったのかを想起することに、喜びがあるということは否定しない。若干の苦い思いや後悔も伴っているとはいえ、それは、老いて衰えていくという現実を逃れ、もはや現実が与えてくれないものを想像力によって回復するという幻想を紛れ込ませるものであるだけに、より一層強く心に染み入るものになる。しかし、この種の満足や幻想や変貌はいずれも、年齢にかかわらず可能であって、思い出が提供してくれる避難所を折に触れて必要とするのは老人だけではない。過去にばかり強く引き付けられてしまう、ときには誰もが逃れることのできないこの特異な状態をいかに説明することができるのか。老人と同じように若者や大人にも生じる、一時的で著しい記憶の高揚は何によってもたらされるのかについては、さらに探究しなければならないだろう。しかしそれでも、社会は老人たちに過去の痕跡を保存する役割を与え、残されている精神的な力のすべてを思い起こすことにささげるようにうながしているのは確かである。ときとして、その役割をあまりにも真面目に引き受け、老人の権利を乱用して自分のことばかり語る人が嘲笑されることがあるとしても、それはすべての社会的役割が過剰に走りやすいというだけのことである。経験が教えるところに耳を傾けすぎると、人は前に進むことができなくなる。しかし、こうした揶揄に敏感な老人が、子どものときに見たことを語ろうとしてまさにその子ども時代に立ち返ろうとするとき、人が話を真に受けてくれないことを恐れてしまうと、口を閉ざし、壮年者が言うことに同意したり、黙って従うことでしか配慮を示せなくなったりして、役割をうまく果たすことができなくなってしまう。老人はその役割に十分適合できなくなり、本当の意味でみずからの役目に背いてしまう。そのような老人には、カリクレスがソクラテスに向けた非難を、言葉を換えて、差し向けるのがふさわしいだろう。「話をしようとしてたどたどしかったり、おどけてみせたりすることがまだふさわしいような子どもの姿を、私はほほえましく見ることでしょう。それは、かわいらしく、上品で、その年齢に見合ったものだと思うのです。しかし、もし同じように口ごもったりおどけてみせたりするのが大の大人だったら、それはおかしな事態で、その年齢相応の品位を欠き、鞭打ちの刑に値すると判断されます」[5]。つまり、要約すれば、老人が大人以上に過去へと向かいがちだとすれば、それは、その年齢になると思い出が潮のように高まってくるからではない。壮年時代までと比べて、老人が子ども時代の思い出を多くもっているわけではない。そうではなく、老人は、社会のなかにあって、いまこそ過去を再構成するためのさまざまな手段を用いるべきときだと感じているのである。それらの手段を、彼らは常に手にしていたのだが、それを使う時間も、使いたいという欲望も以前はもっていなかったのである。

このとき、老人が自分の過去として提示する光景がいささか変形されているのは、当然のことである。それを再構成する時点で、おそらく老人は、現時点の状況をまったく偏りなく捉えているわけではないからである。この再構成の作業は、社会全体の影響力のもとにあると同時に、老人たちの社会がもつ先入見や好みの圧力を受けてなされている。しかしその点は、ここで取り上げなければならない、もっと一般的な事実の一側面にすぎない。老人ばかりでなく、人間はみな（もちろん年齢や気質などによって異なる形で）、流れ去る時間を前にして本能的に、黄金時代を世界の終わりにではなくその始まりに位置づけた、偉大なギリシャの哲学者と同じ姿勢をとっているのである。人生のなかには消してしまいたいと思うような時期もあるし、いっそ人生をそっくりやり直したいと思わないでもない。しかし、一種の懐古的な幻想によって、私たちの多くは、過去に比べて、とりわけ子ども時代や若者時代の日々に比べて、現在の世界は色あせ、つまらないものになっていると信じている。自分の人生の最初の十五年か二十年の印象をつづった大作家たちのほとんどは、その時期に出会い、知った物や人について、またとりわけ自分自身について、うっとりとした様子で語っている。みながみな、幸福な子ども時代を送ったわけではない。ある場合には、幼い頃に、惨めな貧困を経験したり、暴力的な人間に出会い、いじめられたり不正な目に遭ったりもしているし、不条理な教育によって抑圧されて大人たちの願望に従わせられたり、さらには道を踏み外させられたり歪められたりもしている。なかには、自分の親について容赦なく、ときには敵意や憎しみを隠すことなく語る者もいる。ルソー自身は、自分が十歳になる前に被った不当な仕打ちの話をしたうえで、次のように述べている。「そのとき、私の静穏な子ども時代は終わったのだった。そのとき以来、私は純粋な幸福を享受することをやめ、今日もなお、そこで私の子ども時代の魅力的な思い出は止まってしまったのだと感じる」[6]。しかし、一般には、たとえ不平や後悔や憤慨がいつまでも残っていたとしても、また語られる出来事をその生々しい現実のなかで捉えたときには悲しみや憤りやさらには恐怖さえももたらすような場合であっても、そうしたことのすべてと、それが生み出す効果は、当時その人が感じていた生き生きとした雰囲気によって大きく和らげられていたはずである。人生の最も暗い側面のうえには、それを半ば覆い隠すような雲がかかっているように見える。たとえ苦しんだことを覚えているとしても、その時代を過ごし、そこに自分自身の最良の部分を残し、いまもそれを探し求めているような人には、遠い昔の世界は言葉に尽くしがたい魅力を発しているのである。したがって、いくつかの例外もあるが、大半の人は、過去へのノスタルジーとでも呼びうるものに敏感になりがちだ、と言うことができる。

この幻想的様相はどこからくるのだろうか。いやその前に、これは幻想なのだろうか。ルソーが語ったように、子どもや若者は絶対的には弱いものだが、相対的には強いものである。彼らは大人よりも強く、その力が必要を上回ってしまうほどである。こうした生の充溢は印象の充溢をもたらす。年齢が上がってくると、社会生活から生じるさまざまな関心によって多方面から呼び起こされる生命力をみずからのなかに感じているときでさえも、人はどこか自制しなければならない。外部からの拘束に、自分で自分に課さなければならない制約が付け加わる。

私たちが抱く印象は、社会生活が要求する形式のなかに収まり、その代償として、素材の一部分を失わざるをえない。社会のなかに生きていると自然が懐しく感じられる。大人が子ども時代を懐しむ気持ちの本質はそこにあるだろう。

しかし、まず第一にここでは、私たちがかつて抱いた身体的印象の思い出が、現在の身体的感覚に結び付けうるほどに強いものであることが前提とされている。ところが、かつて自分の身体について抱いた感覚ほど、記憶によって保持しにくいものはない。冷静に振り返ってみて、さまざまな客観的比較をおこなってみるならば、私たちは自分の活力が減退していることに納得することだろう。しかし、抽象的比較によっては、自省的な後悔とは異なるもの、すなわち深い感情的状態や生き生きとした、ときに胸を刺すような感覚を説明することは決してできないだろう。他方、社会的評価の次元では、身体的な力の横溢や感覚の自発性や豊かさは、最優先の対象とならない。社会は、一方で私たちが失ったものを並べ、他方で社会によって私たちが得たものを提示し、その後者を選び取ることを強いるのである。

そうだとすれば、過去を懐しむ気持ちは実際のところ幻想に基づいていて、それは記憶が生み出すもの、より正確には想像力が生み出すものなのだと言えるだろう。ベルクソンによれば、思い出がよみがえるのは、行動を導くことができるからである。この意味で、過去の生活の快い状態だけでなく、つらい出来事を思い出すことも、また、自分にとって有益なものになりうるのである。しかし、夢想のなかでは、行為ではなく感情が思い出を呼び出していくことになる。このとき、一方には多くの悲しい感情があり、他方には心地よく楽しい感情がある。しかし、後者を育み、ふくらませていき、前者を払拭するほうが私たちにとっては有益である。だとすれば、私たちは幸福な感情的状態に身を置くたびに、自分の記憶のなかからそれにふさわしいイメージを選び出し、そのイメージのなかから心地よく思い起こすことができるものだけをとどめる、という習慣をもつことになるだろう。したがって夢想は、多くの場合、一連の快い観念やイメージに向けられる。悲しい夢想は数多く存在し、苦痛を伴う感情が、それを内に抱えた多くの思い出を呼び起こさせるということも起こる。しかし、病理的とも言える状況を除けば、多くの場合に、一種の生の本能によって、自分の力を無益に減退させたり吸い取ったりするものから自分を遠ざけ、その感情から自分の思考を引き離すことができる。過去のつらい側面を忘れていく過程はこのように説明されるだろう。こうして、愛の情熱は愛した人の思い出を変形させ、情熱を情熱として保ちうるようなものだけをとどめていく。

しかし夢想は、主として、あるいはもっぱら、思い出だけが現れてくるときでさえも、記憶と同一視することはできない。より正確に言えば、ここで明らかにしてきた夢想のあり方は、ベルクソンがしばしば同じ名で指し示している記憶の形態とは区別されるのである。ベルクソンがこの言葉で指しているものは、選択され配列されたイメージ記憶ではなく、彼によれば記憶のなかにもとのままの形で保存されている、それらのイメージの時系列的な連続体なのである。想像力は、それらの思い出を捉え、修正し、心地よい夢の素材へと作り変えるときにはすでに、これを習慣記憶に変え、なんにせよその時系列的な連なりから引き離してしまう。しかし、（ベルクソンの仮説によれば）現実に、想像力がその上層の部分で何かを削り、きれいに取り除く作業をどれほどおこなったとしても、その連なりそれ自体を損なうにはいたらず、それは不変のままにとどまり、幸せなものであれ悲しいものであれ、もとのままの状態を維持し続けるのである。これに対して、こうした区別〔手つかずの記憶＝イメージと想像力の介入によって構成されたイメージとの区別〕はさほど重要性をもたないと言うこともできる。実際に、人々がそれを役立てようとするのではなく再度経験しようとして過去を呼び起こすときにも、やはりこの記憶＝イメージの最下層にはたどり着くことはできず、（本書が述べてきた意味で）過去を夢想することしかできないからである。もしそうだとしたら、本書としては、記憶の最下層におけるイメージ記憶の保存を認める理由はないと答えることになるだろう。というのも、記憶＝イメージの保存は何の役にも立たず、夢想もまたその他の記憶と同様に、現在の視点から、いま意識を満たしている概念や知覚のはたらきを介してなされる、思い出の再構成の一事例にすぎないからである。

私たちの想像力が過去を再現するときでさえも、現在の社会環境の影響を被っているということを忘れずにおけば、おそらくは夢想しているときにも実際に過去に対してはたらきかけている変形作用の本質を、さらによく理解することができるだろう。ある意味で、観想的記憶（mémoire contemplative）あるいは夢想的記憶（mémoire-rêverie）は、私たちが社会の外部へ抜け出すのを助けてくれる。それは、完全に一人きりになることができるまれな機会の一つなのである。なぜなら、思い出、とりわけ最も古い思い出は、まさに自分自身のなかだけにあって、自分と同じようにその思い出をみずからのなかに読み取ることができる人はすでにいなくなってしまったか、あるいは、散り散りになってしまっているからである。しかし、そのようにして現在をともに過ごしている人々が形成する社会を抜け出してみても、それはまた、他の人々との世界、また別の人間的環境のなかに身を置き直すことでしかない。なぜなら、過去には、その当時自分が知っていた人々が存在しているからである。その意味で人は、また別の社会を対置しないかぎり、一つの社会を逃れることができない。一人きりになって、自然のなかに、同じ社会の仲間たちが与えてくれることがない慰めや、さらには誰とも関わりをもたない状況を求めてみても無駄である。自然は、その景観が私たちの感情と一致しているか、あるいは半ば現実で半ば空想の存在をその世界に住まわせるか、いずれにしても、自然のなかに人間性の痕跡を見いだす場合にだけ、私たちを引き寄せ、つなぎ止め、私たちが自然に期待するものを与えるのである。

このように、人がたった一人で自分自身に向き合っていると思っているときにも、他者は現れ、それとともに、その他者たちを送り出す集団も姿を見せている。私たちが生きる近代社会は、人間に対して多くの拘束を課している。未開の部族社会がそのメンバーに及ぼしているのと同じような力、同じような一方向の圧力をかけているのではないとしても、近代社会もまた、さまざまな性格の多元的で複雑な関係のなかに包摂していくことによって、人間のなかに浸透し、さらにその奥底にまで入り込んでくる。たしかに近代社会は個人の人格を尊重するかのように装っている。個人は、その基本的な義務さえ履行すれば、思いどおりに生き、考え、欲するがままに自分の意見を主張する自由をもつ。社会はその内面生活の入り口の前で立ち止まるように見える。しかし、そのようなときでさえ、個人が社会を逃れるのは表向きのことにすぎないのだということ、そしておそらく、個人が社会のことをほとんど考えていないように見えるときこそ、個人はみずからのなかに社会的人間としての性格をきわめて強く作り上げているのだということを、社会はよく知っているのである。

このように、思考するたびに身を投じている社会と、現実態としての社会を区別する主要な特徴とは、どのようなものだろうか。まず第一に、そのような思考のなかの社会は、外から押し付けられたものではなく、欲すれば自由に喚起することができ、自分が身を置くべき時期を過去のなかから選び出すことができる。過去のさまざまな時代に付き合いがあった人々は、同じ人でなかったり、その人自身の同じ一面を示していなかったりするので、自分がどのような社会のなかに身を置くべきかは、自分自身の選択に委ねられている。現在の社会のなかでは、自分の位置ははっきりと定められ、それとともに自分が被る拘束の種類も決まってくるのに対し、記憶は、自分を封じ込めることがない集団、つまり、自分がそれを受け入れるあいだだけ拘束力を及ぼすような集団のなかに生きているという幻想を与えてくれる。不快な気持ちを呼び起こす思い出もあり、負担になることがあるとしても、現在の生活から切り離すことができない現実感覚をこれに対置させる余地が常に残されている。しかし、それだけにはとどまらない。このように、これらの集団のなかで、ある集団から別の集団に自分の意志で移動したりできるだけではなく、思考するうえでいずれかの集団の内部にとどまると決めた場合でも、現在の社会で感じているような強い人間関係の拘束を感じることはない。それは、思い出のなかの人々がもはや存在しなかったり、かなり遠く離れてしまったりして、自分の目にはもはや失われた社会として映っているからである。いずれにせよ、その社会は自分が現在生きている社会とは大きく異なっており、その社会が課してくる要求のほとんどがすでに効力を失っているのである。過去の拘束と現在の拘束とのあいだには、多くの点で両立しがたいものがある。そのため、もはや前者のことは、未完成で不完全な形でしか思い描くことができない。いま自分がいる場所や時間とは別の場所や時間を呼び起こすことはできるが、それは、それらすべてを包摂している一つの枠組みのなかで、さまざまな場所や時間を移動させることができるからである。しかし、互いに相いれない社会秩序の拘束を同時に感じ取ることなど、はたして可能だろうか。この場所で重要な枠組みは一つだけである。その枠組みは、現在の社会が下す命令によって構成されていて、必然的にその他の枠組みを排除する。人々のあいだでは、友愛と連帯の関係が結ばれ、維持される。その人々は同時に、他の人々に対しては競合者になる。そこから多くの苦しみや怖れや敵対心や憎しみが生じる。しかし、現在の競合関係は過去のそれに代わるものとしてある。私たちは、その双方が両立しがたいものであることをよく知っている。現在結び付きのある人々は、近い将来や遠い将来のために、私たちのことを気にかけている。私たちは、将来に対して、多くの良いことや悪いことを予測しうる。とはいえ、良い悪いの区分は不明確なものである。過去の人々の生活や行動は、いまとなっては明確に固定された枠組みのなかで揺らぐことがない。かつてはその人々の善意や悪意を感じることができたはずだが、そうしたものをいまはもうまったく期待することができない。彼らは、私たちの心のなかに、不安も対抗心も羨望も呼び起こすことがない。彼らを愛さないこともできるが、嫌悪することはできない。結局のところ、過去の社会の最も苦痛を伴うさまざまな側面は忘れ去られていく。拘束はそれが力を及ぼしているかぎりで感じ取られるものであり、定義上、過去の拘束はもはや力を及ぼすことをやめているからである。

しかし本書では、精神は社会の圧力のもとで思い出を構成するものだと考えている。その社会が精神に命じて、このように過去を懐かしむほどに変形させているのは奇妙なことではないだろうか。ルソーは、キリスト教について次のように論じている。「市民の心を国家に結び付けるどころか、キリスト教はその心を、地上のありとあらゆるものについてそうであるように、国家からも切り離してしまう。私はこれほど社会の精神に反するものを知らない」[7]。これに倣って次のように言うことはできないだろうか。過去を崇めることは、人々の心を社会に結び付けるどころか、そこから切り離してしまう。これほど社会の利益に反するものはないだろう、と。しかし、まず第一に、キリスト教徒は地上の生活よりも別の世界の生活を重視していて、それはキリスト教徒にとっては、地上の生活と同じように現実のものであり、かつ未来に位置している。その一方で人々は、過去はもはや存在せず、唯一現実的な世界、すなわちいま自分が生きている世界に適応しなければならないことを知っている。失われてしまった時間を振り返ることがあっても、それは折に触れてのことにすぎず、決してそこに長くとどまるわけではない。また他方で、以下の点を見逃すことはできないだろう。目を向ける範囲には現在の知り合いの人ばかりがいて、しかも自分を取り巻くそうした人たちの習慣や嗜好、信念や利害関係への配慮が常に自分に課せられているとしたら、社会のなかで人は常にピンと張ったバネのような状態になってしまい、社会の規則に従いはするだろうが、絶え間なく続く厳しい要求に耐えているうちに、社会のなかに拘束の道具しか見いだせなくなり、自分を社会に向けて押し出してくれる豊かで自発的な躍動感をなくしてしまうのである。したがって、人が活動にひと休みを入れて、旅人のように、自分が歩いてきた道筋を振り返ってみるということも、悪いことではない。そこには、疲れや苦労や次々と生じる雑事や、時間までに目的を達成しなければならないという心配にとらわれてあらためて考えてみることができなかったさまざまなことが、発見されていく。このように少し離れた視点からなされる物の見方のほうがより現実にかなっているのだという意見もあるだろう。たしかにそうかもしれない。自分の仲間や友人や家族に対して、このようにあとから判断を下すときのほうが、おそらくその人たちに対してより正当でありうる。社会は、いまこの瞬間には、おそらくあまり魅力的ではない一面しか示してくれない。時を経て、振り返って、思い起こしてみたときにはじめて、自分が抱く印象は変化していく。人々が自分を縛っていたと同時に自分を愛していたということを、発見するのである。人間存在の集合は、自分よりも強い現実、すなわち自分の個人的好みのすべてを犠牲にすることを要求する一種の精神的なモロク[8]であるだけではない。人はそこに、みずからの感情生活と経験と観念の源泉を認める。そして、疑いようがない愛他的精神の広がりと深さを見いだすのである。デュルケムは、社会のこの二つの側面を正確に認識し、区別した。彼がはじめにその拘束的側面を強調したとすれば、それは一つの科学〔社会学〕を立ち上げるにあたって、ひとまず把握しやすい外在的なしるしによって事実を定義する必要があったからだ。喜びの感情が社会のはたらきかけによってもたらされたとき、それは個人の性向と社会の慣習のあいだに一致や部分的融合があることを示しているが、反対に、苦痛や拘束の感覚は、両者のあいだに少なくとも部分的対立があることを表している。人々が社会的事実を認識するのは、その力が人々に課せられ、拘束するときであるとデュルケムは述べている。しかし、デュルケムはこうも認識していた。人々に二重の作用を及ぼさないような集合的実践は存在しないし、社会の力は人々の欲望が向かおうとする先へと方向づけられていることが多い。いずれにしても、人々は感受性と思考のあらゆる様式を自分以外の人々から借りるのであり、それによって社会の力が個人存在を高め、豊かにするのである。当然のことだが、拘束の感覚が消失したときには、人が人間集団と接触することによって得られる恩恵的な諸側面が浮かび上がって見え、そのようなときに人は自分の人生に関わっていた人々にどれほどのものを負っていたのかを発見し、そのことをその時点で認識しえなかったことを悔やんだりするようになる。したがって、ある意味では、私たちが過去を再構成して描き出すとき、その描写は、より現実に即した社会のイメージを与えているのである。しかし、別の意味で、つまりそのイメージが過去の知覚を再現しなければならないという点で、イメージは不正確なものである。そのイメージは、好ましからぬ特徴を消したり弱めたりしているために不完全であり、同時に、自分がその当時は認めていなかった新たな特徴が付け加えられているために過剰である。いずれにしても、社会は、このようにして回顧的な視点から、みずからのなかに備えている恩恵の宝庫を私たちに見いださせようとしている。しかし、社会は、みずからの権威を示す必要があるあいだは、それを封印しておかなければならないのである。社会は、競争も義務ももはやかつてのままではなくなったいまになって、過去の競争のつらさや法の厳しさを忘れるようにうながしているのだということがわかる。というのも、思い出のなかの人々は、私たちが日々の生活のなかで出会い、隣り合っている人々とは同じではないとしても、それぞれに人間的本質を有していて、同じ一つの連続する社会に包摂されているからである。人は社会の厳しさに従いながら、社会がかつてその厳しさを免除してくれたことを記憶していると思うので、その〔現時点での〕厳しさを容認するのである。社会は、ときにあまりにも乱暴な形で人々を捉えるので、人は、それと関わりをもたないようにしたり、そこから目を背けたりしたくなることもある。しかし、その裏側で、人々は社会に敬意と愛着を示し続ける。今日では消えてしまったかつての習慣や生活様式のなかに理想化された社会のイメージを発見するのであれば、それはなおさらのことである。記憶に対して目前の行為を導いてくれることしか求めない人々は、過去を思い起こすという純粋で単純な喜びを知らない。その目には、過去が現在と同じ色彩でしか描き出されず、単純に過去を想起することができないために、こうした人々は、社会的連続性の感覚をまったくもちえないのである。だからこそ社会は、折に触れ人々に、自分の生活の過去の出来事を思考のなかに再現するだけでなく、さらに自分の思い出が正確であると信じながら、そこに現実にはなかったような権威を与える形で手を入れ、その一部分を切り取り、それを補って完成させることを強いるのである。

注

（1）Bergson, *Matière et mémoire*, pp. 158-159.

（2）「八十歳のある男性は、直近の二週間のことを除けば、人生のなかで特に突出していたほんのいくつかの出来事しか覚えていない。彼が思い出すのは、ばらばらないくつかの事実だけであり、細部の記憶も乏しいのだが、それらをすべて寄せ集めて再現しても、それは六週間かせいぜい二カ月のあいだしかカバーしていない。何度も繰り返されてきた出来事については、心のなかで整理をつけてしまったようで、最近の二、三回の反復場面しか思い出さない。思い起こしているのは、それがいつもどのように起こったのか、それに対して自分はどう振る舞ったのかということだけであって、それ以外には何もない。（略）人は、自分の子ども時代に起こったことの十分の一も思い起こすことができないのである」（Samuel Butler, *La vie et l'habitude*, trad., fr., Nouvelle revue française, 1922, p. 148. p. 99, note も見よ）

（3）ベルクソン（*Matière et mémoire*, p. 75）の心理学の基本となる、この二つの記憶の区分は、すでに二十年前に、『エレホン』（*Erewhon*）の著者であるサミュエル・バトラー（Samuel Butler）の『生活と習慣』（*La vie et l'habitude*）（一八七七年刊行、フランス語訳は一九二二年）のなかに垣間見られる。バトラーによれば、「私たちの記憶が記録する深層の印象は、二つの様式によって形作られる（略）。すなわち、その印象は、一方では、自分にとってはなじみがない物やその組み合わせによって、ある程度の時間的な間隔を置いて示され、一挙に、暴力的にその効果を生み出す（略）、他方では、それが繰り返されなければすぐにも心のなかから消えてしまうだろう弱い印象を、多少なりとも頻繁に反復することによって構成される。（略）人は、ごくまれにしかおこなわなかったことと（略）、きわめて頻繁におこない、したがって最もなじみがあることを、最もよく覚えているのである。それは、記憶が特に二つの力に影響されるからである。新奇なものの力と慣習的なものの力である。（略）しかし、慣習の力によって自分のなかに刻み込まれた印象の思い起こし方と、ただ一度だけ感じ取られた深い印象を保持する仕方とは、まったく異なっている。（略）前者（慣習）に属するもの、すなわち記憶が携えている印象のうち、きわめて数が多く、きわめて重要なものに対しては、しばしば行動することを通じてはじめて、自分がそれを覚えているということに自分でも気づき、他者にそれを示すことができる。実際、自分がどのようにして、いつその知識を獲得したのかがもうわからなくなっている場合がきわめて多いのだ」（Butler, *op. cit.*, pp. 146-150.）。さらに先では次のように記されている。「ホラティウスの頌歌《オード》を何度も繰り返して読んだので、暗唱できるほどに親しんでいる人たちの多くは、何年もたってから、どういう状況でそれを覚えたのかを覚えていないとしても、特定の頌歌を朗唱することができるだろうし、（略）理性的に振り返ってみなければ自分がそれを思い出しているということさえわからないほど、ほんのわずかな努力ですでに知っている頌歌に立ち返ることだろう。そうなれば、この頌歌は、彼らのなかに生まれつき備わっているものであるかのようにも見えるのである」（*Ibid.*, p. 155.）

（4）Bergson, *Matière et mémoire*, p. 96.
（5）*Ibid.*, pp. 167-168.

訳注

［1］Anatole France, *Vie de Jeanne d'Arc*, Calmann-Levy, 1908, p.LXXV.（原著に出典指示なし）
［2］Johann Wolfgang von Goethe, *Aus meinem Leben, Dichtung und Wahrheit*, J.G. Cotta'sche Buchhandlung , 1811.（原著に出典の指示なし）
［3］Henri Bergson, *Matière et mémoire*, 2e édition, Félix Alcan, 1900, chap.2.（原著に出典の指示なし）
［4］Jean-Jacques Rousseau, *Les Confessions*, 1782, Première partie, Livre 1.（原著に出典の指示なし）

［5］Platon, *Gorgias.*（原著に出典の指示なし）。カリクレス（Callicles）は、紀元前五世紀のアテナイの政治家。プラトンの『ゴルギアス』で、ソクラテスと「法」や「正義」についての対話を展開している。ここに引用された一節は、いつまでも哲学的な思弁にふけっているソクラテスを揶揄し、「いい年になってもまだ哲学をしていて、それから抜け出ようとしない者」は市民としての資格を欠いているのだという批判の意を込めたもの（『ゴルギアス』加来彰俊訳〔岩波文庫〕、一九六七年、一二四―一二五ページ参照）。

［6］Rousseau, *Les Confessions,* Première partie, Livre 1.（原著に出典の指示なし）

［7］Jean-Jacques Rousseau, *Du Contrat social,* 1762, Livre IV, Chapitre VIII.（原著に出典の指示なし）

［8］精神的なモロク（Moloch spirituel)。「モロク」または「モレク」とは古代中東のセム系民族によって信仰された神で、その儀礼では人身供犠が要求された。『旧約聖書』では、憎むべき異教神として言及される。

第4章

思い出の位置づけ

心理学者たちは通常、彼らが思い出の再認（reconnaissance）と呼ぶものと、思い出の位置づけ（localisation）と呼ぶものとを区別する。位置づけるとは、思い出を得たのがいつだったのかがわかるということである。再認するとは、いま自分が見ている人や心に浮かぶイメージが、いつのことだったとは言えなくとも、かつて自分に提示されたことがあるという感覚をもつことである。この感覚に、いつという認識が加わると、思い出は再認されるとともに位置づけられたものになる。したがって、一方で、再認されることなく位置づけられる思い出は存在しないのだが、再認だけされて位置づけられない思い出は数多く存在する。他方で、位置づけることによってはじめて精神活動が呼び起こされる。というのも、時間のなかで思い出の位置を見いだすためには、反省的努力が必要だからである。これに対して、〔心理学の視点に立てば〕再認は自動的になされるものだということになるだろう。たとえば、自分が話すことができる言葉の記憶（souvenir）に付随する慣れ親しみの感覚や、物であれ人であれ一つのイメージに出合うときに生じる既視の感覚は、観念ではなく、どのような反省も前提としない。したがって、記憶のなかにはたしかに理性が果たす役割が介在するだろうが、それは私たちが自分の思い出を位置づけようとするかぎりでのことだ、とされるのである。

ここで、理性という言葉によって、他者の考えを理解すること、および他者とともに考えることを可能にするような精神活動を指すものとすると、獲得から再認までにいたる記憶の本質は、大多数の心理学者たちに従えば、純粋に個人的な心理的・生理的活動によって説明されることになるだろう。精神が思い出をどのように位置づけるかを説明するときにしか社会は介在しないので、そのときだけ、人が社会環境に負っている観念や思考の習慣を考慮すればいいのである。私たちはまさに、自分が属する集団において定義された空間や時間のなかから、ある事実が自分に印象づけられた時と場所を探し出すことを要求される。思い出は、それまでは自分のなかに封じ込められていて、そのときはじめて外に出て、他者の思い出との一致を求められることになる。しかしこのような一致は、結局のところ付随的なものでしかないことになるだろう。というのも、そこでは個人的記憶がすでに存在することが前提となっているからである。そうだとすれば、他者の思い出との一致は、自分の思い出を整理するのには役立つかもしれないが、その思い出を作り出すことはないのである。

こうした考え方に立つ心理学者たちに対しては、このように感情を観念と対立させるように再認を位置づけと対置すること、また位置づけなしに再認が可能であると考えることが、実は誤りなのだと反論することができるだろう。たしかに、位置づけという言葉が、思い出の日付をきわめて正確に見いだす行為を意味するとすれば、うまく位置づけられないような、さらには位置づけようとさえ思わないような思い出は数多く存在する。しかしそれは、より広範な操作のなかの特異な一事例にすぎない。どのような思い出であっても、私たちは、正確にいつどこでとは言えなくとも、少なくともどのような条件のもとでそれを獲得したのか、すなわち、同様の条件のもとで獲得される思い出のカテゴリーとしてはどこに属しているのかを、述べることができる。私がある言語に属するそれぞれの語をいつ学習したのかを正確には知らないとしても、それがその言語を話す一群の人々との関係のなかだったことは、はっきりとわかっている。私があるソナタを聴いたのがいつだったのかを正確には知らないとしても、それがコンサートか音楽家の友人の家でのことだったこと、すなわち芸術に関わるために形成されたグループのなかだったことは、わかっている。言い換えれば、私は社会生活のどのような領域でその思い出が生まれたのかを常に指示することができるのである。私はここで「指示することができる」と述べたが、それは、自分の思い出をこのように位置づける必要を感じるのは、自分に投げかけられた問い、または自問に答えるためであり、その思い出を外の視点から、他者の思い出でもあるかのように検討するということだからである。もしも人間が一人きりだったならば、思い出の正確な日付を突き止めようとは決してしないばかりか、一般的にどのような条件のもとで、どのような環境でそれがもたらされたのかを問わないだろう。つまり、結局のところ、人はその思い出を再認することもなくなってしまうことだろう。顔に見覚えがある人物に出会い、どこでその人に会ったのかを思い出そうとして思い出せないときに、私たちを悩ませるのは純粋な好奇心ではない。その人に挨拶すべきかどうか判断しようとするし、またその人が立ち止まって話しかけてくるような場合やその人と友人の家で再会したような場合には、別の誰かと間違えないようにしたいと思うし、自分がその人に対して表すべき関心を示したいと思う。すでに会ったことがあるという感覚のなかには、この種の配慮が常につきまとってくるのである。つまりそれは、再認には位置づけの最初の試みが伴っているということである。私たちは心のなかで、家族や友人や旅の道連れや子ども時代の仲間などのさまざまな社会集団を思い浮かべ、そのうちのどこにこの人物が属しているのかを自問し、その人を再認せよという指示がどこからきているのかを突き止めようとする。その指示は、その人物によって伝えられるのだが、間違いなく、自分がかつて属していた、そしていまもなお属している集合体から発せられているのである。そして、その人物がどのグループの人であるのかを思い出しさえすれば、しばしばそれでもう十分ではないだろうか。この人は高校時代の友人だ、遊び仲間だ、職場の同僚だということがわかれば、その先を考える必要はない。それだけでもう、その人に対して適切に振る舞うために必要なことはすべてわかっている。したがって、すでに会ったことがあるという感覚とほぼ同義であるこうした広い意味での位置づけと、心理学者たちが語る厳密な意味での位置づけのあいだには程度の違いしかない。位置づけの始まりにならないような再認、つまり、少なくとも問いという形をとってすでに反省が介在していないような再認は存在しないのである。

他方、思い出の呼び起こしと再認と位置づけを段階的局面として区分する古典的な図式はしばしば、おそらくほとんどの場合、誤っている。何らかのイメージが心に浮かんだとたんに、何の反省をすることもなく、自分はそれをすでに見たことがあると感じる。そのような意味での即時的再認は存在するのだろうか。ハラルド・ヘフディング[1]は、それがあると主張して、いくつかの例をあげている。「ある顔、もしくはさらに単純なものにするなら、顔のなかの一つの特徴。または夕方の空に見いだす、前にも見たことがあるように思われる類いまれな色彩のニュアンス（*Farbennuance*）。または、人が口にする外国語の単語で、自分にはその意味を訳せないけれど、その音を聞いたことがあるもの。あるいは、内的な経験から例をとるならば、自分のなかに、慣れ親しんだものというしるしを帯びて湧き起こる、ある種の身体的な印象や生きているという実感（*Stimmung des Lebensgefühls*）」[(1)]。ここから見て取れるように、これらはどれも、「複合的ではない」きわめて単純な感覚であり、したがって、感覚が生じるよりも前に、それらの要素とその組み合わせ方について考えることはできないのである。そのため、すでに見たことがあるという感覚は、反省的思考によってはまったく説明できないし、言い換えれば、思い出の再認は位置づけの試みが始まる前に起きていることになる。アルフレッド・レーマンによれば、ヘフディングがあげた例のなかでは一つだけが厳密な意味で単純である。それは「夕方の空に見た色彩」である。しかしこの場合にも、即時的な再認は言葉の媒介によって説明されるとレーマンは見ている。「教養を備えた人間にとっては、色覚障害でもないかぎり、どれほど類いまれな色彩であっても、少なくとも近似的な言葉を思い浮かべることなしにそれを見ることはありえない」[(2)]。レーマンは一連の実験を通して、人は言葉と結び付けることができるとき、より容易に色を識別することを示している[(3)]。

この種の再認のはたらきがあることは、これらの論文を読む前から、自分自身の経験に照らして、気づいていたことでもある。たとえば、次のように記録された場面はどうだろうか。「数日前、フォアアールベルクの谷で、夕方の六時頃、私はファルラの山並みを見ていた。ぎざぎざに突き出した山の頂が、不思議なほどに晴れ渡った青空に浮かび上がり、そこに二、三の茜色の雲がかかっていた。私は突然、別の日の夕刻に、一人旅の帰路で眺めた山の風景を思い出した。少しのあいだ、私はそのイメージがいつどこのものであるのかがわからなかったが、夕陽を浴びて同じような色彩を放っている空を見ているうちに、自分はそのときビオナッセイ峠に近いサン゠ジェルヴェ゠レ゠ヴァンにいたのだということに気づいた。そして、自分がその同じ場所を何度か通ったことがあることなどを思い出した。何もないところから突然イメージが現れたという印象だったが、それは自分の前に広がっている光景とほぼ正確に対応していた。時間も場所も環境も何一つそれを思い出させるような状況ではなかったのに、一つの思い出が不意によみがえったかのようだった。そして、それがあった場所と時間を頭のなかで探し回り、その場面（cadre）を見つけ出すまでにほんのわずかな時間が必要だった」

ベルクソンと同様に、現在の知覚が単に相互の類似によってそのイメージを引き寄せたのだと言う人もあるだろう。実際に、記憶゠イメージのなかで、「その形式が私たちの現在の態度のなかに収まるものは、相対的に小さな障害にしか出合うことがないだろう。そしてその場合、それらの記憶゠イメージのなかのいずれかが障害を突破しうるのだとすれば、現在の知覚に類似したイメージこそがそれを乗り越えていくことになるのである」[4]。しかし本書ではすでに、身体の構え、つまり肉体に由来する障害については論じずに、ただ現在の心理的枠組みだけを考慮することを確認した。したがって、私たちを捉えた類似性とは、現在の印象とそこに再び現れているように思われる過去の印象に関わるものというよりも、現在の心理的枠組みと、やはりまた相対的に安定した概念によって構成された他の枠組みのあいだにあるものだということ、そして、枠組みは慣れ親しんだ表象全体の一部をなしているのだから、それぞれの時点でその類似性を考慮してみるかどうかは私たち次第だということにもなりうるだろう。言葉を換えて、日の入り間近の空を眺めて不思議な印象を覚えたという状況が何度もあって、いまその光景を前にして、自分がそれをひとまとめにして思い起こしたのだと仮定してみてはどうだろうか。単純にそう考えてみるだけですでに、そのような空の様子が強く印象づけられていたのだということがはっきりとわかるだろう。そして、さらに考えを進めていくと、それが生じた時と場所の状況がわかってくるだろう。ベルクソンは、「更新された知覚がもとの知覚に付随していた状況を示唆するのは、そのもとの知覚がまず何よりそれに類似する現在の状況によって喚起されるときだけである」[5]と述べている。その状況が印象と同じように一回限りのもので、その印象にしか付随しないものならば、それはそのとおりである。しかし、その印象を離れ、その他の印象にも伴いうるような一つの枠組み、または一般的な態度が問われるのであれば、話は変わってくる。ここでおそらく、少なくとも部分的には現在の知覚に規定されているこの態度が、なぜ他のものではない特定の過去の印象を呼び起こしたのかが問われることになるだろう。しかし、その現在の態度が実際に過去の他の印象を呼び起こすことはありえないということを証明するものは何一つない。ただ、自分の思考が自分自身をその印象へと導いたということなのである。

しかしそもそも、このように突然、直接的に再認が生じたように見えるケースはまれである。思い出の日付を突き止めようとするには、はじめにその思い出が与えられていなければならないと言う人がいる。しかし、いくつかの日付について考えながら、空っぽの枠組みとして提示されていた時間〔=日付〕を心のなかでたどっていくうちに、思い出が呼び戻されていくということのほうが、ずっと頻繁に起こっているのではないだろうか。そのようにして非常に多くの思い出を浮上させる最も確かな方法は、藪に分け入り、刻まれた溝をたどり、過去のさまざまな道筋を踏査していくこと、すなわち、大きな時代的区分をたどっていって、そこから一年ごと、一月ごと、一日ごとにさかのぼって、その一日のなかで自分がしたことを時間ごとに再構成していくことにあるのではないだろうか。したがって多くの場合、位置づけは再認に先立つばかりでなく、思い出の喚起に先行していて、位置づけが喚起を規定しているのである。それはつまり、位置づけはそれだけですでに、再認された思い出の内容になる部分を含んでいるということである。これは反省的な思考だが、しかし観念という形で、すでに具体的で感覚的なものを含んでいる。その意味では、多くの場合、位置づけが思い出のありようを説明するのである。

記憶のなかに純粋に個人的な活動の一形態を見た心理学者たちが、これとは反対の立場を支持したのは当然のことであった。彼らから見れば、思い出の内容が位置づけを説明するのであり、しかもそれだけで十分に説明できてしまうのである。一個人の思い出の総体があるとしよう。ここで、まずはその思い出の一つを思い起こし、それから思い出全体のなかでのその位置を探し求めると仮定してみる。このときには、その全体を考察し、そのすべての要素を見通していけば、この人はそのなかに思い出そのものを再発見し、この時点でその思い出の位置を認識しうることになるだろう。実際の思い出群から離れて独立にそれぞれの位置や順序を思い描く必要はないし、もとよりそれは不可能だということになる。つまり、個人の意識に与えられているのは複数の思い出の集まりなのである。それらの位置や関係や順序に関しては、それと同じ数の抽象概念があり、複数の思い出が呼び起こされるとき、およびそれらを目前に置いてみるときにはその概念にまで達することができるのだが、概念は思い出から切り離されてしまえば何の基盤にも支えられないので、もはや何ものでもなくなってしまう。したがって、それらの概念から出発することはできないのである。そうではなく、思い出の集まりのなかに身を置いてみなければならないということになる。

ベルクソンは、位置づけについてのみずからの理論をイポリット・テーヌ[2]の理論と対比して提示した。ベルクソンは次のように論じている。「ある思い出を過去のなかに位置づけるプロセスとは、すでに語られてきたような、袋のなかに手を差し入れるように自分の思い出の集まりのなかに入り込んでいって、そこから位置づけられるべき思い出を順に引き出していくということではまったくない。もしそうだとしたら、いったいどのような幸運によって、私たちはそのあいだに挟まれているさらに多くの思い出をたぐり寄せることができるだろうか。実際には位置づけの作業とは、次第に大きなものになっていく拡張の努力のなかにある。記憶は常にそれ自体に対しては丸ごとすべてが現前しているのだが、この拡張によって、次第に大きなものになっていく表面にさまざまな思い出を広げていき、それまで渾然一体となっていた集まりのなかから、位置づけを見いだせなかった思い出を識別していくにいたるのである[6]」

この理論を理解するには、ベルクソンが精神生活をある種の図式によって描き出していたことを思い起こさなければならない[3]。すなわち、精神生活とは、頂点を下にしてそのうえに立っている円錐体であり、その頂点そのものはある平面に接している。平面は空間や現在を表し、精神生活と空間の接点とは、私がみずからの身体について、すなわち一種の感覚=運動的な均衡について抱いている知覚である。他方、円錐の底面上には、自分の思い出のすべてが並んでいる。そこには「過ぎ去った自分の生活のすべての出来事が、その最も小さな細部にいたるまで描き出されている」。そこでは、「先行する出来事、および後続する出来事の全体と隣接関係によって結ばれていないような思い出は存在しない」。しかし、「実際には決してたどり着くことがない」二つの極のあいだで、私たちの心理的生活は一連の中間的な平面に沿って揺れ動いている。それらの平面は、記憶がとることができる、かぎりなく多様な諸状態を表している[7]。こうした平面もしくは切断面はどのようにして構成され、つまるところ何に対応しているのだろうか。一般的に、記憶それ自体は、「私たちの過去の総体をもって、可能なかぎり大きな部分を、現在の行為のなかに押し出そうとしている」。この押し出す力が強いか弱いかによって、あるいは精神がどれほど現在から切り離されるかによって、記憶は、分割されるわけではないとしても、より狭く収縮したり、より広く拡張したりする。思い出は、記憶が収縮させられているときにはよりありふれた形をとり、記憶が拡張するときにはより個別的なものになる。なぜだろうか。それは、人が行為のほうに近づけば近づくほど、意識は達成されるべき行為という観点から見て、現在の知覚に類似した思い出に結び付きやすくなるからである。このとき、記憶の拡張は以下のようにして思い出を位置づけていくのである。それぞれの切断面ごとに独自の体系化がなされ、それは「他の思い出を支える支点となっている支配的な思い出の性質によって、性格づけられている[8]」。思い出を位置づけるとは、その平面の上に、「周りを覆うぼんやりとした霞のなかではっきりと輝く光点」となるような支配的な思い出、あるいは、その思い出が直接の支えとしている支配的な思い出を発見することである。ところで、「この光点は、私たちが記憶を拡張していくにしたがって数を増やしていく[9]」ものである。したがって、私たちが行為を忘れ、自分の過去に少しずつ降りていくことによってようやく、自分の思い出がそこに浮かび上がってくるだけの広大な地平に出合うことになるのである。それは夜が更けるにつれて、次第に多くの星々が見えてくるのと同じようなものである。

　一方には、それが偶然に対してあまりにも大きな位置を与えてしまうからという理由で、ベルクソンが退けようとする説明があり、他方には、そのなかの一つを見いだすというただそれだけのために、私たちはすべての思い出を一望のもとに把握するのだと考える、ベルクソン自身の説明がある。しかし、この二つの説明だけが、思い出の位置づけの条件について考えうるすべてではない。高いところに登って、ある村の位置を見定めようとする人がいるとして、その人に村の位置づけが可能なのは、眼下に広大な風景が広がっているほどより多くの細部が含まれており、かつそのすべてを彼の前に示しているからだと言えるだろうか。むしろ、その人がそうして土地を一望しているために、まさに細部は見えなくなり、大きな輪郭だけが浮かび上がって、彼の前に図式的な構図が広がり、そこに彼がかつて検討することができた地図上の基本線を見いだすことができるからではないだろうか。そして、村を位置づけるということは、一連の推論によって、その場所を発見するということにほかならないのではないか。たとえば、いまが正午だとするとこちらが東になり、それならこの道はこの方角に進んでいることになる。だから村があるのはそちらではない。二つの水路は合流しているはずだから、いまは一本の川の流れしか見えないとしても、それをずっとたどっていき、もう一本の流れに突き当たるところまで行けばいいのだ、というように。同様に、自分がある人とどんな状況で知り合ったのかを突き止めようとするときにも、人は自分の生活のなかの重要な出来事とおおよその時期を思い起こし、そこから次のような思考をめぐらせる。この時期よりも前に会っているにしては、彼は若すぎる。でも、この時期でもないだろう。その頃私は外国にいたのだから、それなら強い印象が残っていたはずだ。たぶん、こんな状況だったのだろう。彼はこんな仕事をしているし、こんな友人をもっているのだから。それに、その当時私はこのような役割についていて、同じような人たちと付き合っていたのだから。

おそらくはベルクソンも、ある種の場合には、というかどうやらほとんどの場合、人はこのようにして思い出を位置づけているのだと認めることだろう。しかし、ベルクソンによれば、それとは違う場合があり、そこでは推論はもはやまったく介在することがないのである。たとえば、一つだけ切り離された思い出は、何も話すことができず自分がどこから来たのかを知らせるしるしを一つも身に着けていない見知らぬ人物に似ている。私たちは何の目印もないので、頭のなかで自分の人生のさまざまな時期のすべてを目の回るような速さで駆け巡り、それぞれの時期からさらに細分化されたすべての瞬間を経巡っていくことになると思われる。しかし、おそらくそれは幻想にすぎない。一方で、思い出が反省的思考に対して何の素材も提供しないほど貧しくはかないイメージにまで縮小してしまうことはない。場所や時間や状況と整合する、または整合しないという一般的性格を見いだすことができないような思い出は存在しないのである。また他方で、自分の過去のなかのさして重要ではない出来事を、私たちは一つひとつ個別にではなく、図式的な形で、集合や全体として思い描くものである。ベルクソン自身も、私たちが文を読むときにはすべての文字を見ているわけではないし、会話するときにすべての語を聞き取っているわけではないということを指摘している。いくつかの基本的特徴を識別できればそれで十分なのであり、必要とあれば、そこから全体を補完したり再構成したりすることができるのである。なぜ思い出についても同じだとは言えないのだろうか。そうでないとしたら、いったいどうやって私たちは、過去のさまざまな時期のすべてを「目が回るような速さで」駆け巡ることができるのだろうか。テオデュール・リボー[4]はアバークロンビーを参照して、ジョン・ライデン医師のケース(10)を引用している。ライデン医師は、「自分が読んだ本のなかのある一点を思い出そうとするときに、その作品をはじめからすべて復唱し、思い起こそうとしていた一点にたどり着くまで続けるというやり方しかできなかった」と言う。とはいえ、人は暗唱するときにはその口調を早めていくことができる。結局のところ、それは運動、または運動の粗々の再現でしかないからである。しかし、そうだとしても過去の出来事を表す連続的イメージをその細部にいたるまで感じ取るためには、その出来事が生じたのと同じだけの時間が必要になるだろう。リボーが言うように、「遠い昔の思い出にたどり着くために、そこからいままでの隔たりのすべてを順番にたどっていかなければならないとしたら、その作業に時間がかかりすぎるという理由から、記憶は、機能しえなくなってしまうだろう」(11)。つまり、私たちはどこにあるのかまったくわからなくなっていたある一つの思い出の位置を突き止めようとするのでもないし、たくさんの思い出からなる果てしなく大きな塊を参照したうえでそのなかからある一つの思い出を特定するのでもない。思い出は常に、それ自体のなかに、その位置を突き止めることを可能にする何らかのしるしをまとっていて、過去は私たちの前に、多少なりとも単純化された形で姿を現すのである。

さらに言い換えると、ベルクソンの視点に立つならば、一つの思い出を位置づけるためには多くの場合、それを含む複数の思い出の連なり、または少なくともその思い出を含んでいた一部分が、時系列に従って現れてくるようにする以外に方法がないことになる。複数の思い出のあいだに時系列的な順序以外の関係がないとすれば、そういうことになるだろう。たしかに私たちは、しばしば、一つの出来事を起点として、その前あるいは後に続く時間の流れに沿ってさかのぼったり漕ぎ下ったりする。そうした探求が進んでいくなかで収集したさまざまなもののあいだに、その出来事を見いだすことができるのである。ただし、そのような場合にも、記憶の作用は単に一つの思い出から他の思い出へと、それらが隣接しているからという理由で移っていくだけでなく、むしろ、一つの思い出をきっかけとして互いに強く結び付いている複数の思い出の体系的な全体を、反省的思考を通じて再発見することがあるだろう。それは、古いモザイク模様の一断片を調べる場合に、その形やそこに交わっている線によって、しばしばその一断片を含むモザイクの全体やその部分の絵柄を再構成することができるのと同様である。他方、その時点で手にしているいくつかの基準点を手がかりとして、推論のなかで言葉と言葉がつながっていくように、それらが結ばれていくと、過去についての図式的な絵柄を描き出すことになり、そのなかである一つの思い出が占める位置をより正確に見定めることができるときもある。その場合には、この目的のために隣接するすべての思い出を呼び起こす必要もないし、枠組みの輪郭線をたどっていくのだから、「あいだに挟み込まれている思い出」を行き当たりばったりに探し出すこともない。

この点に関して、テーヌがある事例に基づいて、思い出を再認し位置づけるときの精神のはたらきをたどろうとした一節を読み直してみよう。「私は街なかである知人に偶然再会し、この人とは以前会ったことがあるなと思う。その瞬間に、この人の姿は過去へとさかのぼり、曖昧にさまよいながら、まだどこにもはっきりと定められることがない。しばらくのあいだ、私のなかでそのままの状態なのだが、そのうちに新たな細部を呼び寄せるようになる。そういえば、前に会ったときには彼は帽子をかぶっていなかった。仕事着を着ていて、アトリエで絵を描いていた。そのアトリエはこんな感じで、あの通りにある……。でも、私はいつ彼に会ったのだろう。昨日ではないし、今週ではないし、最近でもない。ああそうだ、その日彼は、木の葉が芽吹く頃にはパリを離れるつもりですと言っていた。とすると、あれは春になる前のことだ。でも、正確には何月何日だろう。あの日、彼のところに立ち寄る前に、私は乗合馬車や街角のあちこちに柘植の枝が飾ってあるのを見たな。そうかあれは「ラモーの日曜日[5]」だったんだ。——この人が心のなかでたどった行程、過去へと向かう道筋を進んだり戻ったりする細かな横滑りの繰り返しに着目してみよう。そこでは、心のなかで発せられた一つひとつの言葉が思考の向きを変えていったのである。いま与えられている感覚と、最近自分が生活のなかで交わった人々のぼんやりとしたイメージの潜在的集合の双方を照らし合わせながら、その人物の姿は一息に時間的距離をさかのぼっていく。このとき、正確な細部によって補完され、ある一日やある一週間を集約的に表すイメージと突き合せられることによって、その人物の姿は過去へと戻され、今日、昨日、一昨日、今週とさかのぼってさらに進み、そのあとに続いていた思い出が形作る漠然としたまとまりを超えていく。そこで、この絵描きのある言葉がよみがえってきて、そこからこの人物の姿はさらに過去へとさかのぼり、若葉のイメージによってしるしづけられ、春という言葉によって指し示されるかなり明確な境界の向こう側に移動することになる。その直後に、柘植の枝の思い出という新たな細部がよみがえり、そのおかげで人物の像は、今度は後ろにではなく前に移動し、カレンダーに照らして正確な一点、すなわち、復活祭の前の週、謝肉祭の五週間後に位置づけられたのであった。それは、一方は前に、他方は後ろへと向かい、ある一時点で互いに打ち消し合うような二つの相反する反発力の二重の効果によっていたのである[12]」

このようにしてイメージは、「挿入とはめ込み」によってその場所を特定されていくだろう。実際にこうした手順は、ベルクソンが言うように、行き当たりばったりに過去へと分け入り、「その合間に当の思い出が位置づけられるべきさまざまな思い出を、少しずつ近づいていって探し出す」ことにある、と思われるかもしれない。しかしそれは、テーヌの記述が不完全だからではないだろうか。「絵描きのある言葉がよみがえってきた」。それは偶然なのだろうか、それとも推論の結果なのだろうか。たしかに、もしそれが偶然だとすれば、その他の数多くの場面ではなくこのときの訪問の際の細部がこの人に強い印象を与えた実際の理由を理解することができなくなる。しかし、現にこの細部は任意の一事実ではなく、私が画家（風景画家）一般や特定の画家について抱いている観念のなかにその本質的特徴として入ってくるものであるならば、あるいはまた、私が進んで立ち返ろうとするイメージや観念であるならば、それだけですでに、この画家の言葉として、また同時にその画家に関わることとして、春や若葉やラモーの祝日などを連想することは、驚くべきことではないのである。次のような形で推論がなされたのではなかったと、誰が言えるだろう。「この画家はできるだけ長く田舎で暮らしている。ということは、私が彼とそのアトリエで会ったときに、彼はそこにとどまらざるをえなかったということだ。それは、まだ春になっていなかったということだ。つまり、それは春よりも前のことだったのだ」と。そしてさらに、「私が彼に会いに行くことができたのは何曜日だろう。日曜日だ。なぜって、私はそれ以外の日はかなり忙しいのだから。春より前だったら、復活祭の前の日曜日、たとえばラモーの日曜日だ」。そしてこの時点で、枯植の枝の思い出がよみがえる。行き当たりばったりなどではまったくなく、かなり論理的に導かれていったひとつながりの思考の結果として、思い出したのである。ラモーの日のパリ、そして春は、パリの人々にとって、またテーヌがそうであったように、田園風景の移り変わりにも敏感で、都市の群集の光景にも心を引かれる観察者にとっては、慣れ親しんだ概念なのであって、浮かび上がってきて注意を引き付けずにはおかないものなのである。

リボーによれば、思い出を再認するとは、それを基準点のあいだに置くということである。彼は言う。「基準点という言葉によって意図しているのは、その時間的位置を人がはっきりと認識している出来事や意識状態のことである。すなわち人は、それが現在時からどれほど隔たっているのかを認識しているのであり、他の時点との隔りを測るうえでそれが役に立つのである。こうした基準点は、その強度ゆえに、他のものよりも忘却に抵抗し、またその複合性ゆえに数多くの関係を呼び起こし、思い出の再生のチャンスを増大させる性格をもつ、意識の諸状態である。それらは、恣意的に選択されるものではなく、人に課せられているものである」[13]。つまり、この意識の諸状態は、相対的に持続的な形でその他多数の塊から切り離されていなければならない。したがって、その基準点の集合は安定的関係のシステムのようなものを構成し、ある一点から他の一点への移行は偶然によるのではなく、多少なりとも論理的な、推論に類する操作によってなされていくものであると、認めざるをえないだろう。おそらく「それらの基準点はまったく相対的な価値しかもたないものである。それが基準点であるのは、一時間のあいだ、一日のあいだ、一週間のあいだ、一カ月のあいだのことでしかない。そして、使われなくなれば、それらは忘れ去られてしまう」。だとすればさらに、それらの基準点が何に関わり、誰にとってのものなのか、そしてそれらは、私たちがこれに対して与えうる主観的判断からその重要性の一切を引き出しているのかどうかが明らかにされなければならない。この点に関して、リボーは次のように述べている。「それらの基準点は一般に、純粋に個人的なものである。しかし、いくつかのものは、一つの家族に、一つの小さな社会に、一つの民族に共有されている」。ただし、「個人的」基準点という考えを示そうとする際にリボーがそこに見いだしているのは、「私たちの生活を構成しているさまざまな出来事におおよそ対応している多様な連なりである。すなわち、日々の仕事、家族の行事、職業労働、科学的探究などのような」。つまり、これらの出来事は、自分の状況を自分自身に対してだけでなく、さまざまな集団のなかで、他の人々に対してもまた規定している。こうした集団のメンバーとして、私たちは自分を自分自身に向けて思い描く。そして、自分を結び付ける基準点のほとんどは、その集団の生活のなかの突出した出来事にほかならないのである。

おそらく、それらの事実が私たち一人ひとりに及ぼした影響の大きさを考慮に入れる必要がある。結婚や死別、試験の合格や落第は、個人意識のなかに多少なりとも強い感情を呼び起こす。そして、内面的な意味をもった出来事が記憶の前面に立ち、自分の人生の重要な区切りや決定的転機を示す明確な、または曖昧なしるしとして意識にとどまり続ける。この意味で、少なくとも自分自身で考えたり感じたりすることができる人々については、その個人の数だけ基準点の連なりがあることになるだろう。しかしその場合でもやはり、それらの意識状態を見いだすためには、それについて考えなくてはならないし、それまでもたびたびそれについて考えたことがなくてはならない。そうした際に他の人々にも通じるような基本的区分に結び付けられることがないというのは、まったくありえない。パスカルがみずからの改心について語るとき、彼はきわめて正確にその日付を示し、それが起こった場所（ヌイイ橋など）を思い返している。多くの場合、この種の出来事が私たちの思考のなかに刻み込まれることになるのは、その感情的様相のためではなく、むしろその外在的帰結のためである。実際に、たとえば自分の性格に根本的な変化のきざしがあったとする。しかし、友人やその他の人々がそれに気づくのは、自分の行動の変化によってである。彼らにとってもまた、それは自分との関係の歴史のなかの一つの日付になる。この点について彼らが抱く判断が、私たちの思い出にはたらきかけ、そこに確かさを与え、言ってみれば、それなしにはもたらされなかっただろう客観性を与える。一般的に、この種の内面的な出来事は、集団にとっての基準点になるような時代や場所に私たちがそれを関係づけるかぎりで、はじめて自分にとっての基準点になるのである。

以下に見る位置づけの一例では、感情的な思い出が初発の段階で大きな役割を果たしているように思われるのだが、それは（空間や時間についての）集合的基準点に支えられる一連の思考のなかではじめて実際に再発見され、その価値を十分に取り戻していったように思われる。

「私はストラスブールにいる。そして、近々パリに向けて出発しなければならない。パリで論文試験の審査員としての仕事に加わるためだ。私は去年の同じ時期に、この試験のあいだどこに滞在していたのかを思い出そうとする。母のアパルトマンがあるゴブラン地区に一人で泊まったのだったか。それともレンヌ通りの近くに住む義父母のところで妻や子どもたちとともに過ごしたのだったか。一つの思い出がよみがえってくる。この時期のある朝、モンパルナス駅周辺のカフェで朝食をとったという思い出だ。夏のさなかだったが、朝のこの時間にはまだ涼しい風がカフェの日除けをはためかせ、海が近いような錯覚を起こさせた。雲一つない空の下に並ぶ店の陳列棚、石畳を敷き詰めた道、小さな荷台に積んだ果物などが、南フランスかアルジェリアのどこかの街のような雰囲気を醸し出している。通りには少しずつ活気が生まれ、人々は急ぐ様子もなく仕事へと向かっていく。まるで、少しでも長くこのさわやかな空気と光を楽しもうとするかのようだ。心が満たされ、快活な気分になる。立て込んで忙しい時期にあって、自分が本当にはつらつとしていると感じることができるまれな時間の一つだ。その感覚が際立っていたせいで、この思い出が私のなかに浮上してきたのだろうか。いずれにせよ、私が（レンヌ通り近くの）義父母の家に滞在していたこと、女中さんも含めてみんながいなくなったので、一人で暮しており、家で食事をすることができなくなっていたのだと言うことができるのは、個人的な基準点のおかげである。実際に、妻が私に思い出させてくれる。Aが疲れていたから家族みんなでブルターニュに出かけ、私は試験が終わるまでパリに残っていたのだ。では、家族が出発する前は自分はどこにいたのか。もう一つの、やはり感覚的な思い出、新たな個人的基準点が心によみがえる。ある晩、私は夕食のあと義父母の家に帰ってきた。疲れていたが、何よりも私はAの体の具合を気にかけていた。彼の気を紛らわせるように努め、それからバルコニーに出て、手すりにもたれかかっていた。近所に建てられた大きな近代的な家々が、そのどっしりとした影をそびえ立たせ、圧迫感を感じさせた。沈黙と不安の裂け目でもあるかのように私は六階から狭い通りをのぞき込んでいた。正面には、ある部屋の窓が開いていて、煌々と明かりがともされたダイニングルームで、無愛想な様子の老人が一人で、半ば片づけられたテーブルに向かって新聞を読んでいるのが見えた。そこに見えたものの一切が、私自身の悲しい気分にマッチしていた。ともあれ、私はいまやはっきりと思い出すことができる。この時期私は、まだバカンスに出発していなかった母のところで食事をし、毎晩義父母の家に戻り、翌朝までそこで過ごしていたのだと」

しかし、私の思考は本当にこのような形で結び付いていたのだろうか。この時期のなかで特に生き生きとした二つの思い出、一方は楽しく、他方は悲しい思い出が私のなかに残っていたから、家族のバカンスへの出発によって区切られた、このパリ滞在の二つの期間を「空間のなかに」位置づけることができたのだろうか。私はそうは思わない。というのも、モンパルナス駅近くでの朝食の思い出を呼び起こす以前に、私は自分がそのときレンヌ通りに近い義父母の家に滞在していたのではないかと考えていたからである。私にモンパルナス駅とカフェのテラスを思い出させたのは、レンヌ通りとその界隈のイメージではないだろうか。それを思い出す以前に、あるいはそれと同時に、その時分にはきっとそうだったにちがいない夏の暑さや、試験の終了が近いことでもたらされていたにちがいない解放感や、もうじき海辺に行って家族と合流することになるだろうという思いについて、考えてはいなかっただろうか。おそらく、こうした思考の全体を、私は純粋に論理的な操作によって見いだし、それがあの感覚的な思い出を呼び起こすことを可能にしたのであって、その逆ではない。それに、自分が最初の頃にどこに滞在していたのかを自問したとき、私は二つの仮説を検討していた。すなわち、母の家に泊まって義父母の家で食事をしていたか、あるいはその逆か、である。後者であれば、私は義父母の家に夜になって戻っていたはずである。私はAに再会していたはずであるし、彼が病気だったことも覚えている。ダイニングルームや開けっ放しの窓やバルコニーのことも記憶している。こうした一連のなじみのある表象はまさに、私が特に悲しみを感じていたあの夜の思い出がそのなかで自然に呼び起こされていく枠組みであった。ここでもまた、一連の推論を経て、私は一つの感覚的状態を再構成するにいたったのであり、その状態の内容は、実は、こうした他の状況との関係によって作り出されていたのである。しかも、おそらくは、私はその後もそのときのことを何度となく考えていたのであり、その時期についてもちえたたくさんの明確な思い出のなかから、この二つのものだけがこれほどはっきりとした形で浮かび上がってくるのは、反省を通じて、それらが当時私が置かれていたその他の全般的な状況に対してより強い結び付きをもっていたからだと思われるのである。だから、当時の状況を思い起こせば、それだけでこの二つの思い出を再発見することができたのである。そして、反対に、それらの一つひとつが、こうした反省的思考のつながりの交差するところに見いだされたものだったので、私はそれぞれを正確に思い出すことができたのである。しかし、もしもそれらの再現を確かなものにする枠組みをまったくもっていなかったら、私がそれらの思い出を呼び起こすこともなかっただろう。

＊

思い出の位置づけを、より一般的には記憶を、このような形で説明するのがためらわれるとしたら、それはこうした枠組みが、私たちの過去の細部を詳細にいたるまで正確につかみ取るにはあまりにも透明で、図式的で、それらが結び付けていく概念があまりに少ないように思われるからである。非常に大きな都市しか描かれていない地図の上に、どうしたら一つの村の位置を見つけ出すことができるだろうか。そして、たとえばパリとリヨンのような相当に離れた二つの都市が、そのあいだにあるすべての村々のなかから、ほかならぬ一つの村を想起させることなどできるだろうか。同様に、時間軸上の二つの基準点のあいだにある特定の出来事を位置づけるということは、行き当たりばったりにさまざまな出来事を想起していき、その最初のものに近接しているような出来事にたまたま行き着くということでもないかぎり、どうやったらできるというのだろうか。

もしも、枠組みという言葉を日付と場所に関する静態的と言えるような体系として理解してしまったならば、そして一つの事実を位置づけたり再発見したりしようとするたびに、人はそのすべてを思い描いているのだと考えてしまうならば、たしかにそういうことになるだろう。記憶が並外れた広がりを有するものであることを認めるとしても、基準点の数は、私たちが過去の出来事の場所と日付を即座に突き止めるのに何が必要であるかに関わりなく、やはり限られたものになるだろう。ベルクソンはそのように理解していた。というのもベルクソンは、人がある一つの出来事や日付を探し求めるときには、自分の生活上の出来事のすべて、あるいはほぼすべてを、記憶によってみずからの前に展開させていくのだと見なしているからである。しかしおそらく実際には、そこまでしなくてもいいのである。記憶の枠組みという言葉によって私たちは、そのときすでに自分の意識野のなかに何らかの形で存在するので認識することができるような概念の集合ばかりでなく、その概念を出発点として、単純な推論にも似た精神のはたらきによってたどり着くことができるその他すべての概念をも含めて考えている。とはいえ、想起されるべきものが、経験したばかりの最近の時期のことなのか、もっと遠い時代のものなのかによって、こうしたやり方で再び見いだすことができる事実の数は大きく変わってくる。言い換えればそれは、現時点から見て近いか遠いかに応じて、網の目が密だったり粗かったりする枠組みが存在するということなのである。

実際のところ、記憶は不思議なまでの正確さで、ごく最近の出来事、今朝、昨日、一昨日の出来事をとどめており、その細部の状況のすべてを再発見することができる。非常に近い日のことであれば、自分の行動、思考、印象の流れを時間ごとに、ほとんど分刻みに再構成することが可能である。しかし、何日間かの隔たりが生じると、もはやそのようにはいかなくなる。思い出のなかには多くの空白と混乱が生じる。ときには、そっくり全部が消え去ってしまったように思えることもあるし、それ以上に、どの日、どの週のことだったのか見分けがつかなくなることがある。いくつかの重要な事実や個性的な人物像だけが、このぼんやりと消えかかった背景のうえに、多少なりとも間隔を置いて浮かび上がってくる。ひと続きの出来事を思い起こそうとしても、それは要約された形をとり、それらの出来事を再構成したり互いに切り離したりしている項目のすべてを、翌日に想起したのであればそうできたような形では、たどり直すことができないのである。

ここで、次のように言う人がいるだろう。現在の知覚とは、最も遠いところからつながっているイメージの系列的な連なりの最後の項にすぎず、したがって、現在から過去の最近の部分までは思考の連続的なはたらきによってさかのぼることができるのだ。それは、電信技師が、新たな記号が刻み込まれ続けている状況のなかで、先行する一連の記号が刻まれたテープの一部分を即座に読み直すことができるのと同じことなのだ、と。しかしそれならば、なぜある特定の時点でその遡及の可能性が止まってしまうのだろうか。なぜ、リボンはあるところで切れているように見えるのだろうか。もし、すべてのイメージが記憶のなかに存続し、それが生じたときと同じ順序で一つずつ並んでいるのだとすれば、人がそれを一つひとつ前へとさかのぼって、果てしなくたどっていくことができない理由など、ないことになるだろう。もし、そのようにはできないのだとすれば、それはこの比喩が正確ではないということであり、前述のように、最近の過去のすべてを細部にいたるまで呼び起こせるということは、単純な思い出の存続とは別の形で説明されるということでもある。

さてここで、また別の視点に立ってみることにしよう。本書で論じている枠組み、自分の思い出が消失したあとでもこれを再構成することを可能にしてくれるような枠組みは、先に見たように、純粋に個人的なものではない。それは同一の集団に属する人々に共通のものである。したがって、その枠組みが最近の出来事のすべてに及び、そのすべてを包摂していて、そのためにそのなかの任意の一つを無作為に基準とすることができ、そのすべてが同一の平面上に見いだされるのだとすれば、それは集団が全体としてそれらの出来事のすべてを保持しているということであり、ごく最近の事実はすべて集団にとってほぼ同等の重要性をもっているということなのである。その理由は十分に理解することができる。まず第一に、集団は空間的には相対的な安定しか有しておらず、その成員の一部は常に集団から離れていくものなので、ある個人に関わる事実は一定の期間、すなわち諸個人が互いに関わり合い、一人の行動の状態が他の人々の生活や振る舞いに対応しているあいだ、もしくは対応しうるあいだだけ、その集団全体の関心を引くものになる。しかし、集団の変化は、その成員のなかの誰かが離れていくということだけで生じるわけではない。個々人の役割や状況も、同一の社会のなかで絶えず変化していくものである。ある事実が生じ、それが成員のなかの一人の認知的あるいは感情的状態を著しく動揺させるとしよう。この事実の物質的帰結や心理的影響が集団のなかで感じ取られているあいだは、集団はこれを記憶にとどめ、表象全体のなかで重要な位置に置き続けることになる。当該の出来事が、いわばその社会的効力を使い尽くしてしまうと、個人がまだその余波を感じ続けているとしても、集団はこれに対する関心を失ってしまう。ある死別の体験は、それが最近のことであるならば、その他のもっと重要な関心事が集団の注意を引き付けないかぎり、この意味で社会的事実である。その死別が遠い過去のものになると、それはもはや、その影響を被った個人にとってだけ重要性をもつものになる。それは、社会の直接的な意識の外へ出て行くのである。ただしそれは、さらに重要性の低い事実についても同様である。旅行の直後には、汽車のなかで同席した人々の顔や言葉も、道中の出来事もはっきりと思い起こすことができる。数日が過ぎると、そうした思い出のほとんどは、それ以前の、同じように些末なことのすべてとともに、忘却されてしまう。それらの思い出がこのように短い時間のあいだ残っているのは、旅をともにした人々と自分とが小さな社会を作り、別れたあとも、それぞれが別の集団と合流するまで、さらにはその少しあとまで、この小さな社会が存続していたからである。その人たちと自分とは、旅の途中で投宿した街でたまたま知り合ったか、あるいは共通の友人に会ったり再会したりしたのだとしよう。私たちは互いの存在を意識し、言葉を交わすことになる。その後の数日、自分たちの行動や振る舞いは、それによって変化を被ったかもしれない。すると、その人々も自分も、なおしばらくのあいだ互いに関心を向ける積極的な理由をもつことになる。この点に関して、新聞に毎日掲載されている三面記事のことを考えてみよう。それらはじきに、完全に忘れさられていくことだろう。しかしそれでも、その日一日のあいだ、数時間にわたって、集団のすべての成員の心の中の、つまりは社会意識の前面にとどまり続けることになる。それは、戦争や政治危機や、人々の習慣を変えてしまうような発見などといったはるかに重大な出来事、ただしずっと以前に起こった出来事と、同じ資格を得ているのである。ジョン・ラスキンが語っているように、すぐにその面白みが失われてしまうために限られた時間のうちに読むのがいい書物もあれば、いつでもどんなときでも読み直すことができる書物もある。「そのときに読むべき本と、いつでも読める本」があるのだ。人は新聞に目を通しているときにも、歴史書をじっくりと読んでいるときと同じくらい、興味や関心を向けるものであることに留意しておこう。それは、その時点で、非常に短い期間に関しては、それぞれに語られている出来事が同じくらい私たちの行動を条件づけ、私たちの状態に影響するので、それを知ることが同じ程度に重要なものとなっているということなのである。しかも、最近のさまざまな事実について、社会はまだ重要性の程度によってそれらを順序づけるだけの距離感をもっていない。そのため、社会はそのすべてを受け入れ、保持していて、この時点ではそれらの事実が生み出された順番に従って並べておくことしかできない。したがって、個人が、数日間か数時間のあいだに起こった、経験したばかりの出来事の一連の流れや詳細のすべてを忠実に保持しているとすれば、それは対応するイメージが意識から遠ざかり、すべての過去の思い出が意思によって直接把握される範囲を超え、無意識の状態で保有されているような精神領域へと移行していくだけの時間をまだもちえていないからではない。それはむしろ、これらすべての出来事が論理的関係によって結び付けられ、集団全体の関心を引き付けている出来事についてそのつどそうであるように、一連の推論によってこれを一つひとつたどっていくことができるからなのである。

私たちは感覚的に捉えることができる事実と知的操作とを対立的に考えることに慣れているため、感覚全般が注目や照合や分類や予測や一般的視点にどれほどとらわれているのかを、ただちに認識することができない。新しい対象が発見され、それを一つひとつたどっていくなかで、私たちはそのたびに解釈の作業を継続しているのである。こうして私たちは、反省的思考の過程を通して、自分が得たいくつもの印象のあいだに一定量の外在的つながりを打ち立てている。そのため、印象のすべてを再現しなくても、それらが私たちの心のなかに残した相対的に持続的な痕跡を頭のなかでたどり直すことができるのである。しかし、そうだとすれば、どうして私たちは、より以前に得た印象に対してめぐらせた反省的思考を、同じようにたやすく再発見することができないのだろうか。仮説に従えば、前述のように私たちは、すべての印象を一連の図式《シェマ》や知的な転写図に置き換えているのだから、できないはずがない。ここで、相変わらずの難問に直面することになる。イメージを思考の枠組みによって置き換えてみても、何も得るものはなかったように思われるのである。なぜこの枠組みは、だんだん過去にさかのぼっていくと、現在からある程度離れたところで断ち切られてしまうように見えるのだろうか。

私はある街のある場所に暮らしている。毎日、少し離れた街区まで散歩をしている。そのようにして私は、街のあちこちを歩き回り、いまではどこでも行きたいところへ行ける。しかし、なぜ私は、通りや家々の様子や、店舗や家の構えなどの細部を連続的に思い描こうとすると、ある程度のところまでしか、それも不安定な形でしか、思い出せないのだろうか。ある地点までは、一つずつ順番に浮かんでくるイメージをたどっていくことができるのに、それを超えるとなぜ、ぽつぽつと離れた基準点、何らかの理由で把握されていないその他のイメージの渾然とした一群から浮かび上がってくるような基準点を頼りに進んでいかなければならないのだろうか。それは、私が家のすぐ周りの地区を、頻繁に、いろいろな方向で歩いているからであり、一連の思考によって、その慣れ親しんだイメージをさまざまな形で相互に結び付けていて、結果として、他のさまざまなイメージを出発点としながら、同様にさまざまな形でそれらを再構成できるからである。ここで、時間軸上に視点を移してみよう。状況は非常に異なるか、あるいは正反対であるように見えるかもしれない。おそらく、最近の出来事は表現される機会が非常に少なく、私の思考はそれよりも、古い出来事に差し向けられることが多かったはずである。しかし、自分の住居の近隣の家々のイメージと同様に、最近の出来事のほうがずっと親密性が高く、そうしようと思えば、細部にいたるまで思い浮かべることができる。私は自分の家の並びの家々や、門構えや店構えの連なりを一つひとつ思い描けるのと同じように、昨日起こったことの連続的な流れを再現することができる。反対に、より以前の出来事を呼び起こすためには、それについて考える機会がずっと多くあるとしても、はっきりと識別されないその他の出来事の塊のうえに浮かび上がってくるような、時間軸上のいくつかの基準点を参照しなければならない。

ここでイメージの鮮明性〔生き生きとしていること〕とその親密性〔慣れ親しんでいること〕とが混同されている、と言う人がいるかもしれない。頻繁に行き来している通りのイメージを心のなかに再現するとき、私は複数の具体的対象を一つの図式《シェマ》に置き換えている。その図式のなかには、私の関心を引き付ける個別のものの一切が含まれているものの、図式はそれらのものを識別したときに最初に私のなかに生じた感覚の等価物では決してない。こうした図式は精彩を欠き、生命感を失っている。それに対して、私が一度だけしか見たことがないような建築物のイメージは、その当初の新鮮さとともに再生し、そのときの感覚と等価なものとしてある。近接する通りについての観念はより慣れ親しんだものだが、それはやはり観念である。遠く離れた場所にある建築物のイメージは、親密性に乏しいとしても、鮮明なイメージである。ここで、時間軸上でいくぶんか遠ざかった出来事について考えてみる。最近の出来事は頻繁に想起される機会をもたないが、それゆえに、それを思い起こすときにはより生き生きと私たちの想像力に訴える。しかしそれらは決して、もっと以前の思い出のようには慣れ親しんだものではない。昔の思い出は、記憶のなかで何度も呼び起こされ、そのたびにもともとの内容の一部分を失ってきたのである。それらは新鮮さを失っているが、より明確であり、より「従順（maniable）」である。そしてより親密である。この二つの場合〔空間の隔たりと時間の隔たり〕には、同じ条件と同じ法則が見いだされるだろう、と言うのである。

しかし、一つの出来事あるいは一人の人物は、それを何度も見たり頻繁に思い返したりしたときよりもそれを一度しか見なかったときのほうが、記憶のなかに鮮明なイメージを残し、それをより正確に再現するというわけではないように思われる。イメージの再構成を可能にする枠組み（反省的思考の、客観的確定の枠組み）がより簡潔であることによって、再構成されるイメージ自体がより豊かなものになるということもあるだろう。ただしそれは、現実の内容の豊かさというよりは、仮想的な豊かさである。そのイメージは、実際にはほんのわずかな素材しかもっていないのだから、私たちが観念的に作り上げなければならないものである。私たちはそこに、自分の感覚や他のイメージから借りた一群の性質や細部を投影し、その枠組みのなかに組み入れ、ときには相矛盾するいくつかの特徴を与えることもできるが、イメージはそれ以上の現実性をもちえないだろう。他方で、イメージは頻繁に再現されればされるほど、生き生きとしたものではなくなり、正確さを得る分だけ内容を失っていくというのも、正確ではない。たしかに、何度も頻繁に同じ対象物に出合うと、それを見る際の注意力が散漫になることがある。好奇心が薄れるのだ。しかし、だからといって、それを思い浮かべるときに、細部を再現することがより難しくなるとか、対象そのものと等価なイメージを喚起しにくくなるわけではない。それは、自分が制作している絵画の各部分を長い時間見つめ続けてきた画家のほうが、ほんの数秒それを眺めた人よりも、精彩に乏しい、より不完全な像しか思い描けない、というようなものである。実際には、さっと見ただけのものについては、ほんのわずかなイメージしか残っていないものである。[14] 突然に与えられ、繰り返されることがない新しい印象は、ただ一度だけの事実に対応しているために、より鮮明で詳細な思い出を残すのだと言われることがある。しかし、私たちがそれを覚えているのは、それがただ一度きりのものだからなのだろうか。むしろその印象が私たちの関心を引き付け、少なくとも萌芽的な形で、一定の反省的思考を呼び起こしたからではないだろうか。ある街にはじめて行ったとき、私たちは好奇心から注意力を研ぎ澄ませて家々や建物などを見て回る。長くそこにとどまって自分の周りにあるものを注視することもなかった場合よりも、その思い出を生き生きとしたものとして保持する。しかし、この場合には、さまざまな思考をめぐらせながら継続的にそれを思い起こしていたということが、何度もそれを見直すということと明らかに同じ意味をもっている。それは、ただ一度きりの印象、ある一時点しか占めていない出来事ではないのだ。またさらに、それを意図的に再生しうることをもって思い出の親密さと呼ぶのであれば、最近の出来事がそのような性格をもって現れるということに異論を唱えることができるだろうか。つまり、最近の出来事に対応する思い出は、より鮮明であると同時に、より親密なものなのである。

この最後の点を強調しながら、先に示した問いに立ち返らなければならない。最近の思い出が、一度きりしか起こらなかった出来事を再現するものであり、かつ、より以前の出来事ほどには思い起こす機会をもたなかった場合でも、より親密なものでありうるのはどうしてなのだろうか。実際に、最近の出来事はそのままの姿で再現されてこなかったとしても、それはより以前の出来事についても同様である。そのうえで問われなければならないのは、最近の出来事はまったく思い返されていなかったのかどうか、以前の出来事よりもむしろ頻繁に思い返されていたのではないか、という点にある。

このとき、最近の思い出をそれ自体としてあらためて呼び起こすことがなかったとしても、少なくともそれに付随して生じた思考のある部分には何度となく立ち返っていたのだ、と考える余地は十分にある。現在の観念の枠組みのなかに印象を位置づけ直すたびに、枠組みは印象を変化させるのだが、翻って、印象のほうもまた枠組みを変化させている。新しい瞬間、新しい場所が、自分の時間、自分の空間に付け加えられ、自分が属する集団の新たな一面が現れ、集団はまた別の光に照らされて見える。このようにして、絶えず再適応の作業が生じているので、一つの出来事に出合うたびに、過去のさまざまな出来事のなかで作り上げられてきた概念の全体に立ち返らなければならなくなる。単純に前の事実からそれに続く事実へと移行するだけだったとしたら、私たちは常に、現在の瞬間というただその一点だけに存在することができただろう。しかし実際には、一つの枠組みから次の枠組みへと絶え間なく移行しなければならず、いまあるものの次の枠組みはおそらく、ほんの少しだけであっても前の枠組みと異なっている。だから私たちは絶えず、この枠組みを構成するすべての要素を新たに思い描かなければならない。というのも、一切の変化は、それがどれほど些細なものであれ、変化した要素と他のすべての要素との関係を変更させるものだからである。したがってたとえば、私が今日どこかを訪問したり、散歩したり、読書したりする際には、それを時間のなかに位置づけるために、今朝のことや昨日のことを思い起こし、私が今日これから向かう先やいまいる場所を関連させて位置づけるために、最近自分が行った他の場所のことを思い浮かべるのである。そして、自分たちの発する言葉や自分の目の前にある記事や書物がいまもっている意味の広がりをより正確に把握するために、最近自分が会った友人や街なかで偶然に会った人のことを思い浮かべたり、自分たちが話題にした、ある範囲のグループに関わりがある問題や、人々がこれに取り組んでいるのを見たり知っていたりする問題のことを、考えたりするのである。これら最近の思い出は、同じ時期のその他の多くの思い出とつながっていて、他の多くの思い出を再発見することを可能にしてくれるということを、私は知っている。それは、数学的な推論の主要な項のいくつかを少し長めにさっとたどり直すときに、その一つひとつの項から、同じ概念の連鎖のなかに含まれるさらに多くの項を再構成することができると知っているのと同じようなものである。私たちの思考が、最近の一時期のさまざまな出来事を絶えずたどり直していること、少なくとも、そのつどそれらの出来事に近づいていると感じられること、そして、それらの出来事を再生できるかどうかはその思考次第であるということは、このように説明される。したがって、最近の出来事は、この意味で、最も親密なものでもある。

時間的に近接した複数のイメージがこうした点で互いに支え合っているとすれば、空間のなかで私たちの周りに連続体を形作っているイメージについても、同じことが言える。しかしそれは、時間的または空間的な近接関係が引力のようにはたらきかけるからでは決してなく、むしろ、その近接関係が一般に、より密接な結び付きを表現しているからである。私たちが近い過去に会ったり見たりした、自分を取り巻く人々や物は、現在の自分の周囲にあって少なくとも一時的に社会を形成している。それらの人や物は私たちに実際にはたらきかけているか、あるいははたらきかけることができる。そして、私たちもまたそれらに対してそうすることができる。それらは私たちの日常的関心の一部をなしている。だから、たとえ社会生活の連続性を断つような思いがけない均衡の破綻や突然の変化があったとしても、私たちはすぐに最近の過去を思い出すことができるのである。家族のなかで死別を経験したり、国のなかで戦争の開始が告げられたりすると、たしかに私たちの思考と反省の場はたちまち入れ替わってしまう。しかし、それでも相変わらず私たちは、それ以前の日々のイメージを呼び起こし、多少なりとも連続的な形でこれを一つひとつさかのぼることができる。社会が経験している危機がどれほど重大なものであっても、人々はなお出会い続け、語り合い、家族もまた突然に解消されてしまうわけではない。社会が解体したり離散したりしても、そこから受け取った最後の衝撃が続いているあいだは、その成員がなおその社会の一部をなしているかのように振る舞うことが可能である。このとき、その最後の衝撃とは、最も近い過去の衝撃である。そうでなければ、社会はある日消滅し、翌日また新たな形で生まれ変わらなければならず、その成員はある種の社会生活で死に、別の生活で生まれ変わらなければならないことになるだろう。したがって、最後まで消えることがない思い出、それぞれの時点で私たちの思考の最も強固な骨組みを形作る思い出は、距離を置いて見ればきわめて無意味に思えるような思い出なのかもしれないが、そのすぐ近くにいるときにはそうではなかったのである。

最近の思い出がしばらくのあいだ心のなかにとどまっていて、記憶がそのなかからより分けをおこなったりしていないとしても、それらの思い出のすべてが同じ理由で私たちの興味を引き付けているわけではない。そこには、少なくとも外見上、現時点での私たちの思考の流れにまったく結び付かないものがある。たとえば、顔見知りではなく、偶然すれ違っただけの人の服装や顔つき、見知らぬ人の訪問、街なかやオフィスでたまたま耳に入ってきたような、あるいは待合室でぼんやりと聞いていたような、自分には関わりがない事柄についての一連の会話がそうだ。その一方で、折々の機会に呼び覚まされる潜在的な関心や欲求や好奇心には応えていても、自分の意識の前面に長くはとどまらないものもある。たとえば、店の棚に果物か何かの食品を見つけ、いつかまた寄って買ってみようかと思うとき。小さなロバの隣につながれている大きな馬とか、風変わりな店の看板とか、おどけた道化の扮装のように、面白おかしい光景が自分の目を引き付け、子どもたちに話してあげたら喜ぶだろうなど思うとき。自分が知らないある組織から参加を呼びかける手紙を受け取ったとき。それが社会活動であれ、政治組織であれ、学会であれ、私にはまだそこに関わるだけの準備ができていないのだが、その種の活動には興味があり、その誘いを読んだことは覚えていて、いつになったらそんな時間をもてるだろうかと考えるとき。そして最後に、こうした最近の日々のなかの取るに足らない、または二次的な事柄のなかにあって、自分にとってはそうしたことの一切に比べてずっと重要なその他の事実を、私たちは記憶にとどめる。たとえば、家族や、生活上の深い関わりをもっている友人からの知らせを受け取ったときのこと。あるいは、長いあいだ準備を重ねてきたことを実行したり、ずっと待ち望んでいた結果を得たり、とても心配なことに出会ったときのことなど。こうしたさまざまな範疇の事実のあいだに共通の尺度はないと考えがちかもしれない。しかし、さして重要ではないことが、それ以外のことを忘れさせてくれて、一時的にでも気を紛らわせてくれることがある。たとえば、病人を見舞いにいったあと、悲しかったり、気がふさいでいたりしているときであっても、にぎやかな街の様子や、まったく深刻ではないが気になっていることや、新聞が見出しで伝えてくるニュースは、自分の頭から離れないつらいイメージのかたわらで、ほぼ同一のレベルで、記憶のなかに刻まれていく。見た目には大した意味がないように映るとしても、その陰にはもっともな、十分に根拠がある信念が隠れている。それは、私たちの身の周りに起こることは、自分にとってどのような結果をもたらすのかがわからないあいだは、何一つ自分にとって無関係なものではないという信念である。たしかに、その結果はすぐにも明らかになるので、それを見定めるのに多くの時間を必要とはしないだろう。ほとんどの場合、数時間か一、二日もたてば、その結果何が起こるのだろうかと思うことは一つもなくなってしまう。それについて待ち受けるべきことなど何一つなくなってしまうのである。しかし、その事実が生じているそのとき、あるいは生じたばかりのときには、すべてが可能であり、何が起こるかわからない。たとえば、議会が招集された当初、最初の審議にかけられたことのすべて、議論された問題のすべて、発せられた言葉のすべては重要性をもっている。全代議士の一人ひとりが関心の的になる。それは、まだどのような問題が最重要課題になるか、どの議員がその政治的センスによって、その雄弁によって、あるいは単にその個性によって群を抜いて現れるかが、わからないからである。事実、これまでにあげてきた取るに足らないような事例も、ときとしてまったく別の意味を持ち始める。たとえば、私は見ず知らずの人とのありふれた会話のなかで、自分のかねてからの目標を変更させたり、根深い感情を変化させたりするような事実に出会うことがある。商人や投資家が、店のショーウインドーを眺めていて、儲けにつながるようなアイデアを見いだすこともあるし、芸術家や作家が通りすがりに一瞬楽しいと感じたり感動したりしたことから、練習曲や絵画や風刺画や小説の要素を引き出すこともある。このようにして、私たちの関心の流れは絶えず分岐したり合流したりしている。ごく近い過去が私たちに残す印象についてのかなり正確なイメージは、ある社交界のパーティーの場で考えたことや、数日間にわたる出来事の流れのなかで考えたことの一切が事細かに書き留められている小説のなかに見ることができるだろう。すべてが事細かに書かれているために、主要な事実が付随的で派生的な思考の群れのなかに紛れて沈み込んでしまっているので、主要な物語の筋がどこかにあるはずだと思いながらも、絶えずそれを見失ってしまうのである。

ごく最近の思い出、あるいはむしろそれに関わる思考の総体が、絶えず解体され再生されていく枠組みを形成するのだとすれば、過ぎ去ったばかりの過去から少しずつ遠くへとさかのぼるにつれて、私たちはある一線に近づき、そこを超えてしまえばもはや思い出をめぐる思考は自分を現在へと連れ戻すのではなく、現在から遠ざけることになり、いまの時点での関心と結び付くことをやめてしまうのである。何日も前に目にしたさまざまな事実については、そこから自分にとって都合がいい部分だけを引き出しているか、さもなければいまはもう何もそこから引き出すものはないと思っているかである。しかし、このような漸進的な思い出の消失は、すべての方向に同じ速さで進んでいくわけではない。先に述べたように、時間的な近接性が関わってくるのは、それが、社会のある時期や状況の統一性を表しているかぎりでのことである。しかし私たちは同時に複数の集団に所属していて、一般的には、それらの集団が強く私たちを支えていればいるほど、ごく最近の思い出と同じように、その過去の連続的な動きをかなり遠くまでさかのぼることができると言えるはずである。したがって、本書でこれまで論じてきた枠組みは、現在の時点が推移していくことに起因して絶えず変化するだけではなく、より緊密でありながら、より長期にわたる複数の枠組みに、持続的に適合させられなければならない。それはちょうど、私たちが出会う、または出会いうる人々が私たちの周りに作り出していく非常に広範で変化に富んだ共同体のなかに、より限定され、より安定した集団、すなわち友人や職場の同僚、同じ信仰をもつ人々、同じ階級のメンバー、同じ村の住人、親族、家族、さらには各個人がいわば自分自身とのあいだに作り上げる独自の社会までもが、組み込まれているのと同様である。

大きな街のなかでは、行き交う人々はほとんどの場合、互いに相手のことを知らない。今日、大都市の通りを行き来する群衆はばらばらで、いささか「機械的」になった社会の姿を表している。通りがもたらすイメージは持続的な痕跡を残すことなく、私たちをすり抜けていく。自分の社会生活の最も重要な部分にまったく結び付いていないような印象や思い出の大半も、また同様である。社会生活の重要な部分は、何らかの間隔を置いて接しているにせよ、絶え間なく関わり続けているにせよ、私たちが一体となっている、またはなってきた持続的集団の存在を前提としている。私たちはそのような集団の過去、自分にとってその集団を表しているような出来事や人物を繰り返し見いだし続ける。それは、私たちの思考のある一面が常にこの集団の側に向いているように思われるからである。公園の真ん中に一棟の建物があると考えてみよう。そのすぐ周りには、小道が幾筋にも分かれ、合流し、曲がりくねって交錯し、ほぼいずれももとの場所にたどり着く。これと同じように、最近の出来事について私たちが思いめぐらせていることの大半も、現在からあまり離れることはなく、私たちをずっと遠くへ連れ去ってしまったりしない。しかし、その建物が、ある町から別の町へ、ある都市から別の都市へとつながる幾筋かの道の出発点またはその途上にあると仮定してみよう。こうした大きな道は小道の網の目を横断しながらも、その方向を変えることがない。その道をたどっていけば、どんどん遠くへ導かれていくことになる。そして、その建物の周りに視界が開けて、木々のあいだや公園の向こうに、自分がたどってきた道の一部などが見える様子を想像することができる。これと同じように、家族についての一連の思い出や、現在の友人たちとの過去や最近の関係の歴史、自分が続けてきた活動の大筋を描き出す一群の連続的イメージ、および自分の感情または情熱の流れは、最近の思い出の表層的な重なりを横断しながら、直線的ルートで、すなわち、それ以外のさまざまなものの集まりのなかにあってより緊密に、いわばより強固に結び付いた体系を構成するような、ひとつながりの思考によって、私たちを過去のより遠い領域へと導いていくのである。そして、その道をまっすぐにつながっていると言い表す場合、それは、その道がさまざまな土地や谷や山を横切りながらも、そこに迷い込んだり迂回したりせず、曲がりくねった小道に入り込んだり、美しい眺めを呼び込むために蛇行を繰り返したりもしないということを、意味している。ある地点から別の地点へと伸びるその道は、いわば、その中間にあるものを跳び超えて私たちを運んでいくのである。私たちの注意は、その道が結び付ける場所にだけ向けられている。言い換えれば、記憶がすぐ近くの過去にではなく、たとえば自分の家族の過去に向けられるようなときには、すべての出来事や人物の細部を再現するのではないし、時間軸上に並んだひとつながりの連続的イメージを一つひとつたどっていくわけでは決してない。先に見たように、ごく最近の過去のさまざまな事実は、私たちがそこから遠ざからないうちはすべて重要に見えるのに対して、家族はその歴史の最前列にいくつかの時代や事件や日付や人を置くことで、ひときわ強い力をもって、家族の成員がこれに関心をもつようにしむけているのである。このようにして、先に述べたのとはまったく別の枠組みが生み出される。そこに含まれるのは、ごく限られた数の際立った事実であり、事実相互間の時間的隔たりはかなり広い。それでもこの枠組みは先に述べたものと、以下の部分で共通点をもっている。すなわち、この枠組みもまた、人の記憶はその人を取り巻く集団や、そうした集団が最も関心を寄せる観念やイメージによって決まるということを、基盤にして生じているのである。

＊

つまり、ベルクソンがはっきりと認識していたように、過去の特定の思い出の位置を突き止めようとするとき、その思い出に隣接するいくつかの思い出にたどり着くのは、決して偶然ではないのである。隣接する他の思い出が、その思い出を枠づけているので、その思い出を位置づけることが可能になるのである。しかしその一方で、その思い出にたどり着くには、過去のすべての出来事とイメージを再現するすべての思い出を呼び起こさなければならない、と考える必要はない。ベルクソンはみずから、過ぎ去った時間のなかに点々としるしを打つような「支配的な思い出」について語っていた。それらはみな、他のすべての思い出が立脚する支柱になり、これを起点として、その間に起こったすべてのことが一つひとつ順ぐりにたどり直されることで、関心の的となっている思い出にたどり着くというのである。しかし、ベルクソンの考えのなかでは、この支配的な思い出は、正確な意味での基準点ではない。それはむしろ、探し求めた思い出が再現されるために呼び起こさなければならないたくさんの思い出のなかでの、重要度または強度の順位を決定するのに役立つものなのである。それはまるで、ある町とその位置を突き止めるために、その町が載っている地図にたどり着くまで、少しずつ縮尺が大きな地図を順に一枚ずつめくっていくようなものである。ベルクソンが記憶の拡大または拡張という言葉で言わんとしているのは、まさにそういうことである。支配的な思い出は、規模の大きさや住人の数によって特徴づけられる町に対応していて、それによって私たちはさまざまな縮尺を見分けることができる。したがって、それらの町が載っている地図の上には、同じような規模をもったその他の町を見いだすことができるだろうというわけである。支配的な思い出の役割はこれに限られていることになるだろう。そうではなく、私たちが探している町を発見するのに、規模と人口で同じような性格をもつ町を呼び起こすだけで十分だったとしたら、それらの町とそれが自分の探している町とのあいだにもちうる関係だけに注意を向ければやはり十分だということになり、同時にその他のすべてを再現すること、つまりその地図と、地図に載っていることのすべてを見る必要は、なくなるように思えるのだが。

　ともあれ、こうしたベルクソンの方法は過剰でありながら不十分なものをもたらすように思われる。一方でそれは、ある一つの思い出に関して、同様の重要性をもつ他の思い出を、より正確に言えば過去に同様の重要性をもっていた出来事に対応するすべての思い出を、再現しなければならないということを前提としている点で過剰である。しかし、先に見たように、かつてはすべてが重要であるように思えた一群の事実や人物のうち、大多数のものは早々に消失してしまい、現時点での観念や知覚を介してそれを思い起こすことは、すでに不可能なのである。これは誤った思い込みだろうか。それらの思い出は、記憶の奥のほうに存続しているのだろうか。しかし、私たちの心のなかに広がる思い出がどれほどたくさんあるとしても、そのなかから隠された一つの思い出を探し出そうとするとき、それらの思い出は、かつて過ぎ去ったばかりの過去の一部だった頃に残っていた量に比べれば、ずっと数が少なくなっていることは明らかである。それらもまた、実際にその時点では、きわめて重要なものに思われていた思い出だったのだと言われるかもしれない。だが、ということは、私たちがそれを現在の時点から見ているということである。しかし、それなら、私たちの意識のなかに入り込んでこようと圧力をかけているのは、もはや過去の全体ではない。再現しうるのは、かつての出来事を正確に再生させるような、過去の諸状態の時系列的なつながりではなく、それらのなかで、私たちの現時点での関心に応えるいくつかだけなのである。それが再現される理由はそれらのなかにはなく、今日の私たちの観念や知覚に対するそれらの関係にある。したがって私たちは、それらの出来事ではなく、この関係を起点としているのである。

その一方で、こうした方法は不十分でもあるだろう。それだけでは思い出の位置を突き止めることができないからである。実際のところ、まずはじめに、その思い出を過去のある一領域のなかに探し求める必要がある。しかし、なぜそのとき、ほかでもないその一領域に目が向けられるのだろうか。他のものではなく、大小いずれかの縮尺を備えた地図上のある一区画を、唯一適当なものとして選び出すことができるのは、なぜなのだろうか。その区画は偶然選び出されたのだろうか。私たちが比較的大まかな地図からより詳細な地図へと順を追って進んでいくのだと仮定しても、地図が大きくなったり、記載されている町の数が増えていったりすればするほど、私たちはより一層迷いやすくなるだろう。どうして、ほかでもないある特定の既知の町を、ある特定の思い出を、出発点にとることができるのだろうか。またどうして、そこから出発して、ほかでもないある特定の方向に向かっていくことができるのだろうか。行き当たりばったりに進んでいくのではないとすれば、探し求めている思い出とその他の思い出との関係について、何かしらの一般的概念をあらかじめ心のなかにもっていなければならないし、私たちはこの関係について思いをめぐらせていなければいけないはずである。都市の大通りのなかで一人の人物を探し出すことが非常に難しいのはなぜだろうか。それは、通りにあふれる人々の群れが動いていて、それを構成している個々の単位が常に相互の関係を変えているからであり、その人物はこれらの単位のいずれとのあいだにも、何一つ明確で安定的な関係をもっていないからである。この街にいるすべての人を一人ひとり、少なくとも背丈や服装などが探している人物に一致している人についてはすべて、顔を見て歩くだけの時間と余裕がなければならないことになる。そんなことはせずに、その人が投宿している可能性があるホテルや、郵便局や美術館などに行ってみるほうが、ずっと確実にその人を見つけ出すことができるだろう。実際に、その人がそこにいる理由、そこで誰かがその人に会っている理由が存在するからである。先にあげた、非常に詳細な地図上にある小さな町を探し出すという例を、もう少し丁寧に考えてみよう。この例からわかるのは、多くの場合その町を見つけ出せるのは、地図上のたくさんの町の名前のなかにたまたまその町の名を見つけたからではなく、さまざまな記号を突き合わせていくことによってその町があるにちがいない場所を正確に割り出したからだ、ということである。その町の名をそこに見つけることがなくても、その場所を指し示すことができるのである。

たとえば、非常に詳細な一枚の地図のかわりに、一つの国についてのきわめて図式化された地図を何種類か用いることができるとしよう。そのなかの一枚には河川や山脈が描かれていて、別の一枚には県や州の区分が示されていて、三枚目には鉄道網と主要駅が記されている。もしある町について、それがどの行政区域のなかにあり、どの鉄道路線上にあり、どの川の近くにあるのかを知っていれば、私はその位置をほぼ正確に指し示すことができるだろう。さてここで、記憶は一般に、ほぼこれと同じようなことをしているように思われる。記憶はいくつかの枠組みを手にしている。それらはかなり単純なもので、記憶はそれらを頻繁に参照していて、いつもそれらを携えていると言うことができる。そうでなかったとしても、記憶はそれらの枠組みをいつでも再構築できるのだ。それらは、自分自身や他の人々の思考のなかに常に入り込んでいるさまざまな概念から作られていて、これらの概念は言語の形式と同様の権威をもって記憶に押し付けられているからである。

結局のところ、一つの思い出を位置づけるためには、すでにその時間軸上の位置を知っている一群の他の思い出に、それを結び付けなければならない。連想論の立場をとる心理学者たちは、このような結び付けをおこなうためには、その思い出から出発して、時間的または空間的にそれと隣接する思い出を呼び起こしていけばいいのだと主張していた。これに対して、二項の隣接関係を思考するためには、あらかじめその双方が認識されていなければならないという反論が提示されている。つまり、すでにこの時点で、他の多くの項のなかからこの二項に注意が向けられているということであり、一つの思い出がその一部となっている諸項間の時系列的なつながりがこの時点でわかっていなければ、その思い出の位置づけは不可能だということである。ところで、これまでに見てきたように、最近の思い出を相互に結び付けているのは、それらが時間的に隣接していることではなく、それらが一つの集団に共有された一群の思考の一部をなしていることに基づいているのである。その人間集団とは、いまこの時点で関係をもっているか、あるいは最近のある時点で、ある期間に関係をもっていたのである。したがって、それらの思い出を呼び起こすためには、その集団の視点に立って、その集団の利害関心を取り入れ、その集団の思考の傾向に従っていけばいいのである。けれどもこれは、さらに昔の思い出を位置づけようとするときにも、まったく同様になされていることなのである。私たちはそれらの思い出を、その他の集団、たとえば家族のようなより狭い範囲の持続的な集団に共有された一群の思い出のなかに置き直さなければならない。この一群の思い出を呼び起こすためには、やはりその集団のメンバーに共有された態度を取り入れ、その集団の思考の前面に常に置かれていて、いつもそれを出発点としている、その集団に固有の論理に従って、他のすべての思い出が見いだされたり再構成されたりするような思い出に注意を向ければいいのである。この点に関して、最近の思い出と、より以前の思い出のあいだに違いはない。また、最近の思い出について隣接性による連想を論じる余地がなかったのと同じように、ここでも類似による連想を語る必要はない。たしかに家族の思い出は、それが同一の家族に関わっているという点では、相互に似通っている。しかしそれらは、その他の多くの点では互いに異なるものである。この場合、類似は関心と思考の類似でしかない。それらが類似しているから同時に呼び起こせるわけでは決してない。むしろ、同じ集団がそれに関心を向け、同時にそれを呼び起こすことができるから、それらは互いに類似しているのである。

心理学者たちが思い出の位置づけを説明するためにこれとは異なる理論を考案してきたのは、人間が同時に多数の異なる集団に属し、同様に、同一の事実についての思い出も、別々の集合的記憶に属する多数の枠組みのなかに位置づけられるからである。心理学者たちは、個人だけに目を向けながらも、思い出が個人の思考のなかでさまざまな形で連想されうることを認めた。そこで彼らは、まずそれらの連想が類似に基づくのか隣接に基づくのかに応じて、きわめて一般的なグループに分類した。しかし、それでは説明したことにはならない。さもなければ彼らは、連想の多様性を個人の多様性によって説明し、それは生得的あるいは後天的な生理学的性向に由来するものだとした。だが、その仮説は非常に複雑で検証しがたいものになり、心理学の領域から離れてしまったため、結局はこれもまた、事実の確認にすぎないものになってしまった。実際のところ、たしかにさまざまな思い出は体系の形をとって現れる。それらは、心のなかで連想されるがゆえに呼び起こされるのであり、いくつかの思い出がまた別の思い出を再構成することを可能にするのである。しかし、思い出の連想のこのような様式は、人々の結び付きがとりうる多様なやり方から生まれるものである。個人の思考のなかに現れるおのおのの思い出は、これに対応する集団の思考のなかに位置づけ直されてはじめて、十分に理解される。その人が同時に所属しているさまざまな集団に個人を結び付け直すことによってはじめて、それらの思い出の関係上の力はどのようなものであり、どのようにしてそれらが個人の思考のなかに結び付くのかが十分に理解されるのである。

たしかに個々人は、個別の気質や生活環境に応じて、他の誰のものでもない記憶を有している。だがやはり、その記憶も集団の記憶の一部であり、その一局面としてある。なぜなら、表向きにはそれがもっぱら自分一人に関わるように見える場合であっても、すべての印象と事実について持続的な思い出をもち続けるのは、それについて反省的思考をめぐらせたとき、すなわち社会環境からもたらされる思考にそれを結び付けたときに限られるからである。実際に、推論をめぐらせることなく、みずからの過去の出来事を考えることはできない。そして、推論するということは、自分の見方と周囲の人々の見方とを、一つの観念の体系のなかに結び合わせるということなのである。それは、自分の身に起こることのなかに、社会的思考がもつ意味と射程とを常に私たちに思い起こさせるような事実の個別的適用を見るということである。このようにして、集合的記憶の枠組みは、私たちの最も内面的な思い出までをも囲い込み、相互に結び付けている。集団がその思い出の存在に気がついている必要はない。その思い出を、外からでなければ、すなわち他の人々の視点に立たなければ捉えられないということ、そしてその思い出を見いだすためには、他の人々が自分の位置に立ったときにたどる道筋に従わなければならないということだけで、十分なのである。

注

(1) H. Höffding, "Ueber Wiedererkennen, Association und psychische Activität," *Vierteljahrschrift für wissenschaftliche Philosophie*, vol. 13-14, 1889-1890. ヘフディング（Höffding）が主張した類似による認知の理論に、連接性による認知の説明を対置させたレーマン（Lehmann）への回答。Alfred Lehmann, "Kritische und experimentelle Studien über das Wiedererkennen," *Philosophische Studien* de Wundt, 5ᵉ vol., 1889, et 7ᵉ vol., 1892. この二つ目の論文は、ヘフディングの批判に対するレーマンの回答である。

(2) *Ibid.*, 7ᵉ vol., p. 189.

(3) *Ibid.*, 5ᵉ vol., p. 142.

(4) Bergson, *Matière et mémoire*, p. 97.

(5) *Ibid.*, p. 89.

(6) *Ibid.*, p. 187.

(7) *Ibid.*, p. 176.

(8) *Ibid.*, p. 186.

（9）*Ibid.*, p. 187.
（10）Théodule Armand Ribot, *Maladies de la mémoire*, Librairie Germer Baillière, 1881, p. 45, note.
（11）*Ibid.*, p. 45.
（12）*Intelligence*, t. II, liv. I, chap, II, §6.
（13）Ribot, *op. cit.*, p. 37.
（14）バトラーはベルクソンとは反対に、次のように考える。「私たちは、突然の印象のほぼすべての細部を思い出していると思い込んでいるが、実際には、自分が思っているよりもずっと少しのものしか想起していない（その印象の細部のうち、ずっと少しのものだけを想起しているという意味で）のである」。そしてバトラーは、人が想起する「細部の乏しさ」を強調する。少なくとも、それが私たちのなかに呼び起こす反省的思考を介して、「私たちに強く訴えかける」ような印象でないかぎり、付随的な細部をほんのわずかしか含まないような単純な印象でないかぎりは、そうなのである（Butler, *op. cit.*, p.148-149）。

訳注

［1］ハラルド・ヘフディング（Harald Höffding, 1843-1931）は、デンマークの哲学者。セーレン・キルケゴール、イマヌエル・カント、アルトゥル・ショーペンハウアーの影響を受け、心理学、倫理学、近世哲学史、宗教哲学、認識論についての研究をおこなった。

［2］イポリット・テーヌ（Hippolyte Taine, 1828-93）は、フランスの批評家、哲学者、文学史家。『英国文学史』（一八六三年〔平岡昇訳、創元社、一九四〇―四九年〕）、『歴史および批評論』（一八五八年）によって批評家としての地位を確立。『知性論』（一八七〇年）をはじめとする哲学的著書も著した。

［3］ベルクソンは、身体というイメージ（実在）が、現在時点で、他の一切のイメージからなる世界に接しており、知覚と行動を可能にする一方、記憶のなかに集積された思い出は、その身体とは本質的に区別される精神的な実在として存在すると考えた。その思い出の総体は、現在時点（S）を頂点として、逆さまにされた円錐形の形で、実在の世

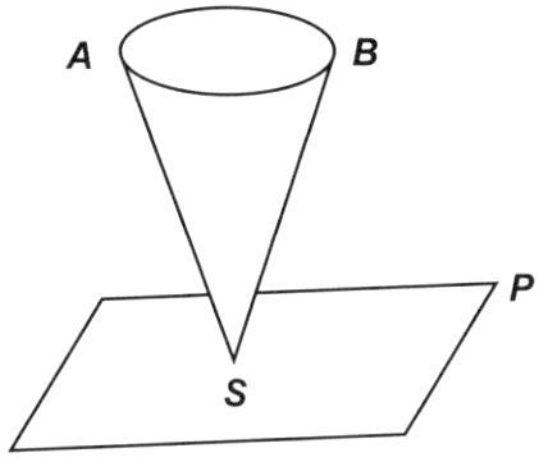

界（知覚世界）に接している。

「仮に今、わたしの記憶のなかに集積された想起〔思い出〕群の総体を、円錐体SABで表すとしよう。底面ABは〔わたしの〕過去の基底に居座り、動くことはない。他方、頂点Sは、各瞬間のわたしの現在であり、それは絶えず〔未来に向かって〕前進し、そしてまた絶えず、わたしの現在時点での世界表象を表示する可動平面Pに触れている。頂点Sに集約して示されているのが、身体のイメージである。そして、可動平面Pの一部でありながら、この身体というイメージは、ただ、この平面Pを構成するすべてのイメージ群から発出される作用群を受け取り、「これに対する応答を」送り返している」（前掲『物質と記憶』二〇八―二〇九ページ）

　記憶は、習慣記憶としてもイメージ記憶としても、知覚と行動の成立を助けるはたらきをしている。言い換えれば、現在時点で行動を起こそうとする主体は、目下自分自身が置かれている状況に関与する思い出を呼び起こすことができ、同時にその他の思い出の喚起は妨げられている。そのために、行動場面では過去の経験を丸ごと思い起こすことはないが、逆に「実際的な行動の拘束」を逃れて「夢想の生活に戻る」ならば、過去は「そのあらゆる細部とともに、今それを生きているかのごとくに蘇《よみがえ》ってくる」（同書二一一―二一二ページ）とされるのである。

［4］テオデュール・リボー（Théodule Ribot, 1839-1916）はフランスの心理学者。ソルボンヌ大学、コレージュ・ド・フランスの教授を務める。カバニス、コンディヤックの感覚論を受け継ぎ、イギリスの連合心理学やチャールズ・ダ

ーウィンの説を取り入れ、生物学的傾向が強い、記憶や意識の病態の研究をおこなった。

［5］キリストの復活を祝う復活祭（Pâques）は、春分のあとの最初の満月のあとの日曜日におこなわれる。これに先立つ一週間は「聖週間（la semaine sainte）」、その一日目の日曜日が「ラモーの日曜日（枝の主日）（la dimanche de Rameaux）」と呼ばれる。Rameau は、小枝を意味し、イエス・キリストがイェルサレムに入るのを人々がナツメヤシの枝を手に持って祝福し、出迎えたという『聖書』の記述によっている。人々は持ち寄った枝を祝別してもらい、これを家に持ち帰って、壁に掛けた十字架に一年間飾る。国によってさまざまな木の枝が用いられるが、フランスでは柘植を使うのが一般的である。

第5章
家族の集合的記憶

ここまでの論述のなかでは、集合的記憶とその枠組みを主に問題としてきたが、集合的記憶がきわめて重要な役割を果たしている集団または諸集団の観点からは、これを検討してこなかった。これまでは、個人的な思い出のなかに、つまり個々人が自分一人の過去を見いだし、そしてしばしばそれだけを見いだしていると信じているような思い出のなかに介在する社会的なものに注目し、それを指し示すにとどまっていた。この点で個人が、それ以外のさまざまな点とともに、どれほど社会に依存しているのかを確認してきたので、当然の展開としてここからは、集団そのものを、想起する力をもつものとして考察し、記憶を、たとえば家族やその他の集合体のものとして見ていくことにする。

これは、単なるメタファーではない。家族の思い出は、実際に、他のさまざまな場所でそうであるように、家族集団の成員の意識のなかで育っていく。家族は近くで暮らしているときでも、そして離ればなれに生活しているのであればなおさら、一人ひとりがその人ごとのやり方で、共有された家族の過去を覚えている。彼らの意識は、互いに浸透し合うことができない点もあるが、それはいくつかの点でそうであるにすぎない。気質の違いや生活環境の多様性が彼らのあいだに距離を生み出すとしても、彼らはかつて同じ日常生活のなかで交わり、絶えず印象や意見を相互に交換し合うなかで絆を結んできたのであり、しばしばそれは、彼ら自身が断とうとすればするほど強い抵抗を感じさせるものとなっている。だから家族の成員は、自分自身のなかに他の成員の思考が枝葉を伸ばし、すべての思考を互いに近づけ合い、こう言ってよければ一つにまとめていくことによってはじめて、それをたどっていくことができ、その絵柄の全体を理解することができるようになるのだということを、よく理解している。学校の教室にいる子どもは、学校との関わりだけで見るならば、個々にひとまとまりの人格的存在である。しかし、親との関わりを考えると、同じ子どもが、たとえ学校という場から離れなくても、友達や先生に家族や家のことを話すときには、家族という一つの全体の部分、そこから切り離された断片でしかないものとして現れる。つまり、生徒として学校にいるあいだは、子どもの振る舞いや話し方が学校という枠組みに適合したものになるので、子どもは学校と一体になっているように見えるのであり、このとき、子どもは家族からは隔てられているため、家族と一体のものには見えない。親のことを考えて言葉に表そうとしても、学校とのつながりを見いだすことができないのだ。学校の友達や先生はそれを理解しきれないし、誰もそれを補ってやることができない。子どもが伝えようとすることは、どうしても不十分なものになってしまうのである。

　個人的記憶だけを見たときに特に理解しえなくなってしまうのは、家族の思い出が再現しているものは、自分が身内の誰かと接していた状況にほかならないということである。個人的記憶だけを見るならば、連続的にであれ断続的にであれ、この家族との関係は次々と印象を変えていき、その一つひとつはおそらくある程度の期間持続してもとの状態のままにとどまるだろうが、それらは、これを経験している個人の意識がそこにもたらしうるだけの持続性しかもちえないだろう。しかも、複数の個人からなる集団のなかには、常に誰かしらの入れ替わりがあり、その全体の様相もまた絶えずそれぞれの部分に対して変化していくことだろう。そうなると、家族の思い出は、次々と移り変わる一連の場面でしかないことになる。それらは、まず何よりも、人々の感情や思考の移り変わりを反映するのである。家族はその成員のそのときどきの心情に従い、その動きに追随していく。家族の生活は、家族のものであると同時に、その成員のものとして流れていくことになり、家族の伝統は、その成員がそれにふさわしいものでありうるかぎりで持続することになるだろう。

しかし、現実はまったくそのようにはなっていない。出生によってであれ、結婚によってであれ、あるいは他の方法によってであれ、何らかの形で家族の一員となれば、人は一つの集団に属し、そこでの自分の位置を決めるのは、自分の個人的感情ではなく、自分では変えることができない既存の規則や習慣なのである。私たちはそのことをはっきりと感じていて、家族を前にして自分のなかから湧き起こる情動的な印象や反応と、家族によって課せられる思考や感情を混同してしまうことはない。デュルケムはこう論じている。「生理学的なつながりによって結ばれた人々の関係、すなわち動物たちにも見られる個体間の心理的感情が派生してくるような関係と、家族とは区別しなければならない」(1)。この見方に対して、私たちが自分の親に対して抱く感情は、個人間の関係である血縁関係によって説明されるものであり、したがってそれ自体が個人的感情であると反論する人がいるかもしれない。しかし、その感情をきわめて濃密なものとして形成し、表している子どもは、そうした血縁関係の本質を理解しているわけではない。他方、親族関係が血縁を前提としない社会は多数存在している。だからといって、家族の感情は、母親による世話や父親の身体的な優越性や、兄弟姉妹との日々の共同生活によって説明されるものでもない。それらすべての背後に、それらすべてに優越するものとして、親族関係とは何であるのかについての、曖昧であると同時に明晰な感情がたしかに存在している。それは家族のなかでしか生まれえないものであり、家族というものによってしか説明できないものである。この点に関して、私たちの感情や態度が他の個人によって植え付けられていたり、教え込まれていたりするとしても、それは大きな意味をもたない。その個人もまた、家族についての一般的な考え方から着想を得ていることだろう。これは、配偶者間に成立する家族的関係についても同様である。古代社会では、結婚は決して相互的感情に基づく関係の単なる承認ではなかった。ギリシャ時代やローマ時代には、娘は新しい家族の一員となったら婚家のしきたりや伝統を受け入れなければならなかった。今日の社会では、男性も女性も結婚前には、自分たちが新しい家族を作ることによってどのような関係のなかに身を置くことになり、どのような種類の観念や感情を課せられることになるのかを、はっきりとは認識していない。それまでの個人の生活のなかで、彼らにそれを予見させうるものは何一つない。この点に関しては、男女のどちらも、自分自身がよく知らないと思っていることについては、たとえ結婚後であっても、相手に教えることはできないだろう。しかし、両者はともに伝統的規範に従っていくことになるだろう。彼らはそれを自分の家族のなかで無意識のうちに学んできたのであり、彼らの子どもたちもまた、彼らに倣って、それを学んでいくことになるだろう。このようにして私たちは、折に触れて経験することになる家族的状況のなかで実現しなければならないことを、知らず知らずのうちに身に付けているのである。

したがって、親族関係によって結び付けられた個人が得る印象や経験は、その形式と意味のつながりのかなりの部分を、その人が家族集団に関わっている、または参加しているということだけですでに理解し身に付けてしまうような考え方から受け取っていると見なければならない。小さい頃から子どもは、父親や母親やその他すべての家族成員に対して一つの態度を身に付けていくのだが、その態度は、生活の共同性や年齢の違いだけでは、また自分を取り巻く人々への愛情や、自分が依存している自分よりも強い人たちへの敬意や、その人たちが自分のためにしてくれることへの感謝といった、当たり前の感情だけでは説明がつかない。そうした感情はどれほど自発的であっても、あらかじめ敷かれている軌道に沿って進むものであり、その軌道は決して自分が自由にできるものではなく、社会がその方向を決めるように気を配ってきたものである。実際に、この種の感情の表出ほど自然から離れたものはなく、一種の教育の効果として、定められた規則に従っているものもない。感情はたとえ穏やかなものであっても、頻繁に揺らぎを被るものであり、人から人へと伝染するもの、あるいは妨げるものさえなければしばしば伝染してしまうものだろう。そうであるにもかかわらず、家族の成員は、たとえ遠く離れていても互いに常に愛し合い、自分が持ち合わせている感情的リソースの大部分を家族に向けて使っている。家族がこれほどまでに広く、そのようになりえているということは、すでにきわめて特異なことなのである。おそらく、家族のなかでは、感情は常に親子関係に基づいて制御されているわけではない。場合によっては、父親や母親よりも祖父母、さらには伯父・伯母を愛することもあるし、兄弟よりもいとこのほうが好きだということもある。しかし、そのことに自分自身で気づくや否や、感情の表現はやはり、家族の構造に基づいて制御されていく。

これは、個人にとってはそうではないとしても、少なくとも集団が権威と凝集性を保つために、重要なことなのである。またおそらく、家族の外にも友人という存在があり、家族成員以外の人を愛することもできる。しかし、その場合でもときによって、家族はそうした関係やつながりを自分たちのなかに組み入れていくようになる。それは、古くからの付き合いが与える特権として、または、その人たちを自分の家族の団欒の場へと招き入れることによって、その友人がほとんど身内と言ってもいいものになっていくということだったり、二人の個人間の関係にすぎなかったものが結婚によって親戚関係に変わるということだったりする。またある場合には、家族はそうした友人関係にまったく関心を向けないこともある。その場合はまるで、その種の気まぐれで不規則でとっぴな感情と、家族が立脚している明確で恒常的な情緒とのあいだには、何一つ共通の尺度が存在していないかのようである。さらにまた別の場合には、成員のなかの誰かが他の集団へと移っていき、離れていったことを、家族が記憶にとどめることもある。その際家族は、放蕩息子の帰還を待ちわびたり、その人のことを忘れたふりをしたりする。このように私たちの感情は、ときに家族という枠組みのなかで発展し、家族の組織に適合していくが、ときには家族の他の成員には共有されない。他の成員たちはその感情に心を動かされたり関心を向けたりすることを拒否することがあるし、少なくともその資格を有しているのである。

さまざまなタイプの家族組織を比較してみたときには特に、私たちの感情のなかでも最も単純で最も普遍的だと思われそうなもののなかに、実に多くの社会的に獲得され付け加えられたものがあることに驚かされる。系譜関係が男系か女系かによって、息子が父の姓を引き継いだり引き継がなかったりするし、父の家族の一員だったりなかったりする。母系社会では、子どもは、小さいときだけでなく、他の人々のなかでの自分の位置を自覚するようになるとますます、母親とその親族を狭い意味での自分の家族と見なし、その分父親を軽視し、父方の先祖を自分の親族とは見なさないようになる。私たちの社会では、自分と兄弟とのあいだにある関係を、自分と姉妹とのあいだにあるものと同様に近しいものと見なす。私たちは、父方であっても母方であっても、伯父やいとこを同じ資格で親族と考える。古代ギリシャでは、家族は、一人の男から男性たちによって引き継がれてきた子孫だけを含むものであり、その点ではまったく私たちとは違っていた。ローマ時代の家族は、養子縁組によって新しい家族成員を加入させていく大きな集団であり、そこには多数の奴隷や被護者《クリエンテス》が結び付けられていた。(2) 家族が夫婦を中心とする集団へと次第に縮小している今日の社会では、配偶者同士を結び付ける感情は、彼らをその子どもたちへと結び付ける感情とともに、ほぼそれだけで家族の情緒的雰囲気を作り上げているのだが、そうした感情はその力のある部分を、およそその感情だけが集団の精神をまとめあげる唯一の絆になっているという事実から引き出しているのではないだろうか。これに対して、ローマ時代の家族では、夫婦間の結合は、家父を、血のつながりがある者だけでなく被護者や解放奴隷や養子と結び付ける多様な関係のなかの一つにすぎない。したがって、夫婦間の感情は二次的な役割しか果たさない。とりわけ、妻は夫を家父 (*pater familias*) と見なし、他方で夫は妻を、ともに家族を支える「伴侶」としてではなく、他の多くの者と同列の一要素と見ていた。しかも、場合によっては妻は、家族の活力を損なうことも、その実質を縮小させることもなく、排除することができる存在なのである。ローマ時代の婚姻の不安定性と離婚の頻度については、これまで、親の介入によって、夫婦双方の親の介入が両者の合意によって結ばれた関係を解消させるだけの力をもっていたということによって、説明されてきた。(3) しかし、もしも離婚が、今日の社会でそうであるように、家族の存続それ自体を脅かすものだったら、人々はこうした介入を受け入れられなかったことだろう。「ローマでは、各人が一生のうちに平均三回から四回結婚するのだと認めるとしても」「実態に対して過剰と言うよりはまだ控えめ」にとどまっていた。つまり、この婚姻制度は、「継起的な複婚制 (polygamie successive)」に当たる。そうであったならば、配偶者間の感情は、分かちがたい婚姻という考え方に伴う種類の結び付きとは区別されるものだったにちがいない。

　このような一社会全体に共有される規則の外に、それぞれの家族に固有の習慣や思考様式が存在していて、それらもまた同様に、むしろより一層明確な形で、その形式を家族成員の意見や感情に押し付けている。フュステル・ド・クーランジュ[1]は語っている。「古代ローマでは、家内的な宗教については規則も形式も共通の儀礼も存在しなかった。個々の家族はきわめて完全な自立性を有していた。どのような外部的権力も、家族内の祭礼や信仰を規制する権利をもたなかった。家父の他に司祭は存在しなかった。司祭としての家父はどのような序列にも従っていなかった。ローマの神祇官は、家族の長がそのすべての宗教儀礼を執りおこなっているかどうかを確認することができたが、変更を命じる権限はまったくもたなかった。「儀式に従って燔祭を実行せよ（*Suo quisque ritu sacrificium faciat*）」。それが絶対の基準であった。個々の家族はそれぞれに固有の儀式と個別の祭典、祈りの文句と頌歌をもっていた。家父はみずからの宗教の唯一の解釈者であり、神祇官であり、唯一これを教える権限をもち、かつそれを自分の息子にだけ教えることができた。儀礼や祈りの言葉や歌は、この家内宗教の本質的一部をなしていて、遺産であり、聖なる所有物であり、家族は他の誰にもこれを共有させず、家族以外の者にこれを明らかにすることが禁じられているほどであった」。これと同様に、今日の最も伝統的な諸社会でも、個々の家族は固有の精神と、家族だけが祝うことができる思い出と、その成員にだけ明かされる秘密を有している。ただし、古代の家族の宗教的伝統と同様に、これらの思い出は単に過去の一連の個別的イメージとしてだけあるわけではない。それらはモデルでもあり、模範でもあり、教えのようなものでもあり、そこには集団の一般的姿勢が示されている。それは、家族の歴史を再現するだけでなく、家族の本質やその強みや弱みを定めるものである。「うちの家族はみんな長生きです」とか「誇り高いです」とか「お金儲けが下手です」などと言うとき、そこには、集団に内在すると想定され、集団からその成員へと伝えられているような、身体的または精神的特徴が語られている。ときとして、家族の出身地や出身国、あるいはその一成員の個別的な人物像が、共有された資質の多少なりとも神秘化された象徴になり、そこから人々は自分たちの特徴的な性格を引き出してくる。いずれにせよ、過去から取り出されたこの種のさまざまな要素によって、家族の記憶は枠組みを構成し、これをそのままの形で保とうと努め、それはいわば家族の伝統の骨格になるのである。その枠組みを構成した出来事には日付があり、そのイメージは一定の期間しか持続しなかったとしても、自分たちの家族や周辺の家族の人々がその出来事に対して下した判断が、その枠組みのなかに組み込まれる。そのために、枠組みは集合的概念としての性格を帯び、特定の場所や限定された一時点に位置づけられるのではなく、時の流れを超えて支配的なものであり続けるように見えるのだ。
ここで、自分たちの家族生活のなかの一つの出来事、記憶のなかに刻み込まれていると言われるような出来事を、想起していると仮定してみよう。その際、家族の精神を規定している伝統的な観念や判断をそこから取り除くように試みよう。そこには何が残るだろうか。あるいは、そもそものような分離をおこなうことは可能なのだろうか。出来事の思い出のなかで、「特定の時間と場所に関わるただ一度きりの事柄についてのイメージ」と、自分たちの親族の一般的な振る舞い方や生活の仕方についての経験を表現するさまざまな概念とを、区別することはできるだろうか。

フランソワ・ルネ・ド・シャトーブリアン[2]が、有名な一節のなかで、コンブール城での夜会の様子を語るとき、そこに示されているのは、一度きりしか起こらなかった出来事なのだろうか。それはほかでもないある一夜のこと、すなわち、彼の父親が黙って歩き回っていたことによって、またそのときの室内の様子によって、彼がその描写のなかで浮き彫りにしているこまごまとしたことによって、ことさらに強く印象づけられたある一夜のことなのだろうか。そうではない。おそらくシャトーブリアンは、彼自身の記憶と家族の記憶のなかに刻み込まれているたくさんの夜会の思い出を、一つの場面に集約させたのだ。それは、ある一つの時代についての要約であり、ある種類の生活についての観念である。そこには、おそらく彼らがその場面で演じている役割から生まれる登場人物たちの性格と同時に、彼らの習慣的な振る舞い方、彼らの履歴そのものを見ることができる。たしかに、特に私たちの興味を引き付けるのは、シャトーブリアン自身であり、それらの人々や物事に触れる際に彼が抱いている、息苦しさや悲しみの感情である。しかし、私たちが感じずにいられないのは、もしも他の場所だったならばこのような感情は生まれなかっただろうということ、シャトーブリアンが他の場所に生まれていたならば、外見を別にすれば同じような人間ではなかっただろうということ、そして、革命前のフランスの地方の貴族階級のなかにしか、またシャトーブリアンの家族に固有の伝統のなかにしか存在しなかった家族的習慣も含めて、彼は存在していたのだということである。それは再構成された情景である。そして、これが過去の現実として呼び起こされるために、反省的思考を放棄しなければならなかったわけではなく、むしろ反省的に振り返ることによってこそ、著者は姿形の特徴や身なりの個性を選んでいるのである。たとえば、シャトーブリアンが語る父親の姿がそうだ。「父は白い綾織りのガウンを身にまとっていたが、それは父以外が着ているのを見たことがないものだった。薄くなった頭には大きな白い縁なし帽を、まっすぐきちんとかぶっていた。(略) 父は、何も答えずに、肉が落ちた血色の悪い頬をこちらに向けたものだった」。あるいは、母親についての描写もそうである。母は「きらびやかな模様のシャムスタイルの古い大きなソファーに、ため息をつきながら倒れ込んだものだった」[3]。またシャトーブリアンは、「大きな銀の燭台の上に立てられたろうそく」や、その夜の散歩にリズムを与えた大きな掛け時計や、小さな西の門に言及する。これらのものは、彼の両親の性格やその引きこもった暮らしの単調さ(ただしこの時代の多くの地方貴族たちのそれと相通じる暮らしぶり)をよく表し、かつ、非常に風変わりな家族の夜会のいつもの雰囲気を再構成するものとして、描写に添えられているのである。たしかにこれは、長い時間を経たのちに、作家によってなされた記述である。語り手は、それをうまく伝えるために、思い出をかなり言い換えざるをえない。シャトーブリアンが語っていることはおそらく、彼が想起していることのすべてに正確に対応しているわけではない。しかしそれでもこの場面は要点を的確につかんで、家族の理念的な姿(idée)を示している。そして、集合的な思考や感情の要約になっているこの場面は、ぼんやりとした曖昧な過去のスクリーンのうえに、きわめて鮮明なイメージを投影しているのである。

したがって、自分の両親を登場人物として、家のなかで繰り広げられ、記憶のなかに刻み込まれた特定の一場面は、ある一日の情景を、そのとき自分が経験したままの姿で再現するものではない。私たちはそれを新たに構成し、その前後のさまざまな時期から借りた要素をそこに混入させる。自分がその時点で、両親の気質や、それ自体距離を置いて判断される出来事について抱いている観念は、非常に強い力をもって心に押し付けられているので、私たちはどうしてもそれに方向づけられてしまう。そして、家族生活全体のなかで特に際立って見える出来事や人物についても同様である。それらは、家族生活を集約的に表し、相対的に重要性が低い物事や状況を位置づけようとする人にとっては、基準点として役立つ。それらが特定の日付をもっていても、私たちは実際に、何ら修正を加えることなく、これを時間軸に沿って移動させることができる。それらは、それに先立つもののすべてを内に抱え込んでいたり、そのあとに続くものの一切をすでにはらんでいたりする。それを頻繁に振り返れば振り返るほど、それについて思考をめぐらせればめぐらせるほど、それらは単純化されるのではなく、みずからのなかに多くの現実を取り込んでいく。それらの出来事や人物が、より多くの思考が収斂するポイントになるからである。こうして、家族の記憶の枠組みでは、多くの人物や事実が基準点を担っているのだが、その人物のそれぞれが一つの性格を体現していて、それらの事実の一つひとつが集団の一時期の生活全体を集約しているのである。それらは、イメージであると同時に概念である。私たちの反省的思考がそれらのうえに向けられる。そのとき、たしかに私たちは過去に触れ直しているように思えるだろう。しかし、それはただ、私たちが枠組みを出発点として、人々や事実のイメージを再構成することができると感じている、ということを意味するにすぎないのである。

＊

あらゆる種類の観念が、私たちのなかに、家族の思い出を呼び起こしうるのは確かである。実際に、家族は私たちの生活の最も大きな部分をそのなかで過ごす集団なのだから、家族が考えることと私たちが考えることの大半は交ざり合っている。人や物についての最初の概念を与えてくれるのは親たちである。外の世界は、しばらくのあいだはずっと、外部の出来事が身内のサークルのなかに及ぼす影響を介してしか認識されない。ある町のことを考えてみよう。すると、かつて兄弟と一緒にその町を訪れた旅のことを思い起こすかもしれない。あるいは、ある職業のことを考えてみるとする。すると、その仕事に就いている身内の誰かを思い起こすだろう。さらに、暮らしの豊かさについて考えてみよう。私たちは、家族のなかの特定の成員を思い浮かべながら、その人にどれだけの財産があっただろうかと考えるだろう。このように、どんな対象について考えてみても、そこから一連の観念の連想が生まれ、何らかの思考が呼び起こされ、それによって私たちは、遠い過去のことであれ最近のことであれ、かつての家族の生活に思いを向けていくのである。

このことは決して、家族的記憶の枠組みと呼ばれたものが、家族そのものからはっきりと区別されるような対象に対応する観念をまったく含んでいない、ということを意味するわけではない。本を読んでいて偶然に、コンピエーニュというフランスのある町の名前が目にとまり、先に述べたように、私が兄とともに連れられていった旅行のことを思い出したとしよう。このとき、次のような二つの可能性があるだろう。もしかすると、私は兄だからといって特にその人そのものに注意を向けることはなく、兄と一緒に訪れた町や一緒に歩いた森のほうに関心が向かうかもしれない。この場合私は、自分たちの目に強く印象づけられたものについて考えたことや、あるいは会話の流れのなかで交わし合った考えを思い起こしているのであり、私の兄がまったく親族関係をもたない別の友人に置き換えられても、自分の思い出は大きく変わることがないように思われる。主要な関心が自分たちを結び付ける親族関係にはなく、むしろ町のことを思い、その情景をはっきりと再現することだったり、一緒に歩いているときに自分たちの話題になっていた考えを思い起こすことにあったりするような場面では、私の兄は、いわば任意の一行為者にすぎないのである。ここでは、私は兄のことを考えているにもかかわらず、自分の家族生活上の出来事を思い出しているという感覚をもっていない。しかし、また別の可能性としては、この想起の場面で、私の関心はまさに自分の兄としてのその人に向けられるかもしれない。この場合には、私が彼の姿をはっきりと思い浮かべようとすると、私が心のなかに抱く彼のイメージは、この当時だけでなく、他の時代にも結び付けられていくことがわかるだろう。兄の特徴を呼び起こそうとして、むしろ数日前の兄の姿を思い浮かべてしまうかもしれない。しかし、そうした特徴以上に、兄と私と他のさまざまな家族成員のあいだにあった、そしていまもある関係のほうに、私の注意は差し向けられるのである。自分たちが歩いた道すがらのこまごまとしたことは、次第に背景に退くか、あるいはそれが自分たちを互いに、また他の家族たちに結び付けている絆を意識させるものになるかぎりで、私の心を占めることになる。言い換えれば、こうした思い出は何であれ、私の記憶のなかにそれを再現させた概念、つまりそれ自体私がフランスについて抱いている概念の一部をなしているフランスの一都市についての概念が、そのイメージを枠づけ、さらには修正し強化するものとして、もう一つの一般的であると同時に個別的な概念、すなわち家族の概念によって置き換えられたとき、はじめて家族の思い出となったのである。したがって、一つの場所についての観念が家族の思い出を呼び起こすというのは不正確だということになるだろう。その観念から距離をとり、呼び起こされたイメージをまた別の観念の光のもとに、場所の観念ではなく親族集団についての観念によって照らし出すことを条件として、私たちはイメージをその集団に結び付けることができるのであり、そのときはじめて、イメージは家族の思い出という形をとるのである。

多くの社会で、家族は単に親族集団であるだけでなく、暮らしている場所や、その成員が営んでいる職業や属している社会階層などによっても定義づけられるように思われる。それだけに、家族の記憶の枠組みを形作る純粋で特異な家族概念を、その他の一切から区別することは重要である。その際、家族集団がときに地域集団と一致しているとしても、また家族の生活や思考がときに経済的、宗教的、その他の活動によって影響されているとしても、前者の親族関係と、後者の宗教や職業や財に基づく関係のあいだには、やはり本質の差異が存在している。だからこそ、家族はその他の種々多様な共同体と並んで、固有の記憶を有しているのである。その記憶の前面に現れるものは、親族関係であり、一見したところその他の領域の観念に結び付くような出来事がそこに生じていたとしても、いくつかの側面で、それらは家族の出来事としても見ることができるのであり、それはすなわち、人々がその出来事をそのような側面から見ようとしているからなのである。

たしかに、いくつかの古代社会や近代社会において、家族は、一方では宗教集団と渾然一体のものであり、他方では土地につなぎとめられ、家や田畑と一体をなすものである、と論じられてきた。古代ギリシャ人やローマ人は、家族と、先祖神崇拝のための竈《かまど》(foyer)とを区別していなかった。このとき、竈とは「定住生活のシンボルである。(略)それは、土地の上に置かれなければならない。そして、ひとたびそこに置かれたならば、その場所を変えてはならない。(略)そして家族は(略)祭壇それ自体と同様に土地につなぎとめられる。ここに住居の観念が自然に生まれる。家族は竈に結び付けられ、竈は土地に結び付けられている。こうして、土地と家族との緊密な関係が成立する。そこに恒常的な住処が存在するべきであり、家族がそこを離れようと思うことはない[4]」のである。ただし、複数の竈は、さまざまな家族の礼拝がそうであるように、互いにはっきりと切り離されていなければならない。「竈の周りには、一定の距離をとって囲いが設けられなければならない。それが、生け垣という形をとるか、木の塀や石の壁という形をとるかはさして重要ではない。何であれ、それは一つの竈を中心とする領分と他の領分とを分かつ境界線を示すのである。その囲いは聖なるものと見なされる」。墓地についても同様である。「家と家とが隣接していてはならないのと同じように、墓地は互いに触れ合っていてはならなかった。（略）死者はもっぱら一つの家族に属する神であり、家族だけがその神の加護を祈る権利をもっている。その死者たちが土地を占有している。彼らはその小さな塚の下に生きている。そして、家族以外の者は誰も、死者と交わろうとは思わない。そして、誰一人、死者が占める土地を彼らから奪い取る権利をもたない。古代の人々にとって墓地は、決して破壊されたり移動させられたりすることがないものなのである[5]」。それぞれの畑にも、家と同様に、囲いが取り巻いている。その囲いは石の壁ではなく、「何フィートかの幅の土地が耕作されずに残され、ここには決して犂《すき》を入れてはならないのであった。この空間は聖なるもので、ローマ法はこれを法によっては定めることができないもの（imprescriptible）と見なしていた。つまりそれは信仰に属するものだったのである。（略）この線上に、一定の間隔を空けて、人々はいくつかの大きな石や木の幹を配置し、それは「境の神（*termes*）」と呼ばれた。大地の上に置かれた境の神は、いわば、土地のなかに植え込まれた家族の信仰であり、この土地がそのあともずっとこの家族の所有物であることを示していた。（略）儀礼に従ってひとたびそこに置かれると、どのような権力者もこれを動かすことはできなかったのである」。家や畑が「家族と一体のものであり、家族はこれを失うことも手放すこともできない[6]」ほどだった時代が存在したのである。家や畑の眺めが、世俗的にであれ宗教的にであれ、そこに繰り広げられた一切の出来事の思い出を、繰り返し呼び覚ましていったのではないだろうか。

たしかに、家族が最も基本的な社会単位だった時代には、その枠組みのなかで宗教が実践されていたにちがいない。そしておそらく、宗教的信仰は家族組織のなかに行きわたり、家族の姿を写し取っていただろう。しかし、信仰は家族が生まれる以前にすでに存在していただろうし、いずれにせよ外部から家族のなかに浸透していったものであるように思われる。ヘルマン・ウーゼナー[4]が示したように、先祖崇拝と並んで、おそらくはオリンポスの偉大な神々がその最終的な姿をとる以前に、ローマやギリシャの農民たちの想像力は、野山のなかにたくさんの神秘的な存在や力、人生の主要な出来事や農作業のさまざまな局面に現れる神や精霊を住まわせていて[7]、それらはまったく家族的性格をもっていなかった。死者崇拝の起源がどこにあるにせよ、先祖神（dieux lares）や祖霊（mânes）の性格と、ウーゼナーが特殊なもの（Sonder）またはつかの間の神（Augenblicksgötter）と呼ぶ神々の性格とのあいだに近しい関係があることはほぼ間違いなく、前者は後者の模倣を通じて考えられたものと思われる。いずれにせよ、こうした崇拝や人々が祈りを捧げる場所や司祭のあいだにどれほどの違いがあるにしても、それらのすべてはやはり同じ宗教表象のなかに含まれていたのである[8]。

このとき、こうした宗教的思考の様式は、家族的伝統からは区分されるものであった。言い換えれば、家族のなかでおこなわれる祭礼は、ローマやギリシャの人々にとっても、二種類の精神的態度に対応していたのである。一面では、死者の礼拝は、家族が繰り返し一つにまとまる機会、定期的に死没した親族の思い出を共有し、家族の統一性と持続性をより一層強く意識する機会を与えていた。他面では、毎年同じ日に、すべての家族で、およそ同一の儀式に従って、人々が死者を呼び起こし、生者たちと食事をともにするように死者たちを招くときや、また人々の関心が亡くなった人々の魂の本質や存在のあり方に向けられるときには、人々は一つの都市《シテ》の成員のすべて、さらには他の多くの都市の成員と共有している信念の体系に加わっていたのである。死者たちに対するそうした礼拝の機会には、人々はみずからの精神を、超自然的な力の世界全体に振り向けていたのであり、自分たちの祖霊はそのごく一部をなしているにすぎなかったのである。こうした二つの態度のうち、前者だけが家族的記念の行為を表していた。それは、宗教的態度と合致していたが、決して一つのものとなっていたわけではない。

今日の社会でも、農民の生活様式は、労働が家族生活の枠組みのなかでなされている点や、農場や家畜小屋や納屋が実際にそこで働いていないときでさえも家族の関心の中心であり続けている点で、他のさまざまな生活様式から区別される。したがって、家族と農地とが人々の思考のなかで切り離されていないのは当然のことである。その一方で、農民集団はしっかりと土地に結び付いているので、郷土の一画と自分たちが暮らす村の光景が、その事細かな特徴やさまざまな区分、家々の相互的位置関係や込み入った土地の区画まで含めて、幼い頃からその成員の心のなかに刻み込まれている。町に暮らす者が農民と話をすると、家や畑を、所有する家族ごとにはっきりと区別して認識していることに驚かされる。農民は、あそこは誰それの地所だ、あの農場は誰それのものだと言う。壁や生け垣や小道や用水路は、農民の目には家族集団を分かつ境界を示すものとなっていて、畑に沿って歩けば、そこに種をまき犂を引く人のことを思い、農園に沿って行けば、そこで果実を収穫する人のことを考えるのである。

しかし、村全体としてまとまっている農民の共同体が、いわばその思考のなかで、村を構成する家族のそれぞれに土地の一部を割り当て、その家族が住んでいる場所やその財産が置かれている場所に応じて、一つひとつの家族が村のなかに位置を占めているとしても、それは必ずしも、このような土地や場所に結び付いた考え方が個々の家族の意識の前面を同時に占めているということではないし、家族から見れば、成員同士の空間的近接性が彼らを結び付けている絆と同一視されるわけでもない。ここで、この二種類の関係がきわめて密接に重なり合うように見える事例を取り上げてみよう。デュルケムは、かつてギリシャに存在し、いまでも南部のスラブ人たちのあいだに存在している父系家族（つまり、一人の男性からその息子たちをたどって子孫が構成されるような家族）について研究するなかで、次のような指摘をしている。この家族は、財産が家族から離れることがないようにするという原則に立脚していて、土地を手放すくらいならば、個人（たとえば、結婚した娘たち）と縁を切るほうを選ぶ。「物を家族組織に結び付けている紐帯は、そこに個人を結び付ける紐帯よりも強いのである。（略）物は家族の魂である。家族は、物を手放せば、必然的にみずからを解体させてしまう」[9]。そうだとすれば、こうした制度のもとでもまた、家族の単位は財産の単位に帰着するのだろうか。すなわち、家族の成員は自分たちの親族としてのつながりと、一つの土地を共同で所有し開墾していることから生じるつながりを、同一のものと見ているのだろうか。そうではない。ここでもまた、同じ親族の成員たちがこのように同じ場所に近接して暮らし、ともに働いているとしても、農民たちの思考のなかにある二つの志向性を混同すべきではない。そのうちの一つは、農業労働とその物質的基盤、すなわち土地へと思考を向かわせるもので、もう一つは、家の内部と家族集団へと導くものだ。たしかに、農地での労働は、一つの家族または親族関係にある複数の家族の成員を、拡散させるのではなく、いくつかの同じ場所でなされる仕事のために結び付けるという点で、多くの産業労働の形態から区別される。農民はあくせくと働き、自分の身内や家を見ながらこう思うことがあるだろう。「この畑は私のものだ、この家畜は私たちのものだ」と。このとき農民は、農業の観念と家族の観念を混在させているように見えるし、実際にその仕事は家族生活の枠組みのなかでなされているのだから、二つの観念は彼の思考のなかではまったく切り離されていないように見えるだろう。しかし、そうではない。その農民が一人で犂を引いていようが、親族と一緒に草を刈っていようが、ともに麦を収穫していようが、家畜小屋の世話をしていようが、彼は実際に村全体、ひいては国全体の農民集団と思考のなかでは結び付いているし、結び付かずにはいられない。農民集団は、彼と同じ身ぶりで、同じ作業に従事し、場合によっては、たとえ親族でなくても、彼を助けることができるし、彼の代わりになることもできる。仕事の成果という点から見れば、それが親族の協働によってなされたものか、親族関係をもたない農民集団によってなされたものかは、さして重要ではない。したがって、労働も土地も特定の家族のしるしではなく、農民としての活動一般のしるしなのである。親族を労働に結び付ける理由は、親族を竈に結び付ける理由とはまったく別のものである。遠縁のいとこ同士がともに働き、高齢の祖父母やまだ幼い子どもは家に残っているとすれば、それを説明するのは肉体的な力の関係であり、親族関係ではない。近隣の畑でいくつかの異なる家族が、晴天の一日を利用して種まきや収穫をしようとするときや、乾燥は続くのだろうか、雹で芽がやられてしまうのではないかと天候をうかがって心配するときには、一つの共同の生活が目覚め、同様の関心が互いに呼応し合うものになる。ここで動きだすのは、農民としての、あるいは村民としての思考と記憶であり、それは彼らの前に、伝統や伝説や格言の宝庫を開き、彼らが慣習的時間区分に従って暦と祭日を忠実に守ることを求め、定期的な祝祭の形を定め、昔の厳しかった時期を思い出させて、人々に忍耐を教えるのである。たしかに、家族は常にそこに存在している。しかしこのとき、農民たちの思考が向けられているのは家族ではない。家族に思いが向けられるとすれば、その場合には、もっぱら農事に関わる関心や純粋に農民的な考え方がたちまち消えうせるか、少なくとも少し後景に退く。仕事をともにする仲間たちのなかにあって、一人ひとりが近親者の姿を目で探したり、家に残っている者たちのことを思ったりすることがある。この瞬間には、その人の視野は、身内の範囲に収まり、農地や農民の共同体から離れ、別の集団のなか、すなわち、もっぱら親族関係だけによって定義づけられる集団のなかに置き換えられている。そしてそれは、家族の成員に友人たちや近隣の人々が加わるような夕べの集いについても同様である。そこでは、農民共同体の精神が各家をめぐっていくのである。しかし、友人たちが去り、近隣の人々が引き揚げると、そのときは家族が自分たちの集団のなかだけに再び閉じて、また別の精神が浮かび上がってくる。それは、他の家族には共有されることがない、自分たちの成員の輪を超えて広がることがない精神である。これを、すべての農民と農民たちの共同体全体が理解し、その共同体のなかに保っている土地の観念と混同することはできないはずである。

家族の発展は、かつて家族が果たしていた宗教的・法的・経済的機能を少しずつ手放していくことにあったと、しばしば論じられる。家父はいまや、司祭でも裁判官でもないし、政治的な意味での家族集団の長でもない。しかしおそらく、これらの機能ははじめからすでに互いに区別されていたのであり、いずれにせよ、一家の長としての父の役割とは混同されていなかっただろうし、親族関係はその他のジャンルの思考や活動から生じる関係とは別のものだったのである。それらの機能のあいだに、もともと本質的な違いがなかったとしたら、そもそもそれらは分離しえただろうか。たしかにそれらは、家族のまとまりを強め、変えていくことに貢献したかもしれない。しかし、そのような結果をもたらしたとしても、それはその内在的な本質によるものでは決してない。その成員たちが同一の宗教的信念をもたないせいで、それぞれが空間的に離れているせいで、あるいは、異なる社会的カテゴリーに属しているせいで、親族がばらばらになり、家族が分裂し、家族の精神が弱まってしまうことがある。しかし、こうしたさまざまな原因は、基本的に、家族がその原因のいずれかに対して同様の反応を示すかぎり、同一の効果をもたらしうる。その反応は、家族についての表象によって説明される。宗教的信仰の共同性や空間的近接性や社会的状況の類似は、それだけでは家族の精神を創出するのに十分ではない。これらの条件は、家族がそこに認めただけの重要性しかもちえない。そして家族は、それらの機能なしでもやっていけるだけの力、それらが家族に課す障害を乗り越えるだけの力を、みずからのなかに見いだすことができる。さらには、家族がそうした障害をみずからの支えとして、外部で遭遇する抵抗を力に変えて、みずからを守ることもある。離れればなれに生活せざるをえない親族は、なんとかしてその距離を埋めようとして努力を傾けるので、一時的に遠ざかっているという状況のなかに、より一層愛し合う理由を見いだすことがある。宗教的信仰の差異や社会的水準の不均衡が彼らのあいだにもたらす隔たりを埋めるために、人々は家族的結合の絆を強めようとするのである。それほど、家族の感情は固有の、他から区別される本質をもち、家族の外からのさまざまな影響力は、家族の感情が迎え入れるかぎりで、そこにはたらきかけることができるのである。

＊

結局のところ、こうした家族の精神、家族の記憶は何に帰着するのだろうか。それは、家族のなかで展開されているすべての出来事のなかの、どのようなものについての痕跡をとどめるのだろうか。その集団の成員の思考のなかで行き交うすべての概念のうち、どのような概念が前面に立つのだろうか。家族生活の思い出を想起させるのに役立つ概念の枠組みとは何かを問えば、すぐにも、それぞれの社会ごとに規定される親族関係が思い浮かぶ。実際のところ、私たちはいつも親族との関係について考えている。自分の身内との関係は、他の家族の成員たちとの関係とともに、常にそれを考慮しながら行動しなくてはならないものだからである。親族との関係は、強い結び付きをもったシステムという形で示され、反省的思考のための手がかりを与えている。家族の系譜のなかには一種の論理が存在する。そのため、王朝の歴史や、王家のなかでの王位継承や婚姻の歴史は、統治に関わる事実を把握するのに適した手段を提供する。それと同様に、波瀾万丈の物語を読むときには、はじめに登場人物を識別し、相互の関係を理解しておかないとわけがわからなくなり、筋を追えなくなってしまうのである。

単なる親族関係だけのものとしてこれを見てしまうと、現代の家族を規定する関係はあまりにも単純で、親族たちの生活様式や言葉や行動のなかで印象に残った思い出のすべてを、また自分自身が親族として振る舞ったときの行動や言葉や思考についてのさまざまな思い出を、そこにつなぎとめておくことはできないように思われるだろう。自分には父親と母親と子どもたちと妻がいるということを考えるだけでは、その一人ひとりについての、そして自分たちが共有する過去についての忠実なイメージを、記憶によって再構成できないのではないだろうか。しかし、どれほど単純に見えようとも、今日の社会における家族なるものについての一般的な図式のかわりに、自分たちの家族の本質的特徴についてのより詳細で確固たる見取り図を置いてみると、その枠組みもまた十分に複雑なものになるのである。そのときにはまた、さまざまな親族のカテゴリーや等親〔=親族関係上の距離〕だけでなく、それぞれに距離と関わり方が違う親族たちの人柄を、常日頃家族のなかで認識されているその相貌とともに思い描く必要がある。実際に、身内の一人ひとりに対する自分の態度のなかでも特に関心を引くものがあり、私たちは親族関係だけに基づいてそれぞれが家族のなかに占める位置の概念と、非常に明確な個々の人格についてのイメージを、一つの思考のなかにまとめあげているのである。

父と子、夫と妻の関係を定める規則以上に、個別的状況を超える強制力をもち、その厳密性が自然法の必然に匹敵するものはない。たしかに、それは例外的状況のもとでは解除されうる。ローマ時代の父親は子どもと縁を切る権利をもっていた。今日の裁判所は、父権の剥奪や離婚を宣告する権限を有している。しかしその場合でも、親族関係や姻戚関係は集団の記憶や社会のなかに痕跡をとどめている。そのような事情で家族から離れていった者は、ある意味で、家族によって憎悪され、呪われた者（maudit）として扱われる。その人間が、家族にとってまったく無関係で、まったく関心を払われない者になってしまったとしたら、そのような感情も起きようがないのではないだろうか。いずれにせよ、人は家族から離れてしまわないかぎり、成員間の相互的位置が変更されうるような、そして実際にしばしば変更されていくような他の集団とは違って、身内との変わることがない親族関係のなかにとどまり続けるのである。人は、一つの職業から別の職業へ、ある国籍から他の国籍へと変わることがあり、社会的境遇の階梯を上ったり下ったりすることがあり、家臣が主人に、主人が家臣になることがあり、世俗の人間が司祭になり、司祭が世俗の人間に戻ることもある。しかし息子は、新たな家族を築くときまで、父親になることはない。そして、そのときであっても、やはり自分の父親の息子であり続ける。それは転倒することがない関係である。また同様に、兄弟は兄弟であることをやめることができない。そこには解除できないつながりがある。その人が何者でありたいかということにも、その人がどんな人であるのかということにも関わりなく、このように個人の位置があらかじめ決められている場所はほかにはない。

とはいえ、個々人の人格がこれほど際立って見える場所もまたほかにはない。これほどまでに、集団の各成員が「唯一無二の」存在と見なされ、他の誰かに置き換えることができず、置き換えうると考えることさえない場所は、他のどこにも存在しない。この点から見れば、家族とは特化した機能の集合というよりもむしろ、個別化した人格の集合であるということになるだろう。たしかに、父も母も兄弟も姉妹も自分で選んだわけではない。自分で選んだように見えるのは、多くの場合、配偶者だけである。しかし、家族という相対的に閉じた環境のなかで、相互に日常的接触がなされていく場合には、私たちは長い時間、ありとあらゆる側面にわたって、互いの姿をよく見ることになる。したがって、各人の記憶のなかには、それぞれの人について、とりわけ豊かで正確なイメージが形作られていくのである。ということは、この社会生活の領域で人々が近親者について判断する際には、社会の規範や通念に支配され左右されることが、きわめて少ないということではないだろうか。そこでは、人を見るときには、宗教的・政治的・経済的集団などの成員としてではなく、その人自身の個人的性格に基づいて、人々の個人的資質がまず第一に、しかもただそれだけが考慮されるのであって、家族を取り巻いてはいるが交じり合うことがない他の集団にとってその人が何であるか、何でありうるかは問題にならないのではないだろうか。

このように、私たちが自分の家族・親族のことを考えるときには、心のなかに、親族関係についてのイメージと、一人ひとりの人格についてのイメージをともに抱くものである。そして、この二つの要素が強く交ざり合っているために、私たちは各人に対して同時に二重の態度をとる。家族・親族に対する私たちの感情は、親も兄弟も選択の余地がないものであるために、その相手がどういう人であるかとは無関係なものだが、同時に、親族関係を超えて、その人の性格のなかにさまざまな好き嫌いの理由を見いだすがために、自発的で、自由で、より好みに基づくものだと言えるのである。

そこに新しい成員が加わるとすぐに、家族はその思考のなかに一つの場所を準備する。その参入が出生によるものであれ、婚姻によるものであれ、養子縁組によるものであれ、家族はその特定の日付を控え、特定の状況下で生まれた出来事を記録にとどめる。そこに最初の思い出が生まれ、それはずっと消えることがない。のちに、その時点ではすっかり集団のなかに溶け込んでいるこの身内の一人について考えるときには、その人がどんな形で家族に加わったのか、家族になったときの状況が集団の成員たちのあいだにどのような思いや印象をもたらしたのかを、思い起こすことになるだろう。それだけではなく、家族の成員たちの関心が、この人の言動や、あるいは単に風貌に寄せられたときにも、そのたびにこの思い出が呼び出されることになるだろう。家族の成員たちは、その人が自分たちの集団のなかに導き入れられたときまずはどうだったのかを、決して忘れないだろう。そして、その思い出や観念は、その人がのちに彼らのなかに呼び起こすさまざまな印象がどんな傾向をもつようになるのかに、影響を及ぼすことになる。したがって、出来事や人物について家族が抱く思い出のなかで、以下のような二つの性格を示さないものはない。一方で、その思い出はきわめて豊かで、深みがある場面を再構成している。というのも、私たちはそこに、個人として、非常に親密な経験を通じて認識している現実を見いだしているからである。他方では、その思い出は私たちに、集団の観点から、それを見ることを要求する。すなわちそれは、家族成員全員に対する利害関心を表すような親族関係を想起させるのである。

家族にも、他の多くの集団と同じように、さまざまな人がいて、多くの出来事が起きる。それらは、二つの様式で想起されるように思われる。一方では、個別の事実や個別の状況に個々人を対応させるようにして、一つひとつのイメージが喚起される。それは、ここでは、自分の身内の一人ひとりについて抱いている一連の印象ということになるだろう。それは、私たちが一人ひとりに独自の相貌を認め、他の誰とも混同してしまうことはないということを示している。他方では、その人の姓（noms）を呼ぶことで、家族関係（familiarité）に基づく感情が呼び起こされる。それは、全体のなかでのその人の位置、隣り合う人や物との関係での相対的な位置がわかっている人を前にしたときの感情である。ここで想起されるのは、言葉の助けによって表される等親の概念である。ところで、これまでに見てきたように、家族の記憶は個別の印象の連なりを、かつてそれらが意識を横断していったままの姿で、純粋かつ単純に再現するわけではない。また、その一方で、それは単に言葉によって反復することで行動を描き出すものでもない。さらには、二種類の与件の単純な結合によってもたらされるものでもない。家族が家族の思い出を想起するときには、多くの言葉を用いながら、唯一無二のものだった出来事やイメージを示唆するのだが、物質的運動でしかないその言葉も、感覚や思考の潜在的対象でしかないかつての出来事やイメージも、記憶の全体を構成するものではない。家族の思い出は、それとは別のものであるにちがいない。しかし、その思い出は私たちをそれらのイメージや出来事へと向かわせると同時に、それらの言葉に頼らざるをえなくさせるのである。

一人ひとりの名前（prénoms）以上に、この種の思い出を理解させてくれるものはない。名前は、一般的概念でもなければ個別的イメージでもなく、親族関係と一個人とを同時に指し示すものである。名前は、家族集団の成員のあいだでの合意を前提にしているという点で、さまざまな物を表すために用いられる名詞に似ている。たとえば、私が自分の兄弟の名前について考えるとき、それ自体決して無意味なわけではない物質的記号を用いる。

それは、社会によって準備された呼称のレパートリーのなかから選ばれ、それぞれが共同の思考のなかに何らかの記憶（暦に名を連ねる聖人や、その名をもった歴史上の人物）を想起させるというだけでなく、その音の長さや構成によって、あるいはそれがありふれたものか珍しいものかによって、特徴的な印象を呼び起こす。したがって名前は、それをつけられる人のことを考えずに選ばれたとしても、その人の性質の一部をなすように見えるのである。ある名前が自分の兄弟につけられていることによって、自分にとって他の名前とは違う意味をもつだけでなく、その兄弟もまた、その名前をつけられていることによって、別の名前で呼ばれているのとは違う存在に見えてくるのである。名前がある人物のイメージ、またはその人物を思い起こさせる一連のイメージに貼り付けられた一種の物質的ラベルにすぎなかったとしたら、このようなことは起こるだろうか。そうした物質的記号を超えて、私たちは名前とともに、それが象徴するもの、したがってまた切り離すことができない何かについて、考えなければならないのである。このとき、このように名前が家族の成員を一人ひとり区分するのに役立つとすれば、それはこの集団がみずからのために成員たちを区分し、その区分を原理として、かつ手段として自己理解することを必要としているということであり、名前がその必要に応えているということでもある。その原理とは、親族関係こそが家族の成員に、他の原理からは説明ができない固定的な一つの位置を与えているということである。その手段になるのが、その位置を占める人を、名前によって指し示すという習慣である。したがって、物質的記号それ自体の果たす役割は付随的なものでしかない。本質的な点は、この場合に兄弟の名前を呼ぶ私の思考が、親族たちの心のなかに私の兄弟を描き出す思考と一致しているということにある。名前はこの一致の象徴にほかならない。私はそのたびごとにこの一致を経験することができ、またずっとそれを経験してきたのである。言葉はこの一致のなかで了解されるのだが、私は言葉そのものよりもむしろ、その一致について考えているのである。つまり、そのときの私の思考はきわめて豊かで複合的なのである。なぜなら、その瞬間に、私の意識は集団の思考の次元にまで拡張しているからである。このとき、他の親族たちの前でその名前を口にすれば、それだけで私が誰のことを話しているのかをそれぞれが理解し、その人について知っていることを私に伝えようとしてくれる、と私は感じている。ただし、私が実際にそのような問いかけをしてみるかどうかはさして重要ではない。本質的なことは、それが可能であると知っていること、つまり、自分が自分の家族の成員と接触し続けていることにある。私たちの心のなかを横切る概念の大半は、やろうと思えばその内容を分析しうるような、少なからず明確な感情に帰着するのではないだろうか。ただし、そのような分析を最後まで突き詰めておこなうのはまれなことであり、そのかなり手前まででさえほとんど考えてみることはない。しかし、この問いを最後まで推し進めていくと、自分の親族や自分自身が兄弟からそのときどきに受け取った個別的で具体的な印象を再構成しうるのだということ、またそのかぎりで、その全体を兄弟の名前に置き換えることができるのだということがわかる。したがって、名前の背後には、ある種の条件のもとでは再生することができるたくさんのイメージが控えている。しかし、その可能性は、自分が属する集団の存在と持続と統合によってもたらされるものである。そのために、さまざまな時期ごとに、その名前が自分たちにとっては同じ人物を指し、同じ親族関係によって自分たちに結び付いているとしても、集団が変化し、その経験もまた変わっていくので、同じ身内の人についても多くの新たな印象が付け加わっていく。同時に、亡くなっていく証人もあり、生き残っている人々の記憶のなかにも空白が広がっていくために、その経験の内容の一部は失われていく。一人の親族についての思い出は、移り変わっていくその時期に応じて、同一の人格的特徴の集合を示すわけではないのである。

もしも自分の家族の成員がすべていなくなってしまったら、何が起こるだろうか。私はしばらくのあいだ、その人たちの名前に意味を与えるという習慣を保ち続けることだろう。実際に、一つの集団が長い期間にわたってその影響力を及ぼし続けてきた場合には、人はその力に深く浸されているので、仮に一人きりになったとしても、なおその圧力のもとにあるかのように振る舞い、考えるものである。最近誰かを失ったという経験が、その帰結のすべてを生み出すのはずっと先のことなのだから、それは自然な感覚である。さらに、自分の家族がいなくなってしまった場合であっても、いままで知らなかった親戚や、自分の家族のことを知っている人に出会わないともかぎらない。その人たちにとって、その名前や姓はいまでも意味をもち続けていることだろう。

反対に、死者が過去へと遠ざかるにしたがって、その名が少しずつ忘却されていくのは、彼らと自分とを隔てる時間の物理的広がりが大きくなるからではなく、彼らがそのなかで生きてきた集団、彼らを名づけることを必要とした集団をなしていたものが何も残らなくなっていくからである。先祖たちのなかでも、いまだにその思い出が息づいている者たちの名だけが、伝えられ、保たれている。それはいま生きている人間たちがその者たちに儀礼を奉げ、少なくとも虚構のうえでは彼らとの関係のなかにとどまっているからである。その他の者たちは、無名の集合のなかに一体化していく。いくつかの原始社会や古代社会では、個々の家族が限られた数の名を自分たちのものとして所有していて、そのなかから成員の名が選ばれているようである。古代ギリシャで、孫に祖父の名をつける傾向があったことは、おそらくこのことから説明される。しかし、同時にここからは、集団が死者の名を引き取り、これを生きている者に与えることによって、死者を思考と記憶の外に追いやり、集団の関心や注意を一定の範囲に抑えているということもまた理解される。死没した親族を忘れたくないと思う個人は、その名を繰り返し用いることに執心するのだが、結果として遠からず、総じて死者たちには関心を向けなくなっていくのである。思い出にとらわれた個人は、現時点の社会の関心と、過去の集団の関心とを融合させようとむなしく努めるのだが、その個人にはまさに、消え去ってしまった集団の支えが欠けている。他の人々が思い出さないものを、一人だけ想起している人間は、他の人には見えないものを見てしまう人間に似ている。それはある意味で幻覚にとらわれた者であり、周囲の人々に不穏な印象を与える。社会がそれにいら立ちを示すので、その人は沈黙する。そして、沈黙を続けるがゆえに、自分の周りでは誰も口にすることがなくなった名を忘却していく。社会はエフェソスの寡婦[5]のように、生きている者を救うために死者を犠牲にする。たしかに、臨終の苦しみが長く尾を引くこともあるし、相対的に長く死者の思い出をとどめる社会もある。しかし、この点に関して、各社会のあいだには、ほとんど程度の差しかない。

＊

これまでに論じてきたように、あらゆる社会において、すべての家族に課せられる組織化の型が存在し、その一方で、個々の家族のなかに固有の精神が生まれ育つ。それは、家族が自分たちだけの伝統を有しているからである。家族の記憶が、成員同士を結び付ける親族関係の思い出だけでなく、家族の歴史に残る出来事や人物についての思い出もまた保持しているであれば、どうしてもそうならざるをえないだろう。家族は、同じ類に属するたくさんの種のようなものである。そして、そのそれぞれは他の家族とは区別されるので、互いに無視したり、敵対したり、影響し合ったりすることがあり、一つの家族の思い出の一部が他の一家族、または複数の家族の記憶のなかに浸透していくということもまた起こりうる。さらに、社会全体に広がる信念は、家族のなかでも外部の集合的生活に直接関わっている者を介して、家族の成員たちのもとに届けられるので、そうした信念が家族の伝統のなかに取り込まれたり、逆にその伝統を変化させたりということが、しばしば起こりうる。いずれの事態が生じるかは、一つには、すべての家族を包摂する上位の社会がもっている傾向、すなわち、家族内で起こっていることにある程度無関心でいようとするのか、それとも（おそらく原始社会がそうであるように）絶えず家族生活を規制し、統制しようとするのかによって変わり、もう一つには、個々の家族に固有の伝統の力、すなわち、その伝統を作り出し維持している人々の人格的特性とも無縁ではない、その力のはたらきによって変わる。

私たちが新たな家庭を築くために親元を離れたりしなかったならば、またもし、その親たちが強い個性やきわめて独特の人柄をもって、自分たちの集団に他の世界からはっきりと区別される相貌を伝え、保つことができていたならば、さらにもし、私たちが親と触れ合って生きてきた期間にずっと、親の道徳的性格や、周囲の社会的世界に対する態度が大きく変化しなかったならば、親とその行動、親の判断、親の生活のなかのさまざまな出来事は、ずっと私たちの記憶の前面に残り続けることだろう。しかし、家族が他の集団からの影響をあまり受けなかったとしても、そこには避けがたい変化が生まれる。死、出生、病気、老い、その成員の個別的な身体活動の衰えや成長は、時期の推移とともに家族の内的構造を変えていく。家族の成員、あるいはその大多数がそのことに気づかないということも考えられる。たとえば、彼らがともに年を取っていったり、少しずつ他の人々から孤立していったり、いささかも変わることがない幻想のなかに閉じこもっていったりすることによって、そうなることもある。そのとき彼らは、過去の思い出をごく最近のことであるかのように語るのである。それらの思い出が位置づけられている枠組みはほとんど変わることがなく、豊かになることもない。しかし多くの場合、家族成員のなかでも、他の家族社会や周囲の一般社会から完全に孤立しているわけではない人々は、自分の身内も昔のままではないということに気づいている。そのとき彼らは、年老いてあまり信頼がおけなくなった人の言うことを、他の家族に属する人々の意見と突き合わせてみたり、類推して考えられることや一般的観念を参照してみたり、自分たちの集団の外にあって自分たちを取り巻いている同時代の通念の総体と対照させたりすることによって、家族の思い出の全体を立て直し、補完していくのである。したがって、家族の歴史は、過去の出来事をその当時生きてきた人々が語る物語を再現するだけでなく、時を経るなかで繰り返し手を加えられていくのである。それは、その他の証言がそこに取り込まれていくからというだけの理由によるものではない。同時に、今日の人々が過去を考え、思い描く様式に、その歴史を適合させるためでもあるのだ。

結婚によって家族集団から成員の一人が離れていったとき、出自の集団はその成員のことを忘れようとはしないものである。しかし、新たに参入した家族集団のなかでは、その人は、いまはもう自分の家族ではなくなった人々のことをあまり考えなくなり、新しい人物や出来事が意識の前面を占めるようになる。特に古代の、たとえばギリシャやローマの社会ではそうであった。そこでは、結婚によって新しい家族が創設されるのではなく、既存の家族に新しい成員が迎え入れられるのである。この新たな成員は、その前に既存のもう一つの家族から切り離されていなければならず、その根本的な切断は、死によって集団に課せられた一成員の離脱に類するほどのものであった。ローマ時代には、嫁出する娘は親元の家族では死に、夫の家族のなかでもう一度生まれるのである。そのために、家族が最も重要な社会的単位だった古代社会では、結婚は宗教的行為であり、集団の構成に変化をもたらす他のすべての行為と同様に、儀礼の形をとるものであった。フュステル・ド・クーランジュは次のように記している。「このようにして結婚した女性もまた死者の崇拝をおこなう。しかし、彼女が葬送の食事を供えるのはもはや自分自身の祖先に対してではない。彼女はすでにその権利をもたない。婚姻は女性を、その父親の家族から完全に切り離し、その家族との宗教的関係の一切を断ち切ってしまったのだ。彼女が供物を奉げるのは夫の先祖に対してである。彼女はこちらの家族に属していて、夫の先祖たちが彼女の先祖となっている。結婚は彼女に二度目の出生をもたらしたのだ。彼女はそれ以後、夫の娘、法律家が言うところの義理の娘（filiae loco）になる。人は二つの家族、二つの家の宗教に帰属することはできない。妻は完全にその夫の家族と宗教のなかに位置づけられるのである」[10]。とはいえ、女性が夫の家族に加わるとき、それ以前のすべての思い出を忘れてしまうわけではない。子ども時代の思い出は彼女のなかに強く刻み込まれている。それは、彼女が実際に親や兄弟姉妹とのあいだに保ち続ける関係によって更新されていく。しかし彼女は、それらの思い出を、いまの家族のなかで自分に課せられている観念や伝統と整合させなければならない。その一方で、ローマ時代の家族は、集団の思考のバランスをいささかも揺るがすことなく、婚姻によって導き入れられた女性を取り込んでいったわけではない。その女性によって、彼女の出自の家族の精神の一部が、新しく加わる家族のなかに浸透せざるをえなかったからである。[11]家族の連続性は多くの場合に虚構でしかなかった。それぞれの家族にとって結婚とは、そこからみずからを切り離そうとしていたより広範な社会環境との接触を取り戻し、新しい思考の流れにみずからを開いていく機会である。そのようにして、家族はみずからの伝統を変化させていくのである。

「今日では、家族は不連続である。結婚した二人が新しい家族を創設する。そして、これをいわば白紙の上に築くのである」[12]。たしかに、婚姻によって上層の社会領域に参入していく場合には、出自の家族を忘却し、社会的にもっと重んじられている世界へとつながる家族集団に、強く同化しようとすることがあるだろう。ゴリオ爺さん[6]の二人の娘は、一人が伯爵と、もう一人が裕福な銀行家と結婚すると、父親から距離をとり、ぱっとしない世界のなかで過ごした時期の生活をそっくり記憶から消し去っていく。ここではまだ、結婚が新しい家族を作っているわけではなく、単に既存の家族が新しい成員を増やすことを可能にしただけだと言える。しかし、社会的水準が同等の二人の人間が結び付くときには、力が拮抗した家族的伝統同士がぶつかり合う。既存の二つの家族のうちのいずれも、もう一方の家族からきた者を自家の側に取り込めるとは主張できないのである。その結果として、家族が夫婦関係へと縮小される傾向にある現代の社会では、親の家族は子どもたちが新たな家族を築き始めるとともに終わりを迎えるように見えるはずであり、また実際、多くの場合にそう思われている。そこから、親が作った家族と子どもが作った家族のあいだに、かなりはっきりとした態度の違いが生じる。いま以上に大きくなることがない家族、その終わりの時期にいたった家族にとっては、離れていく成員を忘れず、その人たちを引き留めることはできないとしても、彼らを引き続き家族に結び付けている絆を、その家族にとって可能なかぎり強化していくのが当然である。そのとき、家族が呼び起こし、成員たちのあいだで保持しようと努める思い出は、おそらく、それが年月を積み重ねた思い出であることから力を引き出している。他方で、新しい家族は、すぐにも未来に目を向ける。新しい家族は、自分たちの背後に一種の精神的空白を感じている。というのも、夫婦はまだそれぞれに以前の家族の思い出に浸っていて、それらの思い出は互いに同じものではないので、共同でそれを考えることはできない。夫婦がともにどんなルールを受け入れたとしても衝突を避けることはできないので、それを回避するためには、夫婦が暗黙のうちに過去を廃棄されたものと見なすのが望ましい。その過去のなかに夫婦は、自分たちのつながりを強めるのにふさわしい伝統的要素を見いだすことができないのである。実際には、夫婦はその過去を完全に忘れてしまうわけではない。しかし、やがて二人が自分たちの背後にそれなりに長い共同生活の時間を有するようになり、夫婦の関心が交ざり合うような出来事が自分たちの記憶を形作るだけのものになると、そのとき彼らは、それらの新しい思い出のあいだに古い思い出を位置づけることができるようになる。彼らが新しい家族の基礎を築いていく人生のこの一時期に対して、彼らの親たちが関わりをもたずにいるので、なおのことそうなっていくのである。しかし、その古い思い出は新しい枠組みのなかに位置づけられる。祖父母たちは、最近まで家庭生活に関わっていたのであれば、そこで補完的な役割を果たす。いまある家族の生活の合間を縫うように、祖父母は孫たちに断片的に自分自身の思い出を伝え、ほとんど消えかかっている伝統のこだまを届ける。しかし祖父母たちは、観念の集合や事実の一覧を孫たちの前によみがえらせることができるわけではない。それらの観念や事実は、集合や一覧としては、思考の枠組みのなかに位置を見いだすことができない。次世代の者たちはいまや、その枠組みのなかでは考えなくなっているのである[13]。

のちにどのような歩み寄りや関係の回復がなされても修復することができないこの種の断絶が二つの世代のあいだに生じる場合、何の努力もなされないわけではないし、ときには、苦痛や引き裂かれるような内面の思いが生じることもある。しかし、もしその際に個々人の意識だけしか存在しなかったなら、対立はすべてイメージ同士の争いにすぎないことになるだろう。つまり、一方には、過去への愛着によって、幼少期の思い出によって、両親が自分の心のなかに呼び起こす感情によって、私たちを引き留めようとするイメージがあり、もう一方には、現在の経験領域のなかに現れる新たな存在へと引き寄せようとするイメージが存在することになるのである。そしてこのとき、現在の感覚と感情の状態が強力であるために、個々人は現在のために過去を犠牲にして、みずからの背後に残される苦痛を十分に思い描くこともなく、親のもとから離れていくのだと見てしまうと、個々人が心のなかで引き裂かれるような思いを感じるということや、過去を懐かしむ気持ちがしばしば彼らのなかで悔恨の念になるということが、理解できなくなってしまうだろう。他方で、思い出が胸を締め付けるような思いを課すために、しばしば起きることだが、あえなくその思いにとりつかれ、未来が個々人の目に輝かしい色彩をもって現れなくなるのだと見てしまうと、今度は彼らが現在のために過去を犠牲にするということが理解できなくなってしまう。

しかし、ここで互いにぶつかり合っているのは、過去と現在のそれぞれからやってきた二種類のイメージなのではないし、生活と人間を考える二つの様式、二通りの考え方なのでもない。一人の男性に、自分自身をまず何よりも息子という存在として考えることを強いる家族の論理に対して、自分を夫や父親と考えることを可能にする別の論理を対置することができなかったとしたら、その人はいつまでも最初の家族のなかにとどまることになるだろう。あるいは、その最初の家族の外に出たとしても、孤立した人間を襲うさまざまな物質的・精神的不幸にさらされることになるだろう。彼の思考や思い出はもはや、散りぢりになってしまうことを防いでくれる枠組みのなかに場所を見いだせないことになるだろう。すなわち、彼の思考や思い出は、彼の情熱や欲望が続くあいだ、あるいは好都合な状況が続くあいだしか存続せず、集合的な信念や考え方にはまったく立脚しえなくなってしまうだろう。モンタギュー家の息子とカプレット家の娘が結婚することを許さない社会では、ロミオとジュリエットの物語は、夢のイメージがもつ以上の現実性を保ちえない。しかし、人が一つの家族を離れるのは、すべての家族を含むその社会の規則や信念に応じて、もう一つ新たな家族を作り出すためにほかならなかったり、より一般的には、別の集団の一員になることにほかならなかったりするのであれば、話はまったく別のものになるのである。

ある家族の成員がそこを離れ、家族ではない集団に加わるとき、たとえば修道院にこもるようなときには、その成員はその集団の力を宗教的信仰のなかに見いだし、それを家族の精神に対置させる。このとき、さまざまな出来事もまた、他の集団の視点から判断されることになり、異なる原理を起点として、別の論理に従って捉えられることになるだろう。聖母アンジェリック[7]は、彼女のなかでまだ家族の精神が新しい義務の感情と闘っていたとき、ポール＝ロワイヤル修道院の小門で父や兄との面会を拒んだ日を思い起こし、そこに、彼女が耐えなければならなかった最も厳しい試練を見いだしていたことだろう。しかし、この思い出は、彼女が回心を重ねていく物語によって、また同時に彼女の宗教的思考の総体によって、少しずつ、ごく自然に枠づけられていったにちがいない。その思い出はやがて、彼女にとっても、また彼女の共同体の成員たちにとっても、一つの伝統であり、同時に模範でもあるもの、そして真理の一つの様相のようなものとなったのである。つまりここでは、人生についての二つの考え方がぶつかりあっていたのだ。しかし、ある家族の成員がそこを離れて、別の家族を築くときには、これとまったく同様のことにはならないように思われる。実際に、宗教生活に入っていく娘は、自分が家族生活のなかで身に付けてきた考え方を、修道院のなかに見いだすことはほとんどない。家族のなかで身に付けた考え方を置き換えたり、他のものに当てはめたりしても、修道院の生活には適さないのである。これに対して、息子や娘が結婚するときには、彼らが自分の家族のなかで自分の親から学んだのと同様の論理、あるいはその論理そのものを、結局はよりどころにしてしまうのだと考えることができるだろう。つまるところ家族とは、何世代にもわたって人々が、次々と引き継ぎながら充足していくことを求められるさまざまな機能の総体に帰着するのではないだろうか。かつて父親だった人も、亡くなってしまったり、子どもたちが少しずつ彼を必要としなくなったりすると、父親ではなくなるし、そうでなくとも実質的には父親の役割を果たさなくなる。彼が一つの名となり、顔となり、単純に、その役割よりもむしろその人格に由来する感情を、本人も周囲の人々も感じているような存在となったときにも、そして、その感情が父親であることからではなく一人の人間であるということから生まれ、父親に対してというよりもその人に対して向けられるようになったときにも、彼についての思い出はまったく色あせることがない、というわけにはいかない。父親という観念がもつ力は、いまその言葉の十全な意味で父親であるという意識をもっている人、父親と見なされている人に向けられていくものではないだろうか。

しかし家族は、ある時点で突然その内容を入れ替えてしまう形式のようなものではない。息子が結婚したからといって、王位の継承がなされるときのように、彼が父親に取って代わるわけではない。新たに築かれた家族は、その二人の主である夫と妻が生まれ育った二つの家族に相対する、もう一つの新しい家族として位置づけられる。そして少しずつ、あとになってみてようやく、新しい父親と母親は、自分たちの役割をかつて自分たちの両親が果たしていた役割と同一視するようになるのであり、彼らにとってその同一性は多少なりとも近接的な類似以上のものとしては映らないのである。

サミュエル・バトラー[8]は次のように考察している。もし、記憶(souvenirs)が親から子へと遺伝によって引き継がれるのだと仮定すれば、子どもたちが受け継ぐ経験は、時間の経過のなかで、その子が受胎した時点よりもあとにまで広がることはありえない〔妊娠したあとの親の経験は子どもには引き継がれない〕ことになる。その時点よりもあとには、子どもと親のあいだに〔遺伝子が継承されていくような〕身体上の連続性は一切存在しないからである。そうだとすると、子どもは成人になるまでは親たちの経験によって導かれていくので、その時点までは確実に親がたどってきた生物学的な過程がその子どもによってもまたたどられていくのだが、自分が子どもをもつ年齢になると、人は自分自身の経験の成り行きに身を任せることになり、自分が生きていかなければならない状況に自分の体を以前ほどうまく適応させることができなくなる。[14] しかし本書ではこれとは反対に、次のように主張することができるだろう。自分の親の人生のうち、私たちが直接的経験として知っているのは、自分が生まれてから数年を経過して以降の部分だけである。それに先立つ一切はほとんど自分には関わりをもたない。逆に、自分が夫となり父になるときには、それまでに見てきた一連の段階を繰り返していくのであり、私たちはかつての親たちの姿に自分自身を重ねて見ることができるようになると思われる。しかし、それだけではまだ十分に言い尽くせていない。新居を構えた当初にはまさに、自分たちの家族が以前の家族と対置させられる時期がある。なぜならそれは、新しい家庭であり、伝統的枠組みの外部に自分たちだけの記憶を作り出すことが必要だと思われているからである。したがって家族は、かなりあとになってはじめて、すなわち家族が築かれた当初の勢いをある程度失い、その家族からまたその子どもたちが離れていき、次の世代の新しい家族集団が生まれる頃になってようやく、自分たちがそこから離れてきた家族のありようを、書物の版を重ねるようにして引き継いできたにすぎないことを意識するのである。父親や母親は、老いに近づいていくなかで、最も強く自分たちの親のことを、特にいまの自分たちの年齢にあった頃の親のことを考えるようになる。そして、彼らから自分を区別する理由が失われようとしているので、自分の親たちの姿が生き生きとよみがえり、その足跡をたどり直していくように思えるのである。しかし、自分たちの生活が活動的で、大きく広がっていこうとする時期には、家族は未来に目を向け、あるいは現在に没頭していて、同時代の他の家族が形成するより大きな社会に足場を置いて、伝統的家族に対するみずからの独立性を正当化し、強化しようとしている。したがってその家族は、出自の家族、または代々の家族の考え方や思い出に対して、より広く認められた論理、新しい生活についての考え方、またそのために、その社会に存在する少なくとも表向きにはより合理的な考え方を、対置させるのである。

一生を通じて私たちは、自分の家族だけでなく、その他の集団にも関わり続けている。自分の家族の記憶を拡張して、そこにたとえば、社交界での生活の思い出を組み入れていく。あるいは、自分の家族の思い出を、自分たちの社会が過去に見いだす枠組みのなかに位置づけ直していく。それは、自分の家族を他のさまざまな集団の観点から捉えること、あるいは逆に家族の視点から他集団を捉えること、そして思い出とともに、家族に固有の考え方とその他の集団に固有の考え方とを結び付けていくことに等しい。ときに応じて、この二つの枠組みのうちのいずれかが優位に立つことがある。そして、人が一つの集団から他の集団へと移行するときには、みずからの視点や原理や利害や判断と同時に、記憶が変換される。子どもが学校に行くようになると、その生活はいわば二つの川床を流れるようになり、その思考は二つの層をたどりながらつながっていく。学校に通い始めた子どもが、ごくたまにしか自分の家族に会わなくなるのであれば、家族はそれまでに十分な力を獲得しておかなければならないのだが、その力は同時に、家族が小中学校や高校よりも長く続き、死が近づくまでずっとその人に寄り添い、その人を包み続けるということから生まれるものでもある。しかし、若者であれ大人であれ、外の世界と結び付くことで家族から遠ざかるのであれば、程度の差はどうあれ同じようなことが起きる。社会に出ていく前や、社会を離れたあとには、自分の身内の世界だけで十分であり、何よりもまずこれに関わりをもつ。生活とともに記憶は、いわば、内に閉ざされる。記憶は、家族の境界のなかに閉じこもるのである。反対に、世の中に出ていくときには、人は自分自身を抜け出し、記憶は外へと開かれていく。そのとき、自分の生活とは自分の結ぶさまざまな関係であり、自分の歴史はそのさまざまな関係の歴史である。自分の行動も楽しみも、家族以外の人々のそれから切り離すことができず、それぞれを別に語ることはできなくなる。社交生活は自分を見失わせる〔=拡散させる〕と言われるが、それは厳密な意味で理解されなければならない。たしかに人は、社交の世界にはある程度までしか、あるいは表面的にしか関わることができない。しかし、そのとき人は二つの人格を演じていて、その社会に加わっているかぎりは、その社会の人々と同じように想起することを受け入れるのである。職業生活や社交生活が充実している短くも多忙な時期にだけ、自分の活動拠点になる社会集団に入り込み、そこに溶け込んでいくような人の大半は、おそらくそのようにして成長していくのである。このとき、その人は、まだ自分を埋没させるべき場所をもたない子どもや、そこからすでに離れてしまった老人たちとは違って、自分の思うがままには行動することができない。すっかり職務から解放された行政官や経営者や政治家が、働き続け動き続けた日々の出来事をつづった回想録をひもといてみよう。そこにあるのは、その人の歴史というよりも、社会集団の歴史、職業集団や社交集団の歴史である。その内容そのもの以上に、その語り口や何らかの指摘(ただしそこにはしばしば、仲間内の党派の反応が見いだされる)、そしておそらく出来事の選び方が、個人の物語や自伝から、歴史的文書を分けている。そうした文書の目的は、一群の人々が見たままに、その人々に対してもっていた意味に即して、さまざまな事実を物語ることである。一人の作家について、その歴史はその作品の歴史と一つのものであると言う場合、それは作家がみずからの作り出した内面の世界からほとんど抜け出すことができないということを意味している。これに対して、軍人や医師や宗教家について、その歴史はその行動や治療や回心の歴史と一つのものであると言うときには、逆に、その人が一個人に立ち戻る時間をほとんどもちえず、とりわけその職業で彼が直面していた関心事、またはそれによってあらかじめ定められていた共同の関心が、彼の思考を十分に満たしていたということを言わんとしているのである。

さまざまな人々と家族が一緒になって娯楽や仕事や儀式に参加する状況では、多くの場合その出来事は、それによって家族生活のなかにもたらされるものよりもむしろ、家族の外にあり続けるものによって、強く人々に印象づけられる。人々はその出来事を、個人的なものではない事実として記憶にとどめる。ただし、近接する家族の集合のなかで関係が積み重なっていくとき、たとえば農村で、隣近所に暮らしている家族が関わり合う場合や、上流階級で、他の家族からの評価を躍起になってくみあげ、他家との接触によって自分たちの優越の感情を保ち、更新していくことが必要とされる場合にも、同様のことが生じる。そこでは、各家族の成員たちが絶えず、近隣の家族から借り受けた事実関係や解釈や評価を、自分たちの集団の思考のなかに導き入れようとする。そうなると、家族の記憶はどうなるのだろうか。家族の記憶は、みずからの場のなかにあって、もはや一つのものではなく、その重要性も様相も相互関係も刻々と変化していくような、複数の集団を包摂しなければならなくなる。家族の記憶のなかに保持され、しばしば再現されるような重要な出来事を、家族が自分たちの視点からだけでなく、他者の視点からもまた捉えようとするとき、それらの出来事は一般的な言葉によって表現されていく。記憶の担い手である家族に固有の思い出を見いだすことを可能にするような出来事の枠組みは、おそらく、人物やイメージだけに限ってみれば、他の家族に固有の枠組みから容易に区分することができるだろう。それによって、各家族の領域を空間のなかに描き出すことができるだろうし、またその枠組みのなかに展開された出来事の流れだけを、一つひとつ区切られた仕切りのなかにあるものとして、その領域のなかに配置することができるだろう。しかし、先に述べたように、家族の記憶の枠組みは人物やイメージ以上に、概念によって作られている。その概念は人物や事実に関する概念で、その意味で個別的であり歴史的でもあるのだが、同時にそれらは、一つの集団全体、さらには複数の集団に共有された考え方に通じる性格をもっている。したがって、個々の家族に固有の伝統は、没個人的な一般的概念を土台として、そのうえに浮かび上がってくるのであり、その際に両者を分かつ境界を指し示すのは容易ではない。だから、まだ生まれたばかりの家族、とりわけ自分たちが生きていかなければならない社会環境への適応の必要を感じている家族は、自分たちがそこから解放されたばかりの親たちの集団の伝統に背を向け、とりわけ複数の家族間の関係を規定する一般的論理を求めることになる。しかし、どの家族もすぐに歴史をもつようになり、その記憶は日に日に豊かなものになり、その思い出は個人的な形をとって明確化され、固定されていくので、家族はやがて、社会から借り受けたさまざまな考え方を、自分たちなりのやり方で解釈するようになる。そしてついには、みずからの論理と伝統をもつようになる。それらは、もともと一般社会にあったものであり、社会に対する関係を規制し続けるものでもあるので、一般社会の倫理や伝統に類似している。しかし、そこには少しずつみずからの個別の経験が浸透し、次第にみずからの凝集性を確かなものとし、みずからの連続性を保証する役割を担うようになるので、それらは一般社会のそれとは区別されるものになるのである。

注

(1) Émile Durkheim, *Cours inédit sur la famille*,(「家族についての未刊の講義」、この一文を含む講義録の刊行を確認できなかった。）

（2）奴隷や被護者は家族の一部であり、共同の墓地に埋葬された。Fustel de Coulanges, *La cité antique*, 20e édit., Hachette, 1908, p. 67, note et aussi p. 127 sq.（フュステル・ド・クーランジュ『古代都市』田辺貞之助訳、白水社、一九六一年）

（3）Paul Lacombe, *La famille dans la société romaine, étude de moralité comparée*, Lecrosnier et Babé, 1889, p. 208 sq.

（4）Fustel de Coulanges, *loc. cit.*, p. 64 sq.

（5）*Ibid.*, p. 68.「ローマ法の命じるところによれば、ある一家がそこに墓がある畑を売ったとしても、その家は少なくともこの墓の所有者であり続け、崇拝の儀礼をおこなうためにこの畑を通り抜ける権利を永続的に有している。古い慣習では、死者は墓地や道端にではなく、各家の畑のなかに埋葬されたのである」

（6）*Ibid.*, p. 73.

（7）Hermann Usener, *Götternamen: Versuch einer Lehre von der religiösen Begriffsbildung*, F. Cohen, 1896, p. 75.

（8）ウーゼナーは、バブリオス（Babrios）に基づいて、大いなる神々に嘆願するために都市に向かう農夫の物語を伝えている。それは、都市の神々が田舎の神々よりも強力だからである（*Ibid.*, p. 247.）。フュステル・ド・クーランジュは、「かつては信仰なき者たちだった」平民層が、どのようにして「いまやその宗教的儀礼や祭事を有している」のかを説明しながら、次のように述べている。「平民の家族は一家の竈を築き、（略）家内的な信仰をもたなかった平民層は、都市の寺院に接近したのである」（Coulanges, *op. cit.*, p. 328.）

（9）Durkheim, *loc. cit.*

（10）Coulanges, *op. cit.*, p. 47.

（11）封建制時代の中国では、貴族の家同士の婚姻関係は、外交的な関心に応じるものだった。それぞれの家が、それぞれの基盤を確かなものにすることが求められていたのである。こうした婚姻関係の担保であり道具でもある女性が、夫の家族のなかに溶け込んで、自分の親の家族を忘れてしまうということなど、本当にありうるだろうか（Marcel Granet, *La religion des Chinois*, Gauthier-Villars et Cie, 1922, p. 42.）（マルセル・グラネ『中国人の宗教』栗本一男訳注〔東洋文庫〕、平凡社、一九九九年）。

（12）Durkheim, *Cours inédit sur la famille.* 既出

（13）「家父長的な家族についてはこれと同じではない。そこでは、家父（*pater familias*）は、存命しているかぎり、拡大家族の中心であり続ける。その家族は二つの要素から構成される。まずは家父だが、これは父系（男性の子孫）のなかの最も年長の男性である。その次に、この家父に連なるすべての子孫、またはその男性の子孫がくる。家父が死ぬと（そのときはじめて）、彼に連なる二人の兄弟（もし二人いればだが）が分かれて、それぞれに家を構え、今度はそれぞれが家父になる。その家族に含まれるのは、存命中の一人の祖先から生まれた者であり、その者たちだけから構成されるのである」（*Ibid.*）

（14）Butler, *op. cit.*, p. 143, 163.

訳注

［1］フュステル・ド・クーランジュ（Numa Denis Fustel de Coulanges, 1830-89）は、フランスの歴史家。ソルボンヌ大学で中世史の教授を務める。主著『古代都市（*La Cité antique*）』（一八六四年）では、過去の諸事実を論理的な連関によって説明し、科学的な歴史研究の方法を開拓。エミール・デュルケムとデュルケム派の社会学に大きな影響を与えた。

［2］フランソワ・ルネ・ド・シャトーブリアン（François-René de Chateaubriand, 1768-1848）は、フランスロマン主義の先駆的存在として知られる作家。ド・シャトーブリアン伯爵の息子として、ブルターニュ半島のサン＝マロに生まれる。コンブール城（Château de Combourg）は、ブルターニュ地方のレンヌとサン＝マロのあいだに位置する古城で、シャトーブリアンはここで子ども時代を過ごす。彼の自叙伝『墓の彼方の回想（*Mémoires d'outre-tombe*）』（一八四九―五〇年）には、父と母と姉、および使用人たちとこの城で過ごした当時の記憶が語られている（シャトーブリアン『わが青春』真下弘明訳、勁草書房、一九八三年、参照）。

［3］François-René de Chateaubriand, *Mémoire d'outre-tombe*, Penaud frères, 1849-1850, Première partie, Livre III.（原著の出典の指示なし）。

［4］ヘルマン・ウーゼナー（Hermann Usener, 1834-1905）は、ボン大学で教鞭を執ったドイツの古典学者。のちに、ジェーン・ハリソンやジェームズ・フレイザーなどによって着目される儀礼と神話の関係にいち早く関心を向け、クリスマスの起源がイエス・キリストの誕生日ではないことを解明するなど、初期キリスト教の民俗学的・歴史的探究に大きな貢献を残した。

［5］「エフェソスの寡婦」は、ペトロニウスの『サテュリコン』に語られる逸話。貞淑な妻として知られた女が、夫の死後、毎夜埋葬所で夫の亡骸に寄り添って悲嘆に暮れている。時を同じくして、その墓所では何人かの盗賊が磔の刑に処せられ、この十字架を見張る兵士が配されている。この兵士が寡婦の女を誘惑し、女はこれに応えてしまう。埋葬所の扉を閉めて、二人が愛欲にふけるうちに、何者かが磔にされていた男の死体を奪い去ってしまう。見張り役の兵士が処罰を受けることを恐れ、女は自分の夫の亡骸を柩から取り出し、十字架に張り付ける。「私は生きているものを亡きものにするよりは、死んだ人を役立てたいのです」と女は言う（ペトロニウス『サテュリコン――全訳』岩崎良三訳、創元社、一九五二年、参照）。

［6］『ゴリオ爺さん』は、フランスの小説家オノレ・ド・バルザックが一八三五年に発表した長篇小説。一九年のパリを舞台に、下宿屋ヴォケール館に暮らす人々の群像劇を描き出す。中心人物であるゴリオは、七十歳近い元製麵業者。上流階級に嫁いだ二人の娘（デルフィーヌとアナスタジー）の生活を支えるため、自分は質素な生活を送り、娘たちの幸福だけを生きがいにしている。しかし、娘たちの生活は破綻し、ゴリオ爺さんも不幸な最期を迎える。

［7］聖母アンジェリック（la Mère Angélique, Jacqueline Marie Arnauld, 1591-1661）はフランスの修道女。高名な弁護士アントワーヌ・アルノーの娘としてパリに生まれる。幼くしてポール・ロワイヤル修道院に入り、のちに修道院長として院の改革を進め、ジャンセニスムの拠点とする。この改革を推し進めるなかで、一六〇九年九月二十五日、彼女は修道院の小門（guichet）での父と弟との面会を拒み、修道院の禁域の法の厳格化をみずから示した。

［8］サミュエル・バトラー（Samuel Butler, 1835-1902）はイギリスの作家、思想家。ケンブリッジ大学卒業後、ニュージーランドに渡り、牧羊業で成功を収める。一八七二年、風刺的ユートピア小説『エレホン（*Erewhon*）』（Nowhere の逆綴り）を発表。その後、『生活と習慣（*Life and Habit*）』（一八七八年）、『進化の旧と新（*Evolution, old and new*）』（一八七九年）、『無意識の記憶（*Unconscious memory*）』（一八八〇年）などで、ダーウィンの自然淘

汰説に対抗する創造的進化論を唱えた。

第6章

宗教の集合的記憶

民族＝国民（peuples）の古くからの歴史が人々の伝統のなかで生きているときには、宗教的観念がその歴史全体に浸透している。その一方で、あらゆる宗教は、伝統を守り続けている社会の起源にあると見なされてきた、人種（races）や部族（peuplades）の移動や融合、重大な出来事、戦争、創設、発明、改革などの歴史を、多少なりとも象徴化された形で再現しているのだとも言える。

このような見方に、古代宗教の研究者がただちに立ち至ったわけではない。しかし、すでにフュステル・ド・クーランジュは、古代の都市国家（cité）のなかに、思いがけず二種類の宗教を見いだしていた。その一つは、家の竈に結び付き、祖先の思い出を保存しているものであり、もう一つは、オリンポスの神々に対する崇拝という公的で国家的なものであり、後者は自然の諸力に対して向けられていると、彼の目には映ったのである。自然の諸力は、しばしば彫刻や詩によって表現されていたが、その形象は象徴的なものでしかなかったという(1)。それと同時にクーランジュが示したのは、原初的家族が孤立状態を脱して複数の家族と融合した結果形成されたと推測される氏族や胞族が、さらにまた互いに融合することで都市国家が誕生していくなかで、どのようにして新しい信仰が生まれ、どのようにしてそうした起源と変容の記念（commémoration）として名祖《なおや》の神々が出現したのかということだった。彼は、都市国家の創設に結び付いた記憶の継承と、ほとんどの場合に少なからず神話化された、その創設者への崇拝を強調していた。その過程で、限られた部族の神だったものが、都市国家の守護者の地位に格上げされたのである。(2)

　これとはまた別の考え方も少しずつ形作られてきた。すなわち、やはり古代ギリシャについて、オリンポスの神々の相貌と性格をより詳細に見ていくと、また特に儀式や祭り、おそらくはもはや教養ある貴族社会の人々の関心を引き付けることはなくなっているが民衆階層や農民集団のなかでは強い生命力をなおも保っている信仰や迷信に注意を向けてみると、実は古代世界のなかには二つの宗教が重ね合わされ、ただし互いに深く組み合わされる形で存在することがわかるのである。(3)この二つの区分は、外見上は、クーランジュが立てた区分とはまったく別物であるように見えるが、おそらくはその新たな一面であるにすぎない。「ギリシャの宗教は、冥界の神々への信仰と天空の神々への信仰との融合から生まれたものだろう。天空の神々、明晰な意志をもつ神々は奉仕《テラペイア》（θεραπεία）の対象である。人々は、恩恵を期待しながらこの神々に敬意を示す。反対に、冥界の神々は邪悪な精神であり、崇拝はこれを遠ざけることを目的としている。天空神、あるいはこう言ってよければ、オリンポスの神々のための儀式は、冥界神のための儀式のうえに重ね合わされたものである。それらは、宗教的思考の二つの層をなしている」(4)。ウィリアム・リッジウェイはすでに、「冥界神信仰と天空神信仰との対決は、ペラスゴイ人[1]と北方からの侵略者のあいだの戦争に対応していて、両者の融合が古代ギリシャを作り出したのだ」(5)と論じていた。そして、アンドレ・ピガニオルもまた、「ローマ人の信仰と儀礼は、二つの別々の、対立する宗教に結び付いていて、両者は苦労の末にようやく融合した」のだと主張した。「その一つは天と火の神の崇拝であり、もう一つは地の神と地底の諸力への崇拝である。地の神の崇拝はもともと地中海沿岸の農民たち、リグリア人[2]、サビニ人[3]、ペラスゴイ人のものであり、天の神の崇拝は北方の遊牧民のものであった」(6)。数えきれないほど多くの神話が、天空神の地底神に対する勝利、北方からやってきた牧畜民が土地を耕していた土着民に勝利したことを想起させる。それは、神々と巨人（大地の息子である巨人）との戦いだったり、女の怪物（農耕民の原初の社会は母権的だった）を打ち倒す騎士の神話だったり、ヘラクレスとカークス[4]の神話だったりする。地底神と天空神が結託したり、互いに結婚したりするとき、それは崇拝や文明のあいだの和解や妥協の象徴になる。しかし、もともとの対立関係の痕跡が神々の伝説のなかには残存している。ジェーン・エレン・ハリソン(7)[5]は、ユーノー[6]〔ヘラ〕について次のように指摘する。「ヘラは古いアルゴナウタイの伝説[7]のなかではテッサリアの女王であり、英雄イアソンの庇護者であり、古い母権制の典型的象徴である。支配者はこのペラスゴイのヘラであり、ゼウスではない。実のところ、ゼウスは実質的には存在していないのだ。オリンポスでも、ヘラだけを祭る古代のヘライオンはゼウスの神殿より古くから存在していた」。さらにハリソンは、ヘラと神々の父たるゼウスとのあいだに諍いが絶えない様子が語られているところから見ると、「ホメロス自身も、ヘラは力づくで結婚させられたと感じていたのではないだろうか」と付け加えている。天空神崇拝は、一神教へと向かう傾向があるにもかかわらず、天と光の神であるゼウスは、みずからのさまざまな属性からそれぞれに異なる神々を誕生させたり、冥界神の崇拝との接触に影響されて、複数のものに分かれてきたのである(8)。

　このように敵対していた神々は和解し、今日では同じ一族を形成しているのだが、そのなかにあって、神々の性格、伝説、精神的特徴は、多少なりともかつての姿を思い起こさせ、その儀式を検証していくと、同様の対立を覆い隠す、同様の妥協の跡を見いだすことができる。ギリシャの儀礼を非常に注意深く研究し、優れた洞察力をもって解釈したハリソンは次のように語っている。「ギリシャの宗教が、異質で、対立的でさえある二つの要素を内包していることは明らかである。（略）「奉仕の儀式」は古くからの伝統によってオリンポスと、つまり天空の神々と結び付くものであった。他方「忌避の儀式」は、亡霊や英雄や地底の神々と結び付いていた。奉仕の儀式は陽気で合理的な性格をもち、忌避の儀式は陰気で迷信的傾向を帯びていた。その一方で、オリンポスの神々をたたえるためにおこなわれたもののなかにも、さまざまな儀式を見いだすことができる。ゼウスをたたえるディアシア[8]、アポロンとアルテミスをたたえるタルゲリア[9]、ディオニュソスをたたえるアンテステリア[10]。しかしこれらは、それが奉じていると考えられているオリンポスの神々とはもともとはほとんど、あるいはまったく関係なかったものである。すなわちそれらは喜びと祝祭と闘争のための「いけにえを奉げる」儀式ではなく、地底神のための陰気な儀式、お祓いと亡霊への畏敬のための儀式なのである。おそらく、オリンポスの神々のための儀式は、そのうえに重ね合わされた層を示している。一方が他方のなかから生まれ出ることができたわけではない」[9]

アンテステリアの祭りでは、〔二つの層の〕対照性が際立っている。これは、ディオニュソスに捧げられる春の祭りで、三日にわたって続く。初日はピトイジア（樽開き）と呼ばれ、「人々はアテネで新酒の樽を開ける」とプルタルコスは述べている。そこで、最初の恵みが振る舞われるのである。酒樽が開けられ、祝祭が始まり、次の日（コーエスまたはクープと呼ばれる）も、さらに三日目（シトロイまたはポットと呼ばれる）もこれが続く。このクープの日に、執政官である王とディオニュソス神との結婚が祝われる。三日目には劇的な争いが生じる。アリストパネスの『アカルナイの人々』のなかに、この祭りの生き生きとした描写を見ることができる。しかし、どちらかといえば陽気な高揚のなかにあって、この祭りでは悲痛な調子が支配的であり続けるのだ。アンテステリアは古くには、すべての霊魂に対する祭りだった。シトロイでは、オリンポスの神々ではなく、地底のヘルメスに犠牲が奉げられていた。捧げものとして準備された料理には、誰一人口をつけなかった。それは霊魂の食べ物であり、死者の食事だからだ。クープの日には、死者の霊が人々のあいだに戻ってくるのだと信じられていた。人々は朝から、セイヨウイソノキをかじり、松脂を家々の扉にこすり付けた。それは、霊の影響を遠ざけるための「厄除け」[11]の儀式である。最終日には、人々は次のように言った（それはことわざになっている）。「お帰りください、ケールたちよ。アンテステリアは終わりました」[10]と。

このようにして、人々は一つの宗教、つまり、さほど陰鬱ではない世界についての一般的な捉え方に到達したのだが、その新しい考え方は、地底の神々と死者たちがもたらす災いについての既存の枠組みのなかに位置づけられなければならなかったのである。紀元前五世紀から四世紀のギリシャの宗教のなかには、非常に古い時代に起源をもつ要素と、それらにはもはやとらわれない同時代の要素とが並存していて、両者の矛盾を垣間見ることができる。その矛盾のなかには、社会的・精神的な発展の痕跡が見いだされるのだが、それは原初的な習慣や迷信のうえに、より進んだ信仰や儀礼組織を継ぎ足すことになった。しかし、集合的思考は法則として、その時点での見方に立って、過去に由来し、消失させることができなかった儀式や信仰を体系としてまとめあげるものである。したがって、神話の解釈作業は、全体として古い制度の形式を変えることがなくとも、その意味を次第に変容させていくのである。秋の祭りであるテスモフォリア[12]では、農作物の生育と子どもの誕生をうながすためのいくつかの儀式が執りおこなわれていた。たとえば、名づけることができない聖なる事物（この点に、人々がこの儀式に与えたアレトフォリという名の由来がある。それは、名づけられぬものを運ぶ行為のことである）を持って、行列が練り歩く。あるいは、穀物の生地と樅の実のかさと豚肉（豚は多産な動物と見なされていたので）で蛇の姿や人間の形を作る。寺院の広間《メガラ》で、大地の霊に豚肉を奉げ、次いで、三日間身を清めた女たちが地下の聖域（カイホドスとアンドス）に下り、豚肉の残りの部分を祭壇に供える。それを取って、自分がまく種に交ぜた者はすべて、豊かな収穫を得られると信じられていた。しかし、この多産を祈願する儀式のうえに、人々は一つの伝説を打ち立て、この（豚を奉げる）儀式は、エウブレウスに結び付けられていくことになる。エウブレウスは、豚に牧草を食べさせにいき、コレーが地獄の神に連れ去られて消えていった裂け目に、自分の家畜もろとも飲み込まれてしまったのである。しかし、合理的解釈が儀礼を存続させ、それがのちに、エレウシス[13]の謎のなかで、神秘的な意味をまとうことになったのである。

　そして実際のところ、ときには、古い信仰の思いがけない再生や反撃に出合うことがある。新しい宗教は、みずからがその座を奪ったものを完全に駆逐するにはいたらず、おそらくは駆逐しようともしていない。新しい宗教は、みずからの力だけでは、人々の宗教的欲求のすべてを満たすことができないことを十分に感じ取っているし、さらには、古い信仰のなかのいまなお生き生きとした部分を利用し、そこにみずからの精神を浸透させようともくろんでもいる。ところが、社会状況が変わることで、新たな願望が生まれ、公的な宗教がそれまで抑圧していたさまざまな願望を取り込んでふくれあがっていくこともある。ただし、それが実質的な過去の再現であるとか、社会はいわばみずからの記憶のなかから古い宗教の半ば消え去った形態を引き出して新しい崇拝の要素を作り出している、と捉えるべきではない。そうではなく、社会の外側、あるいは社会の内部であっても、確立された宗教制度の作用にはほとんど従属していない領域に、こうした古い信仰が何らかの形で存続しているのである。社会はそのなかから、現在の制度に取り込まれた要素だけを「記憶」のうちに保持しているのだが、かつての姿を強くとどめ、過去の残存物にいまも関わり続けている集団のなかには、その公的な「記憶」に含まれないものとして、古い信仰が残っているのだ。

ピタゴラス[14]の哲学がイタリアであれほどの成功を収めたのは、「そこにペラスゴイ人またはミノア人の影響力が強く浸透していたからである。(略)その哲学は、まさにインド＝ヨーロッパ語族的要素の浸透が最も弱かったイタリアの各地域に、信奉者を見いだしたのである。イタリア南部、サベリア人、エトルリア。そこでの人気は、ピタゴラス学派が、地中海地方の宗教が語る真理を哲学的言説として表し、体系化したものにほかならないからだと考えれば、説明がつく」。ピタゴラスの学説は、イタリアの原初的信仰と関わりをもっていた。「ピタゴラスは、クレタの信仰よりも、イタリアの複数の宗教から多くのものを借り受けているのだと主張することができる」。このときピタゴラスの教義がイタリアに広まったのは、一部の少なからぬ数のイタリア人の宗教的観念に適合的なものだったからにほかならないのだが、その一部というのはまさに血統貴族《パトリキ》の神々の公的な信仰に支配されることがなかった人々なのである。[11]この点に、哲学と宗教(「ピタゴラス的迷信[12]」)が、一社会またはさまざまな社会が形作る集団のなかに導入され、部分的に洗練され、支配階級や国民の一部が担う公式の宗教に対立するという一事例が見いだされる。ただしそれは、同じ社会に広がるさまざまな地方で存続していたため、公式の宗教もそれを考慮せざるをえなかった古い信仰に適合していたのである。しかし、この新たな信仰は、同様に、また同時に、外部からの影響や浸透の結果でもある。したがって次のように言うことができる。第一に、単純に古い信念の記憶が再生するわけではないということ。存続はしているが、打ち負かされたり抑え込まれたりしていた古い信仰が、新たな状況の力を得て、その姿を浮上させるのである。第二に、それらを強化する状況とは、それらを生み出した状況と同様のものであるということ。したがって、同じ人種、同じ文明の社会との接触は、いわば、その土壌を再生させ、その原初的な骨格を再建し、同じような民族的・道徳的世界を再構成することになる。ただし、しばしば次のようなことが起こらざるをえなかったはずである。まず、インド＝ヨーロッパ語族系のアーリア人が、南の国々を制圧し、数多くの妥協を余儀なくされながらも、自分たちの神々と信仰とを他の人々に押し付けていったことは確かである。しかしそのあとに、地中海沿岸の人々の侵入や反撃があった。したがって、古い信仰の目覚めは多くの場合、それがかつて生まれた状況の再生によってもたらされたのであり、かつてそれを破棄したり同化吸収したりした社会の内部で、その古い信仰の記憶がよみがえっているわけではないのである。

このようにして社会が、その宗教組織のなかに古い儀式や信念の諸要素をとどめているのは、単にその社会のなかの最も後進的な集団を満足させるためだけでない。そうではなく、まさに宗教の歩みや進歩を価値づけるために、人々は、おおよそのところであれ、自分たちがどこからやってきたのかを想起する必要があるのだ。しかも、新しい観念の多くは、対立するものとの関係のなかではじめて明確になる。したがって、オリンポス信仰が世界のうえに、また人間の魂の襞のなかに投げかける光は、自然のなかのすみずみに影と謎が残り、そこに怪物的な生き物や大地から生まれた霊が取り付いていればいるだけ、また魂のなかにいまだ畏怖の念が残り、それを通じて当時の文明化された人々が原初的な部族社会とつながっていればいるだけ、輝きを増すことになった。ホメーロスの世界は、きわめて啓《ひら》かれた、明晰なものだったが、それでもなお、こうした古い迷信が入り込む余地を残していた。そこには、死者に対する信仰の痕跡が見いだされる。ホメーロスは、死後には霊魂は消え去り、二度と生者を困らせるために戻ってきたりしないと信じていたように思われるが、それでもパトロクロスの亡霊[15]がアキレウスの夢に現れ、アキレウスはその亡霊に供え物を奉げている。それは、古くからの人身御供の儀式を想起させる。「冥府行」〔『オデュッセイア』第十一歌〕ではオデュッセウスが冥界へと下りていく旅が語られるが、それを背景として光輝に包まれたオリンポスの姿がくっきりと描き出され、何よりも生を愛する人々の社会が浮かび上がるように見える。天空の神々の力の優位が際立つためには、かつての巨人たちの襲来や、古き神々たちの鎮圧や服従が、漠然とした形で呼び起こされなければならない。

同様に、キリスト教の教義の独自性を一層鮮明にするために、キリスト教の創設者たち、とりわけ聖パウロは、キリスト教を伝統的なユダヤ教に対置させている。『旧約聖書』から言葉を引き、ユダヤ人が文字どおりの意味にしか理解しなかった預言を解釈し、これにみずからの精神を注入することによって、新しい宗教はみずからを規定した。パウロは、律法の支配が恩寵の支配に先行していたにちがいないと考え、人間はまずはじめに、罪とは何であるのかを学び、そののちに精霊への信仰と慈悲によってそこから解放されなければならなかったのだと述べている。[13] 信仰によって律法を打ち消すのではなく、キリスト教は律法をより確かなものにするのだと、パウロは信じたのである。キリスト教の基礎になるテクストである『福音書』や使徒書簡のなかでは、パリサイ人とキリスト教徒との、正統ユダヤ教と人の子（Fils＝イエス）の宗教との対置が、繰り返し呼び起こされる。それは歴史に基づくものである。実際にキリスト教とは、歴史的事実として道徳的革新がもたらされたこと、精神的内容をもった宗教が形式主義的宗教に勝利したこと、同時に、特定の人種や民族に偏らない普遍性を備えた宗教が限られた民族の宗教に勝利したということを、信仰箇条や教義、儀式として表現したものだと言える。しかし、その歴史や、さらにキリスト教それ自体は、ユダヤ教の基盤から切り離してしまったならば、十分に理解されず、その射程の全体を捉えることもできなくなってしまうだろう。

特に、ある社会がこのようにしてその宗教を変えていく場合には、その社会は少なからず未知なるものに向かって進んでいく。社会ははじめから、みずからが立てる新たな原理の帰結をすべて予見しているわけではない。いくつかの社会的な力が、それ以外のさまざまな力のなかにあって優位に立ち、集団の重心を移動させる。しかし、その集団が均衡を維持するためには、そこでの集団生活を構成するすべての傾向や制度を互いに再適応させる作業が必要である。社会は、その新たな宗教が絶対的な始まりではないことをよくわかっている。社会は、それまでみずからを成長させてきた概念枠組みを完全に損なってしまうのではなく、新しく生まれつつある宗教以上の広がりや深さをもった既存の信念を取り込んでいこうとする。そのため社会は、みずからの過去に、練り上げられたばかりの考え方を投影すると同時に、新しい宗教のなかに古い信仰の諸要素を、同化可能な範囲で組み入れようと懸命になる。社会はその成員に、自分たちはすでにそれらの新しい信念を少なくとも部分的にはもっていたのであり、さらには、しばらくのあいだ遠ざかっていたそれらの信念を再発見しているにすぎないのだと思わせなければならない。しかし、それが可能なのは、新しい宗教が過去の一切と正面から衝突してしまわない場合、新しい宗教が少なくとも過去の宗教の形式を保持している場合に限られる。したがって社会は、まさに発展のときにこそ、過去を振り返るのである。思い出や伝統や慣れ親しんだ信念の総体のなかに、社会は、前面に打ち出している新しい要素をはめ込んでいくのである。

実際に、たとえばホメーロスの神話は、宗教的表象と文学的虚構の中間にとどまっていることに着目しよう。その当時、ギリシャの教養ある貴族階級の人々は合理主義の流れに全面的に従って、魂が亡霊となって生き続けるという信仰や冥界の支配者ハデスへの信仰をすっかり捨てていて、人間はどのような形でも、その存命中も死後も、神々との関係に入ることはできないと思っていたと想定すると、それとともにすべての宗教的儀式は権威を失い、詩的想像力は次第にオリンポスとその神々を気楽に取り上げるようになっていったと考えられる。そうした状況下で、ホメーロスが多神教的世界観を一つの宗教として存在させ続けたいと願ったならば、彼は古い信仰のなかのある部分を信じつつ、新たな形に置き換えていかなければならなかったはずである。この時代のギリシャ人が神々の伝説や形象を、もっとあとの時代のルキアノス[16]のように軽々しく扱うことができなかったのは、宗教がそれほど人間化されていない時代からまだ遠く離れていなかったからであり、古くからの聖地や預言の地で、古き怪物や土地の神々や草木の力の遺産を受け継ぐために、実在の神々を必要としていたからである。それらのものの姿形は変えられていくが、少なくともしばらくのあいだは、神々としての性格を保ち続けることが必要なのである。

同様に、キリスト教が、ヘブライの宗教を継承する一面をもつものとして登場していなかったならば、はたして宗教として成り立ちえただろうか、と問うことができる。「あなたはあなたの神である主を、心のすべて、魂のすべて、思いのすべてをもって愛しなさい。そこに第一の、最も重要な掟があります。そして、これに似た第二の掟があります。あなたはあなたの隣人を、あなた自身のように愛しなさい」[14]。イエスがこう語るとき、私たちは彼が、純粋に道徳的な意味で解釈されうるような教義を示していたことがわかる。したがって、キリスト教の創設者たちは、『旧約聖書』の預言者たちと、その完成を示すキリストの生涯の細部や言葉を繰り返し突き合わせようとしていた。アブラハムの約束[17]に立脚することによって、パウロは異教徒たちをイサクの真の子孫、「下婢ではなく、自由な女[15]」の子どもたち、したがって正統なる継承者と見なした。アブラハムやイサクやヤコブの神は、「人の子」によって排除されたわけではない。あるいは少なくとも、その神は相貌を変えたとしても、やはり神としての性格を保っているのである。さらに、発展していくにつれて、キリスト教は、別の木に接ぎ木された枝としてみずからを見せていくことに、次第に関心を向けなくなっていくのだが、ユダヤ教から借り受けた基本的な神学的観念は存続していく。つまり、キリスト教道徳が宗教としての威信を保つためには、伝統的な観念や制度の全体に基づいて作られた、教義や儀礼の骨格を備えていなければならなかったのである。

*

しかし、宗教はさらに別の意味でも、過去を再生産する。ここで関心を、神話の起源や深層の意味から別の方向に移すことにしよう。これらの伝統を、その反響として生み出したであろう一般的出来事、人の移動や民族の融合を背後に探すことをやめて、それを信仰する者の視点から考えてみよう。そこには必ず、神的あるいは聖的存在の生活や行動や姿が描き出されている。想像力はそれらの存在に対して、人間や動物やその他の姿をもとに、いずれの場合も可感的な存在形態を与えている。それらは、ある時代のある場所に存在していたか、あるいはそこに現れたものである。それらは地上に姿を現した[16]。そのとき以来、人々はその神々や英雄たちの思い出を保ち続け、その物語を語り、祭礼によってこれを記念してきたのである。

キリスト教の祭礼のさまざまな部分を再検討してみると、実際のところ、その一つひとつは基本的に、キリストの生涯の一時期または出来事の記念であることがわかる。(17) キリスト教暦にとっての一年は、ある意味で復活祭の時期の前後に集約されている。その時期は、儀礼の秩序それ自体によって、また、説教や祈禱の内容によって、受難の諸段階を再現するのに捧げられる。また見方を変えれば、それぞれの日が一人の聖人に捧げられているのだから、毎日が、キリスト教の教義を打ち立て、広め、説明していくことに貢献した人々すべての記念なのである。それよりも大きな周期性をもつものとしては、毎週日曜日に、すべての信徒が参列すべきミサで、最後の晩餐が記念されている。ともあれ、キリスト教の教義の全体が、一つの物語に立脚し、ほぼそれと一つに溶け合っているのである。それ以前の時代の異教徒たちが救済を得ることができなかったとすれば、それはのちにキリストの物語となる出来事がまだ展開されていなかったからであり、ユダヤ人とは違って彼らは、その出来事が生じる以前にそれを告げる預言者を知りえなかったからである。ユダヤ人たちは救い主《メシア》の到来を予見していた。イエスの弟子たちは、その生涯と死と復活の証言者であった。それ以来、そのあとを引き継いだ代々のキリスト教徒たちはすべて、それらの出来事の伝統を受け継いできたのである。したがって、キリスト教の内実のすべては、キリストがもはや地上に姿を見せなくなったとき以来、キリストの生涯と教えについての思い出のなかにある。

では、キリスト教がこのように全体として過去に向いている（ただしそれはどの宗教でも同様なのだが）にもかかわらず、恒久的な制度としてみずからを提示し、時を超えて位置づけられるものと主張し、キリスト教が語る真実が歴史的であると同時に永続的であるということは、どのように説明されるだろうか。

その本質が創設者によってもたらされた道徳的教えにあるような宗教体系を考察してみると、その体系が立脚する真実は時を超えたものであり、それを見いだした人物の姿や思い出は背景に退いていることがわかる。おそらく、仏教で実現されたのはそのようなことである。「実際のところ、仏教はまず何よりも救済の観念のなかにある。そして救済に必要なのは、人々が善き教えを知り、これを実践しているということだけである。たしかに、仏陀がそれを見いださなかったならば、その教えは知られることがなかっただろう。しかし、ひとたびそれが掲示された段階で、仏陀の仕事はすんでいる。それ以降は仏陀その人の思い出は宗教生活に必要な要素ではなくなったのである」[18]。したがって、仏陀は神ではありえない。「というのも、神とはまず何より、人がそれを考慮し、頼りにしなければならない、生きた存在だからだ。これに対し、仏陀は亡くなり、涅槃に入ってしまった。仏陀はもはや、人々が生きている出来事の歩みに何一つ影響を与えることができない」[18]「共同体の神聖なる創始者が実際に自分たちのもとにとどまっているので、祭礼とはこの共同的な生の永続性の表現にほかならないとする考え方は、仏教徒にはまったく無縁のものである。彼らの師は、涅槃にあり、その教え子たちが師に向かって叫んでみても、師がその声を聞くことはないだろう」[19]。たしかに、「仏陀のこの世での生活についての忘れがたい思い出、真理の言葉としての仏陀の言葉に対する信仰、神聖なる法としての仏陀の法への恭順、こうした要素はすべて、言うまでもなく、仏教徒の共同体のなかで宗教生活、宗教感情がまとった外観にきわめて大きな影響を与えた」[20]。しかし、仏陀は仲介者でもなければ救済者でもない。「いにしえの神々に対する信仰は真我《アートマン》の教えの汎神論を前に姿を消してしまっていた。（略）解放を希求する現世の人々の国は、もはや神のものではなかった。それは、原因と結果の連鎖からなる自然の法へと譲り渡されていたのである」。したがって、仏陀は（まったく形而上学的な優越性をもたない）優れた「識者」であり、その知識の普及者でしかありえなかった[21]。仏陀は歴史上の一人物であり、他に類を見ない存在というわけではない。数えきれない数の仏陀がその前に存在したし、そのあとも存在するだろうと、人々は認めるにいたったからである。しかしいずれにせよ、仏陀の生涯は誕生の日から死没の日までのあいだに限られたものなのである。しかも「仏教は（略）まず何より救済の観念のなかにあり」、かつ「救済は人々が善き教えを知り、これを実践していることだけを必要とする」のだから、仏教では、道徳のかたわらに宗教的要素があり（それなくしては本当のところ、仏教は宗教たりえないことになるだろう）、しかし、その宗教的要素は全体として記憶（souvenirs）に帰着するのである。時を超えているもの、それは道徳である。反対に、記憶に混入する宗教的なものは、明確に限定され、すでに終わっているひとつながりの歴史的年月に関わっている。

キリスト教では、事態がまったく異なっている。キリストは単なる識者や聖人ではなく、神である。キリストは私たちに救済の道を指し示すだけではない。どのようなキリスト教徒も、この神の介在とその力添えなくしてはみずからを救うことはできないのである。キリストは、死後も、復活後も、人々との接触をまったく失うことがなかった。キリストはいつまでも、教会のなかにとどまり続けている。キリストが存在しない祭礼の儀式は一つとしてないし、キリストに向けられていない祈りや礼拝の振る舞いもない。キリストがその肉と血を私たちに与える犠牲の行為は、一度きりのものではなかった。信徒たちが聖体を拝受するために集まるたびごとに、そのすべてが新たにおこなわれるのである。[22] しかも、さまざまなときに、さまざまな場所で次々と捧げられる犠牲は、ただ一つの同じ犠牲にほかならない。[23] 同様に、キリスト教の真理とは、その真理について思索をめぐらせればいつまでも変わることなく意味が理解できるようなものとして、キリストから人々に示されたものではなかった。そうではなく、真理の開示は絶えず新たになされるもの、あるいは継続されるものである。なぜなら、人々がそれを理解するには、神による啓示を必要とするからである。そうした超自然的な光がもたらされないところでは、『福音書』や『聖書』を研究することは、私たちを神に近づけるとともに、神から遠ざけることにつながりかねない。特に、私たちがそこに曖昧さや矛盾を見いだすときにはそうなのである。「かくも多くのページにわたる難解な神秘（*tot paginarum opaca secreta*）」。[24] いったいどうすれば永遠の真理が、限られた時間のなかでしか理解されない人間の言葉によって完全に表現できるというのだろうか。その真理を知るには、これらの書を選び、何世紀にもわたってこれを解釈してきたとはいえ、教会による教えだけでは、まったく足りないのではないだろうか。教義は、祭礼と同様に、古くなることがない。それは、時とともに変わりゆく世界のなかで、人々の振る舞いや言葉や思考がなしうるかぎりで、神の永遠と不変性を模倣するのである。

とはいえ、教義と儀礼の中核部分がキリスト教時代の最初の数世紀間に確立されたこともまた事実である。その他のことはすべて、この最初の枠組みのなかに位置づけられてきたのである。教会は、新しい教説、新しい祭礼、祭礼の新たな細部、新しい生活様式や宗教思想について判断を下さなければならなくなると、そのたびにまずは、この初期の慣習や信仰を典拠として、これにかなっているかどうかを問うたのである。教義や祭礼の中核部分はその最初期の姿に立ち戻るか、立ち戻ろうとする。教会は際限なく同じ言葉を繰り返すか、少なくとも、繰り返していると主張する。キリスト教の初期の時代に対して、またその当時最も大きな影響力をもっていた行動や言葉に対して、教会はまさに特権的な地位を認めているのである。いま、教会が永遠の真理として、時を超えたところに位置づけているものは、その後他のさまざまな社会制度が次々とまとっていった形態を考えてみれば非常に遠い過去にまでさかのぼるものだが、明確に限定された歴史上のある時代に形作られていったものである。したがって、宗教の対象が変化の法則を免れているように見えるとしても、また、他のすべての観念や、社会思想の内容を構成する伝統の一切が発展し形を変えていくのに対して、宗教表象は固定されているとしても、それは決して時間を超越しているということではない。それは、宗教表象が結び付けられている時間が、それ以前の一切からではないとしても、少なくともそれ以後の一切から切り離されているからである。言い換えれば、宗教的記憶（souvenirs religieux）の総体は、このように孤立した状態で存続し、その記憶が形作られた時代が古くなればなるほど、その他の社会的記憶（souvenirs sociaux）からは切り離される。その結果、宗教的記憶が再生させる生活や社会生活の形態と、今日の人々の考え方や行動様式とのあいだには、次第に対照性が際立っていくのである。

実際に、宗教集団の記憶（mémoire）には、次のような特異な点がある。すなわち、他の集団の記憶は互いに浸透し合い、互いに調和する傾向を示すのに対して、宗教集団の記憶はその後一切変わらない形で固定されることを求め、その他の記憶を支配的記憶に適合させたり、その他の記憶を系統的に無視したりして、他の記憶の不安定さに対してみずからの恒常性を対置させ、他の記憶を劣位に位置づけようとする。その後一切変わらない形で与えられているものと、暫定的な形でしか与えられていないもののあいだには、その時点で、程度の差ではなく本質的な差異がある。そして、その差異は、宗教意識のなかでは根本的対立として現れることがわかる。社会生活の他の一切は持続する時間のなかで展開されていくので、宗教はそこから距離をとらなくてはならない。そのため、宗教は私たちをもう一つの世界へと連れていき、その対象は永遠かつ不変であり、その対象を顕在化させる宗教的行為は、ある特定の時と場所でおこなわれているにもかかわらず、その果てしない反復と同一の外観によって、永遠性と固定性を少なくとも模倣し、かつ象徴化するのである。おそらく、社会生活のなかにあって、ずっと同じ性格を示し、同一の観念を呼び起こすことができるような現象領域は一つしかない。それは、周期的な自然の動きが見せる光景が集団のなかに喚起する表象、つまり自然法則である。実際に、数多くの宗教が、いわば季節の推移という雛型のなかに流し込まれ、その儀式と祝祭の移り変わりが、大地と天が次々に見せる様相の移り変わりを再現していることは、注目に値する。最も近代的で、最も進化を遂げた知的な宗教でさえも、神と神の意志の観念は、自然の秩序の観念に強く類似するものと見なされ、数多くの神学上の発展は両者の対比から着想を得ている。ただし、特にカトリックの教えでは、宗教の固定性はきわめて心霊論的（spiritualiste）意味で解釈されている。この宗教は季節の推移に適応し、キリストの生涯のドラマを人々の一年間の生活の枠組みのなかで展開させてきたのだが、それと同時に、時間の流れと区分の集合表象を、みずからに固有の思想の流れのなかに導き、みずからのリズムに従って組織しようと努めてきた。その一方でキリスト教は常に、物質的自然の秩序を、神の意志に導かれる隠れた秩序の象徴、もう一つの本質の象徴として捉えてきた。キリスト教にとっては、人間科学とその概念の一切は、その他の世俗的思考の手続きと本質的に区分されるものではない。科学は、宗教から見れば不確かで、可変的なものにとどまっている。科学は時間の法に従属している。科学が事物のなかに見いだし、私たちの前に示す必然性は、私たちの知識の不完全さに応じた、まったく相対的なものである。宗教的真理だけが、決定的で不変のものである。つまるところ、今後一切変わらない形で与えられているものと、一つの時代だけに存在し、真理であるものとのあいだには、どのような媒介も中間項も存在しない。そして、特権的な一時代の社会思想だけが〔宗教的真理を示すものとして〕存在する。それは、これを保持し再現することだけに努める集団の思想であり、その固定的な性格によって、他の一切の時代と集団のつかの間の社会思想に対置されうるものである。

宗教の対象がこのようなものだとすれば、つまり、宗教は過去の一時代の思い出を、時を超えて、手つかずのままに、のちの時代の思い出をまったく交ぜ合わせることなく保持しようとするものだとすれば、教義や儀礼も、世紀を超えて、すでに固定された形式を受け継ぎ、外部からの影響を受けないようにしようとしているのだと予測される。しかし外部からの影響は、宗教集団とそれ以外の集団との差異が大きくなればなるほど脅威的なものになっていく。しかも、そのようにして記念された道徳的・社会的な革新が、おそらくはその深さでも広がりでも強く強調されるだけの価値を有しているとしても、そのあとに他のさまざまな出来事が生じると、それは、同じ方向へと発展を推し進めることもあれば、人々の活動と思考に新たな道を開くこともある。なぜ宗教的記憶は、おそらく先の時代の経験にも劣ることなく決定的であるような、のちの時代の数多くの経験を取り込んで、豊かなものとなってこなかったのだろうか。ここでは、宗教的記憶が実際にどの程度まで、そうした新たな経験の影響力の一切をはね返し続けられたのかについては、検討せずにおこう。いずれにしても、宗教的記憶は閉ざされたものであろうとしてきたし、実際にその宗教が存続しようとするならば、できるかぎりみずからのうちに閉じこもろうとし続けるのだと考えられる。ただし、初期の宗教的記憶は、社会がその思い出を固定させようとしている出来事が起きてから間もない時期にあったので、みずからを取り巻く社会環境のなかに、その記憶を破壊したりひどく変質させたりすることなく育て、強化してくれる証言や思い出、さらには新しい事実を見いだしていく。これに対して、その出来事から離れていくにしたがって、それとは関わりをもたない出来事、つまり宗教的記憶には関わらない思い出が対応する出来事の総量が増えていく。宗教集団の記憶は、みずからを守るために、みずからの周辺に他の記憶が形成され、発展していくことを、しばらくのあいだ妨げることもあったのである。宗教集団の記憶は、それ以前の諸宗教、すなわちその対象からすでに遠く隔たり、長いあいだほとんどその思い出のうえだけに生きてきたような記憶には、容易に打ち勝つことができた。その一方で、内容から見てみずからの集団に起こってもおかしくないような出来事、つまり、ごく最近のことで、キリスト教が生まれたその時代のしるしを負っているような出来事、さらにいえば、既存の宗教的記憶の最も外縁にあった出来事の思い出を、ことごとく取り込んでいった。解体の途上にある宗教の残滓は、キリスト教時代の最初の数世紀の集合意識のなかに組み入れられ、その時代のキリストの物語はみずから進んでその痕跡を保持しようとしていた。キリスト教はまた、それ以前の信仰体系から、哲学的・法的・政治的観念を取り込んでいった。それはやはり古い体系の残滓であり、いまだ一つの全体に結び付けられていない拡散した要素であった。実際に、この時代のキリスト教は、その起源と時間的にきわめて近接していたので、思い出と現在の意識とをまだ容易に区分することができなかった。福音のドラマはまだ終わっていないように見えたため、過去と現在が融合していたのである。人々はまだ、最後の一幕を待ち望んでいた。人々はいまだ、キリストの再来と天上のイェルサレムの出現に対する希望を失ってはいなかった。(25)祭礼では、聖体の秘蹟と並んでカリスマ、言い換えれば、治癒やその他の奇跡的行為、幻視、預言、異言[19]といった、精霊の特別な発露が中心的な位置を占めていた。(26)キリスト教はまだ、過去が現在から切り離されて置かれるような形で、同時代の集合的記憶に対置されるものにはなっていなかった。しかし、キリスト教は、同時代の状況に強く関わることで、さまざまな信仰や制度にみずからの様式を受け入れさせることを、正当なものとして希求しえたのである。しかも、信仰の領域で、その最大の敵対者たちが自分たちと同じ伝統を掲げていた。それは異なる記憶だが、それでもなお一連の同じ出来事、同じ教えについての記憶であった。異端の教えと、多少なりとも正統性をもつ教義とを互いに分けているのは、一方が現在または近接する過去から着想を得、他方が遠い過去に根ざしていることにあるのではない。それは、それぞれが同じ時期の過去に、まだ遠く隔てられていないのでそれに関する証言や証人に大きなばらつきがあるような過去に関わり、理解する、その仕方にかかっている。おそらくはその時点で、伝統のある部分は他の部分に先駆けて固定されたものになっている。しかし、それらの部分は互いに強く結び付きあっていて、その全体が非常に近い過去へとつながっているので、どの部分も他から切り離されることがないし、キリスト教徒の意識は、まだ日々そのいくつもの部分を互いに突き合わせて見ている。これが形成期の姿である。そこでは、集合意識はまだ、空間的に隔てられた多数の小さな共同体〔＝複数の異なるキリスト教共同体〕のあいだに拡散している。それらの共同体は、信仰が共同体ごとに必ずしも合致しないことや、今日の信仰が昨日の信仰と完全に同じものではないことに驚いたり、不安になったりしないし、それを問題視したりもしない。それぞれの共同体は、信仰をもたない者たちを回心させるという課題に挑んでいて、他のキリスト教共同体と合意をとることよりも先に、自分たちの教えを広めようとしていた。しかし、集合的思考が、想起することよりも生き延びることに懸命になっているときには、どこでも同じようなことになるものではないだろうか。

私たちは、典礼や教義や位階や宗規の現在の形に慣れてしまっているので、現状では明確にいまの時代の社会とは区別されているキリスト教会が、当時どこまで社会のなかに組み込まれていたのか、あるいは、まだどこまでそこから離脱していなかったのか、どれだけの考え方が教会と社会のあいだで循環していたのか、そして、宗教の実践と教会の多様な機能のなかにどれほどわずかな厳格性と形式性しか持ち込んでいなかったのか、といったことを理解するのに苦労を要する。たしかに「キリスト教への帰依は、非常に大きな帰結を伴う行動であった。多くの点で、日常生活を離れ隠遁することが求められた。たとえば演劇、そして一般的に悪徳の学校である公共の遊びは、断念されるべき悪魔の虚栄の最たるものに数えられた。肉体関係についても同様であった。偶像崇拝を断つことは言うまでもない。しかし、そうしたものとの接触を避けるのは、必ずしも容易なことではなかった。古代の人々の私生活には、それほど深く宗教が浸透していたのである(27)」。しかし、キリスト教の考え方の枠組みのなかには、信者たちが放棄した悪習や、彼らが断ち切った異教の儀式も、それなりの位置を占めていた。キリスト教徒は信仰によって、生活のなかで特異な態度を強いられることになるのだが、生活を取り巻く状況の一切を思い起こすことなく宗教について考えるのは、およそ無理なことであった。結局のところ、当時の社会はそのままキリストや初期の信徒たちが生きていた社会であり、その社会がキリストの生涯の物語や信徒たちの教えのなかで、そのつど問われていたのである。キリスト教の記憶は、自分たちの生活の周辺に、ときには宗教集団の外にさえ、そうした思い出を絶えず目覚めさせ活性化させる一定の対象を見いだしていった。キリスト教の記憶が社会から完全に隔絶することなどありえただろうか。また、そうなる理由があっただろうか。十世紀、十五世紀と時間を経たのちには、カトリック教徒はいくつかの点で、初期の二世紀当時の異教徒であるユダヤ教徒、東洋人、ローマ人よりも、『福音書』を理解できなくなっている。『福音書』がそのなかで生まれ、その前提に置いていた社会生活のあり方や、『福音書』が反対し批判を向けた人々や習慣のうち、のちの時代まで継承され、本当に生き生きとした思い出が残されていたものは、どれほどあっただろうか。ある意味で、キリスト教は、一つの文明の最後の仕上げであり帰結であった。それが応えようとしていた関心や不安や希望は、たしかにどんな時代にも人間の本性の一部をなしているだろう。しかし、それらがこのような形で、これほどの強度をもって表出されたのは、この当時をおいてほかにはなかったのである。だからこそキリスト教は、敵対的環境のなかでも臆することなく広められ、拡散していったのだ。このとき、その環境がキリスト教にとって完全によそよそしいものだったわけでは、決してない。

それでは、どのようにしてキリスト教徒たちは、その後間もなく、自分たちの実践と信仰を厳格な形式で固定しなければならないと考えるようになったのだろうか。彼らは、自分たちを取り巻く世界のなかで次々と生まれてくる社会に、逆に自分たちの信仰を押し付け、自分たちのイメージに合わせて社会を鋳直していきたいと考えたために、社会の侵襲に抵抗しようとしていたのである。この時代には、現在に対して過去を表象するのではなく、現在のなかにすでに見え始めていた未来を、過去に対置していたのだ。たしかに、キリスト教もまた伝統に立脚していた。それは、『旧約聖書』をその教えの全体のなかに取り込んでいた。「『聖書』は彼らに歴史を与えていた。だが、それは何という歴史だったことだろう。『聖書』とともに人々は、ギリシャ的伝統を大きく超えて時代をさかのぼっていった。（略）エジプトやカルデアの考古学の最も古い領域にまで達していたのだ。限りなく重要だったのは、物事の起源そのものにまで遡行することだった。（略）人々は、人間という種の最初の広がり、その最初の定住の成立にまで立ち会うことになった[28]」。しかし、「イスラエルの伝統はまた、キリスト教徒の思考を未来へと方向づけてもいた。この点では、『旧約聖書』と『新約聖書』の違いや、『正典書』と『外典書』の違いを、あまり強調すべきではない。それらはすべて、同一の関心について語っている。すなわち、私たちは物事の終焉に触れているのだということ。神はみずから雪辱を果たされるだろうということ。救い主は現れ、また再び訪れるだろうということ」[29]。ユダヤ教の考え方のなかからキリスト教徒が特に引き継いだのがこの点だったことは間違いない。ユダヤ教の思考が未来へと浸透していくこのポイントに、キリスト教徒は立脚点を見いだしていたのである。つまりキリスト教徒は、ユダヤ教の伝統のなかの最も生き生きとした部分を取り込んでいた。それは、その当時の関心に最も強く応える部分であった。

さらにおそらくは、キリスト教徒たちはユダヤ教会（シナゴーグ）とほぼ同じやり方で自分たちの集団を組織したのであり、双方の祭礼のあいだには多くの類似点があった。ユダヤ教会でも、キリスト教会と同様に、人々は祈りを奉げ、『聖書』を読み、その解釈をおこなう。しかし一方でキリスト教は、ユダヤの祭礼のうち、純粋にユダヤ教的な部分をすべて脱落させた。割礼、数多くの儀礼上の禁止、もはやその意味がわからなくなってしまった記憶。それらはもはや現在のなかに何の結び付きももたないものである。他方で、キリスト教は、こうした部分を取り除いたユダヤの祭礼に、キリスト教に特徴的な要素である聖体の秘蹟や霊感の修行を並置し、実質的にそれを上から重ね合わせていった。だが、こうした要素に対応するものは、古代ユダヤ教の実践のなかにはまったく存在しなかった。そうではなく、これらの要素は明らかに、キリスト教の支配が及びつつあった地域の多くの場所で、同時代に生まれつつあった希求と結び付いていた。これらの要素が力をもったのは、道徳と宗教に対する新たな欲求に対応していたからである。このことは、当時の民衆生活の変化のなかで、それからしばらくのあいだ、これらの要素がかなり自由に発展していった理由でもある。しかしのちになると、こうした要素の乱用が生まれ、それは聖体の称揚のなかにも見られるようになる。「人々は、基本的な行為だったアガペーの食事をできるかぎり簡素化せざるをえなかった。もっとあとになると、人々はそれを典礼から切り離し、ついには、ほぼ完全に省略してしまったのである」[20]。見神（visions）や預言や奇跡による治療については、「典礼の勤めの規則性とはほとんど両立しがたかったので、やがておこなわれなくなってしまった」[30]。ここには非キリスト教世界に広まっていた宗教実践と交ざり合ってしまうことを避けようとする、最初の一段階が見られる。

それでも、当初、信仰は当時の社会のなかに浸透し、同時代の多くの集団の思考や日常的に営まれる生活と部分的に融合していったことは事実である。キリスト教は当時、その時代の生活に臆することなく入り込んでいくことができた。たしかにキリスト教は、外部から導入されたように見える道徳生活の形式を示すものであり、同時代の生活に対立するものだった。キリスト教の提示する生活形式は、ローマ社会とはまったく対照的な社会にこそふさわしいものだと考えられていた。しかし、キリスト教が当時の主要な都市《シテ》に広まっていくためには、多くの接触と妥協が必要だった。典礼の枠組みに固執するのではなく、むしろ形式主義への嫌悪を示すことで、古代の信仰との違いを際立たせなければならなかった。絶えず新たな信者を獲得していくためには、そこに接近の道が開かれているかぎり、その時代に形作られた多くの思考や意識の水準へとみずからを近づけていかなければならなかったのである。「キリスト教と相いれない、さらには司祭や司教の身分にはふさわしくないと見なされるような状況はほとんど存在しなかった。聖キプリアヌス[21]は司教と、それもかなりの数の（*plurimi*）司教と関係をもっていた。彼らは、さまざまな領域の運営で管理業務を担い、祭りに駆け回り、貸し付けや追い立てをおこなった。（略）ネロンからディオクレティアヌスにいたる皇帝の屋敷には、常に数多くのキリスト教徒がいた。しまいには、彼らは財政的管理ばかりでなく、都市や地方の官職まで引き受けるようになった。何と言えばいいだろう。キリストの信徒たちが、ローマの祭司に、つまり、世俗の司祭となったのである。（略）そして、結局のところ、キリスト教徒のなかには、演劇人や剣闘士、ついには娼婦までが存在するようになったのである[31]」

同様に、司祭と一般信徒の区別も、のちには基本的なものになるのだが、最初の数世紀間には大きな意味をもっていなかった[32]。たしかに、「共同体全体のなかで、聖職者はすでにはっきりと切り離されたカテゴリーを形成していた。（略）しかし、証聖者と自発的禁欲者がすぐにも特別な地位を得るようになる。（略）他の人々から称賛され、またみずからを称揚することによって、証聖者と尼僧はキリスト教社会のなかに特別な階級を形成する傾向にあり、彼らは聖職者階層に対して、教会の運営について異議を唱えようとすることもあった[33]」。それはつまり、宗教的伝統がまだ浅く、儀礼が単純で、教義があまり充実していなかったために、キリスト教社会のなかにそれらを保持するための機関を作り出す必要がまだ強く感じられていなかったということである。司祭は共同体を統率しているが、その聖なる性格によって他の信者たちから切り離された一種のカーストを構成するまでには、まだなっていなかった。聖職者の独身制が登場するのは、ようやく三世紀末になってからのことである。「四世紀には、一般信徒と聖職者の区分はすでに慣習化され、非常に深く根づいている。祭礼のときだけでなく、世俗の生活の管理でも、聖職者だけが頼みにすべき存在である。（略）一般信徒は教会に対して何も言うことができない。その態度は、教会に対しては一般に受け身である。彼らは、読誦や説教を聴き、聖職者が唱える祈禱に短く歓呼の声をあげることで同調し、聖職者から秘蹟を授かり、祭礼を執りおこない差配する者としてその人を承認する」[34]。しかし、その時代にいたるまでは、宗教的記憶は信者集団の全体に息づき、機能していた。それは、当然のこととして、社会の集合的記憶全体に融合していた。宗教的記憶の担い手が俗世の生活を離れ、宗教的記憶が同時代の集団のなかで広まる一群の思想や思い出から切り離され、接触を断つことが、必要とは思われなかったのである。教会自体が、長いあいだ、禁欲の思想を発展させる修道士や修道院の運動に対して、明確な疑念を示し、敵意を表明していた。この世界にキリスト教の思想が浸透しているのに、なぜそのようにしてそれに背を向けようとするのか。なぜ、宗教的記憶は、それを支えている社会が持続的に生活を発展させているときに、みずからを養い、更新し、豊かにし、何一つ誠実さを失うことがない集合的記憶と同様の条件のもとで、みずからの力を発揮させようとしないのか、と考えたのである。しかし、宗教社会はやがて、さまざまな集団と徐々に結び付いていくなかで、それらの集団がそれぞれ独自の利害と固有の記憶をもっていることや、宗教社会の思い出とは関連をもたない多くの新たな記憶内容を有していて、それらは宗教社会の思考枠組みのなかに位置づけられるのを拒絶していることに気づくようになった。この時点で宗教社会は、みずからのなかに閉じて、その伝統を固定させ、教義を決定し、一般信者に対して、もはや単なるキリスト教共同体の官吏・運営者ではなくなった聖職者の位階の権威を押し付けようとした。聖職者たちは、閉ざされた集団を形成し、世俗の世界から切り離され、完全に過去のほうを向き、これを記念することに専心するようになるのである。

今日の社会では、宗教的行為や思考は他の多くのものと交ざり合っているものの、カトリック信仰に関わるほとんどの信者がもっぱら信仰に目を向けるのは、一定の間隔を置いた、決められた日や時間のなかだけのことである。信者が日曜日ごとにミサに参列するとしても、祝日には教会に行って儀式に参加するとしても、毎日祈りの言葉を唱えるとしても、また大斎を守るとしても、おそらく彼らは、何世紀にもわたって伝わってきたことの繰り返しとしてそうしているのであって、その実践がいくつかの特徴を再現している過去の出来事について、特に考えているわけではない。慣習的形式に従って徳行を積み、宗教集団の成員が守っている規則にしたがおうとするとき、彼らはそうした慣行が自分たちの生まれる以前から存在していたことを十分に承知している。しかし、それらの慣行は、彼らがそこに期待しているものにきわめてよく合致しているように見え、彼らがそれについて抱いている観念が彼らのもっている他のさまざまな考え方に強く結び付いているので、その歴史的色彩は彼らの目には消えてしまい、それはもういまある形とは別様にはありえないと信じることができるのである。それは、子どもが、自分の周りで家族の誰かが果たしている役割とそれがなされているやり方が、一人ひとりの個人的性格によって説明されるとか、それがある日突然始められたものであるとか、まったく別なやり方もありうるとか、家族の愛情のはたらきはそれによって変化させられたものだなどとは、思ってもみないのと同様である。子どもは、自分の父親と父親一般を区別しない。子どもは、自分の家族の外に出ないかぎり、自分の家族と他の家族を比較しないかぎり、そしてとりわけ、一人の子どもが通常それで満足している以上のものやそれ以外のものを求めないかぎり、自分の生活環境の特異性を振り返ってみることはないし、自分が出会ってからずっと親たちが自分にとってどんな存在だったのかをあらためて思い起こしてみようとしたり、自分の意識が目覚める以前に親たちがどんな存在でありえたのかを想像しようとしてみない。おそらく信者たちは、宗教教育によって教えられたいくつかの大事な事実を自分の記憶のなかにとどめているし、宗教の実践を通してそれらの事実にしばしば関心を向けてきた。しかし、そのことを何度も考え直し、他の人々も自分とともにそれを考えてきたということだけですでに、その事実についての概念はごく当たり前の概念になってしまっている。信者がミサや秘蹟や祝日について抱いている観念のなかには、その時代の社会とその成員に関わる他の一群の観念がすでに入り込んでいる。

実際に、日曜日の祝いは仕事の休みに、つまり世俗的な意味での休日に対応している。告解したり、聖体を拝領したりするときには、その人の関心は秘蹟に集中するかもしれないが、気にかけられているのは、聖なるものの性格だったり、みずからの内的存在の浄化やよみがえりの作用だったりして、そこでのその人の思考は過去よりもむしろ現在に向けられているだろう。おそらく、司祭の言葉それ自体は、その人の心のなかに、キリストの最後の晩餐の記憶を呼び起こしているだろう。しかし、そのイメージは、現時点でもっと強く現れている表象の背後、すなわち祭礼の場所や装飾、司祭者、聖体拝領台、自分とともにそこに集まっている人々の背後に、半ば隠れてしまっている。

ここで、信者の全体ではなく、聖職者であれ一般信徒であれ、宗教が生活の実質になっているような、小さな中核集団に位置する信仰者たちのことを考えてみよう。彼らは、宗教に思考のすべてを関連づけ、神のもとに生きていると言うことができる。彼らにとっては、宗教とその他の慣習のあいだに本質的な差異が存在する。宗教以外の慣習は、その時代の社会をどうにか組織していくための手段として、一時的な価値しか有していないのに対し、宗教的慣習はその根をきわめて遠い過去に下ろしていて、表面的にしか変わることがないのだ。信者は、その宗教が生まれたばかりの時代、宗教と世俗の事象がまだ触れ合っていた時代に絶えずまなざしを向けうることを条件として、同時代の生活から身を引き、落ち着いてその祭礼の対象に近づくことができる。信者は、のちのすべての発展がこれに結び付いている最初の劇的な出来事、さらにはまたその思い出が教会の歴史の内実に組み入れられてきたその他の宗教的出来事を、十分に理解し、体験し直さなければならない。たしかに、宗教のなかには常に二つの流れ、つまり教義を志向するものと、神秘を追求するものとが存在した。しかし、どちらかが優位に立ったり、それが逆転したりしたとしても、また結局のところ宗教が双方の妥協から生まれるものであったとしても、神秘主義者も教義派も、起源にさかのぼろうとし、同時に双方ともあえてそこから離れていこうとする。そこに絶え間ない葛藤があることは強調する意味がある。なぜなら、そこには矛盾した条件がはっきりと見えるからである。集合的記憶は、ときとして、そのような条件のもとで呼び起こされるものなのである。

＊

教義派の人々は、論議を呼んでいる言葉や命題や象徴がかつてどのように定義されたのかを知っているのと同時に、今日それを定義づけるための一般的方法を手にしているために、自分たちはキリストの教えの意味と英知を把握し、保持しているのだと主張する。聖典や儀式の意味を内なる光によって再発見しようとする神秘派の人々とは異なって、教義派はそれを原則として外部から、教父や教皇や公会議の決定あるいは解釈のなかに探し求める。それは、どの宗教にも見いだされるものではあるが[35]、二つの明快に区分された集団、すなわち聖職者と一般信者とのあいだの根本的区分を前提にしている。なぜ一般信者は発言権をもたないのか。それは、彼らが（世俗の生活に関わっているために）宗教集団とは別の一つまたは複数の社会の一部をなしていて、聖職者たちと同一の集合的生活には参加しておらず、同一の伝統にも、同一の学にも十分に通じていないからである。神学的伝統は、聖職者集団の記憶としてあることによって、権威が生まれる。彼らは、強固に確立され、しかるべく体系化された一連の概念を手段として、キリスト教会の初期の生活と教えから、保ち続けるべきもののすべてを再構築することができる。

それらの概念が、まったく別の時代、ときとしてその起源から遠く隔たった時代に定められ、明確化されたものであることは確かである。とはいえ、聖典にさかのぼり、その権威を認め、『聖書』や儀式のなかの原初的なものとあとから付け加えられたものとを区分し、それぞれの文書とそれぞれの制度の起源をその年代に結び付けることへの関心はかなり最近になって生まれたものであり、歴史的検証は公会議や宗教会議のなかではなく、教団の外の世界でなされ、のちにそれが神学者にも課せられるようになるのである。さらに、キリスト教の最初の数世代と、その教えを示す最初の聖典について語るとき、私たちが取り上げることになるのは、キリスト教の伝統の大部分が一連の再編を通じて、また適応の努力によって比較的短い期間に固定されていった時代である。その再編や適応がどのようなものだったのか、今日私たちはおおよそ理解することができているが、その痕跡は宗教的伝統のなかにはほんのわずかしかとどめられていない(36)。聖典のなかに残されたり、儀式のなかに固定されたりした集合的思い出は、イエスの生涯や教えを直接再現しているのではなく、最初の何世代かのキリスト教徒たちが描出したその情景を表している。この時代以降、キリスト信仰の原初的要素は、それまで他の伝統によって支配されていたさまざまな集団の意識のなかに浸透していくために、ある程度の広がりをもち、一般化されなければならなかった。それらの要素は古い枠組みのなかに入り込み、そのもともとの色彩を部分的に消していくのである。このことは間違いなく、布教の必要性と同時に、キリスト教共同体が教会に変容していくことによって説明される。ユダヤの預言者であり、ガリラヤ人であるイエスに代わって、人々がすべての人間の救済者たるキリストの姿を描き出したとき、当時彼を取り巻いていた人々にとってはなじみがあるものだったにちがいない、イエスのユダヤ固有の特徴は忘れ去られるか、あるいは新しい枠組みのなかに移し替えられなければならなかった。最初の数世紀からすでに、イエスの思い出は、そのいくつかの要素に基礎づけられた一つの観念に置き換えられざるをえなかったのだが、その内容の大部分は初期の共同体の宗教的傾向や欲求によって説明されるように思われる。おそらく、キリストとその弟子、聖人、奇跡、迫害、回心に関わるキリスト教の伝統は、しばらくのあいだばらばらの状態で保持されなければならなかったのだが、かなりあとになって、つまりすべての証人がいなくなり、直接的統制がもはや不可能になった時点で、キリスト教の伝統に連なる、散らばっていた人々を集め、教義や伝統に関わる物語をまとめあげようと思い始めたのである。それぞれの場所に、さまざまな考え方や論理、さらに伝統的なキリスト教が構成されてきた知的・社会的環境がもたらす情念や遺恨が見いだされるのは、驚くべきことではない。しかし、ルネサンス期の画家がキリストと同じ時代の人物に自分たちの時代の衣装や型どおりのローマ時代の衣装をまとわせたのと同じように、そのあとの各時代に、神学者はキリストや教父たちの言葉の背後に、初期の教会自体は知ることがなかった、あるいはそれほど重要とは認めていなかった考え方を見いだしていくのである。このように、一つの出来事が個人の意識や一家族の狭い意識から、より大きな集団の思考のなかに移し替えられ、その集団がもつ支配的表象との関わりのなかで定義されていくというような形で、すべては推移していった。しかし、大きな広がりをもつ集団は、その出来事それ自体や、証人だった家族や個人にとってそれが何だったのかということ以上に、そこから生じた伝統や観念に関心を向ける。その際に、同時代の人々にとってはきわめて具体的で生々しいものだった、その当時のその場所での細部が一般的性格に読み替えられてしまう。たとえば、イェルサレムは象徴的な場所となり、天国の寓意となる。したがって、十字軍が聖地に向けて進軍するときに彼らが向かおうとしているのは、キリストの生と死のさまざまな場面が繰り広げられた生き生きとして精彩に富む土地ではなく、天と地のあいだに宙づりになっている聖域なのである。キリストの誕生日は、新しい一年の始まりの時期、すなわち非常に古くからある祭りの時期に定められることによって、やはり象徴的意味を獲得することになった。そこでの振る舞いや言葉のすべては、単に預言の実現にとどまらず、新しい生活の模範であり、約束でもあった。人々はその振る舞いや言葉をしばしば繰り返さなければならなかったので、それらはキリスト教徒の意識のなかでも、私たちの日常的思考のなかで観念が担っているものと同じ役割を果たすようになった。こうして、キリスト教の神学、道徳、哲学は、最初の数世紀からすでに、キリストとその教えの相貌を大きく変えてきたのである。

それはすなわち、教義派の人々が、過去を「再び生きる（revivre）」ことにではなく、その教えに従うこと、すなわち今日そのなかから保存し、再構成し、理解することができるものに従うことに、関心を向けているということである。過去をよみがえらせることはできない。しかし、かつてあったことについての観念をもつことはできる。そして、明確化された基準点が準備され、考えが及ぶ過去の要素が数多くの反省を呼び起こし、そこに数多くの思考の流れが交差して、私たちがそのいくつかの様相を再構成するのを助けてくれるのであれば、それはそれだけ首尾よく成し遂げることができる。最初の数世紀間のキリスト教徒たちの思考は、いくつかの文書を通じてしか知ることができないうえに、今日私たちはその文書を不完全な形でしか理解できない。しかし、神学的思考の形式は存在し、それは世俗的思考と根本的な対照をなし、教会の成立当初からずっと固定された枠組みのなかで発展してきた。それらの枠組みは非常に安定的なので、少なくとも基準点はいささかも動じることがなかったのだという確信をもって、そのなかに過去の事実や教えについての何らかの概念を位置づけることができる。実際に聖職者集団は継続的に存在していて、それは各時代に同じ枠組みを採用し、そこに自分たちの考え方を新たに適用し、その点で、伝統が自分たちに教えることに適応していったのである。各時代に、神学的思考が先行する時代の宗教意識の内容のすべてを同一の水準にまで吸収してきたわけではないとしても、やはりさまざまな概念のあいだでは、安定的な概念が不安定な概念をしばしば規定していくという関係が、数多く成立しているのである。そこにたどり着くための最良の方法は、聖職者たち、少なくともその伝統に最も通じている者たちにとっては、結集し、ともに考えること、より正確に言えば、ともに想起することにある。

このように教義神学（la dogmatique）は、意識の前に現れ続けていたり、すぐに呼び起こせたりするような集合的観念や記憶内容が記憶一般のなかで果たしているのと同じ役割を、宗教的記憶のはたらきのなかで担っている。それは、あるときに、または何度かにわたって、過去の出来事の日付や本質や事実について集団のメンバーのあいだで合意が形成されたことを示している。おそらく、こうした事実や教えの外に、時を隔てるにつれて少しずつ教会が闇のなかに置き去りにしていったもの、したがってそれについては一つの伝統も引き継がれなかったものが、存在している。ただしそれは、多くの場合、教会の最初期の時代の人々にしか関心をもたれず、そのあとの時代の人々の視野からは外れてしまったために、教会がそれを取り上げる機会をなくしていったような事項なのである。

神秘主義は、どんな形で現れようとも、信者全体にとって可能な水準以上に、神聖な原理と密接に接触したいという欲求に応じたものであると言える。神秘主義者たちはしばしば、人が感覚的な生から神のもとでの生へと高められていく諸段階について記し、彼らのなかの多くは、教会の教えのなかに浸透していたなじみのイメージを忘れ去って、神との合一によって自我を失ったとされる瞬間のみずからの精神状態と、類似する他の精神状態、たとえば仏教のような宗教のなかで、または哲学的瞑想や抽象を通じて人が高められていく状態とを、もはや区別しがたいところにまで進んでいった。そうなれば、精神はみずからが保持しうるようなイメージを一掃し、事実と感覚的表象と観念とを互いに区別しないようになり、超越的実体にみずから融合しようとするのだから、伝統や記憶について語る余地はなくなることだろう。神秘主義者の関心を占めているものとは、まさに、いまこのときに神と直接一つになることではないだろうか。神秘主義者がキリストを想像し、その姿を見、関係をもつときには、ほとんど常に、救い主はそこに存在していて、自分の生に入り込み、その時点での自分の思考に関わり、着想を与え、そのはたらきを方向づけているのだと感じている。こうした瞬間に、神秘主義者が過去へ、すなわちキリストが人間になって教え苦しんだ時代へ自分が連れ戻されている、と考えるのはきわめてまれである。いずれにせよ、多くの場合、現在または過去のキリストのイメージは、いまそこで神のもとへと高められていくための手段にすぎない。この意味で、神秘主義的信仰心は、一般的な信仰心から区別されるだろう。そこでは、信仰の外的形式や他の信者たちの共同的思考から関心を切り離し、自分自身の内部に起こることに関心を定め、または定められるがままにしているのである。このようにして孤立していけば、宗教的思考は教会の思考、とりわけ教会がみずからを養っている集合的記憶内容との接点を一切失っていくのではないだろうか。

　しかし神秘主義は、個人の思考が伝統に対立するのと同じように、公式の宗教と対立するわけではない。まず第一に、教会は、本質的教義の明確な捉え方、すなわちキリストの教えの基盤になる記憶内容が、そこから排除されてしまうような宗教生活の形態が存在することを認めていない。ジャック＝ベニーニュ・ボシュエ[22]は静寂主義《キエティスム》[23]について次のように述べている。「本当に、そのようなことがキリスト教徒のあいだで問われうるのだろうか。つまり、キリスト教徒のあいだで、イエス・キリストについて語られることがない状態など見いだすことができるだろうか」。ただ神にだけ、さらには神の本質の渾然として不可分の性質にだけ、みずからの身を委ねるのは、三位一体と神の属性を忘れることである。「誇張ではなく、それは観想に基づく洗練を口実に、キリスト教の神秘を忘れさせようとする敵の謀略以外の何ものでもないのではないか[37]」。したがって神秘主義者は、その忘我と恍惚を通して、自分が発明したわけではないし、自分一人に開示されたわけでもない〔キリスト教徒が共同的にもっている〕概念枠組みのなかに、みずからの個別の経験が位置づけられるのだという持続的感覚を保っている。その概念枠組みは、教会が保持し、教会によって教えられたものである。したがって、神秘主義者がみずからのなかにより強い光の到来を見るとしても、その光はそれらの概念そのものを照らし出し、キリスト教の神秘を深めることを助けているのである。神秘主義者の瞑想や内的ヴィジョンと教会の考え方とのあいだには連続性がある。神秘主義者とは、特別な恩恵によって、共通の伝統を同じ集団の他の成員以上に生き生きと呼び起こすことができる者だと見なすことができるのである。神秘主義者が、いまそこにあるものとして想定された神やキリストとの直接的な関係に入ること、あるいは入りうると信じることには、どんな重要性があるのだろうか。神秘主義者は伝統によってキリストを知っていて、キリストのことを考えるときには、キリストの生涯を想起しているのである。神と一つになるところまで接近しようと努めるとき、神秘主義者はキリストを模倣しようとしている。あるいは、自分よりも先にキリストを模倣することに成功した人々を模倣しようとしている。神秘主義者の生とはすなわち、イエス・キリストの模造《イミテーション》である。『福音書』がキリストのものとして語っている感情や行為を、みずからのうちに、すなわち自分の感情や行為のなかに再現したり、あるいはみずからの思考のなかにキリストの姿や地上での生活の出来事、光り輝く変容[24]を再現したりする。そうだとしたら、想起(évocation)の試みである神秘主義者の記憶は、教会の記憶を完全なものとし、部分的には補おうとする試みにほかならないのではないだろうか。

　宗教の歴史のなかに神秘主義的な反応がたびたび生まれ、キリスト教の進展のなかで神秘主義が果たす役割がなくならなかったとすれば、それは、信者やその集団が常に、公式の神学的思想の不十分さ、その硬直性や無味乾燥ぶりに敏感だったということである。一方では、キリスト教の黎明期から遠ざかっていくにつれて、教会の記憶は、絶えず変化し続ける社会環境のなかにあって、それに左右されることなく存続しうるようにみずからを組織しなければならなかった。複数の宗教的真理を互いに整合させ、同時にそれを、教会の外に流通している多種多様な思考や信念、教会がその影響を感じずにはいられなかった思考や信念にも適合させなければならなかった。そのなかで、教義は少しずつ体系化されていった。政治的・哲学的関心が、公会議に参加した聖職者たちにも課せられていった。先にも述べたように、宗教的真理とは、伝統の想起であると同時に一般的観念である。神学者たちの教義神学のなかで、概念としての教義の価値が強化され、そのかわりにしばしば、キリストの物語や初期の信徒たちの教えとの結節点を見いだすことが、次第に難しくなっていった。多くの神秘主義者たちは、教会が同時代の精神に侵されすぎていると批判し、キリストの精神に対して誠実ではないと非難するようになるのである。他方、想起される記憶はその基本的性格として、それを生み出した現実との接触を取り戻すことでみずからを再活性化することができないときには、貧弱化し硬直化するものである。ひとたび確立された教義や儀礼は、人々がそれを何世代にもわたって繰り返し思考し、再現していくにつれて、すり減り、生き生きとした陰影を失っていく。教会によって固定された枠組みのなかでは、そこに備わっている多様性は限られたものになる。当初、それらが考案され、形作られていった時期には、その新しさ自体によって人々の想像力や感受性に訴えかけることができたのだが、長きにわたって文字どおり定式と単調な振る舞いのなかに定着してしまうと、その効力は減じていく。こうした危険性に、教義神学は直面してきた。そして多くの場合、神秘主義者たちの役割はまず、キリスト教の初期の描かれ方を拡張しながら修正していくこと、当初は知られていなかったり、誤って認識されていたり、あまり注目されていなかったりしたような、『福音書』のなかの事実や人物に信者の注意を引き寄せることにあったのだが、同時にそれは、こう言ってよければ、キリストの身体や相貌の特徴や細部をより生き生きとした色彩で描き直すことでもあった。そこからさまざまな形の信仰形態が生まれたのだが、それは、そのそれぞれの創始者の精神にとっても、またそれを取り入れた教会の精神にとっても、宗教的記憶の新たな方向性に対応するもの、すなわち、それまで背景にとどまっていた『福音書』の物語のある部分を捉え直すことができるような方向性を示すものだった。十二世紀に、聖ベルナルドゥス[25]は、「救い主の死にいたる生の神秘と、これに関わった聖母や聖ヨセフのような人々に対する敬愛」を要求し、「イエスの人間性」に思いをめぐらせ、説教のなかでは、特に好んで聖夜とキリストの誕生、さらには割礼について多くを語り、ゴルゴタの丘の悲劇を物語り、そして、マリアの純潔や恭順や聖ヨゼフの徳を称賛した。このとき、このようにして聖ベルナルドゥスが前面に押し出した『福音書』の物語のあらゆる部分は、教会の神父たちの説教のなかではまったく、もしくはほとんど触れられていないものだったし、少なくともこれほどまでに力強く浮かび上がってはいなかったという意味で新しいものだったのである。[38] しかし聖ベルナルドゥスは、のちのルドルフ・ル・シャルトルー[26]のように振る舞ったわけではない。ルドルフは、「キリストがおこなったことや言ったことのすべてが書き記されたわけではなく、(略)『福音書』の物語は、使徒の物語によって、さらには信仰上の真理や真実味にかなうような想像上の仮定によって補われるものなのだという、聖ヨハネの言葉に着目していた」[39]。聖ベルナルドゥスは正典に、とりわけ『第三の福音書〔ルカによる福音書〕』に準拠していた。それは、教会の記憶の宝庫であり、聖ベルナルドゥスはそこを開拓することで、教会がその創設以来蓄えてきたもののまだ再現されていない、あるいは不完全にしか再現されていない記憶内容を発見しようとしていた。さらにはまた、周知のように、聖アウグスティヌスや聖フランチェスコといった他の多くの神秘主義者たちは、『聖書』のある部分をときとして偶然に読み、そこにみずからの注意力のすべてを注ぎ込んだことによって、みずからの使命に目覚め、キリストの教えの新たな側面を垣間見たのだと語っている。したがって、彼らを教義派から区別しているのは、神秘主義者たちが教会の教えに対して一種の個人的インスピレーションを対置しているという点ではなく、公式の伝統が何らかの理由で置き去りにしてきた、キリスト教のもともとの物語のある部分を再評価し、前面に押し出しているところにある。

とはいえ、神秘主義者たちがこのように、同時代の教義体系に依拠することなく原初のキリスト教との直接的接触を取り戻すのだと主張するとしても、彼らが宗教を捉える新しい視点は、彼らが引用するテクスト、彼らがこだわりをもつ『聖書』の一部分によって説明されるわけではない。そうではなく、聖なる文書のなかの、誤解されていたり見過ごされたりしていた特定の側面が彼らの関心を引き付けるのは、それが多少なりとも自覚的な宗教的希求に応えているからであり、そうした希求は、彼らがその考え方をテクストのうえに定着させる以前に、彼らのなかに存在していたのである。こう言ってよければ、神秘主義者と教義派とは、生きられた記憶と、多少なりとも定式的にまとめられた伝統との関係として対置させることができる。神秘主義者がヴィジョンを構築し、その新しい意味を引き出そうとしてテクストを解釈するのは、論理的な方法によるものではないし、同時代の教会の人々が用いる知的手続きに着想を得たものでもない。神秘主義者は、自分の心に素直に従って自由に宗教に接していくのであり、そのほうが宗教をより十全に理解しうるのだと信じている。自分の内的な本性と宗教的真理のあいだに、ひそかな照応関係があるかのように振る舞っているのである。しかし、公式の伝統が教義派にもたらすような支えをもたず、キリストの生きた過去を自力で再体験しようとする神秘主義者は、自分が乗り越えようとしている神学者たちよりもさらに行き過ぎてしまう危険にさらされている。伝統への参照が（少なくとも自分が革新しようとしている点については）退けられているのだとすれば、聖典のテクストの他に、過去についてのどのような証言が神秘主義者に残されているだろうか。たしかに新たな光は、神秘主義者のもとに、『聖書』からあふれ出てくるように見えるだろう。しかし、それはどこからやってくるのか。テクストそれ自体からか、それとも自分の内側からか。もしもその光が神秘主義者自身の内からもたらされるのだとすれば、彼もまた、現在によって、教会のその時点での思考よりもずっと限定された、現在のある部分によって、過去を解釈していることになる。実際には神秘主義者は、いくつかの側面で公式の教会の圧力を免れているのだとしても、やはり自分が生きている時代と社会環境の影響を被っている一人の人間である。現代人が中世の神秘主義者の書いたものを読むとき、あるいはより現代に近い時代のものを読むときであっても、その当時の言葉でその神秘主義者の意識状態を表すことはできるのだが、それはやはり現代人の意識状態なのである。中世の著作家たちの言語が表現する特異な直観を再発見するには、もはや存在しておらず、容易には再構成しえない当時の社会のなかにあらかじめ身を置かなくてはならないだろう。だが、十二世紀から十三世紀の神秘主義者たちが『福音書』を読むときにも、その事情は同じだった。彼らは、自分が再体験したいと願う記憶を手にしておらず、他方では伝統的思考によってもたらされうる支えを奪われているに等しい。したがって神秘主義者は、自分自身の感情や個人的見方、あるいは多少なりとも無意識のうちにその影響を被っている集団の感情や見方を、過去に投影せざるをえなかったのである。このとき、こうした視点が教会の伝統よりも現実の過去に近いものだったと保証するものはなにもない。聖フランチェスコ[27]が貧しい者たちのために身を奉げるとき、彼は、富を軽視してはいなかったその時代の教会と対立し、それによって『福音書』の真理に立ち返っているのだと信じていた。しかし貧しさは、十一世紀のイタリア社会とイエスの時代とで、同じ意味をもっていたわけではないし、おそらく同じ道徳的効力をもちえたわけでもない。聖フランチェスコの「貧しき貴婦人」は、いわば中世的で物語的な存在だが、それは本当に『福音書』が語る貧者の正確な像なのだろうか。物乞いをしている兄弟たちは、多くの特徴から初期の教会の成員よりも、おそらく仏教の僧侶に似ている。彼らが実践している類いの禁欲主義は、おそらく、初期の数世紀のキリスト教よりもむしろ、当時の教会が世俗にとどまっていた信者たちに要求していた、単純なキリスト教的慈愛（charité）に近い。シエナのカタリナ[28]は、キリストの生涯とは始めから終わりまで一つの長きにわたる受苦（passion）にほかならず、キリストがゲッセマネの園で神に「この苦杯を私から取り除いてください」と懇願したのは、その杯をすでに飲み干していたからであり、キリストはより一層つらい苦しみに満ちた次の杯を求めていたのだと語った。そのときカタリナは、私たちがまず何より肉欲を脱ぎ捨て、十字架にかけられた人の苦しみを再び身にまとうべきであると信じていた(40)。苦しみのなかにキリストの感覚に類するものを見いだそうとする、こうした一体化は、おそらく早くからカタリナに示されていた宗教的模範や戒律に由来するものだが、同時に、神経の高ぶりと身体の衰弱によって彼女がみずからの苦しみとキリストの苦しみに陶酔し、キリスト教全体のなかにそれ以外のものを見なくなってしまうような神秘主義者の列に連なっていたことからもきている。同様に、聖体の秘蹟（Saint-Sacrement）に対する崇拝や、聖心（Sacré Cœur）の礼拝も、その創設者たちのきわめて特異な精神状態を前提としている。その創設者たちには、寓意的表現《アレゴリー》が好まれ、いささか定型化した感情の過多が見られ、趣味の低俗化や、病的な好奇心や想像力の亢進が生まれ、節度を欠いた振る舞いが混入するようになる（キリストの傷や血を見たがったり、世俗的な愛を語る言葉で神への愛を語ったりする）。それらは、初期のキリスト教にまったく無縁というわけではなかったが、私たちが知りうるかぎりでは、きわめて限定的な位置しか占めていなかった。このような信仰の新しい形のすべて、ならびにその起源になる霊感のなかには、『福音書』のもともとの考え方というよりも、それらが生まれた信仰心が篤い集団が抱く想像力の一種を見いだすことができる。初期のキリスト教徒には、聖テレサ[29]のような心理的洗練は存在しなかったし、間違いなく、最初の時代の使徒や信者たちがキリストを想起するときには、まだ新しい思い出や証言に立脚していて、かの聖女〔テレサ〕がみずからのヴィジョンを引き出したイエズス会士たちの敬虔な姿からは着想を得ていなかったのである。

教会は、神秘主義者たちに対して、常にかなり複雑な反応を示してきた。伝統的な宗教的思考では到達しえないものが見えているのだと主張する、この幻視者たちに対して、教義派の人々は、信仰の価値と確かさを経験してきた古くからの、多数派の集団として、まずは警戒心を抱き、個人や、集合体のなかに囲われたより小さな集団による革新に疑いの目を向けた。しかし、神秘主義者たちに関心を向けるのを拒むことや、彼らをよそ者や外部の敵と見なすことはできなかった。多くの場合、神秘主義者の運動がその源泉をくみ上げるのは教会の内部からだけでなく、教会の精神に最も通じている人々のなかからでもあったからである。ほとんどの神秘主義者は修道僧や尼僧だったし、そうではないとしても、司祭や修道士に接するなかで育った者たちだった。彼らは、他の聖職者以上に伝統を身に付けたうえで、その伝統のうえに超え出て、その外部にみずからを位置づけるにいたったのである。司祭や信者の平均以上に、宗教界を動かしているさまざまな潮流に開かれていて、神学的思考の微妙な変化に敏感で、ある意味で教義と実践を身に付けている彼らは、教会のなかにあって、とてもよそ者集団と呼べる存在ではない。たとえ彼らが、宗教についての学識をもっていなかったとしても、実際にそうだったように、司祭や神学者たちと頻繁に関係をもっていれば十分だった。その司祭や神学者自身が、その時代の信仰や教えは無味乾燥だと感じていて、彼らの導きが神秘主義者たちに新たな方向を探し求め、新たな実践を試みることをうながすのであり、その結果として神秘主者たちは神学的思考の核心に足を踏み入れ、教会の最も厳密な生活に参加していると言えるようになるのである。神秘主義的思考は、孤立や、相当の無知や素朴さを条件としていると考えてしまうと、過ちを犯すことになる。そうではなく、多くの場合には、うんざりするほど過大な信仰心に突き動かされ、宗教思想上の仲間に支えられること、すなわち、その精神が神秘主義思想としてあふれ出るほどになった教会の、一種の前衛の支えが必要なのである。したがって、神秘主義思想とは集合的なものであり、かつそのために、教会はこれを無視できないのである。先に述べたように、教会はみずからの記憶を有している。その成員のなかの誰かがその記憶を修正したり補完したりしようとするとき、教会は、その誰かが一人きりではなく集団の名で語っているならば、またとりわけその集団が教会の教えに最も通じているものの一つであり、一切の信心とあらゆる形の新しい信仰や崇拝が教会の伝統のなかのいくつかの要素に立脚し、集合的なキリスト教思想の一側面として提示されることを要求する場合には、その誰かに関心を向けることになる。事実、一つではなく、複数の神秘主義的伝統が存在し、傑出した革新者たちはそれぞれに、そのときまでは認められていなかったが、もともときちんとした方向性をもって信者を獲得していた一連の先駆者や信仰の流れを引き合いに出すことができた[41]。個々の神秘主義者はおそらく、法悦に浸り、神の隠れていた相貌を見いだすときには、自分が個人的な恩恵に浴していて、先例がない宗教的状態に達したと感じていることだろう。しかし自分が見たもの、感じたことを記述し、人々を感化して教えをたれようとするとき、またみずからのヴィジョンを理論化しようとするときには、神秘主義者は、ずっと教会の伝統とキリスト教の教義としてあったし、いまもなおあると考えているもののある部分の確認として、それを提示するのである。

しかも神秘主義者は、教義や教会に行きわたらせる新たな光を独力ではともすことができないだけでなく、弟子たちの助けなしにはその火を絶やさずにおくことができない。神秘主義者は他の人々に教えをたれ、自分の思い描くところにしたがって人々を育て上げていくが、集団のなかにあって孤立しており、自分一人の力で弟子たちが身を寄せることのできる拠点をもてるかどうかはわからない。伝統や伝承は、社会がその力を感じ取ってきたような例外的に優れた資質や輝かしい業績を、一人の指導者のものと見なそうとする。しかし、宗教の歴史を神の介在によるものとして解釈する宗教者の精神にとってみれば、神のはたらきかけは何人かの選ばれし人間のもとに現れたもので、しかもその人間が介在したからこそ現れたのだと認めることが、何より自然なことだろう。たしかに私たちは、その指導者が間違っているとも、間違えることがないとも、間違っていないとも証明できない。一人の聖人の人生の成り行きをその私的な細部にいたるまで物語ることは、その聖人に付き従い、ともに祈り、その生前にも死後にも彼の考え方を広め、あるいはむしろ、その人の姿と行動と貢献と栄光を広く知らしめようとした者でなければできはしないだろう。ただし、そうした者たちが、歴史的真実への配慮に導かれて聖人の物語を語りえた、と考えられるわけではない。彼らは影響力を気にかけていたので、神がみずからの姿を現すために選び出した者に対する宗教的な驚きや啓示の感覚、尊敬や称賛の感情を、キリスト教徒にも異教徒にも呼び起こすことができるよう、最もふさわしい形で過去の事実を無意識のうちに並べ替えていたはずである。

しかし、こうした視点から見ると、このような宗教運動がただ一人の創設者に結び付いていること、他の人々は紛れもなくその弟子として現れ、一人ずつ別々に見ても、あるいは全体として見ても、その創設者なしには何者でもないということに、確かな利点がある。創設者が二人も三人もいては、互いに妨げ合うことになるだろう。彼らの神聖な霊感には疑いの目が向けられることになるだろう。なぜなら、神が、このような偶発的なめぐり合わせによって近づいた三人の人物のなかに、同じような程度で顕現するというのはあまりありそうにもないことだからである。彼らの人格や教えは、たとえよく似通っていたとしても、正確に補い合うことはないだろうし、人々がそれを比較し、いずれかを好み、互いに対置させ合うことを、みずからにも他者にも禁じることはできないだろう。結局のところ彼らは、真理の一面しか認識しえないという人間的状況に連れ戻されてしまうのであり、互いに限定し合うことによって、全員が自分の力を弱めてしまうのである。結局のところ、ただ一人の存在に驚くほど豊かな超自然的恩寵や徳を見いだすのではなく、それを複数の人に配分しなければならなくなってしまうので、人間一般をはるかに超えた存在という観念を、人々に吹き込むことが十分にはできなくなってしまう。したがってどうしても、一つの宗派や会派の構成員は、その創設者に、そして唯一その人にだけ、宗教的または道徳的な革新を見いだすことになるのだが、おそらくその革新は、一つの集合的実践や信仰に、同じように集合的な他の信仰や実践を対置させるものでなければ、実際にはうまく達成されなかったのである。

それがどのようなものであれ、ある個人的な経験が、聖職者たちと強固な信仰心を備えた信者たちの一群を導く宗教的思考の流れの源として提示されると、教会は、それを承認すると何が得られ、それを非難するとどのようなリスクが伴うのかを考え始める。教会が気にかけているのは、ただ一つの論点である。すなわち、そこで主張されている証言が、教会にとっての信仰の柱であり、キリスト教の核心的な真理となっている他の証言と、両立可能なものとして現れているかどうかが、懸念されるのである。それが他の証言に抵触するものではなく、むしろそれらを補強するものであり、この新たな視点に立って見ることで、教義のさまざまな部分に対する理解が深まるのだと教会が認めれば、それは受け入れられる。しかし、そのとき教会は、それをみずからの体系に結び付けようとする。それは、この新しい視点がもともともっていた特徴の多くを少しずつはぎ取っていくかぎりで可能になる。それによって、その神秘主義者は列聖され、公認の聖人のリストに加えられる。その生涯の物語は伝説の形をとり、弟子たちは修道院の生活の規則に従わなければならない。こうしてその教えは、共有された宗教的理解の水準に引き下げられるのである。

しかし、このようにして教会が、その胎内から生まれ出ながら、実際にはやはりその伝統に次々と新たなものを付け加えていくような諸要素を同化吸収しうるには、教会の伝統がいささかも弱められないことが必要である。すでに述べたように、宗教的教義とは、教会の集合的記憶である。初期の教会は福音の記憶というまだ新しい記憶のうえに生きていた。それは、記念されている出来事が繰り広げられた社会生活の環境のなかに、まだ行きわたっている記憶である。そこから遠ざかるにつれて、キリスト教社会はその教義と祭礼を固定し、これを世俗社会の信念や実践に対置させなければならなくなった。それらの信念や実践は教会自体のそれとは異なる時間を表し、異なる衝動に従っていたのである。キリスト教社会は、その伝統的精神のなかで、みずからの土台になる思い出を常に前面に保ち、他の集団のなかにあってみずからの独自性を維持するために必要な力を見いだしていた。当時そこには、そうした原動力や有機的な生命力があり、キリスト教社会はみずからの記憶を、それまで自分たちの思考や生活には疎遠だった社会に押し付けることをためらわなかった。そうした社会がもっていた思い出や伝統はやがて消えていくか、あるいはキリスト教の伝統のなかに溶け込んでいったのである。このようにして、教会とその時代の世俗世界とは互いに区別されながらも、双方が同一の集合的記憶を分かちもっていたのである。おそらく、宗教的記憶の忠実さ、豊かさ、強さは、聖職者の集団から、教会のなかの在俗信者たちの集まり、さらには家族や職業団体や裁判所や軍隊など、宗教外の欲求を満たすさまざまな集団に仕える人々の組織へと移行するにしたがって変わってくる。こうした集団のなかでは、あまりにも多くの世俗的利害関心がキリスト教的な観念に混入し、それを変形させ、部分的には消滅させてしまう。しかし宗教的伝統は、ヨーロッパの諸国民に対するその支配力が揺るぎないものだった時代には、(当然のこととして)教会の長の権威に立脚するだけでなく、信者とキリスト教世界全体の同意のうえに成り立っていたのである。それだけで自足していると主張しながらも、宗教的記憶はその作用を宗教外のさまざまな集団に及ぼしており、またその作用を強めようとしていたので、その時代の関心に応えるような教義の形をとらなければならなかった。建前のうえでは、教義も祭礼も変化することはなかった。しかし実際には、キリスト教が中世を通じて哲学や科学の代わりを務めることができたのは、その当時の知的運動がそこに避難所を見いだし、多くの力を得ていたからにほかならない。キリスト教は、そうした存在でありうる程度には、寛容で広がりをもつものとしてみずからを提示しえたのである。しかし、当時は社会全体がキリスト教的だったのではなかっただろうか。世俗の人々のあいだに生まれた思想がキリスト教の鋳型に流し込まれていったのだとすれば、その位置づけがあらかじめキリスト教の教えによっていわばしるしづけられていたのも当然のことではないだろうか。教会がその伝統を人々に受け入れさせることができたあいだは、人々の生活と歴史の全体は、教会の伝統に適応しなければならなかった。その生活や歴史に対応するすべての記憶内容が、それぞれに教会の教えを確認するものにならなければならない。そして教会の教えは、過去の流れから逸脱することなく、そうしたすべての新たな証言によって、みずからの記憶を豊かなものにすることができるのである。

このように、キリスト教の教義が、本質的部分については変わることなく存続し、時代を経るにしたがって変化していく社会思想がその流れのなかにとどまったことに、しばしば驚きが示されている。それは、キリスト教がさまざまな集団に対して十分に強い影響力をもったために、その集団の生活がキリスト教によって統制されたということであり、はじめからその教えの刻印を受けていなかったようなものは何一つ生まれえなかったということである。知的・道徳的・政治的活動はたしかに、もともとそれ固有の条件を有していた。それらの活動に従事する人々は、その内実において宗教に由来するわけではないさまざまな傾向に従っているのである。しかし、それぞれの活動のなかには宗教に還元できないものがあるのだという意識が生じるほどの発展を遂げていないうちは、その活動の自立性が主張されるわけではない。キリスト教という木の陰に押し込められ、それらの活動はキリスト教と一体をなし、その根から樹液をくみ上げているように見える。科学も哲学も、その他のありとあらゆる種類の思想も、その時代にはキリスト教の伝統から区別されえなかったさまざまな伝統のうえに成立していた。人々はそれら科学・哲学・思想にキリスト教的な形をまとわせ、それらを教会の言語によって表現する術を、はじめから身に付けていたのである。そのうえ、そうした活動に関わったのは、はじめは聖職者たちであり、そのあとも非常に長いあいだそうであった。彼らの著作のすべては、書き手の信仰を反映している。しかも、この時代の学者や哲学者や政治家は、物事の観察によって自然界の法則や社会の法についての知識を獲得できるとは考えていなかった。すべての学の源泉は観念についての省察、すなわちその対象も本質も純粋に精神的なものである作業によってのみ獲得しうると、人々は教えられていたのである。そして、その精神は宗教に属している。それは宗教の独占領域である。聖なるものと俗なるものの区別は、次第にはっきりと精神と物との対立という意味をとるようになる。物の領域が精神に対して閉ざされているのだとしたら、精神は伝統によるよりほかにみずからを養うことができないだろう。思考しようとするすべての人の省察は、現在ではなく、過去へと方向づけられる。しかし、人々が知りうる唯一の過去は、キリスト教の過去なのである。それでもなお、事物からも、その時代の生活からも、その時点での必要からも、完全に逃れて思考することができないのは確かである。そのために、教会はみずからの伝統の一部分、すなわち世俗的集団の考え方とあまりに激しくぶつかる部分を、闇に置き去りにしなければならない。同時代の社会の経験が、どれほど矮小化され変質させられているとしても、初期のキリスト教徒の共同体から大きくかけ離れてしまい、どうしても伝統的な教義との調和がとれなくなっているのであれば、教義の一部分を封じ込めておくことになる。そのときには、今日の人間がもはやそれに関心を抱かないために、記憶が思い出のある部分を呼び起こさなくなっているかのようである。教会は、それによってみずからの教義が本質的に損なわれることがないならば、また、より大きな運動の余地を得ることで、あまりにも大きな力や実質を失ったりすることがないならば、みずからの関心をその伝統の一定部分から背けることができるのである。

ただし、それが世俗社会に共有される思考であり続けられるように、教会がその教えを修正することを強いられるのだとしても、他方で教会は、神秘主義的な力の成長という形で聖職者集団のなかに現れる多様な宗教的欲求を考慮に入れなければならない。教会にとっては、そこにはまた別の困難と別の危険が生じる。すべての聖職者に共有される教会の伝統全体のなかには、実際に、歴史を通じて、ある時代には消滅したように見えながら、別の時代にはまた姿を現すような、一連の個別的な伝統を見いだすことができる。それらの伝統が現れるいくつかの領域があり、そのそれぞれが、祭礼や教義の特定の側面と、相対的に特異な形で結び付いている。あるいはまた、聖職者であれ、その他の信徒であれ、司祭よりも熱心な一部の信者を導く、献身的信仰の流れもある。キリスト教の集合的記憶のなかには、同様に集合的ではあるが、そのそれぞれが他の記憶よりも忠実に彼らの共有物であるキリストの生涯の教えを再現しているのだと主張するような、複数の記憶が存在している。教会はその当初から、この種の葛藤を経験してきた。神秘主義的な潮流は、穏やかな形で、過去の異端教説を再現したり、最近の異端教説に接近したりする。アルビ派[30]の教説が、どのような回路を経てアッシジの聖フランチェスコにまで伝播しえたのかについてはまだ十分にわかっていないとしても、おおよその推測はされている[42]。十四世紀のドイツの神秘派は、その著作が異端であると宣告されたマイスター・エックハルト[31]から生まれたものである[43]。「ルターは、教会の権威から完全に解放されたみずからの神秘主義を正統化するために、中世をよりどころにした」。周知のように、ジャンセニスムの神秘主義はプロテスタンティズムに類似していて、それとまったく無関係なわけではない。ボシュエは、静寂主義のなかに「スペインの照明派〔32〕や、フランドルまたはドイツのベガルド〔33〕のそれに類似する教義を見いだしていた」(44)。しかし、神秘主義者や異端者に特徴的なことは、彼らが、共同化された教えに対して、その時代の精神や世俗社会の合理主義を対置させるのではなく、より厳格な宗教的要求やキリスト教のなかでも特異で非合理なものについての感情を対置させているところにある。言い換えれば、彼らは宗教をその原理と起源へと連れ戻そうとしているのであり、それはある場合には原初的なキリスト教共同体の生活を再現しようとする試みになり、またある場合には、時の流れを破棄してキリストに出会い、触れ、その死後にもキリストの姿を見た使徒たちと同じように、キリストと関係を直接結ぼうとする欲求になる。言うなれば、それはキリスト教の「極論派（ultras）」である。彼らには、時間の秩序についての正確な認識と現実感覚が欠けている。そのかわりに、彼らは深淵なる宗教的本能に従って、教会が祭礼を次第に形式的な儀式におとしめてしまったことや、教義の合理化によって、キリスト教がまず何よりキリストの生涯の直接的な模倣であることを忘却してしまったことを、非難するのである。そのために教会は、彼らに一定の信用を与えざるをえない。しかし、教会が語る言葉に勢いがある時代には、教義の豊かさと伝統の活力によって、教会がその時代の社会のなかで自立性と独自性を保ちうるだけの力をもっていると感じているかぎり、教会は神秘主義者たちを利用しながらも、みずからの教えのなかでは彼らの解釈に従属的な位置しか認めてこなかったのである。祭礼でも、教義でも、教会は神秘主義者たちを前面に押し出すことはしなかった。神秘主義者が教会のなかで優位に立つとすれば、それは『福音書』や教父や公会議がもつ、キリスト教の中心的伝統が少しずつ消耗し、消失していることのしるしだということになるだろう。

＊

要するに、キリスト教についても、他のすべての宗教と同様に、儀礼と信仰心を分けて考えるべきなのである。儀礼は、物質的形式のなかに固定された、身ぶりや典礼や対象物からなる全体である。この視点から見れば、聖典は儀礼的性格を有している。それらは、成立時点からずっと変わることがない。人々は儀式のあいだ、それを言葉どおりに反復して読み、それらが祭礼と密接に関わるものになる。『福音書』や使徒書簡や祈禱書の朗唱は、跪拝や奉納や祝福の身ぶりと同じ価値をもつ。儀礼は、いつも同じように再現できる物質的操作に帰着し、その儀式も司祭の身体も、時間や空間を超えて確かな同一性を保っているので、おそらく、宗教のなかでも最も安定的な要素である。もともと儀礼は、たとえばユダヤ教徒たちの過ぎ越しの祭り[34]や、キリスト教徒たちの聖体拝領がそうであるように、宗教上の思い出を記念する必要性に応えるものだったのだろう。初期の信徒たちが、儀礼を執りおこなっていたときには、そのもともとの意味を理解していた。すなわち、その儀礼が再現している出来事についての直接の思い出を保持していたのだ。このときには、儀礼と信仰心は一つに融合していたか、少なくとも密接に呼応し合っていた。起源から時間的に隔たっていくなかでも、儀礼の中心的要素がもともとの姿のまま存続していくのを見ることができる。その当時、キリスト教会はさまざまな地域の共同体へと広がっていき、いくつもの集団をみずからのうちに組み入れながら拡大していったのだが、それらの集団はそれぞれの習慣の一部を保持するとともに、それをキリスト教社会へと呼び込んでいったのだから、おそらくこの儀礼の領域でもはじめは外部的要素の混入や再編が数多く生じていたことだろう。それでも、ひとたび儀礼が統一され、教会全体にわたって固定されると、人々はそれをもういささかも変更しないように努める。そしてそれは、聖典についても同様である。流動的で不確定な一時期を過ぎると、教会の権威者は聖典のリスト作成を打ち止めにし、そののちには何一つ付け加えず、また削除することもしなくなる。しかし、これらの儀礼に意味を見いだしていく信仰心については、事情は異なっている。かなり早くから、宗教の歴史についての思い出の一部は消え、失われていく。もとの状態にとどまる人々は、たしかに儀礼や聖典を守り続けているが、もはやその意味を十分に説明するだけの力をもたない。その形式や定式の意味を部分的に忘れてしまったために、それを解釈する必要が生じる。そこから、教義（dogme）が生じるのである。たしかに教会のなかには、少なくとも当初は、過去と現在の思考の連続性を保証する伝統が存在している。しかし、宗教集団は世俗社会と対立しながらも、なおこれと強く結び付いているので、各時代の神学は、部分的にはその時代のものであるような論理から着想を得ている[45]。教義についての反省は、その他の反省の様式から完全には切り離しえなかったのである。ただし、世俗的思考が、世俗社会の諸制度とともに進展していくのに対して、宗教的教義はよりゆっくりと、より目立たない形で変化してきた。それでも、何はともあれ乗せられてしまった傾斜に沿って滑っていくのを止めることはできなかった。したがって教義は、次々に続いていく時代の層と、それに対応するだけの集合的思考の断面が重ね合わされ、融合していった結果として生まれる。教義は合理的なものだが、それは各時代の理性がそこに痕跡をとどめていくという意味でそうなのである。すなわち、神学的思考は過去に向けて、その儀礼や聖典の起源に対して、時代を追って次々と獲得した視点を投影している。それは、複数の平面をつなぎ合わせようとし、あたかもただ一つの平面上で作業を続けてきたかのように、そのうえに宗教的真理の体系を再構築していく。そして、その体系自体も、儀礼の創設者や典拠になる文書の書き手たちから借り受けられているのである。

しかし、儀礼や聖典は、合理的解釈の問題を提起するだけではない。それ以上に、その解釈を重ねるたびに、人々はもともとの意味から実際には隔たっていくので、当初の意識のなかに存在した原初的な思い出との接触を失っていくのである。実際に、キリストやその使徒たちと関係をもつこと、および彼らの人格や生涯を目の当たりにすることから生じる宗教感情のかわりに、人々は教会の権威のうえにだけ立脚する概念の体系を据えるようになる。たしかに教会は、司祭や信者たちが聖典を読み、儀礼に参加するとき、教会が彼らに示している説明だけを守るように強いているわけではない。むしろ反対に、教会は彼らが、信仰（foi）と信心（piété）の発露によって神に近づくようにうながしている[46]。しかし教会は彼らに、この点に関する十分に有効な規準や助言を、一般的な教えという形ではほとんど与えていない。集合的なものとしての教会は、そのことによって導かれ、人間の思考のなかの文字どおり集合的なもの、すなわち概念や観念へと向かおうとする。そのために、キリスト教でも、他のすべての宗教と同様に、およそすべての時代ごとに、相対的に小さな集団のなかでより濃密な宗教生活の形態を体得しようとする欲求が現れてきたのであり、そこでは、感情に委ねられる余地がより大きなものとなっていたのである。神秘主義者たちは、秘蹟の感覚を、教会が教えてくれるもののなかだけでなく、むしろ、彼らがそこに参加するときに、そこで記念された聖なる出来事や人物に直接到達することができるかのように、彼ら自身のなかに呼び覚まされる感情のなかに求めていく。たしかに、神の姿を見て、神と一体化することができるのは、ごくわずかな信者だけである。教会は「私的な啓示の夢想が出現すること」に警戒を示す。「幻視(illusion)は神秘主義者においては容易に生じうる。それは、人間が作った、あるいは悪魔の手になるまやかしにすぎないものを、超自然的で神聖なものであるとたやすく思い込ませる」[47]。しかし、その夢想が主要な集団によって保証されたとき、すなわち教会がその集合的性格を承認するときには、キリスト教の記憶は、『福音書』や初期の教会の物語とともにその啓示や見神(visions)を、その他のものと同じ価値づけではなくとも、少なくとも考慮に値する証言として、とどめておくことになる。

これに対して、教義の伝統だけが集合的記憶の属性を有するのであって、神秘主義者たちの啓示を集めて証言として扱うような宗教的伝統は、疑似的想起体験の残滓をいっぱいに詰め込んだ記憶のようなものだ、と言う人がいるかもしれない。しかし教会は結局のところ、神は『福音書』の時代に一度だけ姿を現し、教会の役割はこの時代の思い出をできるかぎり忠実に保ち続けることにあるのだと、認めているわけではない。たしかに、キリスト教のなかには、もとになる歴史的与件によって占められるかなり大きな部分があり、単なる思考と反省の努力だけでキリスト教の教義が構築されえたと考えることはできない。しかし、それらの歴史的与件は十分論理的に洗練され、知的概念に置き換えられていて、啓示神学のかたわらには常に合理神学の成立する余地があり、スコラ哲学の時代を通じて、宗教を合理的に示すことは可能だと信じられてきた。しかも、さまざまな出来事の連なりを超えて、またその外部には、超自然的実体としての聖なる宗教的存在が認識されていて、それは常に同一のものであり続け、時間の法を逃れているものとされている。したがって、信者たちにとって今日の宗教は過去の記念にすぎないものではない。その復活以来、キリストはどのようなときも、どのような場所でも、教会のなかに存在するのである。そのために教会は、明らかな矛盾をきたすことなく、新たな啓示が下されていることを認めうる。ただし、それでもやはり教会は、この新たな与件を過去の与件と結び付け直し、みずからの教義、すなわちみずからの伝統の総体のなかに位置づけ直そうとする。言い換えれば、教会は、これらの与件が真に新たなものであるとは認めていない。むしろ、原初の啓示のなかに、すぐには捉えきれない内容があったのだと考えることを好む。その意味で、教会は過去の思い出を、最近になってはじめて注意を向けられるようになったにせよ、やはりそれも想起されたもの（souvenirs）であるような表象によって補完し、鮮明化していくのである。このように、宗教的記憶はその時代の社会からみずからを切り離そうと努めながら、やはり、すべての集合的記憶と同一の法則に従っている。すなわちそれは、過去をそのまま保持するのではなく、過去が残した物質的痕跡や儀礼や聖典や伝統の助けを借り、同時に最近の心理的・社会的な与件の助けを借りることによって、つまりは現在との関わりのなかで、過去を再構成するのである。

注

（1）Coulanges, *op. cit.*, p. 136 sq.
（2）*Ibid.*, p. 161 sq.
（3）Erwin Rohde, *Psyche: Seelencult und Unsterblichkeitsglaube der Griechen*, 5e und 6e Auflage, J.C.B. Mohr, [1893]1910.
（4）André Piganiol, *Essai sur les origines de Rome*, E. de Boccard, 1917, p. 93.
（5）William Ridgeway, *Early Age of Greece*, t. I, The University Press, 1901, p. 374.
（6）Piganiol, *op. cit.*, p. 94. この区分は、平民の宗教と貴族の宗教との区分に対応するだろう（*Ibid.*, p. 132.）。貴族は、北方からやってきたかつての征服者の血を引く者たちであり、平民は土着のイタリアの住民だと考えられる。アンドレ・ピガニオルは、数多くの文明の歴史が同じように二つの民族間の葛藤によってどのように説明されうるかを簡潔に示している。その葛藤が、制度や信仰のなかに持続的な痕跡を残すのである。たとえば、フリギア、トラキア、ガリア、セム、カルデア、アラブ、中国、アフリカの諸文明がそうである（*Ibid.*, p. 316 sq）。ピガニオルは「ギリシャ研究雑誌」(*Revue des Études grecques* 1919, p. 462) に掲載されたロストフツェフ (Rostovtzeff) の論文「南ロシアの女神信仰 (Le culte de la grande déesse dans la Russie méridionale)」を参照するように指示している。そこには、次のような一節がある。「メソポタミアを征服したセム族、小アジアとヨーロッパを征服したインド゠ヨーロッパ語族は、至上神信仰を携えてやってきた」。そしてヘラクレス神話と女神に関しては次のように述べられている。「この神話は、三つのものを前提にしている。土着宗教の基盤としての女神信仰、征服者の宗教の基盤としての絶対神信仰、混合した民族と宗教の出現である」

(7) Jane Ellen Harrison, *Prolegomena to the Study of Greek Religion*, 2e édit., The University Press, 1908, p. 315.

(8)「ウェルカー (Welcker) は (特にアイスキュロスに立脚して)、ゼウスの概念、すなわち神性としての天の概念が、すべての神々の形が生まれ出てきた根源であるという考え方にたどり着いた。さまざまな方法 (暦、月の名、祭りとそれをつかさどる神々の研究、古い信仰形態の痕跡、呪物としてかたどられた人や神の犠牲、ギリシャ北部と東部、およびマケドニア、トラキア、ビシニアでそれ以前の時代に定着していた民衆宗教の研究) によって、これと同様の結論にたどり着くことができる。すなわち、四つか五つの神が最も古いものとして現れる。(略) しかし、これらいくつかの神は (中心的な女性神を除いて) 唯一の天の神、ゼウスに結び付けることができる。そしてそれは、ディオニュソスやアポロについても適用できるように見える。こうしてここに、ウェルカーの考え方が再発見されるのである」(Usener, *op. cit.*, p. 275)

(9) Harrison, *op. cit.*, p. 10.

(10) ハリソンは次のように考えている。同様に、ピトイジア (Pithoigia) は、ディオニュソスに捧げられ、プルタークによれば、浮かれ騒ぎや陽気な気晴らしによって特徴づけられていたにもかかわらず、やはり死を思わせるような意味をもっていた。樽、壺は、死者を埋葬した古い墓を指している。アンテステリア (Anthestéries) のピトイジアは、春の儀礼に覆い尽くされながらも、死者を想起する古い儀礼を継承していた。かつて死者を葬っていた甕は、新酒を入れる樽になったのだろう。あるいは、ギリシャ人の精神のなかには、二つの観念が同時に存在したのかもしれない

(*Loc. cit.*, p. 47)。

(11) Piganiol, *op. cit.*, p. 130 sq.

(12)「火葬の儀礼は、ピタゴラス派の人々には禁じられている。彼らはレアー（Rhéa）、デメテル（Déméter）を敬い、ピタゴラスは母なる女神への崇拝の理論を提示していた。彼らは麻の服を着用する習慣を大切に守り、（略）数字の四に迷信的な価値を付与し、（略）豆を食べることを禁じている」（*Ibid.*, p. 131）

(13)「律法によらなければ、私は罪を知らなかったでしょう。（略）私はかつては律法とかかわりなく生きていました。しかし、掟が登場したとき、罪が生き返って、私は死んだのです」（Paul, *Epître aux Romains*, VII, 7）（パウロ「ローマの信徒への手紙」、日本聖書協会『聖書 新共同訳』所収、日本聖書協会、一九八九年、参照）

(14) Matthieu, XXII, pp. 37-39.

(15) *Epître aux Galates*, IV, pp. 22-31.

(16) 事物に向けてはたらきかけているのだと語られている、原初的民族の儀礼を詳細に検討してみると、それらがしばしば、神話的なドラマを再現している、すなわち呪術的な方法や新たな祈禱術を創出したとされる英雄や伝説的な祖先の姿を描き出していることがわかる。こうした社会での記念の儀礼については、特に、以下の著作を参照。Yrjö Hirn, *The Origins of Art, a psychological and sociological inquiry*, Macmillan, 1900, chap. XVI.

(17)「神学者や歴史学者は以前から、典礼の目的の一つは宗教的な過去を想起し、一種の劇的表象を手段としてこれを現在のものにすることだと認識してきた。この規定に当てはまらない典礼は存在しない。典礼の年とは一つの記念行為（mémorial）である。毎年の儀礼のサイクルは、民族的あるいは宗教的な歴史の記念（commémoration）となったのである」（Henri Delacroix, *La religion et la foi*, Alcan, 1923, pp. 15-16）

(18) Durkheim, *Les formes élémentaires de la vie religieuse*, p. 44.

(19) Hermann Oldenberg, *Le Bouddha, sa vie, sa doctrine, sa communauté*, trad. fr., Félix Alcan, 1934, p. 368.

(20) *Ibid.*, p. 319.

(21) *Ibid.*, p. 320 sq.

(22) この論点については、一五二三年から三〇年までに、マルティン・ルターが、アンドレアス・カールシュタット、フルドリッヒ・ツヴィングリ、ヨハネス・エコランパディウスとのあいだで展開した論争全体を参照。特に、ルターの以下の著作を見よ。Martin Luther, *Dass diese Worte: das ist mein Leib, etc., noch feststehen. Wider die Schwarm-*

geister, 1527, Martin Luther, *Luthers Werke*, 1905, 2e Folge, Reformatorische und polemische Schriften, t. II, p. 371, 373, 415, 416, 421, 422. G.A.Schwetsche und sohn ――ルターは次のように主張していた。「イエス・キリストの語っていた食べ物とは、霊的象徴としての食べ物ではなく、実際に口にする食べ物のことだった（略）私たちにイエスという人間を授けることによって、その恵みを確かなものにすることが彼の意図するところだったのは明らかであった。イエスの死を思い起こすことを、彼は強く求め、それは彼の存在を排除しないものであった」(Jacques Benigne Bossuet, *Histoire des variations des églises protestantes*, Paris Mabre-Cramoisy, 1688, t. I, p. 90)。ツヴィングリ自身は、比喩的な意味を好む傾向にあったが、それでも、次のように論じていた。「それは、単なる見せ物でもなければ、むき出しのしるしでもなかった。犠牲として捧げられた肉体と飛び散った血の記憶とそれに対する信心（Foy）は、私たちの魂を支えるものだった。しかし、聖霊は、私たちの心に、罪の許しを刻印されたのだ。そして、そのすべてが神秘だったのである」(*Ibid.*, p. 85)

（23）「ローマ教会は、聖体拝領の儀礼が、信者の統一性の非常に明確で生き生きとした表現を含むことに大きな重要性を認めていた。この点に、酵母（*fermentum*）の使用、すなわち、司教のミサからティトゥルス（tituli）で祝福の役目を負った司祭へと渡される聖なるパンの使用が結び付いている。さらには、聖遺物（sancta）の儀礼、すなわち前回のミサに捧げられたものの一片を用いた儀礼のなかに見いだされるのも、この意味作用である。その一片は、ミサの始まりに持ち込まれ、主の平和（Pax Domini）の聖杯のなかに置かれるのである。ローマ教会すべてのいたるところで、典礼の祭りでは常に、過去も現在も、同じ供物、同じ聖体、同じ聖体拝領が存在するのである」(L. Duchesne, *Origines du culte chrétien*, A. Fontemoing, 1902, t. XI, p. 2.)

（24）Saint Augustin, *Confessions*, t. XI, p. 2.

（25）「聖ヨハネの福音書は、近年の人気の勢いのなかで、助け主（パラクレートス）への関心を呼び覚ましていた。黙示録は、天上のイェルサレムと千年王国について壮麗な記述を与えていた。（略）神の名のもとにキリスト教徒の民に語りかける使徒の権利は、伝統によって、また慣習によって聖別化されていた」(Duchesne, *op. cit.*, t. I, p. 272)。モンタヌス派に関するこの章全体を参照のこと。

（26）*Ibid.*, t. I, p. 47.

(27) *Ibid.*, t. I, p. 46.
(28) *Loc. cit.*, t. I, p. 39.
(29) *Ibid.*, p. 41.
(30) *Loc. cit.*, t. I, pp. 48-49.
(31) *Loc. cit.*, t. I, p. 521.
(32) Charles Guignebert, *Le christianisme antique*, Flammarion, 1921, pp. 178-179 参照。
(33) Duchesne, *loc. cit.*, t. I, p. 531.
(34) *Ibid.*, t. III, p. 22.
(35) ジュール・マルタ (Jules Martha) は、その古典的著作『アテネの祭司団 (*Les sacerdoces athéniens*)』(E. Thorin, 1882) で、次のように指摘している。たしかに、そのほとんどが一年間しか職務をおこなわず、そのあとは一般の市民に戻るアテネの司祭たちには、「聖職者という観念をもたらすものは何もない」。終身の祭司でさえ、いくつかの儀式を執りおこなう時期にしか、司祭にはならない (一四一ページ)。つまり、祭司団とは実質的に、都市の官職なのである。司祭は法と政令に従っており、主権から受け継いだもの以外の権力を有していない。国家を宗教から、市民の原理を宗教的原理から、切り離すものは何一つないのである。――聖職者と世俗者との区分は、一部のプロテスタントの教派、特にクエーカー教徒たちのもとでは消失しているように見える。しかし、そのようなときには、宗教的共同体は、原初のキリスト教共同体と同様に、神によって霊感を授けられた者、つまり選ばれし者たちだけで構成されていて、しかも、世俗の世界から厳格に切り離され、そこに生きる人々との不必要な関係の一切を断念しているので、クエーカー教徒の集団は、この点で、修道士の世界に類似している。他方で、彼らは、持続的な啓示の存在を信じているという点で、神秘主義者にも近い。神は、とりわけそれに耳を傾けようとする者に対しては、直接に語りかけるのである。
(36) 教義の構築にパウロが果たした役割については、シャルル・ギニュベール (Guignebert, *op. cit.*) を参照。「私を選び分けてくださった神が (略) 御心のままに、御子を私に示されたとき、私は誰にも相談するようなことはせず、イエルサレムに上って、私よりも先に使徒として召された人たちのもとに行くこともせず、アラビアに退いて、そこから再びダマスコに戻ったのでした。それから三年後、ケファ（ペテロ）と知り合いになろうとしてイェルサレムに上り、十五日間彼のもとに滞在しましたが、他の使徒には誰にも会わず、ただ主の兄弟であるヤコブだけに会いました」（*Epître aux Galates*, I, 15 sq）（「ガラテヤの信徒への手紙」、前掲『聖書 新共同訳』所収、参照）

（37）アンリ・ドラクロワ（Henri Delacroix, *Etudes d'histoire et de psychologie du mysticisme: Les grands mystiques chrétiens*, Félix Alcan, 1908, p. 289）による引用。

（38）「私は、キリストの生涯の神秘に関する聖ベルナルドゥスの説教を長々と引用してきた。それは、これらの説教が、憐憫への新たな導きを与えてくれたからである。（略）キリストの生活に関する新たな文芸のジャンルが生まれようとしている。クレルヴォーの神父〔ベルナルドゥス〕の説教は、全体として、救い主の神秘的な伝記となっている」。聖ベルナルドゥスはまた、「中世のマリア信仰の発展に、おそらく最も貢献した者でもあった」。彼こそが、「守護天使に関して、キリスト教的な憐憫に関わった者」であり、「聖ヨゼフの偉大さと徳を強調した最初の者」だったのだ（Pierre Pourrat, supérieur du grand séminaire de Lyon, *La spiritualité chrétienne*, t. II, *Le Moyen âge*, Gabalda, 1921, p. 76, 89, 93）

（39）*Ibid.*, p. 472. « Secundum quasdam imaginarias repraesentationes quas animus diversimode percipit…,» 「想像力を用い、その想像力の助けによって、精神はさまざまな形のものを認識するのです」*Vita Christi*, prol, pp. 4-5. 〔『キリストの生涯に関する観想（*Meditationes Vitae Christi*）』の一節。同書は、十四世紀に著され、長らくボナヴェントゥーラの手によるものとされてきたが、今日では否定され、偽ボナヴェントゥーラ著と記される。〕

（40）Johannes Voergensen, *Sainte Catherine de Sienne*, 4e édit., Beauchesne, 1919, pp. 144-145. ドミニコ会修道士は常に好んで、身体的な苦行をみずからに課していた。アンリ・スーゾという人の人生は、八歳から四十歳まで、みずからに科す拷問の連続でしかなかった。

（41）おそらく「彼らは、みずからの経験の自発性と独自性に関する明確な感覚をもっている」。しかし、彼らは「通常のキリスト信仰を、それを手放すことなく超え出ようと望む。つまり、キリスト信仰は彼らの出発点であり、そのなかで彼らが発展していく世界なのだ。彼らの神秘的生は、キリストの生のなかに包接される」。神秘主義者はそれぞれに、神秘的伝統に出合う。聖テレサは、オスナ（Osuna）と「他のよき書物」を読み、ギュイヨー夫人は聖フランシスコ・サレジオを読む。スーゾはエックハルトを師と仰いでいた。『祈禱の諸状態に関する教え（*Instructions sur les états d'oraison*）』で、ボシュエは言っている。「四百年前に、神との合一に関する、そして現代の静寂主義への道を準備した神の意志への服従に関する、勤行の洗練が始まった」。ギュイヨー夫人は次のように述べる。「私は、自分の書いているものが、昔からずっと称賛されてきた聖なる神秘主義者である著作家たちのなかに現れていないかどうか、徹底的に検討してみたいと願っている」（Delacroix, *op. cit.*, p. 258, 285, 355-358）

（42）Paul Sabatier, *Vie de saint François d'Assise*, Fischbacher, éditions de 1920, p. 7, 42-45, 51-54.

（43）Pourrat, *op. cit.*, t. II, p. 233 sq.

（44）Delacroix, *op. cit.*, p. 268.

（45）「教会が啓示された教義として示している考え方は、天から降りてきて、はじめに現れたままの形で正確に宗教的伝統によって保持されているような真実ではない。歴史家はそこに、宗教的事実についての解釈を見る。それは、勤勉な神学的思考の積み重ねによって獲得された解釈である。（略）理性は信仰に対して問いを投げかけることをやめず、伝統的形式は、不断の解釈作業に従うことになる（略）」（Alfred Loisy, *L'Evangile et l'Eglise*, Picard et fils, 1902, pp. 158-159）。「持続的な社会である教会になしうることは、既成の真実の遺産を保持する伝統と、人間の理性の絶え間ないはたらきとのあいだに均衡を維持し、過去の真実を思考や科学の新たな状態に適合させることだけである」（*Ibid.*, p. 173）。「神学とは、人類が経験するさまざまな文化の状態への、啓示された教えの適用のようなものである」（Alfred Loisy, *Etudes bibliques*, Picard et fils, 1901. p. 24）

（46）「教会は、絶対的な真実の適切な表現として定式を伴うような信仰を要求するわけではない、（略）教会の公式集は、信仰の補助であり、宗教的思考の導線である。それは、宗教的思考の対象のすべてであるわけではない。その対象は、神それ自体であり、キリストであり、その所業だからである。それぞれの者が、公式集の助けを借りて手にしうる対象をみずからのものにしていく。すべての魂と知性とが互いに異なるのだから、信仰の陰影もまた、教会の唯一の導きとその象徴の統一性のもとにあって、かぎりなく多様なものなのである」（Loisy, *op. cit.*, p. 175）

（47）Pourrat, *op. cit.*, t. II, p. 508.

訳注

［1］ペラスゴイ人（les Pélasges）は、ギリシャの古代先住民族に与えられた名称。ギリシャ語諸民族の侵入によって土地を追われ、散在するようになったと言われる。ギリシャ神話のなかには、メドゥーサやポセイドンなど、ペラスゴイ人の信仰していた多くの神々が呼び込まれ、読み替えや書き換えの対象になっていった。

［2］リグリア人（les Ligures）は、先史時代から地中海北岸地方、スペインからイタリア北西部にかけて居住していた先住民族。

［3］サビニ人（les Sabines）は、古代のイタリア半島、ローマの北東、ティベリス川一帯に暮らしていた部族。ローマ人はサビニ人との融合によって王国を築いた。一部のサビニ人は抵抗を続けたが、紀元前四四九年にローマが大勝し、併合されることになる。古代ローマの神話にはサビニ人の信仰が多く取り込まれていると言われる。

［4］ヘラクレスとカークス。ヘラクレスはギリシャ神話に登場する半神半人の英雄。ゼウスと（ペルセウスの孫にあたる）アルクメーネーの子。三つの体をもつ怪物ゲリオンを倒した帰り道、牛の群れを追って進んでいると、火を吐く怪物カークスが牡牛と子牛を盗んで隠してしまう。怒りに燃えたヘラクレスは、洞窟にこもっていたカークスをいぶり出し、退治する。

［5］ジェーン・エレン・ハリソン（Jane Ellen Harrison, 1850-1928）は、イギリスの古典学者、言語学者。古代ギリシャの宗教と神話の研究をおこなった。十九世紀の考古学的発見を宗教の解釈に結び付けて論じた。

［6］ユーノーは、ローマ神話に登場する結婚生活を守護する女神で、ユピテル（ジュピター）の妻。ギリシャ神話のヘラと同一視された。

［7］アルゴナウタイ（Argonauts）は、ギリシャ神話に登場する勇者たち。英雄イアソンに率いられ、巨大なアルゴー船で数々の航海をする。

［8］ディアシア（Diasia）は、ゼウス・メイリキオスに捧げられた、古代アテナイの祭り。メイリキオスはゼウスの別称の一つで、「蜜のような」「柔和な」という意味をもつ。ゼウス・メイリキオスは大地の神として大蛇の姿で現れ、ディアシアではいけにえの羊や豚が捧げられる。

[9] タルゲリア（Thargelia）は、五月から六月におこなわれる、アポロンとアルテミスの生誕を祝う祭りだが、もともとは農業的祭事であり、その年の最初の収穫を奉げる「初穂奉納祭」という性格をもっていた。また、贖罪と浄化の儀式でもあり、タルゲリアの前日には、穢れを負わされて殺害される存在（ファルマコス）の人身供犠がおこなわれたと言われる。

[10] アンテステリア（Anthesteria）は、二月から三月におこなわれる、豊穣と酩酊の神ディオニュソスに捧げられる祭り。新酒の完成を祝う祭りで、三日間にわたって葡萄酒の奉納と飲み比べがおこなわれる。初日はピトイジア（Pithoigia）、二日目はコーエス（Choes）、三日目はシトロイ（Chytroi）と呼ばれる。ピトイジアは「樽開き」の日。コーエスは酒を注ぐための陶製の壺、シトロイは穀物の雑炊を作るための土鍋の名からきている。

[11] ケール（Kēr）は、ギリシャ神話に登場する女神あるいは悪霊。複数形はケーレス（Kēres）。ヘシオドスは夜の女神ニュクスの娘としているが、タナトスの姉妹、モイラの姉妹ともされる。戦場に出没し、死者の血をすすり、瀕死の人間にとりついて、死者の魂を冥界に導くと言われ、常に悪しき存在として語られる。

[12] テスモフォリア（Thesmophories）は、豊穣と多産を祈る秋の祭りで、女性たちだけの手で執りおこなわれた。犠牲の子豚を奉げるところに始まり、断食から祝宴へと続いていく。

[13] エレウシス（Eleusis）は、古代ギリシャのアテナイに近い小都市で、女神デーメテールとその娘ペルセポネーを祭る秘儀（エレウシスの秘儀）の中心地である。ペルセポネーは、デーメテールとゼウスの娘で、しばしばコレー（乙女）（Koré）と呼ばれる。ペルセポネーが、ニューサの野原で花を摘んでいたところ、大地が突然裂け、ハーデースによって冥界に連れ去られてしまう。ペルセポネーはその後、母デーメテールの献身によって神々の世界に連れ戻されるが、一年を三つに分けたうちの一季を冥界で、残りの二季を天界で暮らすことになる。これが、季節の循環の始まりとされ、また死と再生の円環を象徴するものとなる。エウブレウス（Eubouleus）は、養豚者だったが、ペルセポネーが地の裂け目に飲み込まれてしまったとき、豚とともにその穴に落ちてしまったと伝えられる。

[14] ピタゴラス（Pythagoras）は、エーゲ海東部のサモス島に生まれた、紀元前六世紀の数学者・哲学者である。「三平方の定理」の発見者として知られるが、数に神秘的な力を認め、万物の調和は数によって測られるとし、魂の不死と輪廻を説く宗教の開祖であり、「ピタゴラス教団」を主宰した。

［15］パトロクロス（Patrocle）は、ギリシャ神話に登場する武将で、アキレウスに仕え、トロイア戦争を戦った。アキレウスがアガメムノンと不仲になり戦陣から退くと、戦況が不利に転じ、これを救おうとして、アキレウスの武具を借りて出陣する。トロイア軍を敗走させるが、深追いしたパトロクロスは敵将ヘクトルに討たれて命を落とす。

［16］ルキアノス（Loukianos, 120頃-180頃）は、ギリシャの風刺詩人。シリアに生まれ、アテネに定住した。多数の風刺対話を著し、宗教、政治、社会の愚昧や悪徳を攻撃した。代表作の一つ『神々の対話』は、ギリシャの神々が交わす短い対話から構成されている。ゼウスやプロメテウスやヘラなどが、人間と変わらない本音や愚痴を語っている（呉茂一／山田潤二訳『神々の対話 他六編』岩波書店、一九五三年、参照）

［17］アブラハムの約束。アブラハム（Abraham）は古代イスラエル民族の伝説的な父祖。ノアから十代目にあたり、イサクの父。『創世記』によれば、アブラハムの父の一家は、ユーフラテス川下流域の町ウルを出て、シリア北部の町ハランに移動するが、アブラハムは神の命令を受けてその町で親族と別れ、妻サライと甥ロトとともにカナンにたどり着く。アブラハムには、子孫が国民を形成するという約束が神から与えられていた。

［18］Emile Durkheim, *Les formes élémentaires de la vie religeuse*, Félix Alcan, 1912, p.45.（原著に出典の指示なし）

［19］異言（glossolalie）は、「異国の言葉」「聞きなれない言葉」を意味し、憑依状態・忘我状態になった人が理解不能な言葉を話す現象を指す。『新約聖書』には、使徒が他国の言語で話し出す場面が描かれている。一九〇〇年頃にアメリカで始まったペンテコステ派の教えでは、精霊からのたまものとして与えられた、神との交流を示するしとして重視されている。

［20］聖体（Eucharist）は、キリスト教の聖餐式（ミサ）で聖別されたパンと葡萄酒。聖別の言葉とともにパンと葡萄酒は実体変化し、キリストの体と血になるとされる。これを食することを聖体拝領という。聖体に対する信仰は、「聖別されたパンを高く挙げて示す聖体奉挙」「容器に入れて展示する聖体顕示」「その前にひざまずいて祈る聖体礼拝」「それによって会衆を祝福する聖体降福式」「それを奉持して行列する聖体行列」などの儀礼行為をもたらし、十三世紀頃からは、このような行為が典礼に取り上げられるようになった。聖別されたパンと葡萄酒が形質的な変化を遂げるのか、象徴的な変化にとどまるのかについては、中世期から議論（聖体論争）があり、宗教改革の時代にも論争の的になった。マルティン・ルターは聖餐における変化を認めたが、フルドリッヒ・ツヴィングリはパンと葡萄酒

がキリストの血肉を象徴する記号にすぎないと主張して対立した。

[21] キプリアヌス（Thascius Caecilius Cyprianus, 200頃-258）。二四六年頃キリスト教に改宗し、二四九年にカルタゴの司教となる。デキウス帝時代の激しい迫害に抗して教会の保持に努めたが、次のヴァレリアヌス帝による迫害のなかで殉教した。『カトリック教会の統一』（二五一年執筆）で、真の教会は正典、教理、典礼、聖職者組織をもつ見える教会であり、それは恩恵の機関であるので、「教会の外に救いはない」と主張した。キリスト教の担い手は教会の法的組織自体にあるが、教会は法的であると同時に霊的でなければならず、それはキリストの犠牲の反復としての聖餐のなかに確保されると考えた。

[22] ジャック＝ベニーニュ・ボシュエ（Jacques-Bénigne Bossuet, 1627-1704）。フランスのルイ十四世時代のカトリック神学者。ローマ教皇に対して、フランスの国王の絶対的主権と教会の独立を擁護したガリア四条項の起草者。カトリック教会内の静寂主義をめぐってフェヌロンなどと論争した。

[23] 静寂主義（quiétisme）は、広義には、自己の意志や行為を否定し、神の意志や運命に自己を委ね、そこに安らおうとする受動的な精神の態度を意味する。狭義には、十七世紀の外面化した教会主義に対して、ピューリタン運動、クェーカー派、ヤンセン主義、敬虔主義などの宗教運動とともに信仰の内面化を求めておこなわれたカトリック教会内の一つの神秘主義的傾向を言う。まずは、スペイン人モノリスによって唱えられた。人間は完全の域に達するために、あらゆる人間的努力を退け、もはや天国も地獄も自己の救済をも顧慮しないまでに己を神に委ね、完全に受け身の状態に至るべきであり、キリストを愛し神を敬おうとすることさえ忘れて、純粋な信仰のうちにただ神の面前に安らう心の祈りに生きなければならないとされる。

[24] 「キリストの光り輝く変容（transfiguration glorieuse）」は、『福音書』に記されたエピソード。イエス・キリストがペトロ、ヤコブ、ヨハネを伴って高い山に登り、祈りを唱えると、その姿が白く輝き始める。そこに、『旧約』の預言者であるモーセとエリヤが現れ、イエスは彼らと語り合う。

[25] 聖ベルナルドゥス（Saint Bernardus, 1090-1153）は、シトー会の修道士で、クレルヴォーに修道院を設立し、修道院長を務めた。キリストの磔刑像に向かって祈りを捧げていると、キリスト像が動きだし、彼を抱擁したと伝えられる。この逸話が「聖ベルナルドゥスの幻視」と呼ばれる。

［26］ルドルフ・ル・シャルトルー（Ludolphe le Chartreux, 1295/1300頃－1378）は、ザクセンのルドルフス（Ludolphus de Saxonia）とも呼ばれる修道士で、ドミニコ会士として修道生活を始めたが、一三四〇年にカルトゥジア会に入会。カルトゥジア会は、フランス東南部のラ・グランド・シャルトルーズにケルンのブルーノとその仲間たちが起こした観想修道会である。ルドルフは、五〇年代に、『福音書』の物語をもとに、『イエス・キリストの生涯』を著した（上智大学中世思想研究所編訳・監修『ドイツ神秘思想』〔「中世思想原典集成」第十六巻〕、平凡社、二〇〇一年、参照）。

［27］聖フランチェスコ（Francesco, 1181/82-1226）。イタリアの神秘家。アッシジの富裕な商人の家に生まれ、若き日には遊蕩の生活を送るが、一二〇六年、キリストと貧しい人々への愛に目覚め、教会の再建を使命とするようになる。一切の所有を捨て、一枚の布に縄を帯とした姿で、福音の歓びと平安を説教する。この教えに共鳴した人々が「フランチェスコ会」を設立。瞑想による神との交わりを重んじ、清貧・貞潔・服従の制約を守り、一カ所に定住せず、福音を伝え、托鉢によって生活を支える新しい形の修道会となった。また一二一二年にはクララが加わり、女子修道会が誕生した。女子修道会士たちは手仕事で生計を立てながら清貧の生活を送り、病人などの世話に身を奉げ、「貧しき貴婦人」と呼ばれた。

［28］シエナのカタリナ（Catharina, 1347-80）。イタリアのドミニコ会修道女。十六歳のときから、三年間黙想に没頭。病人、困窮者、罪人の悔悛のための奉仕の生活を送った。

［29］聖テレサ（Theresa, 1515-82）は、スペインの修道女。アヴィラのテレーズとも呼ばれる。はじめはカルメル会修道院に属していたが、一五六三年、修道院の規律を改革し、厳重な戒律を守る新団体を起こした。

［30］アルビ派は、西欧中世最大の異端派の一つで、十一世紀から十三世紀に南仏トゥールーズを中心としたアルビ地方に浸透した。キリストの人性、所有権、化体説、婚姻を否定する教えは、ローマ教会から異端として弾圧を受け、十四世紀にこの地方から消滅した。

［31］マイスター・エックハルト（Maître Eckhart, 1260頃-1328頃）は、中世ドイツのドミニコ会の神学者。神と人との合一を説き、神とともにあるとき、人は神もまた存在しない純粋な無となると主張し、教会から異端と見なされた。

［32］スペインの照明派（Illuminés d'Espagne, Alumbrados）は、十六世紀スペインの神秘主義的宗教集団。「あらゆる

知識や表象を無化し自己内部を純粋化することにより、魂の神との直接的な一致を追求することを究極の目的」としていた（諸星妙「スペイン神秘思想の特質とベラスケスのボデゴン」、地中海学会編「地中海学会月報」第二百七十五号、地中海学会、二〇〇四年、参照）。

[33] 十三世紀頃から、フランドル地方やドイツで、特定の修道会に属さず、在俗のまま敬虔な生活を営み、宗教活動をおこなった女性たちがベギンと呼ばれるようになる。同様の生活を送った男性がベガルドである。ベガルドは、ベギンに比較して圧倒的に少数だったが、「ベガルド・ベギン」と並べて称されることが多かったという。一時期は教皇の保護のもとに置かれたが、次第に異端の宗教運動、特に「自由心霊派」と呼ばれる神秘主義的な教えとの親和性を疑われるようになり、教会とのあいだに軋轢が生まれるようになる（村上寛「自由心霊派とマルグリット・ポレート」、早稲田大学ヨーロッパ中世・ルネサンス研究所編「エクフラシス」第一号、早稲田大学ヨーロッパ中世・ルネサンス研究所、二〇一一年、参照）。

[34] 過ぎ越しの祭り。ユダヤ歴のニサン月十四日の夜（太陽暦の三月か四月）に始まり、一週間続く。エジプト人の奴隷だったユダヤ人の先祖が、モーセに率いられてエジプトを脱出したとき、神はエジプト中の初子を殺したが、小羊の血を入り口に塗ったヘブライ人の家だけは過ぎ越したという故事に由来する。最初の晩に、セデルと呼ばれる正餐を催し、小羊、苦菜、種を入れないパンを食べ、「ハガダー」と呼ばれる出エジプトに関する物語を読んで、先祖がエジプトの奴隷の身分から救い出されたことを記念する。

第7章

社会階級とその伝統

それぞれの時代には、他のいずれの時代と比べても、社会にとって実現しやすい課題がある。それ以前には、社会はその必要を感じなかったか、あるいはそれを成し遂げることができなかった。そのあとの時代には、社会の関心が他の問題に向いているので、もはやその課題に集中することができなくなる。フリードリヒ・ニーチェはどこかで、宗教生活はまず何よりも多くの自由な時間を必要とするが、今日の多忙な社会のなかでは、手間のかかる活動がそれを吸収してしまっていて、もう何世代も前から少しずつ、人々のなかの宗教的本能を破壊してきたのだと指摘していた。大方の人々はもはや宗教が何の役に立つのかがわからなくなっていて、その存在を心底からの驚きとともに受け止めているというのである。「日々の仕事と楽しみにとられてしまって、人々はもう宗教に捧げる時間をもたない。それが仕事なのか、それとも楽しみごとなのかもよくわからなくなっているのであれば、それはなおさらのことである」[1]。それでもやはり、人々は、宗教が今日の社会のなかでも他の時代の社会と同様に機能を果たしていると感じ、しかし、ひとたび他の対象に目を向けてしまうと、宗教を懐しんだとしても、それを新たに創出することはできないのではないかと考えている。おそらくはそのために、私たちは宗教を尊重し、その形を変えることにためらいを覚えるのである。だがそれは、私たちが過去から引き継いで保持している要素の大半について、とりわけ伝統的価値の体系についても同様である。よく理解されているように、その体系は、法でも、政治でも、また道徳でも、現在の状況にはもはや対応していない。それでも私たちは、それらがもはや果たすべき役割をもたないとは信じることができないし、それらを取り除いてしまうと、その等価物を見いだすのに必要な信仰や創造力を自分自身のなかに保持しえなくなってしまうのではないかと、(おそらくは誤った認識なのだが)恐れている。そのために人々は、それらを生み落とした信仰心を保っていたいと願うかぎり、定式や象徴や慣習に、さらには反復し再現すべき儀礼に、執着するのである。そうしたものの一切を通じて、かつての社会が、社会的発展の諸段階をなした時代が、今日でも生き続けている。私たちがその古さを強調するのは、そして、もはや現在の有益性を提供できず、最近のものと区別されることでしか役立たないものの一切を消し去ることを禁じているのは、実際のところ、それらの伝統的価値を最近のものから区別するためにほかならない。社会がその過去の一部を重りとして担い続けることが大事なのである。その役割を期待するからこそ、人々は伝統的価値を尊重し、それに執着するのである。

実際に、社会の変動が継続しているときには、制度のうちのいくつかやその構造の基礎的部分がしばらくのあいだ揺らがないこと、あるいは少なくとも従来のまま存続しているように見えることが有益だと言えるだろう。社会がある組織形態から別の組織形態に移行するのは、社会の成員が現実的利益を引き出すために新しい制度を創出しようと意識的に努力するからではない。新たな制度が機能し始める前に、とりわけ自分たちの集団のなかで機能し始める前に、そこからどのような利益が引き出されるのかなど、社会の成員には知るすべがないだろう。たしかに、「合理的」と呼びうるような、少なくとも人々の目にはそのように映るような動機づけのために、あとになって人々はその利益に執着することになるだろう。しかしそれは、人々が実際にそれを体験し、その恩恵を理解したと信じられるようになってはじめて可能になるのである。だが、人々がまだその段階にまで達していないうちは、新しい制度は、古い制度と同等の威信が付与されないかぎり、人々のうえに影響力を及ぼすことができない。したがって、しばらくのあいだ、新しい制度の基礎が固まるまでは、それはいわば古い制度の仮面をかぶっていなければならない。このとき、一連の目立たない手直しを通じて、新しい制度の本当の姿が明らかになってくる場合がある。たとえば、近代イギリスの民主主義体制が、前世紀の諸制度の覆いの下でゆっくりと練り上げられてきたように。そうではなく、革命が一息にその仮面をはらい落す場合もある。

封建制度が官僚制度に取って代わられたことによって、西欧では、近代の体制がそれに先立つ体制と対置されることが多かった[2]。言い換えれば、集権的行政制度が次第に、封建領主とその封臣たちに押し付けられてきたのである。中世には拡散し、多くの人々の手に分割されていた主権が、集中させられるようになった。しかし、このような変化は、封建的諸形式の覆いのもとで、何世紀にもわたって進行してきたものである。長いあいだ、官僚たちの権力と地位をその職務の実質的な有益性によって正当化することが可能になる以前には、彼らの権威を貴族の称号や特権や権利のうえに基礎づけなければならず、それ自体が、彼らの個人的資質や偉業（ただし、その職務の達成に必要とされるものとははっきりと異なる）、または、その功績が物語的虚構として彼らの身にも及んでいる先祖たちのそれに基礎づけられていたのである。この時代に、社会の記憶に訴えることが、人々の服従を獲得するためにどれほど必要だったのかを示すうえで、これ以上の事例はない。のちの時代になれば、提供されるサービスの有益性や、行政官や官僚の能力に基づいて、その服従を要請することになるだろう。中世には、貴族の家の歴史に基礎づけられた、貴族的価値の体系が構築されていて、その歴史のなかには、彼らの生活、その名、その紋章、勇壮な行為、同盟関係、家臣として君主に捧げた奉仕の振る舞い、授けられた称号などに関わる、注目されるべき場面の一切の思い出が書き込まれている。とはいえ、私たちにとっては、その価値と、それが呼び覚ます感情の起源と本質を正確に思い描くことは容易ではない。いずれにしても、それらは歴史的所与のうえに、貴族的家族集団のなかに保持され、王国全体の歴史と密接な関わりをもつ、多少なりとも古い伝統のうえに、立脚しているのである。

この封建的関係を理論化してみると、その関係のなかには、少しずつ明らかになってきた隠れた論理があることがわかる。その論理を、王権は己の権利の一部を回復するために利用したのである[3]。しかし、領主やその封臣たちがはじめからこの体系を抽象的な理論として思い描いていたということは、およそありそうにない。彼らにとって、自分たちを結び付けている関係はむしろ、友愛の絆や相互奉仕や敬意と尊敬のしるしに類するものであり、それらは相対的に安定した社会のなかで、近隣または血縁関係にある家族同士を近づけ、彼ら自身の目にもまた他の人々の目にも、全体のなかでの地位を表すものになり、その思い出は世代から世代へと継承されていく。たしかに、それらの家族の背後には、その社会的身分を基礎づける物質的現実が存在する。それぞれの家族が手にしている富や、その成員がおこなっている仕事の種類が、近接する地位にある一定数の他の家族を自分たちに依存させたり、地位がより高い家族と関係を結ばせたりするのである。それと同様に、領主の権勢は、彼が封土として与えた土地の数や広さ、さらには、王を頂点とするヒエラルキーのなかでのその位置、すなわち領主と王との距離の大きさに基づいている。しかし、それでもやはり、はじめは、こうした財や地位は天賦の才や個人的資質によってそれにふさわしい人々に与えられているかのように、すべてが推移したのである。非常に長いあいだ、明らかに営利目的の職業に対して好ましからざる先入見が付与されていたのだが[4]、それは、そのようにして獲得された富とそれを保有する人のあいだに外在的な関係しか存在せず、その富のうえに社会的地位を基礎づけることは、人格に基づくヒエラルキーに替えて事物のヒエラルキーを置くことになるように思われたからである。反対に、領主や土地保有者の高貴な資質は、土地に伝えられていく。畑や森や保有地の背後には、領主の人格的な姿を認めることができる。この畑は誰のものかを尋ねられて、「カラバ侯爵様のものさ」と答える農民の声は、土地みずからが発する声である。こうした一群の土地や森や丘や草原は、人格的な相貌を備えている。この森で狩りをし、この土地のすみずみまでを知り、この丘の上に城館を建て、この道を見張ってきた領主一家。征服による獲得、王からの贈与、遺産や婚姻によって、それぞれの時代に何らかの財をまとめ上げてきた、その領主一家の姿と歴史を反映しているからこそ、その一群の土地はその人のものなのである。もしも他の人や他の家族が、現在の所有者の地位を占めていたならば、それはまったく別のものになり、違う様相を呈し、同じ感情を喚起することも、同じ思い出を呼び起こすこともないだろう。称号が公共の財に堕して、人々がそれを売り買いし、実際に平民の血を引く家族が貴族の血を引く家族に取って代わりうるようになると、たとえ称号の連続性を語る虚構の物語によって、人格や系譜の交代を覆い隠そうとしても、社会はそのことに気づき、貴族の所有地に対する敬意はしぼんでいくことになる。しかし、その敬意が存続するかぎり、財の所有者の称号は他の何ものによっても代えることはできず、その人やその家族や血統に固有の資質の名において、その所有権を行使し続けるのだという考え方に根拠づけられるのである。

したがって、この時代の社会秩序の相貌は、きわめて具体的で個別的（particulière）なものである。名や称号はその家の過去、その財産の地理的な位置、他の貴族の家との個人的な関係、王族や宮廷との近しい関係を思い起こさせる。それは、「格別な存在（particularités）」と特権の時代なのである。それをなしうるすべての人や集団は、歴史的な権利をみずからのもとに創出し、その枠組みのなかに位置を占めようとする。都市は自治を認める勅許状を獲得し、王の即位かまたはいずれかの領主の決定によって自分たちに特権が与えられた日付を記録する。ある貴族の家が消滅するということは、ある伝統が死滅するということであり、歴史の一部が忘却に沈むということである。そして、一人の官吏を他の人に置き換えるようには、その場所に別の伝統を置くことはできないのである。人々は次々と死んでいくので、封建社会もまた次々に、称賛の絶え間ない更新によって、新たな功績や偉業によって、みずからを補修していかなければならない。古い枠組みのなかに新しい素材を置くだけでは十分ではない。人そのものやその行為、さらにはその行為の思い出がこの社会生活の枠組みを構成するのだから、人が死んだり家がなくなったりすれば枠組みが消滅するのであり、そこにはまた別の枠組みを、同じやり方で、同じ方針に沿って再構築しなければならない。ただし、それは正確に同じ形、同じ様相を示すものにはならないのである。

君主制がその最後の数世紀のあいだに発展を遂げ、そこから近代的体制が生まれてきた時期には、人々はまだ称号に敬意を表すことを習慣としており、職務に恭順の意を示すという変化が突然生じたわけではなかった。(5) したがって、特に十七世紀から十八世紀には、集権化が次第に推し進められ、領主がその権力の一切を少しずつはぎ取られていく一方で、君主制は封建主義的外観を保ち続けるのである。(6) 集権化された絶対君主制が完成され、その理論が構築され、人員をすべて配置したときになってようやく、新たな体制の権限だけが一般利益を代表するものになり、すでに豊かで、教養を身に付け、そのなかの多くが司法・財政官吏を務めていたブルジョアジーのなかに、国王が統治のために必要な要素を見いだすことができたように思われる。[7] 実際に国王はブルジョアジーを登用し、彼らの奉仕を広範に求めていく。国王は彼らの能力を利用しながらも、まずは貴族社会のなかで見習い期間を積ませることが必要だと考える。十七世紀・十八世紀の貴族のなかのかなり多くは、貴族の称号を獲得してまだ日が浅い者たちであり、血統貴族や世襲貴族や武家貴族[1]は、この時代には貴族階級全体のなかの一部分しか占めていなかったことが、すでに指摘されている。[8] こうした古くからの貴族の多くが、それ以前の数世紀間の戦争によって死に絶え、負債を支払うためにその財産を売却しなければならず、新しい経済状況にも適応していなかったために、破産状態にあったのである。この時代の人々はまだ、過去の世界に深くとらわれていたので、新しいシステムの論理をすぐには理解できなかった。君主制は、これほどまでに広域に及ぶ行政に必要な高額の資金を手に入れ、家臣たちを従属させるために、貴族の伝統的な威信に頼らなければならなかった。豊かになり教養を身に付けたブルジョアジーが権限をもって職務を遂行し、評議会や法廷や財務院に席を占めるためには、貴族の城館に居を構え、紋章を獲得し、称号を買い取らなければならなかった。このようにして、新しい構造が古い構造の水面下に形成されていったのである。新たな概念は、長いあいだ古い概念の形《フィギュール》をまとったあとに、ようやく姿を現すのだと言えるだろう。今日の諸制度が構築されるのは、思い出の基盤のうえにであって、その制度の多くが受容されるには、それが有益であることを示すだけでは十分ではない。こう言ってよければ、今日の制度は姿を隠して、その背後にある伝統を見せなければならないのであり、その伝統に取って代わろうとしながら、しばらくのあいだはその伝統に融合しようとするのである。

とはいえ、これを単なる見せかけのゲームと考えるべきではない。上層階級の人々は、かつてその真価を示した先祖たちの存在を引き合いに出すことができるがゆえに、またその人々のなかには遺伝的に継承される身体的・精神的な一群の特質が存続し更新されていて、その成員の人格的価値を高めているがゆえに、より高貴な種類の人間の範疇のようなものを体現しているのだということを、人民に信じ込ませ、ただ人民を欺こうとしているのだと考えてはならない。貴族の称号を得た人々にとっては、高貴な血筋という物語《フィクション》の下に、一つの誠実な確信がある。彼らは、高貴な血筋の集団は最も貴重で、かけがえがない者たちなのであり、同時に、社会全体のなかでも最も活動的で、大きな恩恵をもたらす存在なのであって、ある意味では社会の存在理由でもあるのだと、本当に信じていた。単なる集合的虚栄の誘惑に帰せられるわけではない、貴族階級の本質と役割についてのかなり正確な評価に基づく、この信念を分析しなければならない。

封建体制では、封臣たちは領主を補佐することを務めとしていた。封臣は、みずからの人格と、戦争が起こればみずからの武力を、領主に差し出し、領主の評議員を務め、領主が裁判をおこなうのを助けた。このように封建社会が示すのは、その成員が複数の職務を担うような集団のイメージである。それらの職務は、集団の物質的基盤を保ち、集団がその規模と力においてより強大なものになっていくことを可能にし、その秩序とある種の均質性を維持しているのだが、その一方で別の見方をすれば、それらの職務の一つひとつを遂行する機会には、集団の成員が、自分たちの身分を規定している服従と忠誠の関係をより強く意識し、その名誉を示すとともにこれを受け取り、仲間たちのなかに自分を位置づけ、儀礼的行動を成し遂げ、自分たちの旗印を掲げ、記章を身にまとい、伝統的な言葉や決まり文句を発し、自分たちにとってはなじみのものになっている枠組みのなかでともに考えるのである。常に、また社会が複雑になればなるほど、彼らの活動のこの後者の側面が前面に押し出されるようになるのは、確かなことである。その職務のなかの儀式的で顕示的で上演的な部分と、技術的な部分とを区別することが可能であるときにはいつも、聖職者や写字生や法律家や技師が呼ばれ、貴族の格づけに関わる資質が問われないところはすべて、彼らに委ねられていく。(9) さらに、個々の社会がそこにみずからの姿を見いだそうとするかのようにまとわせているさまざまな慣習的形式をはいでしまえば、どんな職務も、社会生活を限定し、変質させ、社会の核心から人々を遠ざけようとする遠心力のようなものを示すことがわかる。それらの職務の一つを遂行するためには、実際に、人々は少なくとも一時的に他の職務を放棄していなければならない。専門化されると、彼らは自分たちの活動範囲を限定していくことになるし、それは、彼らが自分の仕事に適応し、物質的必要の支配力がきわめて強く感じ取られているような社会生活の各部分に目を向け、そこに自分の思考を差し向け、行動を方向づけるようになれば、なおさらのことである。戦時には、しばしば人間を単なる物的単位として扱うことになるような規律を遵守しなければならない。軍隊を輸送し、物資を供給し、各地点の距離を測り、配備を考えなければならないし、武器や弾薬や城塞の管理をしなければならない。立法化のためには、画一的で抽象的な形で、法が適用される対象と条件が明確化されなければならない。たとえば、法は遺産相続に関わり、親族としての等級を算出するために、どのような家族も互いに代替可能であるような枠組みとしての家族の一般的類型を参照し、財産を一定数のカテゴリーに分割する。すべての法は、人間と行為と状況と物の外在的性格に従った分類に立脚しており、法律とは全面的に、余分な思慮を挟まない実践であり、個々人とその関係を外から捉え、みずからを定式のなかに固定し、規則の機械的な適用に限定しようとするものである。被告や原告という立場に置かれた人間は、裁判官の前では、吟味され、分類され、ラベルを貼られるべき存在となる。刑法は、おそらく昔は、訴えた人と訴えられた人の社会的立場を考慮に入れていた。たとえば、地方ごとに異なる慣習や法があったり、宗教者が執りおこなう法廷が存在したりしていた。しかし、そうした時代でさえやはり、何らかの逸脱や犯罪によって有罪とされた人が法廷に立たされるときには、誰であれ、法廷はその人格ではなく行為を裁いたのであり、あるいは、人格が行為によって変質させられたのだと判断し、その人を逸脱者または犯罪者と見なされる人間のカテゴリーのいずれかに位置づけたのである。ましてや、財政の評価と見積もり、税の徴収、警察官や官吏や年金受給者などへの支払いは、数量的操作と物的財の移動に終始するものであり、そこでは人間同士の差異は捨象される。人間と人間の差異は、その収入と負債、あるいは国庫に対する債権に基づくものでしかないのである。こうした職務を遂行する人々は、自分が関わる人々の集団を、その人格的本質ではなく、外在的性格に重きを置いて捉えている。人々は、それらの集団を、さまざまなカテゴリーに分類された単位として扱っていて、そこには自発的に生まれた人間の集まりがもつような柔軟性は欠けているのである。職務がこうしたものに限定されていけばいくほど、貴族がそれに関心をもたなくなるのは当然のことである。貴族階級は、まったく別の評価体系に立脚しているのだ。そこでは、人間をこの種の枠組みの一つに位置づけ、他の多くの人々とひとまとめにしてしまうような性格ではなく、その人を周囲のすべての人間から区別し、さらには同輩たちのなかでその人だけが占めることができる身分を授けるような性格が考慮される。貴族的な序列関係は、軍事技術者や法律家や刑法や、税を配分し徴収する役人が人間の分類に適用していくような技術的規則とはまったく関わりをもたない。それは原則として、名誉、威信、称号、すなわち測定や計算や抽象的定義を受け入れるような物質的本質に関わる要素が一切入り込まない、純粋に社会的な概念だけを重視するのである。

言い換えれば、個々の貴族、または貴族の家は、同じ階級の他の家の全体と深く交わっているので、そのすべてをよく知っていて(または知っていると見なされていて)、逆の側から見れば、すべての人が自分のことを、その起源も、位《くらい》も、自分たちの集団のなかでの系譜関係も知っているのである。それまでに一度も面識がなかった二人の貴族が出会っても、少し言葉を交わせば、彼らは互いに、親族関係や婚姻関係を見いだしうるような広い意味での同じ家族の成員として認知することができるはずである。その前提には、貴族階級のなかに、何世代にもわたって、強い結び付きをもつ一群の伝統や思い出が保持されているということがある。その他の集団のなかにはこのようなことはまったく見られなかったので、貴族階級は長いあいだ集合的記憶の基盤だったと言わなければならない。貴族階級の歴史は、実を言えば、一国全体の歴史ではない。しかし、他のどこにも、生活と思想のこれほどまでの連続性を見いだすことはできず、家族みずからも、また他家の人々もその過去をよく知っているということに家族の地位がこれほど規定されるということは、他のどの場所でも見られることではない。商人や職人の階級、上層のブルジョアジーでは、人はその仕事、職業、職務と一つのものである。その仕事がその人を定義づけるのである。貴族は、その職務に回収されえない。貴族は、単なる道具または歯車にはなりえず、その社会の基本要素、その実体の一部なのである。

職務の担い手(fonctionnaires)は、その人がもたらしている現時点での貢献に基づいて判断される。その人が現在の状況と目前の課題にうまく応えていることが望まれるのである。このとき、過去の貢献が考慮されることもあるだろう。しかしそれは、過去の貢献が現在のその人の能力や手腕を保証するかぎりでのことである。貴族の地位は反対に、その称号の古さに基礎づけられている。貴族の地位を評価するためには、過去にさかのぼらなければならない。貴族の姿は、段階的に書き直されてきた文書のように、過去と現在が密接に重なり合い溶け合っている画布のなかに、複数の貴族の家が見渡され、そのうえに浮かび上がってくるものである。つまりこの場合、関係は、(半ば物理的で技術的な意味で理解されるような)人と人のあいだだけでなく、集団と集団、社会的価値と社会的価値のあいだにも成立する。しかし、この種の価値は、一連の判断のなかに存在し、さまざまな思考の結び付きから生じる。そうした思考は、少なからず複雑なすべての意識状態がそうであるように、時間をかけて形作られたものであり、現在の状態としてだけではなく、少なくともそれと同程度に思い出として、みずからを提示するものである。おそらく、それぞれの時代ごとに一つの思考様式があり、現在の状況と現存する人間たちに適用される評価の体系が存在するのだが、その評価体系は、その時代の人々が他の時代の人々とも共有している概念として、貴族階級には生まれつき備わっているのだと信じられうるのである。そして、それらの概念は現在のなかに、その時代の貴族たちの性質と生活様式のなかに、少なくとも外見上の存在理由を見いだすのだと信じられていなければならない。しかし、この観念の体系は、そこにどのような論理が見いだされようとも、また、その要素のそれぞれの起源がもはや想起されないとしても、記憶(souvenirs)が転換されたものにほかならないのである。貴族は自分の城館の回廊にかけられた先祖たちの肖像を眺めながら、先祖たちによって建てられた城壁や塔を見上げながら、今日の自分があるのは、そこに遺産を残した出来事や人物たちのおかげなのだと強く感じ取る。そして彼は、現在の輝かしい状況を過去に投影する。栄えある系譜の出発点をなした、目立つところのなかった一人の小貴族が、姿を変えて現れ、死後の栄光の光輝に包まれるのである。

このように、社会がさまざまな職務を任じられた一定数の人間集団に分割されていく一方で、そのなかには、伝統を維持し生き生きと保つことを役割としていると言えるような、一つのより限定された社会が存在している。

それは、過去に、もしくは現在のなかに過去を持続させているものに目を向け、現在の職務に対しては、それらがみずから伝統を振り返り、伝統の形を変えていくことを通じて社会生活の連続性を確かなものにしようとすることが重要な場合にだけ関与するのである。[10] つまり、ある仕事を任じられた人々をそれに専心させ、いま関わっている対象以外のものは、同じ性格をもつ古い対象であれ、異なる性格をもつ現在の対象であれ、すべて忘れさせるような求心的な力がはたらいているのだが、その力に対して、過去が現在とのつながりを取り戻し、さまざまな職務が互いに交わり均衡し合うような社会の一部分に、人々を再び結び付ける他の力を対置しなければならないのだ。こうした視点から、戦争や立法や司法のような専門化された主要活動をあらためて取り上げ、考察してみることにしよう。すでに述べてきたように、そうした活動が複雑化し、その一つひとつ、さらにはそのうちの一つに含まれる各下位領域が、一つの人間集団の時間と労力のすべてをくみ上げるようになると、社会生活の限定的で縮小された領域のなかにその集団の活動を固定するようになる。なぜなら、技術的な規準がそこに多くの機構を呼び込み、職務の担い手が人間に関わるとしても、単純化された意味での人間としか関係をもたなくなるからである。しかし、それはそうした活動の一つの様相、おそらくはその最も表面的な様相でしかない。戦争を遂行するうえでは、基地のなかで命令と規律を守り軍事教練を受けるだけでは十分ではない。そこでは、技術的な資質は、何ら人格的な資質を補うものではない。軍隊の長は、単に比類のない技術的価値を示すだけでは十分ではない。それに加えて彼は、人間についての認識と、観念の操作と、記憶のはたらきと、常に作動する想像力を前提にして発揮されるような、とっさの着想や創案や即興の能力を備えていなければならない。ところで、こうした資質は、過去の思想と現在の思想が交錯し、したがって今日の集団だけでなく、また過去の集団とも接触し合うような、濃密な社会生活の環境ではじめて発達するものである。そのような環境では、精神が、個々人のもともとの特徴を認知するように研ぎ澄まされ、名誉と責任の感覚、さらにはその人の名や称号に対する義務の感覚が、人間を一個人以上のものへと引き上げ、その人が代表している集団がもつ尽きることがない力の源を、その人のもとに還流させるのである。しかし、この点は、法律家や評議員や裁判官も同様である。法とは、その広がりや構成要素、その射程や克服すべき抵抗がどのようなものであるかさえ知っていれば構築することができるような、単なる道具なのではない。また法は、それを論じる人々が権利に対する自分の知識や実践経験を共有するだけの、単なる技術的討議から生まれるものではないと言える。立法家は、（自分がその成員である社会のなかで理解されている意味での）公正の感覚をもっていなければならず、それは人々が何らかの基準をもって互いを評価し合うような社会のなかでしか獲得されないものである。それぞれの人に、その人に帰せられるべき名誉を授けようと思わせるような、正しさの規準（justice）が存在している。それは、各家族の威信や功績についての正確な評価に立脚し、社会全体に適用されるのにふさわしい法を構築することを可能にする。領主が封臣たちに評議会のメンバーになるように要請したのは、技術者としての資格において、ではない。そうではなく、貴族集団のなかには、相互的敬意の共通精神、および貴族の身分にふさわしい名誉の取り分をそれぞれの人に授けようとする配慮が、伝承され維持されていたからである。そうした者たちだけが、立法家や役人によって準備された法的な道具にこの精神を呼び込むことができた。なぜなら、こうした感情は、長い時間にわたるさまざまな集合的経験を通じてはじめて、言い換えれば貴族集団のなかでだけ、定着しうるものだったからである。同様に、結局のところ、どのような低級の実務も、規則の寄せ集めも、一人の裁判官を育て上げるには十分ではなかった。判決を下すべき状況には非常に幅広い多様性があり、告訴人も被疑者も一人ひとりが大きく異なっていて、裁判の実施を単なる行政的な慣習行為に帰することができるほど単純なカテゴリーへと、すべての事例と人間を整理することはできないのである。裁判官は、他の誰にも増して、行為や行動を道徳的に評価できなければならない。だが、裁判官はそれを、法廷以外のどこで学ぶのだろうか。法廷では、裁判官や弁護士や被告人などがきわめて人為的な場を作り出し、人格や感情は司法手続や裁判行為のための言語の慣習的形式の背後に隠れてしまい、専門職者の習慣が、凝り固まってしまいかねないほどのこわばりを感じさせる。したがって、職務をおこなうために、技術的能力だけでなく深い内省が求められるような多くの場面では、その職務自体が内省を可能にするわけではない。なぜなら、職務は、それ自体に委ねられてしまえば、深い内省なしでも進められていくからである。

しかも、人間的価値の陰影を理解し評価することを学ぶには、職業だけに向けられる関心とは無縁な、特別な環境が必要であることがわかる。しかし、この繊細な感覚が最もうまく形作られるのは、思考が絶えずさまざまな人格に、また一つの相貌と固有の歴史をもったさまざまな集団に差し向けられるような場所においてなのである。だからこそ、早い時期から法服貴族[2]が存在したのだ。[11]かなり早くから、裁判官は、社会状況に関する広範な知識なくしてはよく理解することができない問題、ときには歴史の流れをさかのぼって同様の事例を探し出さなければならない問題を裁くことを求められていて、ただちに貴族の位に結び付けられるべき存在、貴族とほぼ同一水準にあるべき存在だと考えられていた。

方向を異にする二つの流れが貴族階級のなかにあり、ゆっくりとその構成を新たなものにしていった。第一の流れを作ったのは、あまりにも古い伝統を体現し、その過去を更新することも豊かにすることもないまま生きてきた貴族たちである。彼らは、国王や自分より地位の高い領主たちからの愛顧や、他の卓越した家族との同盟関係によって新たな称号を獲得して自分と家族の名を知らしめることもできず、次第にその地位を維持することができなくなっていった。したがって、彼らは孤立していき、他の貴族たちとの関係もますます疎遠になっていくばかりであった。人々は彼らのことを少しずつ忘れ、彼らも自分自身が何者であるかを忘れ、ブルジョアジー出身の人間しか就かないような名誉を損なう職務に従事するまでにいたる。十六世紀から十七世紀には、古くからの血統貴族、世襲貴族、武家貴族の一部が、このようにして姿を消していった。それはまた、貴族の集合的記憶の一部が消失したということでもある。そこにはたくさんの穴がうがたれ、骨組み全体がばらばらになっていった。これらの家族に固有の思い出はいまや集合生活の流れの外に置かれ、実際のところもはや、形を変えてしまった貴族の記憶の枠組みのなかには、その位置を見いだせなくなっていた。それらの思い出を存続させるためには、最近の思い出に結び付け、思い出相互の、また他の思い出との関係を増やしていかなければならなかった。共有された思考が、現時点での流れのなかで、かつての思い出の痕跡をたびたびなぞっていく機会を得なくてはならなかったのである。ところが実際には、それらの思い出は、人々がいま気にかけている問題から遠ざかり、日常的な観念の結び付きから疎遠なものになってしまったためにまったく想起されることもなく、もはや夢想されることもない個人的思い出に似たものになってしまった。この時点で、その思い出について、あるいはその周辺の事柄に関して存続しているもののなかに、もはやそれを再構成するのに必要な要素は存在しないのだから、それらの思い出は消失していく。たしかに、こうした形での消失が決定的なものだと断言することはできない(12)。予期せぬ状況が、それでもなおこれを思い起こすことを可能にするような条件のなかに、精神を位置づけ直すことはありうる。それは、予期せぬ状況によって、ずっと忘れていた友人が、たとえば引っ越してきたり、逆に自分がたどっていた道筋がいまたまたまその人に近づいたりして、自分の前に現れたために、またその人のことを考えるようになるのと同様である。同じように、もう消えてしまったと思われていた貴族の家が、長く姿を隠していたあとに、身分を取り戻し、称号を復活させ、紋章を再び輝かせることもある。そのようなときには、貴族の集合的記憶は、長く思い起こすことがなく、すでに消えてしまったと見なされていたかもしれない思い出を再発見する。それらの思い出は、これを再構成する可能性が残っているかぎり、消えてしまったわけではないのである。このように長きにわたる低迷のあとにかつての輝きや評価の回復が可能になったのは、その家がかつては存在しなかったが最近になって開かれた道筋をたどって、貴族階級のなかに復帰したからである。そしてその道筋を、過去には貴族でなかった多くの家もまたたどってきたのである。それらの家は、たとえば、まず商売によって豊かになり、次いで、貴族の立場に近づくような職務に登用され、さらには貴族の身分を与えられる職務に就いたのである。貴族階級はそこに、失われたと思っていた自分たちの成員の姿を見いだし、そうなれば、その貴族が平民の外見の下にその資質を保ち続けていたのだと見なすこともできる。それは、ときとして、無意識の闇に紛れて忘れられた思い出が存続しているのだと考えるのと、同じことである。実際には、今日のその貴族としての資格は、過去の貴族としての資格と、外見上でしか同一ではない。社会的記憶の枠組みは、時代の推移とともに変化してしまったのである。かつてその記憶は、戦争での武勲、騎士の観念にかなう事柄、技術的でも営利的でもない活動に敬意を向ける人々の関心を引き付けるような事柄を保持していた。この時点では(旧体制期《アンシャン・レジーム》の終わり頃には）、記憶は大きく拡張された。その記憶はまだ、知的優越性や例外的な能力や証明された才能を発揮する活動に対しても、それが宮廷的な装いをまとい、貴族的な外観のもとに示されなければ、価値の一覧表のなかに場所を与えていないし、純粋で単純な富に対してもそれは同様である。しかしこの時代には、貴族階級がみずからの輝きを保つために、一方ではますます贅をこらす必要があり、他方では生まれつつある新たな職務と、分割され、複雑に絡み合い、専門化していくかつての職務のすべてに自分たちの精神を浸透させていかなければならなかったので、次第に富や才能や技量が新たな活動の条件になり、そうした活動が貴族階級のなかでの身分を修正し、規定するものになる。貴族としての資格はいまや、物質的財と財政的信用の所有、そして少なくとも人間関係という形をとって行政機構の最上層に通じていることを前提とするのである。そうしたものを伴わない単なる称号は、もはやほとんど意味をもたない。称号が保持されるのは、称号自体の固有の価値によるもの（あるいは、かつてそれを基礎づけた資質の力によるもの）ではない。したがって、同じ家が自分の失った称号を取り戻すとか、他の家がその称号を獲得するということにさしたる重要性はない。本質的なことは、称号の連続性という虚構《フィクション》の物語であり、それが体現している人格的資質が世代から世代へと継承されていて、したがって今日その称号を保有している者は最初にそれを獲得した者たちの偉業をみずからのものとして掲げることができる、と信じられていることである。

　このように信じられていることは、平民の貴族階級への参入を妨げるものでありながら、同時に、平民のなかの誰かが称号を不当に獲得し、貴族と見なされることに成功してしまったような場合には、取得時効による貴族[3]と本当の血統貴族または新興貴族のあいだの混同を、助長するものでもあった[13]。実際のところ、ますます頻繁に、平民の出自をもつ、過去をもたない人間（つまり、集合的記憶がその過去をとどめていない者たち）が「貴族」階級に入り込み、人々が彼らとその子孫をそのように識別し、しるしを与えてしまったために、「貴族」と呼ばれるようになっていた（これが前述の第二の流れにあたるものである）。しかし、城館を買い、職務と称号を獲得したところで、平民は決して既存の貴族の家系に入り込んだわけではないし、みずからをそれに接続させたわけでも、その成員のなかの誰かになりかわったわけでもない。平民は、みずからの先祖を掲げて見せることができなかったのである。貴族階級の刷新と人材獲得の範囲の拡張が必要になったとき、社会は平民による階級の侵食に適応し、称号も名づけ親も親族ももたないまま強引に貴族社会に入ってくる者たちに正統性を付与する手段を発見しなければならなかった。したがって、社会は、その記憶の枠組みを多少なりとも手直しし、修正しなければならなかったのである。

二つの手段によって、社会はそれを成し遂げることができた。ある場合には、故意に過去を歪めてしまうことがあった。実際に、貴族であることを証明するものとは、世代をさかのぼっていったとき、その先祖のなかの一人が貴族の地位をもたらしたという事実が見いだされるということである。しかし、もしそうした事実が存在しなかったとしても、一から十まで作り出してしまうことができた。既成の事実のこれほど大胆な歪曲は、たしかに正統派の貴族たちの利益に反するものであり、彼らはためらうことなくこれを告発していった。系譜を作り上げてしまったとしても、他の家族が保持している系譜と整合させなければならなかったし、同時に、別の情報源から自分たちの家族について知られてしまっていることと一致させなければならなかった。[14] しかし、社会はまた、人々の関心を遠い過去にあるものからそらさせ、その記憶の場を最近の数世代に限定することもできた。次第に、社会はこの二番目の解決法をとるようになったのである。[15] 結局のところそれは、この家は本当は貴族ではないと思われかねないときでさえも、人々の最近の記憶に従って貴族だと認めてしまうほうがふさわしいのだ、ということにほかならなかった。このようにして人々は、ときとして自分の個人的思い出を修正し、その時点で自分たちが考えていることに一致させ、多くの場合最近の思い出に頼るだけにとどめ、ずっと古い記憶に直接たどり着くことはできないと見なし、古い記憶を新しい記憶によって再構成することによって、それを成し遂げるのである。しかし、このようにしてきわめて古い思い出を手放していくにつれて、その社会は、身分の古さに根拠づけられていた称号と特権の価値を下落させていき、それをわがものとして掲げていた範疇の貴族たち、すなわち、最も正統性が高い貴族階層に打撃を与えていったのである。こうして、最も敬われるべき伝統と、貴族的思考の基礎になる概念が、同時に曖昧なものになっていった。そこから、多くの躊躇や抵抗や後退が生じたのである。アンリ・ド・サン＝シモンが『回想録』を通じて語っていた葛藤に意味を与えているのは、この困惑である。それは、庶出の子と血統を引き継ぐ王子のあいだの、武家貴族と法服貴族のあいだの葛藤である。称号とその由緒の正しさを厳格に守ろうとする人々は、記憶の広がりをこのように限定することはそれを歪めることにほかならず、そうすることで遠い過去の出来事や人間はその重要性を失い、自分たちの子孫も、現在の出来事や人間が前面に押し出されるようになるにつれて、同じ道をたどり、ひとたびそうした道に踏み込んでしまえば、それを止めることはできなくなるだろうと感じていた。

　しかし、古くからの貴族たちを最も根底から動揺させたのは、新しい貴族の出現だった。実際に、新たな道が人々の活動の前に開かれていた。新たな職位が創設され、それまでは下級のものだった古い職位が重要性を獲得していった。古くからの貴族たちがそのような職務に関心を示さず、その思考や記憶がこうした領域で成し遂げられたことを受け付けなかったとしても、やはりそこからは、その仕事に献身する集団、選良集団《エリート》が生まれてくる。誰かが、一つの職務に、非常に明確な人格的しるしを刻印すれば、その人や、そのあとにこの職務に就く人々は、その他の人々の集群から区別され、社会はその記憶のなかに彼らのための特別な場所を作り出すことができる。社会とは、それぞれの時代に、最も強く社会の関心を引き、社会にとっての重要性をもつ活動を前面に押し出すものである。かつてそれは戦争だったが、今日では、それは行政であり、裁判であり、司法や財政の任務である。都市に新たな家長たちが生まれ、それは、まだ明文化されない形で貴族階級を作り出す。ブルジョアジーが自覚を持ち始め、自分たちの最良メンバーが担った職務の枠組みのなかに、みずからの記憶を流し込んでいく。しかし、このように、古くからの貴族たちが次第に新しい貴族によって飲み込まれていくとしても、他方で、その称号の他に、どのような違いによって、弁護士や検事やさらには富裕で精力的で教養を備えた商人と、議会の評議員や貴族の位を与えられるような公務の担い手とが、区別されるだろうか[16]。彼らは家族関係や婚姻関係によって結び付き、同じサロンで顔を合わせ、同じ本を読み、職務上の関心を持ち込まないような社会生活の場に等しく参加する。そのような場では、社会は社会それ自体に、つまり、その成員に参加資格を与えるもの、その成員が社会を活性化し、刺激し、更新し、社会がみずからに対してもつ意識を拡張することを可能にするものにしか関心を向けない。「抗いがたい発展は、さまざまな職務の全体を、権利上のものではなくとも、事実上の貴族階級《アリストクラシー》になるように導いた。二度にわたる勅令（一六四九年と五〇年）は、議会のすべての構成員に一代限りの（à première vie）貴族の位を授けたのだが、その後、二十年の実施ののち、会計院の長たちが（略）貴族たちからの抵抗に直面することはなかった。貴族の社会集団を守る障壁は引き下げられていったのである。むしろ、改革を妨げたのは、その恩恵に浴することができなかった者たちだった。財務局や会計院では、財務官や検査員や会計検査官が、自分たちには共有させてもらえなかった特権、総裁や主事や次席検事に限定されていた特権に対して、激しく抵抗していた。それは、この勅令が、まったく均質なもののなかに強引に一線を引いたことを意味していた[17]」

たしかに、この「職務に基づく貴族（noblesse de fonctions）」も、のちには門戸を閉ざそうとするようになり、十八世紀には閉鎖的特権階級となった。その頃には「最終審裁判所の裁判官はすべて、その威厳においても、その世襲領地においてもすでに地位を確立した諸家によって占められ、彼らは汲々として自分たちの身分を守っていた」。しかし、称号と官職を結び付けようとするこの努力は、結局のところ、逆説的で矛盾をはらんでいる[18]。古くからの貴族は、人格的な資質の序列に立脚していた。それは、伝統として社会の記憶のなかに固定されていたが、その貴族を生み出した時点での世論や信念の状態から切り離せないものであった。無理に保たれていた伝統の覆いの下で歴史的発展が生じるにしたがって、現に官職を担っている人だけでなく、彼らの出自の階級、彼らがなお密接につながっていた階級全体のあり方が問われるようになった。古い貴族階級は、かつては広い範囲から人員を補充していたのだが、貴族階級を基礎づけていた資質を社会がもはや産出できないいまとなっては、閉ざされてしまうのも当然だった。古い貴族階級は、日々摩滅していく古い土台の上に生きなければならなかったのである。このようにして、決定的に閉ざされてしまった時代の記憶は、みずからの周りに、力を与えてくれるものを何一つ見いだすことができない。それは、過去のなかにこもって孤立することで、新しい思い出から身を守っているだけなのである。しかし、いままさに躍進しようとしているブルジョアジーは、それとは反対に、みずからを開き、現時点の社会が生み出していく資質を備えた人々が、自由に入ってこられるようにしなければならなかった。したがって、最近および同時代の出来事の記憶は、不動のものとはなりえない。それは新しい思い出に枠組みを適合させる役割を担っている。その枠組みそのものが、そうした新しい思い出によって作られていくのである。議会貴族（noblesse parlementaire）という考え方は、都合がいいフィクションとしての役目を果たす。こうして民衆は、称号を身に付けて出世したブルジョアたちの資格に、かつて貴族たちに払っていたような敬意を向けることに慣れていくのである。しかし、それはフィクションにすぎなかった。新しい概念のシステム、すなわちブルジョア的伝統のシステムが形作られた時点で、そのフィクションは無用でじゃまなものになっていく。社会は遠い過去を、その価値基準の全体とそれに立脚する人間の行為の序列関係とともに、すっかり忘れ去り、現在に続く近い過去を大事にしなければならなかったのである。

＊

現代社会には、貴族の称号はもはや存在せず、法的には階級を分かつ障壁がほぼゼロの水準まで引き下げられているのだが、それにもかかわらず、貴族階級とは言えないまでもそれに相等するようなものや、少なくともそれを基盤に発展してきた類いの精神的・社会的活動を、見いだすことができるだろう。

たしかに今日では、社会は、かつてよりもずっと専門化された職務を巧みに配置した全体として、私たちの前に現れている。封建社会を考えてみると、貴族階級が社会の前面に際立って見えるのだが、それは集合体の器官や道具であるというよりもむしろ、生活や思考の形を表している。貴族階級は伝統を維持し、さらにそれを作り出すことを職務としていたと言うことができるかもしれない。だが、実際に貴族階級は社会の頂を飾るもの、またはそれ以上に、社会生活全体の源であると考えられるとしたら、貴族階級が職務を果たしているなどと言うことができるのだろうか。社会的集合体の、文字どおりの意味での職務のほうがむしろ、貴族階級に従属しているのであって、貴族階級が職務に接するのは、それに対するみずからの優越を刻印するためでしかない。貴族の地位を授けているのは、職務のよき担い手としての資格ではないのである。少なくとも、職務の遂行において、貴族は、職務を超えて、自分の人格性を表すような美点を示さなければならない。職務は職務そのもののために遂行されるのではなく、自分自身を卓越化するための手段として、その人に担われるのである。戦争でも、自分の身を守りながら勝利を得るよりも、見事な戦いを見せながら敗れ去る指揮官のほうが、より貴族的に振る舞っているることになるだろう。今日では、これとは反対のことを言う傾向が強いかもしれない。職務が人間のためにあるのではなく、ますます人間が職務のためにあるようになっている。いずれにしても、個々の職務は、他のさまざまな職務との関係のなかにあり、集合意識がいくつかのカテゴリーの人間に相対的に高い威信を認めているとすれば、それは、彼らの活動が社会的集合体全体に対して最も適合的だからなのである。

しかし、ここで注意しておきたいのは、人間は常に二つの側面から見ることが可能だということである。一方の面では、明確に規定された任務を割り当てられた社会の代理人として見ることができるが、もう一方の面では、家族や社交集団などのように、他の集団には従属せず、あらゆる活動が自分たち自身のためになされ、あらゆる関心が自分たちの精神生活を豊かにしたり高めたりするためだけにある集団の成員としても見ることができる。こうした観点から都市の集団について検討し、その際には、現代の社会に残る貴族階級や農村集落の残滓からは目を離してみることにしよう。それらの残滓は、いくつかの点で、今日では時代遅れになってしまった生活様式を表しているものである。そこで気づくのは、職務が個人を吸収するようになるにつれて、同時に個人は、その生活のなかで、職業に専心する時間と、他の集団に参加する他の時間を区分する必要を感じるようになるということであり、さらには、自分の職業上の関心を忘れていたり、保っていたりするようになるということである。ここで課せられる問いは次のようなものである。こうした家族や社交グループなどの集団は、職業との関係で、かつての貴族階級が公務や職務との関係で満たしていたのと同一の役割を果たしているだろうか。そして、貴族は伝統の基盤であり、そこに集合的記憶が生きていたのだから、今日このような形で組織された職業外の社会生活のなかでも、社会はみずからの思い出を保持し、発展させているのではないだろうか。

これに対して、職務のなかに見いだしうるものを、その外部に探し求める必要はないという反論があるかもしれない。技術とともに伝統を保持していないような重要な職業機関は存在しないし、職業に就けば誰もが、いくつかの実務上の規則を学ぶと同時に、団体の精神と呼びうるような職業集団の集合的記憶に類する精神を身に付けなければならない。このような精神が形成され、年月とともに強化されていくのは、その基盤になる職務がそれ自体長年にわたって持続し、その職務を担う人々が頻繁に関係を結び、同じ仕事、あるいは少なくとも同種の仕事をおこない、自分たちの活動が結び付いて共同の作業がなされているという持続的感情をもっているからである。しかし同時に、彼らが互いに結び付いているのは、自分たちの職務が社会全体の他の職務から区分されているからであり、職業上の利害という点で、この差異を曖昧にせず明確化し強調することが重要だからである。職務の担い手がその役割を遂行するために他の人々と関係を結ぶとき、その時点では自分たちの精神も、また他の人々の精神も、両者の出会いの機会となっている個別的な目前の対象によって占められている。しかし、両者は同一の観点からその対象を見ているわけではない。職務の担い手は自分の職業上の義務を果たそうとするものである。それは、自分にも、同じ仕事に就いている他のすべてのメンバーにも、同様に課せられている。行政の対象になる市民は、自分が属している家族や階級などの社会集団の感情に忠実であったならば、各種の業務の担い手が遵守している規則に必ずしも同調するとはかぎらない。したがって、ある集団の人々、すなわちある職務の担い手たちと、それ以外の集団の人々が対立し合うのである。そのため、自分たちとは異なる考え方や感情に支配されている人間たちとの、継続的でしばしば更新されていく接触が、職務を担う人々の職業的精神を弱めたり減じたりする恐れはないだろうか、という自問が生じうる。多くの場合、集合的信念や伝統を押し出してくるような人々に対抗するためには、それに相対する側が自分たちの集団に固有の信念や伝統のうえに立っていなければならない。

言い換えれば、たとえば裁判官の団体は、外部からの影響力や原告人の感情や先入見に抗するために、自分たちと、自分たちが裁きを下す集団の成員とのあいだに、さまざまな障壁を設けなければならない。そのために、服装や、法廷で占める場所や、裁判に用いられる道具一式によって、裁判官の集団と他のすべての人々とを分かつ距離が明示されているのである。またそのために、裁判官と原告とのやりとりは、他の集団でなされるような対話という形によってではなく、一定の形式に従った審問や文書、あるいは、代訴人や弁護士による仲介によってなされるのである。しかし、それだけではまだ十分ではない。その他の集団が及ぼす力は非常に強いものなので、裁判官の団体の成員は自分たちの伝統をしっかりと身に付け、外部からの圧力に抵抗しなければならない。だが、その伝統はどこから生まれるのだろうか。司法官の団体がみずからそれを作り出すのではないとすると、誰がそれを作り出すことができたのだろうか。法の原理と判決の全体は、一連の優れた法学者や裁判官による集団的作業を代表するものである。裁判官を他から区別している法の精神やあらゆる種類の資質は、何人かの傑出した人物像のなかに、その表現や模範を見いだす。こうした人物についての思い出は裁判官に示され、彼らは、法の意味を理解するためにも、人々がその思い出に与えた解釈を参照すること、すなわち自分たちの記憶に訴えることを必要とする。彼らは、推論し議論するときでさえも、必ずしも自覚することなく、みずからの思考を、ある時点で導入された形式のなかに閉ざし、過去の時代のしるしを付す。このようにして、司法的な思考には、歴史が浸透しているのである。しかし、こうした伝統や先例のすべて、司法の形式のなかに入り込む儀礼的要素やいくつかの人名に結び付いている権威、ある種の議論の立て方がもつ威信の一切は、職務それ自体によって生み出されたものではないだろうか。それらの伝統が示され、その価値が定められ、それらが互いに結び付けられて一種の体系をなし、新しい法的な考え方が生まれてくるのに応じて、それらが調整され、適用され、変形させられていくのは、まさに司法の世界においてではないだろうか。そしてそれは、すべての職務について同様である。役人の集団の伝統の総体を集合的記憶と呼ぶならば、少なくとも職務の数だけ集合的記憶が存在し、それらの記憶のそれぞれは職業的活動の単純なはたらきによって、それらの集団のそれぞれのなかに形作られてきたのだと言えるだろう。

最も重要な集合的思い出が生まれ保持されるのは、職務の外部、人々が職業的活動をおこなっていない社会領域においてだと主張した場合、返ってくる反論はこのようなものだろう。しかし、こうした反論は、職業生活と家族生活、または社交の世界での生活を区分する分割線が、一方の考え方の他方への浸透を妨げている場合にだけ妥当するものである。しかし、一般的にはそのようになっていない。すでに別の論文[4]で示したように、都市社会で、労働者階級をそれ以外の集団から区別しているのは、産業労働者が仕事の場で、人間ではなく物と接触しているという点にある。反対に、他のすべての職業は人間同士の世界のなかでおこなわれていて、原則的に人と人との関係の機会となっている。したがって、これらの階級の成員は、職場に行ったり、そこから帰ってきたりするたびに、一つの集団から別の集団に移行しているのだが、どちらの場でも、社会的存在としての性格を手放さなければならないわけではない。往復を繰り返すなかで、人々が、一方から借りた思考様式を他方に呼び込んだり、その逆をしたりということが必ず起こる。しかしこのとき、職業精神上の習慣が社交の場や家族のなかに入り込む以上に、家族や社交グループの関心のほうが専門化された職業的世界により深く浸透するだろうと予測することができる。家族や社交の世界で、裁判所や政界や軍隊などの場で展開する出来事への関心が生じるには、それらの出来事の専門的で技術的な外観が脱ぎ捨てられなければならない。サロンで裁判が話題になるときでも、それが道徳的あるいは心理的問題を提起していなければ、人々はめったに法律上の論点について議論したりしない。人々は弁護士の才能を評し、あたかも演劇作品を見るかのように、登場人物の感情を分析し、性格を記述し、悲劇的な場面を強調する。実際に、人々は社交の場で、この種の出来事のなかに新たな糧を見いだすのだが、それは、いわばこれを自分の土地に植え替え、その机の埃をはらい、些末な手続きから解放し、それが封じ込められている技術的な枠組みを砕いて、社会的事象としてのしなやかさと扱いやすさをそこに与えることができるときに限られている。ただし、人々は仕事に従事しているときに社交的な付き合いのことを忘れてしまう以上に、家族や社交の場に戻ったときに自分の職業のことを忘れてしまうものである。実際、家族生活や社交的交流の場面では、大多数の人々に共有された一般的関心が他のすべての関心よりも優位に立つ。そこでは、社会的なものが、きわめて純粋な形で創造され、それがその他の集団のあいだでも循環するようになるのである。その場を過ごす人々がそれによって深く影響を受け、職業活動の場に集まるときにも、自分の家族や社交の場での考え方や視点やさまざまな評価基準を持ち込んでいくのは当然である。このようにして、人々は、その職に就いているときでさえも、家族や社交の集団に結び付いたままであり、その集団はいわば、社会的なものとして何重にも力を発揮するのである。実際に、人々の専門化した活動と、より一般化されたこの社会的活動との対立は、前者が後者を排除するものではないし、一定の関係の下では、前者が後者に立脚していることもある。裁判官が裁き弁護士が弁護する相手は、社交の場で出会う人物であるかもしれない。あるいはその人物は、その何かしらの属性、その出自や年齢や考え方、話し方や服の着こなし方、あるいはその相貌によって、自分の親族や友人を彷彿とさせるかもしれない。ある裁判官が、法廷をともにする他の裁判官たちと一緒に考えるときや、弁護人の論述を聞くときには、司法官同士であれ弁護士会のメンバーに対してであれ、法的言語の向こう側にその人物を認め、社交グループや家族や友人や知人との関係のなかでの社会的位置を認知し、より正確に言えば、社交グループや家族や友人たちだけが知っている、その人間の過去を認識するということが起こるのである。

次の点を強調しておこう。工場の門は、労働者の目にはかなり明確に、日常生活の二つの部分の境界線を表している。門が開かれたままになっているとすれば、それは一日の仕事の前ではなく、仕事が終わったあとのことである。すなわち、もっぱら物質的素材と接触することによってもたらされる思考の習慣、または考えない習慣が、工房の外で労働者が過ごす社会の領域に流れ込んでくるのである。労働者が仕事場に戻っていくときには、一つの世界をあとにして、もう一つの世界に入っていくのであり、二つの世界のあいだには何のつながりもないのだということが、はっきりと感じ取られている。しかし、裁判所に入っていくとき、裁判官や弁護士は、たとえ開廷中であって、その職務に直接関わっている時間内であっても、日々の残りの時間を過ごしている集団から排除され切り離されているとは、まったく感じていない。実際に、そこを離れていてもその集団の成員として考えたり振る舞ったりするし、その集団で人々が下す判断や、評価する資質や、関心を抱く人物や行為や事実を思い起こしたりするのだが、そのためには、その集団が現実に目の前にある必要は必ずしもない。したがって、目に見えない形で、技術的な活動と思考の総体と見なされている職務が、技術的ではない、純粋に社会的な活動や思考の世界のなかに浸っているのである。

公的な職務の担い手の真の役割は、職業の外に存在する社会生活の全体を、技術的組織のなかに浸透させることにあるということかもしれない。それ以外のことは、その活動のなかのごく小さな部分、きわめて容易な部分を示すにすぎず、そこでは、部下たちによって十分に仕事を補ってもらうことができるだろう。裁判官や弁護士は、同じような地位にあるすべての担い手たちと同様に、例外的状況のなかでだけ、すなわち、既成の技術的枠組みのなかには容易に収まらない出来事が示されたときにだけ、その人ならではの力量を発揮することを求められる。実際のところ、技術は、一般的な規則しか提示しない。それは「個々の人格」には関わらないのである。技術的で一般的な概念と、人格的で社会的な概念という二種類の概念のあいだで、柔軟かつ的確に動くのは職務の担い手の努めである。このとき、人々が集団を形成し、関係を結び、その人格的な特性に従って序列化された結果、その集団の成員たちの見方のなかで、それぞれが、他の誰もその場所に立つことができないような固有の位置を占めるのは、(家族や社交の世界といった)社会のなかでのことなのだ。そうした社会のなかで、人々は、行動や言葉や性格を人格的な側面から把握し、評価することを学び、その価値を識別し、それについて考えをめぐらせるためのかなり複雑な規則を見いだす。これらの社会環境の役割は、まさに、ありとあらゆる手段によって、すなわち、家族の教育や伝統によって、社交の集まりのなかでの会話や知的・感情的関係、さまざまな時代や地域や社会生活の領域からとってこられた観念や経験の交錯によって、さらには教養を身に付け、読書する人々の集団のなかでの演劇や文学によって、こうした評価を保ち、こうした精神を維持することにある。

もちろんこの時点ではもう、旧体制期の貴族社会のなかにあった、その存在自体がある階級の歴史の要約でもあるような称号や序列関係は、見いだされなくなっている。しかし、ある家族をそれ以外の家族よりも上位に位置づけるような資質が血統を通じて伝達されるということが、今日ではもうかつてほど強く信じられていないとしても、世評はまだこの評価体系を考慮に入れている。経済生活の大きな変化をこうむらないままになっている地方の都市では、とりわけ十九世紀の初頭には、かなり限定的で安定的なブルジョア社会が存続していて、ブルジョアの評価の様式は貴族の判断の仕方を模倣していたし、またいまでも模倣している。人々は家族の歴史を想起し、その威信は血筋の古さや婚姻関係などによって決定される。近代の大都市では、多数の、しばしば非常に多様で、互いに隔たった出自を有する人々が関係を結んでいるので、「社会」がそのようにたくさんの家系を記憶のなかにとどめることが、次第に難しくなってきている。それでも、古くからの貴族の身分を引き継ぎ、称号への敬意が保たれているような集団や、限られた人々しか入ることができない関係や婚姻を結んだり、ずばぬけて豊かな財産を手にしたり、ある機会に乗じて名声を獲得したりして、新しい貴族階級の萌芽になりつつある集団に出会うことがある。しかし、一般的には、ありとあらゆる種類の財産の供給によって成長していくブルジョアジーは、このようにしてみずからのなかに序列関係を定着させていく力、すなわちその後に続く何世代もがそのなかに位置づけられていく枠組みを固定する力を失ってきた。ブルジョア階級の集合的記憶は、広く人々に共有されていったが、(想起されるものの古さという意味での)深さを失ってきた。とはいえ、家族はまだその社会的外観、すなわちその職務と富に応じて評価されている。それは、社会関係が重層化し社会意識が強化される領域にしっかりと入り込むための資格を、その職務が与え、さらにはまた、その富が彼らのもとで増大し、その集団が最も高い価値を置いている欲求を充足することを可能にするからである。こうした状況が確立するには、すなわち人々がそれを広く認めるには、一定の時間が必要なので、今日の社会にもまた、一定の時間的持続を背後に有している社会的序列《ヒエラルキー》が存在している。その序列を認識または承認し、その評価様式に伴う精神的習慣と事実認識(それはごく最近の伝統にすぎないが、それでも伝統であることに変わりはない)を身に付けなければならない。今日の社会でも、一部の家族がみずからを他の家族から区別するような威信を享受していると言うことができる。ただし、その威信は一般に、かなり最近の時代に生まれたものにすぎず、それだけに、それぞれの家族は想起することができるのだが、同時に自分たちのもともとの身分のあやしさもまた覚えているのであり、自分たちがもとの身分に再び落ちてしまうかもしれないということを、その家族も他の人々も知っているのである。

この点で、本書が社会的思考をこうした評価体系に還元しているからといって、それについてきわめて貧しい考え方をしているという非難を向けないでいただきたい。本書がそのような還元をおこなっているのではないということはまたのちに見ることにするが、かつての貴族階級の称号の記憶と同様に、今日の社会的状況のなかでの職務や財についての記憶もまた、社会がその成員に対して下す判断の土台にあるということは、認めるべきである。しかしそれは、職務の技術的な側面に結び付いているのでも、財の物質的側面に結び付いているのでもない。

裁判官、判事、控訴院長。実際のところこれらの名称は、人々がそれをサロンで聞くか、法廷で聞くかによって、非常に異なる観念やイメージを呼び起こす。裁判に関わる人々やその傍聴人にとって、たしかにそれは社会的権威だが、実務的で没人格的な権威である。それは、職務を遂行する担い手である。人々は、その人柄よりも身に着けている衣装に関心を払う。その人が長くその席を占めていても、その人の過去については問われることはない。それは、裁判所の他の構成員、従位の書記、被告、弁護士、傍聴人との関係によって規定される、純粋に技術的な関係の中心であり、昨日も今日も同じように構成できると思われる機構の一部である。そうしたものの一切が、一人の人間、つまりその人柄や出自や社交の環境を覆い隠している。これとは反対に、社交の場を共有する人々にとってそれは、長い歴史をもつような、または非常に古いものを含んでいるような、さまざまな種類の思い出を反映している社会的権威である。そこには、大多数の司法官、すなわち自分たちが日頃から付き合っていて、姻戚関係にあるような人々の出自の世界に対する感情がある。彼らは、自分たちと面識がある特定の人間たちであり、その姿や振る舞いにはなじみがあり、そのために同じ世界の人間にとっては、この職業は人格化されているのである。したがって、一人ひとりのなかには、直接にであれ、伝聞を通してであれ、あるいは単に歴史や書物を通じてであれ、自分の知っている司法官のそれぞれが、それぞれのやり方で体現し、その構成に寄与しているような、一種の性格やある種の道徳性の観念が浸透している。それは、人格的であると同時に社会的な資質についての観念である。人格的であると言うのは、すべての人がそれを有しているわけではなく、またそれを有している人々も同じ程度にそうした資質をもっているというわけではないからであり、社会的であると言うのは、社会がそれを了解し評価するからであり、またそれらの資質が社会によって決められた形式のなかでしか表されえないからである。おそらく私たちは、その形式については気にかけていない。それは、資質が示される機会であるにすぎないので、その資質だけを考慮に入れる。そのため、自分が社交の場で出会い、会話し、ともにテーブルを囲んだ司法官のなかに、私たちはその才能や人間経験や洞察力や厳粛さなどによって価値づけられるべき人格を見いだすのである。そのようにして判断を下すなかで、往々にして間違えることがある。どんな時代の、どんな社会でも、ある職務について、それを担う人に何らかの人格的資質を想定させるような評価がなされるということがやはり起こっている。人はその生来の（あるいは、遺伝的な）能力によって職務を担うのだという古くからの思い込みによって、私たちは、裁判官は誰もがそうした資質を有しているのだと見なしてしまうのであり、それが歴史のなかで司法官全体を際立たせてきたのである。そして、司法官自身も同様に判断し、自分を評価するのである。ともあれ、そうした資質は、職務の担い手としての価値と同時に、社会的人格としての価値を表している。したがって、社会がその成員のなかの一人の職務を評価するときには、その職務そのものだけでなく、その前提として想定されている資質に社会の関心が向けられている。社会は、その人間の職務だけでなく、家族や社交の場での生活についても評価し、資質を認めるからである。かつての貴族階級では、称号と職務が区別されていたのに対し、今日の社会では、職務が一面では技術的活動を体現し、他面では職業外の社会的評価を伴う資質を体現している。その意味で、職務はある部分で称号と等価である。だが、社会がその資質の概念を引き出してくるとしたら、それは伝統から以外にはありえないのではないだろうか。

同様に、公証人が監査の対象とする財産は一つの要素であり、ある生活形態、つまり顕示的消費のある水準に対応する社会的地位は、また別の要素である。富の不平等、とりわけ同じ階級の人々からなる集団の内部でのそれや、利害をめぐる争いは、人々を近づけるのではなく、むしろ対立させる。とはいえ、それぞれが所有している金銭の額だけを取り上げていたのでは、観念や社会的評価を基礎づけうるだけのものをまったく見いだせないだろう。みずからの所有物と不可分のものと見なされると、人々はさまざまな財産と一体になる。ある富裕者の所有する土地を見て回り、その家の前に立ち止まり、その人の資産額を計算するとき、その力を誇示するかのような景観に心を打たれるとすれば、それは、それら一切の背後に、それを所有する人の姿を思い描いているからである。富のなかには、力の原理が存在する。しかし、その力は物質的財のなかにではなく、それらの財を獲得したり保有したりしている者の人格のなかにある。もしも富裕者とその財のあいだに偶然の関係しかなかったなら、もしも富裕者はそれに値するだけの資格を有しているために豊かなのだと見なされなかったならば、社会(ここでは相変わらず、人と財産の関係ではなく、人と人との関係だけに関心が向けられるような、一切の技術的で営利的な活動から無縁な集まりを意味することにしよう)は、人物を評価する際に富に注目することはなかっただろう。

人物が最も大事だと見なされていること、所有される財は所有する人の人格的資質のしるしであり、可視的な表れであるということ、所有権は称号そのものに立脚しているのだということ。これらは、封土や位階の叙任や、貴族である者とない者の土地の区別[19]、生者または死者からの財の委譲のルールを見たとき、貴族社会のなかに現れてくるものである。そのためにまた、長いあいだ(フランスでは)貴族は営利的・商業的・産業的職業を避けてきた。そこでは、職務が人を富裕化させることが、あまりにも明らかだからである。資産は、その出どころがはっきりとわかっていて、あまりにも容易に説明がついてしまうようだと、その威信の一部分を失うことになる。自分がどのようにして金持ちになったのかを説明する富裕者は、良家に育った人々を不快にさせる。つまりそのような人物は、その説明として、まったく神秘的なところがない労働や策略を示してしまい、それによって豊かさの価値をおとしめてしまうのである。それは、宗教家に対して、伝説はかなり単純な集団心理のはたらきによってこのように作られているのだとか、聖人はこのように作り出されているのだとかといった説明をしようとするのと同じような、顰蹙《ひんしゅく》を引き起こす。財産(fortune)という言葉〔運、めぐりあわせ、という意味もある〕は、その語源的意味の一部をとどめている。すなわち、財産を有する者は運に恵まれた者として現れなければならないのである。ただしそれは、その富のためではなく、その人がいい星のもとに生まれ、生まれながらにして例外的資質を備えているためであり、大衆の意識のなかでは、その生まれつきの資質が富裕な人々を他の人々から区別し、彼らを富へと引き寄せているのだと見なされている。たしかに、現実の経験のなかでは、何の前触れもなく、その他の点は変わるところがないのに、富裕者が富を失い、貧者が金持ちになることがあると認めざるをえない。しかし、その場合でも人は、富を失った富裕者に対しては、その繁栄のなかで彼らに払われていた敬意の少なくとも一部分をとどめている。かつての財産についての思い出が、彼らを包み込んでいるのである。財産が減ってしまったからといって、彼らの信用までもが損なわれるわけではない世界に、彼らはとどまっている。したがって、富裕者に認められていた資質が、その富とともに失われてしまうわけではない。それは、貴族としての資質が称号の廃棄のあとも存続しているのと同様である。そして、あまりにも急速に、あるいはあまりにもわかりやすい手段で財産を獲得した人々、成り上がり者や新参の富裕者たちは、それと同じ程度の財産を、しかしずっと古くから所有している人々の階級のなかで認められるだけの資格を、まったく有していないように見える。宗教の世界で、もはや奇跡を起こさない聖人がいる一方で、偽の奇跡を起こす者がいるのと同様である。

したがって財産は、経済的な意味では、ただちに価値を有し、数日のうちに、株の投資では数時間のうちに、賭けごとの場では数秒のうちに、築かれたり損なわれたりするのだが、社会的な意味では、一定の時間を経たあとになってはじめて価値を有し、人々がそれを尊重するようになるのである。つまり、世論が富の背後にあると想定する資質については、その所有者の称号を作り出したり金庫の中身をさらけ出したりすることで、ある時点でそれを証明しようとしても、それは認められないだろうし、ふさわしくもないだろう（さらに言えば、それは不可能である）。しかも、この点に関しては、社会のさまざまな階層ごとに要求水準が異なっている。一般の人は、わずかな時間や努力しか要しない、比較的容易な証明で満足する。たとえば、着ている服の仕立てとか、ある種の覚悟や自足感を示すような全体的な振る舞いとか、他の人が立ち入れないようなある種の公共の場に出入りしているとか、ある種の移動手段の利用などが、そうである。社交界の集まりに少しでも交わるような場所では、人々はその身のこなし、居ずまい、話し方、会話の仕方によって互いを評価するだろう。これらの点について、その集団のなかで認められているルールに従って難なく振る舞うようになるには、より多くの時間や機会や学習、さらには経験が必要である。しかも、より多くの修練を必要とし、より強く人々の記憶に刻まれるような他の方法によって自分の存在感を示しうる社会のなかでは、人々は、実際にあまり時間を要しないようなものに対してはそれほどの重要性を認めないだろうし、どうでもいいと思われる振る舞いは無視してしまうだろう。人々がより頻繁かつ親密に出会っている、さらに狭い世界のなかでは、お互いに相手や家族のことをわかっていて、それぞれに対して何を負っているのか、集団全体が一致してその人や家族のおかげだと評価しているものは何であるかを知っていることが、示されなければならない。お互いのことがよく知られている場面では、富裕者にもある種の粗暴な振る舞い方、さらには無礼で粗野な行動が許されてしまうだろうが、そうした振る舞いは、その人が慣習をあえて無視しているのではないとすれば、他の場面ではしばしば、出自の低さのしるしと見なされたり、あるいはそうではないかという疑念を与えたりするだろう。ただし、そうした慣習は、新しい人が入ってくるたびに、また新しい状況が生まれるたびに成立すると言ってもいいものであり、また、その一つひとつが、その集団のなかでしか保持されていないしばしばたくさんの思い出に立脚しているものなので、さらに微妙なものになるのである。したがって、社交界の人間の振る舞い方、趣味、礼儀、気品は、人々がより長い時間にわたって互いを見ているために、それぞれの人の人柄が一層よく知られているような社会の領域に入っていけばいくほど、形を変えていき、ますます繊細なものになっていくのである。

しかし、こうした慣習は何に基礎づけられているのだろうか。その記憶内容、その歴史とはどのようなものなのか。人々が富の背後に想定する資質を明らかに示している人物とはどのような人たちなのか。その一方で、産業家や財政家の能力は（社交の場から見たとき）社会の関心に触れるものなのだろうか。さらにはまた、遺産として相続され、事業家たちによって管理される財産は、それを保有する人の活動や能力をまったく必要としないことも、多々あるのではないだろうか。

ここで、社会が人間をその職業によって区別する様式について述べた箇所で示した区分を思い起こしてみよう。その際、社会は職業的資質を社会の視点から評価すると論じたが、その視点とは、技術に関するものではなく、伝統に関する視点であり、社会はそれらの資質を、みずからの関心に触れる視角から検討するのであると述べた。営利に関する資質についても同様だろうか。当然の推測として、そうでないわけがあるだろうか、と答えることができる。

相続による既得の財産というものが存在せず、そのかわり、つらい努力を続けることができる人々に財産をなす多くの機会が与えられるような社会を想定してみよう。実際に、ある国のある時代のある階級に関しては、そのような社会が存在した。たとえば、十六世紀のイギリスの商人や職人階層、あるいは、長きにわたる植民と拡大の時代のアメリカはそうであった。こうした社会のなかでは、営利的職業に向けられる自己放棄の精神が、同時に教養にあふれたものとして、それ自体で評価されるものでもありえたのだ。社会学者たちは、大規模産業と資本主義はまずはじめにプロテスタントの国々に現れ、成長していったことを、見過ごすことなく指摘してきた。それは、ある人たちが考えたように、これらの国々では、人口の大半、少なくとも礎を築いた層の人々が、他の人種よりも精力的で積極的（より、実務的〔matter of fact〕）なアングロ・サクソン人種に属していたからだろうか[20]。それとも、それらの国の住人が先人たちに追随し、プロテスタンティズムの道徳的・宗教的教義に忠実であり続け、それが彼らに努力のための努力を愛することを教え、ピューリタンとしての活動が宗教の領域で成し遂げたことを、資本主義的活動として経済の領域のなかで再現することになったからだろうか[21]。

ある種の民族的傾向が、ある種の宗教的態度として、おそらく、休みなく自発的に労働する生活の素地をなしている。倹約、実直、簡素といった、古代の社会や道徳が知らなかった美徳は、おそらく、ピューリタンのアングロ・サクソン社会の刻印を受けている。それらの美徳は、社会的価値の階梯の最上位に上ったときから、商業実践のいささか俗っぽい資質とは見なされなくなる。仕事の外に持ち出され、家族関係や友人関係のなかに位置づけられ、人々がもはや稼ぐために働いているのではない時間に会計台や会社の外で結んでいるさまざまな関係領域のなかに置かれると、それらの美徳は地位のヒエラルキーを基礎づけるものになりうる。そうなれば、人は一定の富を得たことによって、ある階級の一員になり、多少なりともその階級の成員たちから敬意を払われるようになるだろう。おそらくその富は、この種の社会では唯一豊かになることを可能にしてくれるような資質が、自分たちのなかにあることを保証している。しかし人々は、この資質を、その商業的あるいは職人的形態からは切り離して考えようとするだろう。人々が大事に思うのは、それがもたらす金銭よりもむしろ、そこに想定される道徳的で社会的な長所なのである。豊かな階級のなかには、それ以外の階級に比べて、より強い自己制御の力、自己犠牲の精神、行動と思想を一致させるより確かな性向、実直さと誠実さについてのより鋭敏な感覚、交友関係のなかで示されるより大きな忠誠心と忠実さ、よりたしかに根を下ろした家族的美徳、より一層非の打ちどころがない清廉な生活習慣が見いだされることを、誰もが認めることだろう。そこでは、貧困は道徳性の欠如と等価になり、貧者に関する法は物乞いを犯罪者として扱うようになる。集合的記憶のなかに保たれたこうした考え方は、富裕者の美徳についての経験、あるいは少なくともその美徳の表現に基礎づけられることだろう。そこには、想像力に強く訴えかける有徳な人物や行為の、また同時に、公の場や家族や友人の集まり、新聞や文学のなかで絶えず語られ、再発見されていく説教や教えの反映と反響が見いだされるだろう。こうしたブルジョア的でピューリタン的な道徳が他の道徳と闘わなければならなかった時代、それを維持し勝利させるために自然の摂理に反するほどの英雄的態度と努力が必要だった時代は、より深い印象を与える思い出を残すことになるだろう。人格を形成するうえで、あるいはそれを作り変えるうえで、その道徳が当時及ぼした強力な作用は、こわばった振る舞いや、口うるさい説教、さらにはまた規則的でもったいぶった考え方のなかに現れていたと言える。こうした社会の理想の形とは、一種の家父長的資本主義であり、そこでは、富裕な産業・商業階級が、貧者を道徳的に教育し、その階級がみずからの道徳の前面に押し出している美徳、すなわち倹約、節制、労働への愛を、貧者に教えようとするのである。実際には、貧者は、貧しいからといって、生まれつきこうした資質をもっていないわけではない。貧者の階級のなかには、ブルジョア階級の道徳を代替するような道徳的伝統が存在していないのだ。したがって、模範は上流の階級からもたらされざるをえない。そこには、新たな称号に基づいて新たな貴族階級を構成するのだという自負があったが、そのすべてが何も生み出さずに終わったわけではない。ここで重要なことは、中世の終わり頃から、都市の職人や商人のあいだで、新たな道徳が形成されたということである。職業道徳家たちは、そのたくさんの例示を探し求めていくことになるのだが、それは一つの歴史的事実なのである。この道徳に関するさまざまな概念は、実際のところ、産業的・商業的階級の歴史のなかにその起源を見いだすことになるだろう。現在でも、この種の美徳について考えるときには、記憶を介して、最初にこれを説き、実践した人々のことを参照する。今日でもなお富に結び付いている威信は、ある部分で、美徳の近代的概念が富裕階級のなかで形成され、その階級のなかに、最初の、最も記憶されるべき模範を見いだすことができるという感覚によって説明される。経済的状況が変わっても、それぞれの個人が、それぞれの家長が、自分一人の努力によってだけ富裕者になることができた時代の伝統が生き残っているのである。

こうした考え方は、人間の権利と個人の尊厳や自立に関する自由主義的な原理と同様に、商人や職人によって、貴族の出自に基礎づけられている富についての封建的観念、血筋の権利と称号の優位性の原理に対置されるものだが、おそらくそれは、この考え方がもはや現実には対応しなくなったときになって、特に、人が社会的収入〔社会的評判や名声〕を利用できればそれだけ富を得ることができるようになった時代になってはじめて、支配的なものになりえたのである。[22] しかし、家父長主義的な美徳と富裕者の道徳的原理に対する信仰は、あまりにも長いあいだ産業・商業階級の集合的記憶のなかに掲げられてきたので、非常に多くの経験に対応する一つの記憶(un souvenir)となっていて、そのために、社会の近代的意識のなかである役割を演じざるをえなくなっている。そのような信仰は、のちに富を得たことで貧しい時代の努力の積み重ねが報われた人や家族が教訓的な事例になり、これによってしばしば強化されていく。そのうえに、出自に対する敬意に基礎づけられる以上に強固なものとして、富の威信が打ち立てられ、それだけますます、家族の教育を介して、富裕者の美徳が伝承されうるものになり、したがってその子孫たちの特権がより合理的な形で説明されていくのである。結局のところ、あまりにも短時間のうちに、あまりにも容易に財産を獲得することは道徳的な退廃をもたらすという事例が語られ、道徳家が富は人間を腐敗させると訴えるとしても、一部の富裕者はやはり、収支の計算と同じだけの正確さをもって善行と悪行の出納簿を保ち、仕事をするなかで自分のなかに培われた義務の感覚を私生活のなかに、つまりは社会生活のなかに持ち込んでいくタイプの商人を具現化している。

人々が財産に敬意を抱くのは、その所有者が何者であれ、物質的財の大きさに対してではなく、その財を保有し、自分自身の財を少なからず自分で生み出したと見なされている所有者に想定される美点に対してなのである。人々が社会的価値に対するのと同様に富に対して頭を垂れるとすれば、財産の階梯の背後に人格的美点の階梯が存在し、それはおおよそのところ財産の多寡に対応しているはずだからである。ところで、財からその所有者を、財の量からその資質を区別するもの、それは、財とその量が現時点で与えられ、全体として計ることができるのに対し、所有者とその資質は、時間的な流れのなかを生き、発展しているので、社会は、それらを十分に認識し、長いあいだにわたって観察し、それらが社会の記憶のなかに刻み込まれてはじめて、それらを評価しうるという点にある。そのため、フランス革命までの封建社会では、人々は貴族の特権に敬意を表していた。特権の背後には称号があり、称号（一連の集合的な思い出の等価物である）が人格の価値を保証しているからである。商業的・職人的ブルジョアジーが成功して財産を手にしても、こうした称号に頼ることはできない。しかし、それらの職業の遂行や職業での成功は、その本質部分を結局は学習し習得することができるような技術的能力や知識だけでなく、その人格に固有の人間的資質を要求していて、ある階級はそうした資質を一種の社会的な鍛錬によって強化し、その成員に伝えていくことができるのである。その体制のもとで、同業組合の枠組みのなかでそれらの美徳は定義され、すぐにも伝統的なものとなり、この新しい道徳上の規準に従って人を評価する習慣が身に付いていく。人々はいまや、富を築くためには欠かせないものであるように思われる精力的な勤労、実直、倹約の資質に対する敬意ゆえに、財産を前にして頭を垂れる。たしかに、急速に経済的状況は変わり、数多くのブルジョアが、単に遺産によって、器用さによって、または幸運によって富裕者になる。しかし、古い考え方は存続する。おそらく、その考え方がいまもなお多くの場合に事実と合致しているからであり、またおそらく部分的には、富裕階級がそこにみずからの豊かさについての、最も都合がいい正当化の術を見いだすからである。ブルジョアの財産を相続する者たちは、教育と環境の影響によって、財産とともにブルジョア的美徳を獲得するのだと、誰もが認めている。とはいえ、人が何事かを成し遂げるとき、どの部分が器用さで、どの部分が努力によるものなのかを見分けるのは容易ではない。その人の慎重な姿勢は器用さによるものなのか、それとも美徳ゆえのものなのか。実直さはときに最善の器用さなのだから、より高い視点から見れば、その双方は区別できないと考えられがちである。典型的な商人の土壌から生まれた功利主義の道徳は、生活上の行動に商業的収支の規準を適用しようとするので、商業活動を道徳的に正当化する以外の目的を有していない。リスクそのものがこの美徳の枠組みのなかに含まれている。その枠組みは、犠牲と無私の努力を前提に置くものだからである。[23]どんな時代にも、他の何にもまして人々が危険を冒しておこなう仕事が存在していた。そしておそらく、初期の同業組合は、盗賊や山賊がはびこる国々を渡り歩いていた冒険的商人の巡回団のなかから生まれたものである。[24]利害に関する近代的な考え方は、努力と同じ資格で、または消費の抑制と同じ資格で、リスクは報酬に値するものであることを認めている。実際に、ここかしこに自己犠牲と禁欲の要素が見いだされるのである。いずれにせよ、人々は、必要に応じて物語化を施すことを条件として、称号とは言わないまでも、少なくとも実質的にそれに値するものを保持することに成功してきたのである。社会は、富裕者の人格に敬意を抱くので、富に敬意を抱く。社会は、そこに想定する道徳的資質ゆえに、富裕者の人格に敬意を抱くのである。

ただし、ここで定義した富裕者の類型とは早くから区別されてきたもう一つの類型がある。すでに中世には、同業組合が都市のなかの商売と産業を規制していたが、同業組合は、さまざまな町の市場を結び付けることに従事していた都市外の人々には、自分たちの習慣や道徳をそのまま押し付けることはできなかった。そして、近代的な国民経済のなかで、新たな商業と産業の形態に移行していったとき、二つのカテゴリーの対立、すなわち

〔都市のなかで働く〕商売人や産業家と、〔都市と都市を結び付ける〕通商家との対立が強まっていったのである。

どの時代にも、営利活動には伝統的と呼べるものと、現代的と呼べるものが存在する。特に、経済変動の時代には常に、新たな方法によって富を得た新しいブルジョア階層が勃興してくる。近い過去の社会状態に対応しているとはいえ、やはり時代遅れとなった伝統にあまりにも強く縛られている富裕階級は、富の生産の領域で、また別の精神を備えた人々、すなわち現時点での状況に適応する術を知る人々に、その座を譲らなければならない。しかし、他方で、多少なりとも発展した社会ではどこでも、生産者と商人の活動が長いあいだ固定された枠組みのなかで展開される領域と、不安定であることが常態化している別の領域、すなわち証券や金融の世界、新しい産業や商業、あるいは古い産業の新しい結集や連合の形式が、区別される。言い換えれば、経済的な職務のなかには、その他の職務を関係づけ、その均衡を保つことに貢献する仕事がある（しかもそれは、社会が複雑化するにつれてますます大きな役割を演じるようになる）。こうした職域では、一時的な不均衡を利することによってしか、富を築くことができない。その不均衡のときを正確に捉え、それを利用する決断力が必要なのである。

こうした新たな富裕者の登場に対して、古くからの富裕者はかなり複雑な感情を抱く。それまで富を説明し正当化していたもの、その富の背後に人々が認めていたもの、それは序列や労働、商業的誠実さや商人的堅実さに関する習慣だった。商人や産業家は、古くから知られている職業に従事し、同業者たちが築いてきた伝統的な決まりごとに従っていた。しかし、先にあげたような新しい活動は古くからの職業の枠組みには収まらず、それをおこなっている人々はいかなる伝統にも依拠していないように見える。彼らは冒険的投企を恐れず、収益が努力とどう関係しているのかがわからない。彼らは、自分が関わっている商業や産業や事業一般の本質に関して無関心であるように見えるのである。彼らにとって重要なことは、そこに自分たちの資本を投じる企業なり会社なりが、財務的に組織されること、すなわちさらなる金銭をもたらすことである。彼らの思考は、そのメカニズムを理解し、収益を計算するのに必要なかぎりで、その活動に結び付いているのだが、それによって何かを刻印されそれを保ち続けるほどには、その活動にコミットし執着するにはいたらない。彼らが現時点の状況に素早く適応するのは、古い状況で経験したことによって遮られたり妨げられたりしないからであり、自分が参入したばかりの社会の生活をこれまでに経験してこなかったからである。これに対して、これまでに見てきたように、ブルジョア階級はかなり狭い道徳的な考え方に従って自分自身を、またみずからの成員を区分してきた。そこには階級の欺瞞やエゴイズムも含まれているが、それでもやはりブルジョア階級にとって、それは道徳性なのである。しかし、新しいブルジョアたちには、古いブルジョア階級が身に付けて評価してきた資質が欠落しているうえに、これに対立する資質が現れているので、古いブルジョア階級は彼らのなかに一種の不道徳にほかならないものを見てしまうのである。

こうした漠然とした感情から、かつてのブルジョア階級はしばしば、新しい富の獲得様式と、それを実践する人々を非難してきた。しかし同時に、とりわけ隣人たちとうまくやっていかなければならなくなって以降、そうした新しいタイプの営利活動と、それに伴う習慣や習俗や社会的信念を、自分たちには関わりがないものとして放っておくわけにはいかなくなった。こうした新しいタイプの人々が社会的な本性を、つまりは集合生活から借り受けた伝統や傾向を有しているということに、どうして異議を唱えることができるだろうか。彼らも富を生み出し、さまざまな方法で、社会的な形をとって、それを社会のなかで使っているのである。同業組合から排除されたこの時代のユダヤ人たちが、古物商の役割を担ったり、当時の商人たちの道徳観からすれば非難されるような条件で金貸し業を営んだり、他の者たちよりも安値で物を売ってより多くの収益を上げたりしたとき、人々は彼らの寄生的なやり方や不道徳性を非難することができた。経済的視点から見れば、彼らは（少なくとも外見上は）どのような富も産出していなかった。その卑しくあさましいものと見なされた生き方によって、当時の社会のなかに根を下ろしていない彼らの信念によって、たとえ人々が社会のなかにその存在を認めていたとしても、彼らは否定的な作用、破壊と解体の作用ばかりを及ぼしかねなかったのであり、そのうえ人々は、どのような点で彼らが社会を豊かにしうるのかを理解することができなかった。しかし、都市の職人的な経済から、資本主義的な産業、国民経済へと移行し、金融取引がより大きな規模をもつようになると、この変化のなかで彼らの出発点をなしていた富は、単なる寄生的な活動と結び付くものではなくなっていった。仮にその新たな方法を批判することができたとしても、彼らなりのやり方で、さらなる生産をもたらし、より多くの欲求に応え、より多くの時間と労力を節約できるということに異論を唱えようがなかった。他方、その新たな考え方や習俗に批判を加えるとしても、それが習俗であり、考え方であるということ、言い換えれば、ある社会がこれを採用し、その階級自体がこれをみずからのものとしうるような思考と行動の様式であるということは、否定できなかった。こうなればもはや、こうした方法や考え方や習俗を導入する人々のことを、伝統なき人々と考えることは困難になる。しかし、彼らはどこでその性向や嗜好を獲得したのだろうか。それは旧来のブルジョア階級のなかではありえなかった。というのも、その経済組織や生活様式はまったくこれに反するものだったのだから。したがってそれは、それ以外の社会のなかでのことであった。

実際のところ、この人々が古いブルジョア階級の伝統と疎遠だったからといって、また彼らの関心が常に現時点の社会状態と最も新しい欲求や生産様式に向けられているからといって、彼らがまったく過去に立脚していないと考え、彼らとともに人々は一切の集合的記憶がもはや介在することがない社会活動の領域または水準に達したのだと見なすとすれば、間違いを犯すことになるだろう。それは、古いブルジョア階級の集合的記憶を、ある限られた範囲で問題にするかぎりで真実であるにすぎない。まず第一に、ブルジョアあるいはブルジョア志願者からなるこの進歩的な階級のなかには、新しい人々とともに、現代的な事業や思想の運動に加わりたいと願う、古いブルジョア階級の成員の末裔たちが含まれている。彼らの伝統の一部は、彼らとともに、この新しい思考様式のなかに浸透し、現代的な思考が古い文化に融合しうるような形で、古い枠組みの一部分が拡張され改善されて存続したり、新しい枠組みが部分的に伝統的な要素から作られたりということが起こっている。

しかし、何よりも、保守的なブルジョアたちは、ある社会またはある階級のなかにある時点で導入された生産の方法や考え方や習慣の新しさは外見上だけのものであって、それは隣接する社会や階級のなかにずっと存在し、発展してきたものであり、それらもまた伝統に、ただし他の集団の伝統に立脚しているということを認識していない。社会は、さまざまな部分間の序列や関係を変更するか、全体的にであれ部分的にであれ隣接する他の社会と融合するかしてみずからの構造を再編することなしには、新しい状況にうまく適応することができない。ブルジョア階級の集合的記憶は、はじめて提起された問いに対する答えを持ち合わせていないし、答えをもたらしうる状態にない場合が多い。個人は、みずからの記憶のなかに、自分を困らせているのと同等または類似の事例についての思い出を見いださなかった場合には、自分の周囲の人々に意見を求めるだろうし、さもなければ、自分の記憶をあてにすることをやめ、理性をはたらかせようとするだろう。社会も同じようにする。他の集団、または他の集団と最も頻繁に接触している成員に意見を求める。つまり、他の集合的記憶を参照するのである。このようにして、産業や商業を革新する新しい方法の多くは、外部からその社会へと導入される。最新の技術は、実用よりも研究に関心を寄せる学者や技術者と関係をもっている産業家や、商人との付き合いによって大胆な振舞いを身に付けてきた産業家たちによって発見される。ある分野の産業が別分野の産業から着想を得ることもある。国は他国から考え方を借り受ける。現代の資本主義は、産業と商業のなかに金融的手法が浸透していく点にその本質があるのかもしれない。そこでは、職人や商人の伝統からは現代の産業的条件にどのように適応すべきかについての指針は示されず、金融と産業を媒介し、双方の伝統と方法を結び合わせている、銀行家をはじめとする人々の経験が頼りにされている。だが、それ以外にどのようなあり方が可能だろうか。古い習慣に支配されていた社会のなかから、以前のものとはまったく異なる新しい習慣がどうしたら生まれうるだろうか。そして、そのような意味でなされうる必然的に個人的な試みが、一定の期間抑圧されずにいることなど、ありうるだろうか。こうした経験は、また別の次元、いわば別の考え方に従って準備されなければならず、そこに新たな社会的潮流が自由に描き出されていくしかなかったのである。そして、社会は、自分からは何一つ変えようとしていない領域に対して新たな考え方や方法を適用しうることにすぐには気づかず、限られた範囲の人々のあいだでそうした考え方や方法が練り上げられていくのに任せてしまう。その人々の活動が自分たちの活動からはあまりにもかけ離れたものであるように見えるので、その実例が広まっていっても、社会はそれを脅威とは感じないのである。

この新しい富裕者たちが、消費と奢侈、さらには文化の領域に、彼らに財をなさしめたものと同じ活動的な力をもたらしているのだということを、ここで確認しておこう。産業と商業のなかに、すでに古い富裕者によって取得されている古い地位を見いだすのと同様に、彼らは社交界のなかでもすでに何者かが取得している古い身分を発見する。いずれの領域でも、彼らの立脚点は現在のなかにあるように見えるかもしれない。彼らは、過去には存在しなかった、あるいはそのままの形では存在しなかった事業を開発する。同様に、彼らは社交の場のなかにも、それがごく最近に生まれたものであるために伝統という形をとりえなかったような生き方や考え方に基づく、社会的卓越性を呼び込んでいく。つまり、状況が彼らに、富裕者の集団のなかの思考や習俗の展開を加速させていくことを求め、同時に彼らがもっている技量がその実現を可能にしていくのである。何よりも、利害の対象になる事物を可能なかぎり増殖させ更新していくことに関心を向けるような社会では、すぐにもその状況に適応し、みずからの模範をもって他の人々の適応を助けるような者たちが、誰よりも評価されることになるだろう。しかし、ある種の領域でのある種の優越性、芸術や文学といった種類の活動に対する持続的で特異な関心は、彼らにはまったく要求されないだろう。優れた学者や天才的芸術家も、有名なボクサーや映画「スター」も、理論や才能の表現形式、試合成績や映画のモチーフを通して、一時的に公衆の関心を引き付けることができるだろう。しかし、社会がこうした人々を高く評価するのは、何よりもまず、次々と新たな人物が登場して表面的な好奇心を満たしてくれるからであり、彼らの多様性そのものが社会的関心の領域を果てしなく広げてくれるからであり、たくさんの才能が現れることで、社会の成員は器械体操を見るときのように次々と難しい技に出会い、それによって社会生活のリズムがますます加速していくからである。とはいえ、この点に関しても、新しいブルジョアは、このような社会が下す評価の基準では高い位置に置かれることになるだろう。実際に新しいブルジョアは、投資と事業の領域で新しいことにしか興味をもたないので、アイデアやニーズ、趣味や流行の領域でも新しいものにしか魅力を感じないのである。したがって、富の背後にある社会的優越性の称号として人々が評価するものも、かつての富裕者に認められていたような道徳的資質ではなく、新たな富裕者を性格づける機動性と柔軟性の気風なのである。

しかし、以上の考察はおそらく、現代社会についても新参の富裕者についても、いささか外在的で形式的な視点からなされている。伝統主義者が不安を覚えているのは、常に新しいものを求めてやまない好奇心や熱に浮かされた活動だが、それは現状に対する不全感のしるしにほかならない。社会は、過去の状態に合わせて作られた制度や考え方に気まずさや息苦しさを感じている。現代の進歩的な富裕者の世代が現在にしか興味をもたず、社会が自分の前に次々と、あるいは同時にいくつも開いてくれる扉があれば、そこに向かってやみくもに進んでいくのだというのは、正しくない。そうではなく、これまでに見てきたように、彼らが従っている集団的衝動は、往々にして遠い過去に由来し、十分に明確な意味を授けられたものなのである。

古いブルジョア階級が、自分たちのそれと同程度に持続的で洗練された伝統をもっているわけではない他の集団と自分たちのあいだに柵を立て、水をもらさぬ隔壁を維持しようとするのに対して、新しいブルジョア階級はためらうことなく外部とのさまざまな種類の接触に社会を開いていく。彼らは、ブルジョア的な考え方が支配するわけではない集団、たとえば芸術家の組織や政治家の集まり、演劇や証券取引所や報道やスポーツなどの世界、つまり一種の中立地帯としてさまざまな出自の人間たちが交わるような、より混在的で開放的な集合体から借り受けた考え方や習慣を、身に付けて持ち込んでくる。ルイ＝フィリップの統治時代の初頭に、ブルジョア的な活動の場に足を踏み入れたサン＝シモン主義[5]の産業家たちのことを考えてみよう[25]。その場にはまだ、そうした中間階級にとってはきわめてよそよそしい社会的な思想や経験が浸透していて、これに対して、アレクシ・ド・トクヴィルによれば、彼らの精神は「人民もしくは貴族のそれと交じり合い、素晴らしい仕事を成し遂げることはできるだろうが、独力では徳もなければ偉大さもないような政府しか生み出せない」ものであった。はじめて鉄道を敷設し、広告業を財政的に組織し、国際運河を建設し、大都市の建物や土地に投資し、銀行を育てたが、それ以前に、哲学者や学者や芸術家や民衆階級の代表者と接することで、彼らは壮大な企図を複雑な方法で立ち上げる思考の習慣を身に付けたのであり、それは当時の西欧世界よりもさらに発展した、おそらくはより広域の社会の形にふさわしいものなのである。伝統的なブルジョアジーの外にある集団のなかでは、現代的な考え方はしばしば、伝統の拘束力に対する防衛的あるいは攻撃的な反応から生まれる。そうした考え方は、拘束が及ぶことによってはじめて成立し、あるいは明確な形をとろうとする。したがって、その背後にもやはり伝統は存在する。そのうえで、これらの集団が（狭い意味での）ブルジョア的な思考の枠組みのなかに移植されたとき、まったく新しい考え方をしているように見えるとしても驚くにはあたらない。その思考と行動の様式が過去をもたないのだとしたら、未来をもつこともありえないのではないか。伝統的な人間はそのように考える。その思考と行動の様式は、伝統をよりどころとしないのだから、理性によってだけ生まれうるものである。進歩的な人間はそのように考える。しかし実際には、理性はより狭い伝統を超えてより広い伝統へとたどり着こうとする努力を体現するものであり、そこでは、一階級の過去の経験だけでなく、すべての集団の経験がみずからの場所を占めようとしているのである。新しい集団はまだ古い集団と融合していないので、また、より包括的な社会意識は、さまざまな集団が相互に有するなお部分的でまれな関係からようやく姿を現し始めたばかりなので、その意識のなかに、またはその背後に、一つの集合的記憶を認めることがなくても、驚くには値しない。

旧体制期の終わりに、ブルジョアジーが、単に裕福であるというだけでは得られなかった尊敬を獲得するために、貴族の衣をまとって見せたのは、社会がなお称号に敬意を示し、まだブルジョア的な美徳を認めていなかったからである。それと同様に今日、新しいタイプの富裕者たちは古くからの富裕者たちの一群と一つになり、同様の伝統をみずからのものとして主張している。実際に、一つの時代の同じような社会環境のなかに、富を正統化する二つの方法、すなわち富裕者の特権と特に彼らに対する尊敬を基礎づける二つの道徳のようなものは存在しえない。そのため、現代の産業家や実業家は、自分たちの社会的意味をみずからの功績とすることもできるのだが、そうではなく、自分たちの得た利益は活動や個人的努力に報いるものであると思わせようとするのである。会社の経営者は、会社という集合体の利益のために働いていて、自分がその集団の連帯の担い手のようなものであること、そして自分がその成員全員に共有された利害をよりよく体現し理解すればするだけ尊敬されるに値するのだということを、よくわかっている。しかし、その人はまた、ブルジョア階級でもそれ以外の階級でも、広く人々の意見はまだこの種の能力の価値を評価していないということ、人々はある種の意志の現れの集合的な性格を見損なっていること、いずれにしてもその道徳性を認めていないことも、また知っている。したがって、富裕者としての特権が努力と労働と個人的献身の賜物であるという物語《フィクション》を、自分自身のために受け入れ、維持しなければならないのである。彼らもまた、時間の経過のなかで少しずつ、保守的な精神と、もったいぶった控え目な態度と、いささか偽善的《パリサイ》な階級にふさわしい類いの因襲的な厳格さを身に付けていく。しかし、他方では、営利活動がますます集合的形態をまとうにつれて、豊かさを根拠づける美徳についての伝統的な観念が変化していく。新しい考え方と経験がそこに導入されていくのである。ブルジョア階級の集合的記憶は、現代的な条件に適応しなければならない。社会がかつての姿、現在の伝統が生まれた時代のそれとは大きく異なっていくときには、この社会のなかに、その伝統を再構築し、より強固なものにし、修復していくのに必要な要素をもはや見いだすことはできないだろう。そのとき社会は、新しい価値に結び付くこと、すなわち、その時点での欲求と傾向とよりよい関係をとるような他の伝統に立脚することを求められる。しかし、そのような新しい評価がゆっくりと醸成されていくのは、その社会の古い概念の枠組みのなか、その伝統的な考え方の覆いのもとでなのである。

＊

本章全体を要約するために、先に示した結論を呼び込む形で、社会のなかに二つのゾーン、二つの領域を区分しておくことにしよう。その一つは技術的活動のゾーン、もう一つは（家族や社交の場などの）人格的関係のゾーンと呼びうるものである。これらのゾーンは、職業活動がなされる時間や場所とそれがなされていない時間や場所といったようにはっきりと区分されると思われるかもしれない。しかし、実際には相互に入り組んでいることを確認しておこう。というのも、職務の担い手は、その職能の遂行にあたって彼らが他の場所でもっていた、あるいはもつことができる関係を忘れてはいないからである。したがって、技術的活動は職業的活動と同一視されない。では、それをどのように定義すればいいのだろうか。技術的活動は、職務の担い手がいかに行動し、語り、振る舞うべきかを時代ごとに一般的な形で示すような規則や規準を獲得し、これを適用するものである。したがって、技術はとりわけ否定的な性格を示す。それは、何をすべきであるのか、何を欠くとその仕事が達成されないのかを示すものである。もしも教師が教育課程に従わなかったら、裁判官が判決を形式に従って下さなかったら、銀行家が不当な比率で手形を割り引いたら、いずれの場合にも彼らの活動は目的を達成しない。しかし、おそらくそれぞれの技術は、その大半の部分で、明文化されているにせよいないにせよ、古い規則に基づいている。他方では、その技術領域ごとに異なるが、個々の技術者集団のなかに存在し、伝統的に継承されている、衒学的で手続的で事細かく形式にこだわるような精神のはたらきが存在する。これもまた、集合的記憶と呼びうるだろうか。しかし、こうした規則を適用する人々は、現在の行動に向き合うとき、その規則の起源を認識したり、その歴史を想起したりすることよりもむしろ、そのはたらきを理解しようとするものである。習慣は、ひとたび身に付いてしまうと本能的な行動から区別されず、私たちの本性を構成する要素であるように見えるが、これと同様に、多くの場合、規則はほぼ自動的に作動する。そして、人々が裁判所に入廷したり、銀行のオフィスに入っていったりするときに、いわばそこに流れる空気のなかである種の精神を吸収するのも、現代ではもはや医者たちは派手な衣装を身に着けたりラテン語を話したりしないにもかかわらず、私たちがいまでも『病いは気から』〔十七世紀の劇作家モリエールの戯曲。医者の権威主義的態度を風刺した〕を観て笑うことができるのも同様である。それは、過去の遺産以上に、職業の必然的な生産物である。学術的な精神は、学者や地方の名士の小さな集まりのなかでは、誰かがよそから持ち込んだわけでもないのに、彼らがはじめて会ったときから自発的に生まれるものである。戦争が終わり、ほとんどすべての将校の顔ぶれが変わってしまっても、職業軍人の精神性はあまり変わることなくすぐに再生するものだし、同様に、平和な期間を経たあとでも、兵士ならではの性格は本質的かつ歴史的に存在する。時代を問わず兵士たちが共有するこうした特徴は、塹壕や野営地での生活によって説明されるものであり、軍隊ごとの伝統によって理解される部分は付随的なものでしかない。それぞれの職務に固有の精神は技術的なルーティンの型にはめられ、歪められているものだが、それを超えて見れば、その本来の純粋な形態を観察することができる。たとえば、ある技術の原理と精神を教えている人は、それを最も深く身に付けているはずなので、その人を通して、規則の起源と発展に関する正確で広範な歴史的知識を得ることができる。しかし、その教育はすべて実践に向けて方向づけられている。たとえば、将来の司法官がまずはじめにローマ法を学ぶのは有益である。なぜなら、原則と規則が最も単純な形でそこに示され、それが法の古典的なモデルとなっているからである。しかし、こうした歴史的な所与それ自体に関して、司法官の精神のなかでどのようなことが生じるだろうか。どれだけの機会に、それを利用し、それについて考えるだろうか。実際には、法の歴史や法的伝統についての研究は、学者や職業階梯の上位に位置する人物、技術の変更が必要なときに意見を述べ積極的に介入することを求められるような人々といった、少数の人々の関心しか引き付けることができない。現行の技術的枠組みのなかで職務を遂行するうえでは、そのようなものはどんどん無用になっていくのである。規則は、道具と同じように、不動で画一的であると想定される現実に適用される。もしもそこに、そのときどきの状況に対する暫定的な適応の様式、ずっと存在するわけではなく、いつか変更されてしまうだろう様式しかなかったとすれば、どのようにしてその規則に順応し、その規則はどのような権威を保つことになるだろうか。たしかにそれらの規則は、個人に対して外在し、外から押し付けられるものであり、個人にとっては社会が生み出したもののように見える。それらは物理的法則でもないし、物質的な力でもない。しかし、その厳格性と一般性において、物理的法則や物質の力を模倣している。人々が背後に感じている社会の意志は、固定され単純化されている。それは、それみずからが生まれた集団の内部で、時間と空間の推移とともに生じるすべての変種に適応しようとはしていない。[26] すべての社会的な影響力のなかで、技術の形をとるものは、社会的ならざる物（choses）の機械的性格を可能なかぎり模倣するのである。

しかし、社会のなかのさまざまな職務を割り当てられた存在が、ある側面で、物質＝素材（matière）を表現しているとしても、それらは本質的に人材＝人間的な素材（matière humaine）なのである。社会が彼らに及ぼす作用が、その画一性と固定性において物質的作用と類似しているとしても、それは本質的に社会的作用である。社会は、みずからが一度は固定させた形態のなかに閉じこもることができない。ある限られた時期のあいだでさえも、社会は、それぞれの個別的な事例の背後に見いだされる社会的条件に対して、絶えずみずからの規則を適応させなければならない。個々の事例の種類を定めるということは、それに対してきわめて図式的な見方を与えることにほかならないのだが、おそらく、「日常の実践」と呼ばれるもののなかでは、それで十分なのである。単純な原因について判断することが求められ、事実認識がほとんど問題にならず、共有された意識のもたらす意見があまり疑われないときには、裁判官は執行機関でしかない。人々がそこに求めるのは、形式どおりに事を進め、法に従って決定を下すことだけである。しかし、そのようなときでさえも、繊細な目をもたなければ見いだすことができない細部や状況が存在し、しかも、やろうと思えば誰でも簡単に代役が務まるような事案であっても、人々が裁判官の権威にしたがおうとするのは、より繊細で難しい事例に判断を下すことができるのは、彼一人であると認識しているからである。法文《コード》のなかにも、判例のなかにさえも明確な答えを見つけることができない種類の問題を提起するような訴訟事例になると、裁判官や弁護士、さらには被告人に目を向けることがうながされる。この場合には、行為の物質的条件よりも、被疑者の心理的・道徳的傾向のほうが重要である。被疑者の出自や教育歴や、周囲からの影響や与えられていた機会や、環境や身分や職業が考慮されなければならない。証言を得て、それを子細に検討し、その口調や言いよどみや矛盾やいら立ちを観察し、相貌や振る舞いや言葉遣いのなかに透けて見える人間的情熱のはたらきの一切を見なければならない。同じ世界の者であれ、異なる世界の者であれ、人々の議論に耳を傾け、自分自身の意見を「その魂と良心に従って」決定しなければならない。すなわち、自分が属する集団の精神や集合意識がおのずから思考し発話するがままに任せなければならないのである。そうなると、人々は裁判官の法衣や法廷の外観、司法の場の荘厳さの一切を忘れ、あるいは気にしなくなる。裁判官が自分は裁判官であることを、弁護士が弁護士であることを、被告人が被告人であることを失念しそうになることさえある。司法の言葉は柔らかくなり、人間的なものになり、会話の口調に近づくようになる。そして実際に、底意なく集まった人々が、事実に関する問いを、三面記事になりそうな事件を、情動に駆られての犯罪や政治的な意図による犯罪を論じ合い、自分たちの世界の厳格な評価様式に従って人物やその行為の意味をはかる。それは、伝統的な評価様式であり、それが継承されている社会集団、階級、社交の場の一員とならなければ学びとることができないものなのである。このように、知らず知らずのうちに、私たちは技術の領域から紛れもなく社会的な環境へと、すなわち、社会がその地平を限定することがない人格的関係のゾーンへと身を移している。というのも、この時点で社会は一つの職務を遂行することではなく、もっぱら、その成員のそれぞれのなかにある社会的地位の感覚を強化し、さらにはまた、その職務のなかで集合的生活を強固なものにすることに関心を向けているからである。現時点での、必要性と目前の行為の領域から離れて、私たちは、最近の過去、または遠い過去の時点に身を置いて考える。現時点での裁判官としてではなく、世俗社会の一員として、一家の父として、彼は昨日、一昨日、一カ月、数カ月前の、家族や友人たちとの会話ばかりでなく、自分の生涯と経験のすべて、自分が家族や友人の生涯や経験から学びえたことのすべて、その人々に負っている考え方や判断、付き合いがある人々や読んでいる本が自分に教えてくれた伝統を思い起こすのである。判決を下すのは、そのような一人の人間なのであって、トック帽でも法服でも法典でもない。もちろん、裁判官は、形式に従って起草された判決理由や判決文を読み上げるときには、単なる一裁判官に戻るだろう。同様に、弁護士も、その雄弁ぶりを日常の社会生活のなかで培い、ごく一般的な人間的感情に訴えかけ、同時に世間や階級の新旧の嗜好や好みや先入見におもねることをしながらも、結論を申し立てるときには、一人の弁護士に戻る。悲劇が五幕を必要とし、その最後には必ず幕が下りるのだとしても、役者たちがその才能によって体現するものは、古典劇の規則や衣装や装飾や舞台からは独立しているのと同様である。劇作家は、世俗の付き合いのなかで人々の情熱を学び、役者たちはその付き合いのなかで、それを模倣する術を学んできたのである。

司法的職務について言えることは、他の職務についても当てはまるだろうか。すぐにも認められるように、裁判をおこなう人々の権威は、彼らが、社会生活全体を支配しているような伝統の感覚を有していることに由来しているものである。裁判は、行動だけでなく、また信念、とりわけ道徳的信念について、人々が一致して有している考え方を体現しなければならない。法を適用し解釈する者たちが機械的に事を進めているという印象を与えたならば、人々は裁判官も法律も尊重しなくなることだろう。これはパスカルが言っていたとおりである。「人民に対して法が不当であると言うのは危険なことである。人民は法を正当なものと信じるために、これに従うのだから[6]」。法を、古くからあると同時に強固に組織化された社会生活の伝統のなかに位置づけ直すことは、その文言を精神的な権威によって強固なものにすることであり、技術的装置の背後に社会の姿を再浮上させることである。しかしここで、他の領域、商業や産業や事業の領域に目を転じてみよう。裁判官の職務の次は、財を築き運用することによって豊かになっていく人々の職務を検討しよう。この場合は、すべてが技術的ではないだろうか。ある種の経済活動に従事している産業家や商人の背後に一人の人間がいるかどうか、さらにはその人がどのような社会環境に属し、どのような身分を占めているのかに、関心が向けられるだろうか。ここで、伝統はどのような役割を果たしているのだろうか。商人の目的は、まず何よりも、そしてただ一つ、稼ぐことにあるのではないか。そして、その人の商売の技術がそのために十分なものであれば、その技術を保有しているだけでいいのではないだろうか。経済組織は、それが何よりも先に変化していくという点で、他のすべての組織から明確に区別されるのではないだろうか。しかもこのとき、機械を前にした労働者と同じように、経済機構を前にしたそのすべての担い手を、経済組織はその動きのなかで鍛えていく。他のさまざまな領域で、技術とは社会から推進力を受け取る道具であるとすれば、ここでは、技術は社会に対してその推進力を刻印する機構《メカニズム》であるように見える。

しかし、先に営利活動を分析し、それに付随する資質を列挙していった際に、筆者が考え違いをしていなかったとすれば、ここでも、他の場合と同様に、技術的活動と社会的活動を区別するだけの理由がある。職務の基盤には、常に一群の伝統が存在する。商業に視野を限り、商人の活動をその最も単純な形に戻して考えてみよう。商人は、客との関係のなかに存在する。商業的技術は、一方に売り手の姿を、他方に買い手の姿を与える。それは人々を、本来属しているさまざまな集団から切り離し、この売り手と買い手という側面でだけ捉え、この単純な性格のなかで相対する位置に置く。しかし、このように理解するならば、売り手と買い手の関係は対立関係である。それは闘争関係であると言ってもいいだろう。価格という観点からも、品物の質という観点からも、両者のあいだには敵対性が生じている。たしかに、商業的技術はしばしば調整をうながし、顧客の意欲をそがないようにはたらきかける。しかし、それは将来の売り上げによって利益が生じるかぎりでのことである。このような状態にとどまるならば、いずれ財の交換が生じるかどうかさえ確かなことではなくなってしまう。いずれにせよ、社会的な形をとる商業的な仕事は存在しないことになってしまうだろう。デュルケムは分業について、それが技術的に有益であるとしても、あらかじめ一つの同じ社会に帰属している人々のあいだでしか機能しえないと論じていた。二人の人間を相互に対立させるような欲求の差異は、それだけでは両者を結び付け、協力関係を生み出すにはいたらないのである。どのような社会的関係も、単なる敵対性や闘争からは生まれえない。したがって、売り手と買い手は自分たちを対立させているものと同時に、自分たちを結び付けているものを意識しなければならない。すなわち、一方が他方の背後に敵対者であることを超えて社会的人間を、そして自分がその一員であるような社会を、見いださなければならないのである。

多くの場合、商人は雇用した店員に代わりを任せることができる。商業的技術は、たしかに、顧客と商品を一定数のカテゴリーに分類することを可能にする。客と商品がそうしたカテゴリーのなかのいずれかに正確に当てはまるときには、その場合でも常に若干の駆け引きの余地があるとはいえ、取り引きはほぼ機械的になされる。しかし、少なくとも一定数の商いで、ある種の商品とある種の顧客層または顧客が関わるときには、販売はより繊細な作業になり、商人が一個の人格としてそこに参入しなければならない。客は商品を見るだけでは満足せず、それが上質のものであること、高額すぎないことの保証を得たがり、その保証は、客の目には、これを提供する者の人格の価値と等価なのである。商人は商品を提供するだけでは足りず、客が十分にもてなされ、騙されていないと感じるように努め、そう思わせるためには客を一個人として知らなくてはならないのである。こうして、二人の人間が出会い、売買は意見のやりとり、言葉の交換、打ち解けた対話という形をとり、彼らはつかの間のあいだ、自分たちの一方が売り手、他方が買い手であることを忘れたり、忘れたふりをしたりするのである。客は、「この店は本当に信用が置ける」と言いながら、店舗を出ていく。それはすなわち、伝統がある店であること、過去にさかのぼったような印象、古い同業組合の精神が息づいているかつての社会に触れたような印象を、この先ももちうる店だということを意味している。あるいは、客は「はつらつとしてやる気がある店だ、現代的な店だ」と言いながら、店舗を出ていくかもしれない。それは、商人が新しい製品を売るにあたって、または新しい売り方を示すにあたって、最新の嗜好や趣味の世界、それを展開させるうえで最も大きな貢献をもたらしている人々の世界を開いて見せていくだろう、という意味である。客は、そうした人々と接しているように、もしくは（すでにその一員であるならば）その世界に舞い戻り、彼らの言葉を話し、人や行動に対する彼らの評価スタイルを取り入れ、過去と未来を見通す彼らの視点を手に入れているように感じるだろう。この二つの場合に、商人はそれぞれ自分の役割をこなし、自分の顧客のなかに、古くからの趣味を呼び覚まさせたり、新しい趣味を創出したり強化したりするのである。このとき、古いものと新しいものの差異は相対的なものにすぎない。集合的記憶は、それぞれの場合ごとに異なるところまで、過去をさかのぼる。商人は、自分の顧客が古いブルジョアジーが確立した生活スタイルにこだわっているのか、それとも比較的最近になって他の集団が見いだし展開させてきた嗜好に開かれているのかによって程度を変えながら、多少なりとも古く、多少なりとも狭い社会の伝統に立脚する。

したがって、財を生産し、それを売り、より一般的には富を増やそうとすることを目的とするすべての活動もまた、二重の様相を示す。それは技術的だが、他方で、それをおこなう人々は社会の嗜好や習慣や伝統に倣わなければならないのである。

技術は、社会が一時的に機械的手順に委ねた部分の活動を表している。しかし、その職務の他の部分は、それがどれほど技術的だったとしても、少なくともそれをおこなっている人々の一部では、社会のなかでだけ生まれ、発展する資質を前提にしている。そのような条件のもとでだけ、彼らは社会との接点を失うことなく専門化することができるからである。人格的な形をとって現れる、社会的なもののすべてに対してそうであるように、社会はそれらの資質を体現する行為や人物にだけ関心を示し、その資質にみずからの注意を向け、それを支持する。そのようにして、各社会階級がその記憶のなかに保持する伝統的評価が形作られるのである。人々は、それらの資質が生まれたみずからの家族や社交的付き合いの場から離れているときでさえ、それを身に携え、そこから着想を得ることによって、自分を職業的枠組みのなかに位置づけ直すのである。人々はその資質のなかに、専門化した活動だけでなく、狭い意味での社会のなかで、すなわち人々がもっぱら人格にだけ関心を向けるような社会生活のゾーンのなかで、その活動が占めている位置、それをおこなうだけの資格を有する者たちの占めている位置についての観念を見いだす。

こうしたさまざまな職務がすべて同時期に発展してきたわけではないので、それぞれが前提としている資質は、漸進的な形でしか、本来社会的なものであるその価値を明らかにしない。古くからの評価様式が、長きにわたって、新しい評価様式が前面に出てくるのを妨げてきたのも、新しい様式が古くからの様式であるかのような外観を得てはじめて導入されるようになったのも、当然のことである。しかし、その外観と同時に、新しい評価様式は少しずつ伝統の形をとるようになってきたのであり、そうなることで、ある時点でそれは受け入れられるようになったのである。それらが、ゆっくりと形をなして描き出されてきたような、より広範でより豊かな集合的内実を伴った社会の形に対応していればいるほど、受け入れられやすかったし、また現在も受け入れられているのである。過去の鏡が映し出しているみずからのイメージをじっと見つめる作業から古い社会が解放されるとすれば、それは、その鏡のなかに別のイメージが少しずつ現れ、それがまだ曖昧でなじみがない輪郭を示しているとしても、より大きな展望を開いてくれるときに限られるのである。

注

（1）Friedrich Nietzsche, *Jenseits von Gut und Böse: Vorspiel einer Philosophie der Zukunft*, 3es Hauptstück, Naumann, 1894, § 58.（フリードリヒ・ニーチェ『善悪の彼岸』中山元訳〔光文社古典新訳文庫〕、光文社、二〇〇九年）

（2）Max Weber, *Wirtschaft und Gesellschaft*, Grundriss der Sozialökonomik, II Abtng., Tübingen, J.C.B Mohr (Paul Siebeck), 1922, p. 659 sq.（マックス・ウェーバー『支配の社会学Ⅰ・Ⅱ』世良晃志郎訳〔「経済と社会」第二部第九章〕、創文社、一九六〇―六二年）

（3）Adhémar Esmein, *Cours élémentaire d'Histoire du droit français*, 10e édit, sirey, 1910, p. 313 sq.

（4）「貴族の名にふさわしくない仕事とは、公証人を代理する代訴人、書生、商人、およびガラス職人を除くあらゆる職種の職人である。（略）人が利益を求めてこうした仕事をするとき、そのように理解される。というのも、卑しく浅ましい利益が貴族の名に反するからであり、貴族にふさわしいのは、地代で生活し、少なくとも労力や労働を売ったりしないことだからである」（Loyseau〔一六二七年に死没〕, *Traité des seigneuries, des ordres et simples dignités, des offices.*）。「しかし、裁判官や弁護士や医師や人文学の教授は、みずからの身分を手段として生計を得ているのであれば、彼らが有している貴族の名に反するものではない。それらは、（肉体労働ではなく、精神のはたらきを用いていることに加えて）金目当てではなく、むしろ名誉のためのものなのだから。（略）農耕は貴族の名に反するものではない。一般に考えられているように、その有益性のためではなく、土地のために働き、他人の金を巻き上げたりすることがない仕事は、貴族の名に反しないからだ」。反対に、「農民たちのように、通常の務めとして他人のために耕作する者たち」は浅ましい。「その仕事は、商売と同様に、貴族がおこなってはならないものである」。シャルル・ブノワ（Charles Benoist）によって『労働の組織』（*Organisation du travail*, Plon, 1914, t. II, p. 118 sq.）に引用。

（5）リトレ（Littré）によれば、称号（titre）は、名誉ある身分＝資質（qualité）、高位を表す名である。「彼は公爵や侯爵の称号をもっている」。――おそらくこうした高い位は、実際にかつての職務に結び付いていた。「上位の領主権（大規模な領地）は、すべて特別な称号、すなわち高位の称号を伴っている。それは、まずはじめに、公爵領であり、伯爵領であり、ここでは領主権や称号の起源を見分けるのは容易である。公爵や伯爵のために公的な職務を占有することによってそれらを生み出したのは、カロリング朝の大規模な行政区分であった。（位の秩序で）その下位には、男爵領がある。これは、新しく作られたもので、封建制が形作られた時代の産物である。それらは、カロリング朝の公職にはまったく対応していない（略）。それらは、当初は実際の権勢だったが、のちに完全な封建的領主権の原理的形態となったのである。称号付きの領地のリスト（略）にはまた、子爵領や城主領が含まれる。ここでは、従属的な二つの職務、称号を与えられるようになった二つの代理職が問題になる。子爵は、フランク王国では伯爵の代理職だった。城主は、もともとは、男爵によって委任された者だった（略）」（Esmein, *Histoire du droit français*, 10e édit., p. 181）。しかし、称号をもった領主たちによる公職の専有は、主権の分割の一つの側面にすぎない。言い換えれば、職務は称号を前提に置いているのであり、それだけで称号を作り出すことができるわけではない。その証拠に、土地と同様に、「領主によってであれ、王によってであれ、職務は常に」、土地とともに「領地ごとに担われていたのである」（*Ibid.*, p. 180）。

（6）したがって、十七世紀に、地方の行政が一切の公的な仕事を統制する真の官吏だった監察官《アンタンダン》に委ねられたとき、封建君主制の代官《セネシャル》と下級裁判官《バイイ》、および立憲君主制の総督《グヴェルヌール》は保持されたのである。しかし、もともとは軍の司令官だった総督は、相変わらず、上流の貴族のなかに加えられていた。ロワゾーは、十六世紀の終わりに、「総督たちのなかに、新たな政治的封建制の萌芽を見ていたが、この点で彼は誤っていた」。彼らの任務は十八世紀には、十分な給与が支払われていたものの、まったくの閑職になってしまった（*Ibid.*, p. 589 sq.）。

（7）周知のように、早くから（すでに十三世紀から）法学者は、王の権力は「共通利益」のために行使されると示唆していた（Philippe de Beaumanoir, *Coutumes de Beauvaisis*, 1283）。

（8）「カペー朝の王が早くから置いていた私的で内密な顧問は王の人格に属する存在として宮廷で暮らしていた。彼らは、教養ある聖職者から優先的に選ばれ、法学が名誉を取り戻すと、法学者のあいだから選ばれた」。こうした顧問は、廷臣会議（議会の初期の形）に加わり、ルイ十二世からフィリップ・オーギュストの時代までそこで重要な役割を果たした。「ローマ的で厳格な法が、法廷の作法に浸透し始める。それは、次第に学術的なものになり、それを専門の仕事とする人以外には、ますますわかりにくいものとなっていった」。このようにして、議会を構成する人々は、少しずつ専門職的性格をとり、上流の貴族や高位聖職者は（重臣を除いて）、そこから排除されていくのである

(Esmein, *op. cit.*, p. 371 sq.)。

（9）中世の同業者団体では、「市民の儀式に参加する義務が、かなり大きな時間の喪失を生んでいて、結果として、同志のうち最も貧しい人々は、最も豊かな者に、厳粛な場で要求されるだけの壮麗ないでたちで自分たちの団体を代表する役目を委ねる傾向にあった」（W. J. Ashley, *Histoire et doctrines économiques de l'Angleterre*, II ; traduction française, 1900, p. 166）。同様に、アシュリーがロンドンの廷臣の服装（*livrée*）について述べていることも参照。それは、かつては民主主義運動のしるしだったが、贅沢な服装を身に着けていることによって、「市民内の特権階級《アリストクラシー》のエンブレムとなった」。このようにして、同業者組合の最も富裕なメンバーは、儀礼的な役割を遂行することに専門化していくのである。

（10）「パリの議会は（略）、最後まで（略）二つの要素を併存させなければならなかった。それは、封建的な宮廷としての要素と、王の法廷という要素である。第一の要素は、フランスの重臣によって、第二の要素は、議会の行政官によって代表される」（Esmein, *op. cit.*, p. 365）。サン＝シモンは、「フランスの公爵と重臣は、その性格において特異かつ唯一のものであり、領地と公職を伴う位である」と指摘している。「公爵は上位の封臣であり、重臣は上位の官吏である」。さらに次のように付け加える。「重臣の公職には、肩書を取得した者だけでなく、唯一の同じ召命によって、家系が存続するかぎりは、その代々の男系の子孫たちが任命される。これに対して、それ以外の公職は、何であれ、一個人だけが任命され、これに伴って他の人が呼ばれることは一切ない」（Louis de Rouvroy de Saint-Simon, *Mémoires*, t. XXI, p. 236-239）〔サン＝シモン公爵の『回想録』は一七三九―四九年頃に執筆された。アルヴァックスがどの版を参照したのは特定できなかったが、一八八六年にアシェット社（Librairie Hachette）から第二十一巻が刊行されている〕

（11）一五八二年の人頭税（タイユ税）に関するアンリ三世の規定は、まだ二種類の貴族しか認めていなかった。「貴族の家や血統に属する者と、先祖が授爵状を獲得した者。それ以降、基準が導入され、王は、通常の意図的な手段である書状によってだけではなく、暗黙の手段、すなわち、司法高官を務めたことや、父や先祖が公のために奉仕を続けてきたことによって、貴族の地位を授けるようになる」（Gilles-André De La Roque, *Traité de la noblesse*, Estienne Michallet, 1678, chap. XXXI, p. 22, Esmein, *op. cit.*, p. 679 に引用）。ジャン・ロシェット（Jean Rochette）が『法と実践の諸問題（*Questions de droit et de pratique*）』(Brayet et Rovsset, 1613, p. 23)（Esmein, Ibid., p. 676）で述べているように、一六一三年からは、「平民たちのあいだにも、領地が分割されるようになる。しかし、それは、最終審裁判所の上級裁判官の子息たちのあいだで貴族と同じように分有されるのである。彼らは、その身分によって貴族と見なされたのである」。『レッツの枢機卿の回想録』（*Mémoires du Cardinal de Retz* édit. de 1820, t. I, p. 236）には次のような一文がある。「彼（君主殿）は、王の権威を狙っているかのブルジョアたち（議会）の無礼と不作法を耐え忍ぶ術はもはやなかったと、私に断言するのだ」

（12）「貴族たちは（略）身を落とすことによって、すなわち、貴族の身分にふさわしからぬ生活を送ることによって、破滅しつつあった。（略）しかし、では貴族の地位が失われてしまったのか、それとも、身を落とすような暮らしのあいだだけそれは眠っているにすぎないのかが問題である。（略）貴族の地位が根本から消え去ってしまったときでさえも、王は、名誉回復の書状によってこれを再興することができた」（Esmein, *op. cit.*, p. 680.)。「しかし、常に次の点に立ち返らなければならない。貴族の地位はその身を落とすような行為によって完全に消滅したわけではなく、単に、一時的に停止されているだけなのであり、したがって、その御仁は身を落とすような振る舞いを断とうと欲するときにはいつでも貴族の地位に復することができるのである」（Loyseau, Benoist, *op. cit.*, p. 118 に引用）

（13）このケースは、授爵のケースとは区別しなければならない。王は、平民に対して、授爵状を与えることができた。授爵状による貴族は、「血統による貴族と完全に等価であり、貴族の地位を与えられた者の子孫に継承されるものだった」。他方、「騎士の位の授与によって貴族になるという古いやり方が、王の利益になる形で存続していた。それは、授爵状と等価だった。しかし、そのあとそれは、諸王たちによって相次いで打ち立てられた騎士の身分の一つ、すなわちエトワール、サン＝ミシェル、サン＝テスプリ、サン＝ルイの身分に任命されることによってなされたのである」（Esmein, *op. cit.*, p. 678）。

（14）「副大臣であり、回想録の著者である初代のポンシャルトランの父親は、この町の下級裁判所の裁判官にすぎなかった。この父親より前の祖先は、ただのブルジョアだった。そして、おそらくはそのために、アンセルム神父の継承者たちは、系譜を書き替えることは避けて、マルト令などを証拠として国王親任官たちがおこなったのと同じように、十六世紀の終わりよりも前の世代に貴族の地位を授け、美化することを選んだのである（Saint-Simon, *Mémoires*, vol. XXI)」(*op. cit.*, p. 380, note)

(15)「フランスで受け入れられている共通の規則は、その状態に異議が唱えられているものも含めて、三世代にわたって貴族の地位を保有していることを証明すればいいというものだった。しかし、この証明を四世代にわたって要求する地方もあった。証明は原則として、文書と正統な証明書によってなされなければならなかったが、それがない場合は、四名の証人の証言による証明も認められていた。とはいえこのことは、ある問題を生み出していた。すなわち、もしも、貴族の位が取得時効によって獲得しえなかったとしたらどうだろうか（略）。なかにはそれを認める者もいたが、意見の大勢はその反対だった。三世代にわたる保有は、貴族であることを推定させ、完全で適切な証拠を免除させた。しかし、その保有は貴族の地位を確立させるものではなかった。さらに過去へとさかのぼって、敵対者がその一族のなかに平民の身分を証明してしまった場合には、その推定は無効なものとなったのである」(Esmein, *op. cit.*, p. 677)

(16)「頻繁にあることだが、弁護士の息子は、財産さえあれば、会計審査官や議会の評議員の資格を買いたがる。（略）したがって、弁護士会は、実際に、上級法廷にじかにつながる玄関口だったのである。（略）この多数の影響力がある（検事たちの）集団は、弁護士たち、さらには高位の議員たちとともに、苦労をともにしてきたことから生まれ、日々の接触によって保たれていく同僚関係を築いていた。（略）この活動的で営利的な職務は、（略）商売についての伝統的な感覚を有していた商業的ブルジョアジーにとっては、当然の到達点だった。したがって、検事の仕事は、法廷への道を行こうとする小ブルジョアにとっては、重要な社会的中間段階となっているのである」(Gaston Roupnel, *La ville et la campagne au XVIIe siècle, Étude sur les populations du pays dijonnais*, E. Leroux, 1922, p. 170 sq.)

(17) *Ibid.*, p. 174.

(18)「公職を担う階級と、ここで議会貴族と呼ぶことにした階級は、完全に同じものではない。（略）司法や財政に関する重要な任務を果たしているからといって、必ずしも貴族であるわけではない。（略）議員の家族の大半は、自分たちの名に何らの小辞をも付け加えることなく、この職務に基づく貴族の位を獲得したのである。彼らの資質＝身分（*qualité*）は、他の点から生じている。（略）行政貴族という階級をもたらす公職は、それだけでは、私的であると同時に公的なこの栄誉、その時代の言葉では資質＝身分と呼ばれるものを、与えるにはいたらなかった。実際には、最終審裁判所を構成するようになった家族のほとんどは、すでにかなり前から特別な名誉を獲得し、称号からも行政上の能力からも切り離された、ある種の優雅さを認められていたのである。したがって、称号も、行政能力もなしで容易にやっていくことができるのである」(*Ibid*., p. 182)

(19)「平民に譲渡される土地は、領地とは違って、貴族的な性格をもたない土地だった」。当初、人々は、平民は平民であるかぎり領地を獲得することはできないのであり、もしそれを獲得するのであれば、貴族になるのだという原則を守っていた。のちには、この規則は廃止された。平民は平民のままで領地を獲得することができるようになったのである。「法は、このような方向で、抵抗を受けながらも、ゆっくりと定着していった。これが明確な一般法となったのは、十六世紀、一五七九年のブロワ令によってだった」(Esmein, *op. cit*., p. 211, 224 sq.)

(20) Thorstein Veblen, *The instinct of workmanship*, 2e édit., Macmillan, [1914]1918. 筆者の以下の論文も見よ。Halbwachs, "Le facteur instinctif dans l'art industriel," *Revue philosophique de la France et de l'Étranger*, 91, 1921, p. 229.

(21) これは、マックス・ウェーバーが、『宗教社会学論集 (*Gesammelte Aufsätze zur Religionssoziologie*)』(J.C.B. Mohr, 1920, pp. 17-236)、『プロテスタンティズムの倫理と資本主義の精神 (*Die protestantische Ethik und der Geist des Kapitalismus*)』(Tübingen, J.C.B. Mohr, 1920. 初出は *Archiv für Sozialwissenschaft und Sozialpolitik*, J.C.B Mohr, 1904-05.) で提示した命題である。ウェーバーによれば、「資本主義の精神」はピューリタニズムの直接的産物である。資本主義的活動は、一群の道徳的資質、すなわち性格的な強さ、集中的な献身、あらゆる種類の享楽と娯楽の断念、職業生活の系統的な組織化を必要とする。それらは、個人が事実によって自分は恩寵を受けていることを証明しようとすることから生じる。ルヨ・ブレンターノは、『近世資本主義の起源 (*Die Anfänge des modernen Kapitalismus*)』(Akademie der Wissenschaften, 1916, pp. 117-157.)、『ピューリタニズムと資本主義 (*Puritanismus und Kapitalismus*)』(München, Akademie der Wissenschaften, 1916) で、これとは反対に、職業的義務とブルジョア的義務の感情 (Handwerks-und Bürgerehre, Berufspflicht, Bürgerpflicht) は、同業組合体制から生じたものであり、この点に関して、宗教改革以前の時期と以後の時期とのあいだに連続性の切断はなかったのだと主張した。ピューリタンの理念がそのうえに重ね合わされたとしても、それは「北西ヨーロッパで、小ブルジョアが王や貴族制と闘っていて、一時的にはこれを打ち負かしていたということなのである。（略）彼らは、みずからの力とその職業労働を神の恩寵へと変貌させてくれる教義、一切の貴族制を被造物の神格化として、神の栄光を傷つけるものとして非難する教義のなかに強力なよりどころを見いだしたにちがいない」（Brentano, *Die Anfänge des modernen Kapitalismus*, p. 147）。しかし、「ピューリタンの倫理は、小ブルジョアの伝統的な経済倫理であり、そこには、中世後半の職人の精神が反映していた」（*Ibid.*, p. 148）。ここには、この注の枠内では検証し解決することができない大きな歴史学上の問題がある。ただし、ここで本書にとって重要なことは、営利的活動についてのこの新たな捉え方の起源よりもむしろ、それが、旧体制期の最後の数世紀間に、拡張するブルジョアジーの集団のなかに存在し普及していったという事実である。

（22）Veblen, *op. cit.*, p. 340.

（23）レオン十世統治下、一五一五年のラトランの公会議は、暴利を次のように定義している。「暴利とは、貸主の側の労働も、支出も、リスクもなく、それ自体では（家畜や畑が生産性をもつような形では）生産性さえもたないものを用いて、利益を追求することである」（Ashley, *op. cit.*, t. 11, p. 534）

（24）Henri Pirenne, *Les anciennes démocraties des Pays-Bas*, E. Flammarion, 1910, p. 31.

（25）ジョルジュ・ヴェイユ（Georges Weill）の『サン＝シモン派、今日にいたるまでの影響（*L'école saint-simonienne, son influence jusqu'à nos jours*）』（Félix Alcan, 1896）のなかの、「地中海のシステム」（"le système de la Méditerranée" pp. 112-113）および第五章「アフリカのサン＝シモン派」（"Les saints-simoniens en Afrique"）および第七章「ルイ＝フィリップ統治下のサン＝シモン主義」（"Les saint-simonisme sous Louis-Philippe"）、さらに、セバスティアン・シャルレティ（S. Charléty）の『サン＝シモン主義の歴史（*Histoire du Saint-Simonisme*）』（Hachette, 1896）のなかの第四巻「実践されるサン＝シモン主義」（"Le Saint-Simonisme pratique"）を参照。

（26）各当事者の意志が変わらないというフィクションに立脚している私法上の契約は、この意味で、技術的なツールにすぎない。Georges Dereux, *De l'interprétation des actes juridiques privés*, Faculté de Droit de Paris, 1904 参照。

訳注

［1］「血統貴族（noblesse de race）」は、世襲の称号をもち、三世代以上にわたって貴族の地位を保持し続けている者を指し、それよりも近い世代に地位を得た「新興貴族（anobli）」から区別される。マイケル・ブッシュによれば、「近世のフランス」では「血統貴族は、全国三部会と一部の地方議会の貴族院への代表権と王への拝謁の権利を持ち、いくつかの国家官職を独占した」。また「貴族（gentilhomme）」の称号を用いることができるのも血統貴族だけだった（Michael Laccohee Bush, *Rich Noble, Poor Noble*, Manchester University Press, 1988.〔マイケル・L・ブッシュ『貧乏貴族と金持貴族』永井三明監訳、和栗了／和栗珠理訳（「人間科学叢書」第四十巻）、刀水書房、二〇〇五年、参照）。「世襲貴族（noblesse de sang）」は、先行世代の地位を引き継いで貴族となった者を指し、「一代貴族」や、その人自身の徳や功績によって貴族に叙せられた者との対比で用いられる。「武家貴族（noblesse d'épée）」は、軍事的な任務を果たし、武勲をあげたことによって貴族の地位を認められた者のことである。

［2］「法服貴族（noblesse de robe）」は、王国の行政府での職務に就くことによって貴族の地位を与えられた者で、「法服」という名称は高等法務院の司法官僚が貴族に列せられたことに由来する。「法服貴族」と「武家貴族」の差異は職種と出自の違いにあるが、歴史的には、中世期から貴族と騎士との結び付きがあり、「武家貴族」が先行する。これに対して、「法服貴族」はブルジョアジーの出身者が多く、「武家貴族」は自分たちがより貴族にふさわしく、本質的に優れていると信じていた。

［3］非常に古くから貴族と呼ばれ、その起源が確認できない貴族を「出自の貴族（noble d'extraction）」と呼ぶ。その貴族としての身分は、数世代にわたってその地位を疑われることなく、貴族的な生活を送っていることを条件として認定される。その認定は「取得時効（prescription acquisitive）」によるものと言われる。「取得時効」による貴族の地位の認定は、平民が貴族となる不正な手段として使われることがあった（Bush, *ibid.* 訳書八二ページ参照）。ここでは、アルヴァックスは、こうした地位の取得のケースを想定し、「本当の血統貴族」すなわち、叙任の根拠をもち、代々続いている貴族と区分している。

［4］一九二〇年に「哲学雑誌」に掲載された論文「物質と社会」に同趣旨の命題が示されている（Maurice Halbwachs,

Matière et société, *Revue philosophique*, 45, 1920)。

［5］サン＝シモン主義（Saint-Simonisme）は、フランスのユートピア社会主義者サン＝シモン（Claude Henri de Rouvroy de Saint-Simon, 1760-1825）の影響のもとに生まれた思想体系を言う。その根幹には「すべては産業によって、すべては産業のために」という標語に集約される「産業主義」の考え方があった。サン＝シモンが『産業体制について』（一八二一年）で構想した未来の社会体制では、旧支配者は消滅し、能力によって指導機能を発揮する管理者が登場する。この階層制は、どのような特権層・支配層にも結び付いておらず、「人間の支配」に代わって「事物の支配」が実現するとされる。

［6］Blaise Pascal, *Les Pensées*, 1670.（原著に出典の指示なし。この一節は、第一部「みじめさ」についての章のなかにある）。

結論

本書の前半部では、心理学者たちの議論を、あえて彼らの専門領域においてたどってきた。つまり、自分自身のことを検討するにしても、他者の心のなかで起きていることを問題にするにしても、夢や記憶の機能や失語症を個人の次元で観察してきたのである。したがって、内在的観察の方法を用いざるをえなかったわけだが、その方法に従うと、社会のまなざしを免れた意識的事実は同時に社会のはたらきかけをも逃れているのだと、ただちに認めてしまうことになるように思われる。だが、個人の心理生活の領域に社会の本質をまったく見いだすことができず、社会が個人の心理生活について何も感知しないのだとしたら、実際のところ、社会はどうやってその領域に影響力を広げることができるのだろうか。他方、多数の防護壁によって個人の意識を切り離して個別化する心理学の視点に立ったからといって、一人または複数の人の意識のなかに、他者の意識の集合体のはたらきかけのように見えるものを、まったく発見できないなどということがあるだろうか。

しかし、心理学者は、内在的に自己を観察していると考えているときでも、自己以外の対象の存在を想定して考察を進めざるをえないだろうし、その観察が妥当であるとすれば、それは、よく言われるような意味で、客観的なものだからこそ実際に妥当なのだということなのかもしれない。〔内在的観察によって見いだされるものの性質について〕考えうる事態は二つに一つである。もしかすると、心理学者の観察したもの〔自己の個人的な心理〕がその類において唯一無二《ユニーク》なもので、それを言い表せる言葉は存在しないのかもしれない。その場合、心理学者にとっては、みずからの観察を他の人々の観察によって統制《コントロール》する術がまったく存在しないことになるし、他の人々にとっては、その心理学者が幻想にとらわれているのではないということを確認する術がないことになる。だが、現在についてであれ未来についてであれ、集合的検証の一切の可能性を排するような、この種の記述が一体どのような価値をもちうるだろうか。あるいは（本書は、ベルクソンの心理学とともに、はっきりとこの立場をとるのだが）心理学者の観察するものは唯一無二のものではなく、それを表出する言葉が存在するのかもしれない。この観察が特に難しい努力を要求するもので、表現と言い表された事実とのあいだには隔たりがあるのだということは認めておこう。それでも不可能な課題に直面するわけではないし、少しずつ慣れていくことによって、努力はつらいものでなくなっていき、表現はより適切なものになっていくと期待しうる。しかし、意識状態のある面はどんな表現にも収まらず、それでいて、その意識状態が現れている当の人には、それが感じられていることがあるのだと言う人があるかもしれない。そうだとすれば、そこから内在的観察が始まるだろう。ただし、そこからは、自分の観察を他の人々の観察によって統制する可能性はなくなってしまうことになる。だが、自分より前に他の人が経験したのと同じ感覚を実際に味わっているのだということを示してくれるような、記号の意味を共有しているということ以外に、その統制を可能にしてくれるものがあるだろうか。心理学者が、自分自身のなかに見ているであろうものを、他の人々に対して説明しようとするとき、彼は自分の意識状態を並べて見せ、それを外在化させる。たしかに、見ているものから、見えていない現実や性格の存在を推論することができる。しかし、そうした現実や性格は、人が見ているものとの関係においてだけ意味をもつ。つまり、それらについての認識はすべて、いわゆる外在的観察に基づいているのである。

心理学者にとって、内在的観察は、物質的客体の知覚との対照によって性格づけられるものである。後者では、私たちは自分自身の外に出て、外的事物と部分的に一体になるのに対し、前者では、私たちは自分自身のなかに立ち返る。しかし、この区分は、孤立した個人を考える場合にだけ理解しうるものになる。そのとき、個人の身体の外にあるすべてのもの、さらに広義には身体それ自体、すなわち自己の精神と考えられるものの外にあるものは、外在的と呼ばれる。身体の外にないもの、広義には精神の外にないもの、すなわち精神それ自体の内容、とりわけ私たちの思い出は、内在的と呼ばれる。これに対して、孤立した個人ではなく、社会に生きている人々の集団を考えてみるとどうだろうか。こうした外在的と内在的という区分はどのような意味を保ちうるだろうか。その場合には、純粋に外的と呼びうるような知覚は存在しない。集団の成員が対象物を知覚するときには、その人はそれに名を与え、何らかのカテゴリーのなかに位置づけている。すなわち、自分の思考を他の人々と同じように遂行する集団の慣習《コンベンション》に同調しているのである。孤立した個人のもとで、思い出の混入を一切伴わないような、過去にも現在にも社会との関わりを一切もたないような直観的知覚を想像することはできる。しかし、逆に、人々が対象物をめぐって相互に理解し合うことを可能にする言葉や観念の記憶が伴わないような集合的知覚は存在しない。そうした記憶だけが集合的知覚を可能にするからである。したがって、対象物についての純粋に外在的な観察は存在しないことになる。人は、物を見ると同時に、他の人々がそれを見る際にとりうるやり方を思い描いている。人が自己の外に出るとすれば、それは対象物と一体化するためではなく、他の人々の視点から対象物を考察するためである。それは、人がかつて他者たちとともにした関係を想起することによって、はじめて可能になる。したがって、想起（souvenir）なき知覚は存在しない。しかし、それならば逆に、純粋に内在的と言われるような、すなわち、個人的記憶のなかにしか保持されえないような思い出は存在しないことになる。実際に、一つの思い出が集合的知覚を再生させるときには、その思い出それ自体が集合的なものであらざるをえない。そして、個人にとっては、はじめから集団の思考に立脚して思い描かれたものを、自分一人だけの力で新たに思い描くことは不可能だろう。もしも思い出が記憶のなかで個人的な形態をとって保存されていたならば、そして個人が自分の仲間が作っている社会を忘れ、他の人々に負っている一切の観念を取り除き、一人だけで過去の状態に向かっていくことによってはじめて想起することができるのだとすれば、個人はその過去の状態と一体化するだろう。すなわち、それを再び生きているという幻想を抱くことになるだろう。しかし、先に示したように、人がみずからの思い描くイメージに一体化する場面、すなわち、自分が一人で想像しているものを生きていると信じてしまう場面はたしかに存在するのだが、それは、もはや想起することができなくなっているとき、すなわち夢を見ているときに限られるのである。反対に、人は過去と現在を区分しているほうが、言い換えれば、自分自身は現在にあり、精神を外の対象物や他の人物に向け、その意味で自分の外に出ていくときのほうが、よく記憶を思い起こすことができるし、みずからの過去をより明確で具体的な形で再生することができる。したがって、知覚なき想起は存在しない。すなわち、人々を社会のなかに位置づけ直すならば、その時点ではもはや、二種類の観察、つまり一方は外在的な、他方は内在的な観察を、区分することはできないのである。

同じ考え方を別の形で述べてみよう。個人を社会から切り離してみる。一方ではその身体を、他方ではその意識を、あたかもその人がこの世界で出会う唯一の人であるかのように考察する。そして、こうした抽象の結果として、その人が知覚し、想起するとき、その身体と意識のなかに何が見いだされるのかを調べてみる。身体には、脳と感覚 - 運動神経器官が見いだされ、そこには純粋に物質的ないくつかの変化が生じている。社会を遠ざけてしえば、その運動の起源や、脳内物質のなかにそのメカニズムがどのようにして組み立てられたのかについてはまったく関心が払われないし、それが考慮されることはない。一個人のなかに見いだされる運動を、他の人々のなかにあるこれに対応する運動から切り離してしまった時点で、関心はその意味から離れ、その物質的な性質へと振り向けられるのである。このとき、こうした物質的運動からは、多少なりとも意識状態と類似するものは何一つ引き出しえないということを、容易に示しうるだろう。ではそのとき、記憶はどのように説明されるのか。（先の仮定に従えば）個人しか存在せず、その記憶はその身体から生じうるものではないのだから、身体の外に、なおかつその個人のなかに、思い出の再現を説明する何かが存在しなければならない。しかし、他の人々の介在をまったく想定しないとすれば、その意識のなかにいったい何を見いだすことができるだろうか。純粋に個人的な意識状態とはどのような種類のものなのか。それはイメージである。言葉から切り離されたイメージ。それを取り巻いている一般的な意味や関係や観念の一切、すなわち、はじめにこれを遠ざけると決めた社会的要素の一切から分離されているのだから、イメージそれ自体は、ただ個人だけに関連づけられる。イメージは身体から生じることができないので、それはイメージそれ自体によって説明されるしかない。したがって、思い出は、それが私たちの意識にはじめて入り込んだ瞬間から、そのままの形で存続しているイメージ以外の何ものでもないということになるだろう。ここで立ち止まって、出発点に置いた仮定から、この結論が必然的に導き出されるのだということを確認しておこう。しかし、まさにこの仮定こそ、きわめて異論の余地があるように思われるのである。

まず第一に、ある個人のなかに生じる神経の変化や運動は、他の人々のなかにも生じるものである。それは、他の人々のなかに生じるものだからこそ、ある特定の個人、または多くの個々人のなかに生じる。もちろん、こうした神経の運動を準備するものが関節の運動や脳内の変化のなかになかったとしたら、それはどこにも存在しないことになるだろう。しかし、言葉や言語は一人の人間ではなく、互いに結び付いている複数の人間の集団を前提としている。なぜこの集団をばらばらにしてみる必要があるのだろうか。たしかに、一人の人間を孤立させ、その発話を言語システムのなかに置き直すことなくそれ自体として考察し、それが集合体に向けて発せられた問いかけや応答であることを忘れると決めてしまえば、観察は、語の物質的な側面や、身体的な関節の運動だけを把握するものになる。しかし、話をしている人の意識の前面をよぎっていくのは、その発話の意味ではないだろうか。そして最も重要な事実は、その人がその意味を理解しているということではないだろうか[1]。発声された一連の語の背景に、一連の理解の行為が存在していて、その一つひとつが心理的な事実なのである。個人だけを対象化する心理学的分析はこうした事実を考慮に入れていない。それはまさに、それらの事実が社会の存在を前提としているからである。関節の運動を運動それ自体として考察し、それは心理的なものに何一つ関わらず、そこからは想起に類するものを何一つ引き出しえないと証明するとき、それは正しいことを語っている。しかし、だからといって、発話に伴い、それに意味を与えている概念や観念や表象が、記憶と共通する性格を一切もっていないということが、同時に証明されたわけではない。実際のところ、それは心理的状態なのだ。身体の状態は、意識の状態を説明しない。これに対して、意識の状態は、他の意識の状態を生み出したり再生させたりできるし、それを説明することもできるのである。

他方で、純粋に個人的なイメージを語る人がいる。それは、ある明確な一時点で私たちの意識のなかに入り込んだのち、記憶のなかにそのままの姿で存続し、その再現が思い出を構成するようなイメージである。それはどのようなものとしてありうるのだろうか。多少なりとも複雑な意識状態、ある場面や出来事の思い出は、二種類の要素を含んでいるとその人は言うだろう。一方には、自分の集団のなかであれば、自分以外の誰もがそれについて知りうるし、理解しうることの一切がある。たとえば、物や人についての概念、それを言い表す言葉やその意味である。他方には、自分が自分であるために、それらのものが自分に対して現れる唯一無二の様相がある。この後者の要素を取り出すために、社会の外に自分を位置づけ、社会によって説明される前者の要素を遠ざけてみることにしよう。だが、そのときそこに何が残るだろうか。物やその性質、人物やその性格は、一つずつ考察するならば、他の人々にとっても明確な意味を有しているのであり、それらが自分の精神のなかで、つまり唯一自分自身の精神のなかで分類された様式や、その瞬間ごとに自分の意識野を占めていたその他のイメージに取り巻かれながら、適合するイメージの一つひとつがとる個別の様相がそこに残る。言い換えれば、一つひとつ別々に取り上げられた思い出はみんなのものなのだが、自分の複数の思い出の連なりは自分だけのもので、自分だけがそれを知り、呼び起こすことができるだろう、というのである。しかし、ここで問われるべきは、個々の部分について正しいことが全体についても正しいのではないか、対象物の思い出を理解し呼び起こすのを助けてくれる社会が、場面の全体や出来事の総体としてある一連の対象を理解し、呼び起こすうえでも、やはり介在しているか、または介在せざるをえないのではないか、という点にある。この問題を解く唯一の方法は、個々別々の対象のイメージ（またはその性質や細部）を理解し、呼び起こすことはできるが、場面や出来事の全体に対応する一連のイメージを理解したり呼び起こしたりすることはできないという経験を、具体的に捉えることにあるだろう。ところで、こうした経験は存在し、継続的に繰り返されている。それは夢である。夢を見るとき、私たちは、自分の夢想の細部の一つひとつをよく理解している。夢で自分が見ているものは、目覚めているときに見たものであり、それが何であるのかはよくわかっている。夢を見ているときでさえ記憶がそれらを捉えているとすれば、それはおそらく、社会と私たちの接触のすべてが消え去っているわけではないということである。私たちは、言葉を分節化し、その意味を理解している。それだけですでに、自分が思考しているもの、夢のなかで語っているものを認識するのには十分である。しかし、夢のなかではすでに、目覚めている状態で見て経験したものを再生するような、場面の続き、出来事のつながり、全体の光景を呼び起こすことはできない。他の人々と関係をもっていないという点で夢は覚醒時と異なっているので、夢のなかで目覚めているときの経験を想起するうえで欠けているものは、社会の支えなのである。

一つ、または複数の慣習のシステムを伴うことなく成立しているような社会生活や社会的思考は、考えることができない。夢から覚醒へ、あるいはその逆へ移行するとき、私たちは新しい世界に入っていくように思える。一方の世界のなかで、他方の世界のなかにあるときとは異なる性格をもったものを知覚しているわけではないのだが、しかし、それらのものは決して、同一の枠組みのなかに位置を占めているわけではない。夢の枠組みは、そこに並んでいるイメージそれ自体によって規定される。そのイメージを離れて、枠組み自体を考察してみても、枠組みはまったく現実味や安定性をもたない。夢を見ているとき、私たちは現実空間と現実時間のなかのどの部分にいるのだろうか。自分が慣れ親しんだ場所にいるように見えるときでさえ、突然そこから遠く離れた場所に移動している自分を発見しても、不思議ではない。夢の枠組みは、覚醒時のそれとはまったく共通性をもたない。しかもそれは、自分自身にとってだけ有効なものであり、自分の空想の自由な発展を何ら制限するものではない。自分の想像力が変化するときには、私たちはそれを自分自身で変化させているのである。反対に、私たちが目覚めているときには、時間や空間、物理的・社会的出来事の秩序は、自分の集団の人々によって認められ、固定されているものであり、それは私たちに押し付けられている。そこから、私たちが夢に見ていたものと対置される「現実の感覚」が生じる。しかしその感覚は、私たちの記憶の作用の出発点である。人は、自分の興味を引く過去の出来事の位置を、集合的記憶の枠組みのなかに再発見することを条件としてはじめて、過去を想起することができる。思い出は、より多くの集合的枠組みが出合うところから生じるほど、豊かなものになる。それらの枠組みは、実際、互いに交錯し、部分的には重なり合っているのである。忘却は、これらの枠組みまたはその一部の消失によって説明される。つまり、注意をその枠組みのうえに固定させることができなくなったり、他の枠組みのうえに固定したりすることによって忘却は起きるのである（気がそれてしまうこと〔distraction〕はしばしば、どこか他の場所に注意を向けようとする努力の結果にほかならない。そして、忘却は常に、気がそれてしまうことから生じる）。しかし、忘却や、思い出のある部分の変形は、それらの枠組みが時代の移行に応じて変化するという事実によっても説明される。社会は状況に従って、時間の推移に伴って、さまざまなやり方で過去を表象する。社会はみずからの慣習《コンベンション》を変化させるのである。その成員は、一人ひとりがこの慣習に従っているので、集合的記憶が発展するのと同じ方向へと、みずからの思い出を振り向けていくのだ。

したがって、あたかも個人が存在するのと同じだけさまざまな印画《プリント》が存在しているかのように、過去が個人的記憶のなかにそのままの形で保存されるという考え方は放棄されなければならない。社会のなかで生きている人間は、その意味を理解することができる言葉を用いている。それが集合的思考の条件である。ところでこのとき、(その意味を理解された）一つひとつの言葉は思い出を伴っており、また言葉を対応させることができない思い出は存在しない。私たちは思い出を想起する前に思い出について話している。言語と、言語に固く結び付いている社会的慣習の体系こそが、個々の瞬間に、私たちの過去を再構成することを可能にしているのである。

＊

しかし、思い出が、個々のイメージであれ一群の具体的イメージであれ、図式や枠組みの組み合わせから生じうるということを、どのように理解すればいいのだろうか。もしも集合表象が空虚な形式だとしたら、それらを突き合わせることによって、個々の思い出の色彩にあふれた感覚的な素材を獲得することができるだろうか。どのようにして容器が内容を再生できるというのだろうか。この点で古くからある、哲学者たちの関心を引き続けてきた難問に遭遇する。特にベルクソンの思想体系のなかでは、それは解決しがたいものとなっているように思われる。そこでは、それまでには一度もなされなかったほど明確に、イメージと呼ばれるものと概念とが対置されている。つまり、イメージは、一切の関係概念、一切の知的意味作用から切り離されて定義され、概念はイメージを完全に取り除いたものとして定義されている。イメージ記憶が存続し再現されるのだと仮定するということは、そのように定義された概念とともにその記憶を再構成することはできないということなのである。

本書では、簡潔にではあっても、これほど根本的な問題に哲学的視点から検討を加えることはできない。この問題については、二つの点を指摘するにとどめよう。プラトンについての現代の解釈者たちは、プラトンの理論が、ギリシャの民衆的世界のなかで構想され展開されたものであり、その思考様式と無関係なものではなかったことを指摘している。民衆の想像力が勝利（Nike）、愛（Éros）、笑い（Rire）、死（Mort）、憐憫（Pitié）、健康（Santé）、富（Richesse）の神々を作り出したとすれば、それは、彼らの想像力がそこに活動的な力を見ていたということであり、人々が自分のなかにも他の人々のなかにもその生き生きとしたはたらきを感じていたということである。それは単なる人格化ではなかったし、同様に、抽象でもなかった。人々がそのように感じていたとするならば、同じように、正義（Justice）や徳（Vertu）を一切の地上の事物を超えた永遠の活動的な力と見なしていたということもまた、自然なことではないだろうか。詩人や芸術家は人々の一歩先を行っていた。プラトンはたしかに、正義を女神にはせず、むしろ中立的な記述に意を配り、そこから一切の人格的要素を遠ざけようとした。しかし、プラトンにとってそれは、抽象の対極にあるものである。それは概念ではない。それ以上のものであり、実在するものである。したがって、プラトンが言う観念《イデア》は、「属性（attributs）」を、つまり抽象的に考慮された性質を弁別するのではなく、人格ではないとしても、「主体（sujets）」を指し示すものなのである。(2) また、他方でバールーフ・デ・スピノザは、常識的な概念や観念のなかに、不完全で欠けたところがある思考の様式しか見なかった。スピノザによれば、より高度であると同時により適切な種類の認識が存在する。それは、事物の抽象的な特質ではなく、存在の「個別的本質」を示すものである。その認識のもとでは、人間の知的活動の真の目的は、合理的であるとともに人格的な現実に到達し、これを把握しようとすることにあるように思われる。このように、観念《イデア》の理論を創出したと見なされている哲学者や、おそらくはそれを最も深めた哲学者は、決して、観念のなかに事物についての抽象的な視点を見ていたのではなかった。そのような抽象的視点とは、事物間の関係や、彩色されないデッサンのような輪郭線だけを示すものである。反対に彼らは、観念が感覚的イメージ以上に豊かな内容をもっていると感じていた。言い換えれば、個別の感覚的イメージは観念という器のなかに収められるが、それは観念の内容の一部にほかならなかった。他方で、観念はイメージを（さらにはまたその他のイメージを）含んでいたのだが、それは容器であると同時に内容なのだった。集合表象はこうした定義に応えるために必要なものをすべて備えている。それはまた、個人意識のさまざまな状態、特に思い出の産出と再生を説明するために必要なものの一切を含んでいるのである。

しかしここでは、事実の領域にとどまることにしよう。一つの事実、すなわち、夢のなかでは複雑な出来事や場面の思い出を思い起こすことができないという事実は、個人的記憶が立脚する集合的記憶の枠組みが存在することを明らかにしている。この枠組みそれ自体を観察することによって、互いに密接に結び付いている二つの側面を区分することができた。本書では、それらの枠組みをなしている要素は、反省的思考に手がかりを与えている、多少なりとも論理的で、論理的につながっていく概念としても、また同時に、時間と空間のなかに位置づけられた出来事や人物についての具体的にイメージ化された表象としても、考察しうることを確認した。もし社会的思考が純粋に抽象的な概念しか含まないとしたら、個人の知的活動はまさに社会によって説明されることになるだろう。社会によって、個人は集合的思考に参加することになる。しかし、イメージと観念（idées）のあいだには、本質的な差異があり、後者から前者を派生させることはできないことにもなるだろう。反対に、もし集合的概念（notions collectives）は「抽象概念（concepts）」ではなく、社会は事実や人物や出来事に即してしか考えることができないのであれば、イメージを伴わない観念は存在しない。より正確に言えば、観念とイメージは、一方が社会的で他方が個人的であるというような、私たちの意識状態の二要素ではなく、社会が同一の対象を同時に捉えることができる二つの視点を指している。社会はそれらの対象を、さまざまな概念の総体のなかに位置づけもすれば、社会の生活と歴史のなかに位置づけもするのである。

ここまで、どのようにして人は思い出を位置づけるのかを問うてきた。そして、人は自分が常に携えている基準点の助けを借りることによって位置づけるのだと答えてきた。思い出を再発見するためには、自分の周囲に目を向け、他の人々のことを考え、自分を社会的枠組みのなかに置けばそれで十分なのである。他方で、この基準点は、記憶のはたらきが現在時に近い領域を探索すればするほど、数が多くなっていくことを確認した。だから、前日のことであれば、ほんの一瞬注意が向けられただけの物や人の顔を、すべて思い起こすことができる。そして最後に、一連の反省的思考によって、私たちは一つの対象から次の対象へ、一つの出来事から次の出来事へと移動することができると思われた。人は、対象物とその外観、出来事とそれが位置する時と場所について考えるのと同時に、それらの本質と意味についても考えているのである。言い換えれば、物や出来事は、二つの様式にしたがって、私たちの心のなかに配置されている。一つは、それが現れた時系列的な順序に従って、もう一つは、自分たちの集団のなかでそれらに与えられた名やそれらに帰属させられた意味に従ってである。それはつまり、この二つの様式のそれぞれに、観念（idée）であると同時にイメージ（image）である概念（notion）が対応しているということである。

なぜ社会は、時間のなかに、少しずつ間隔を空けて、ただし非常に不規則に、基準点を設定するのだろうか。それが不規則だというのは、ある期間についてはほぼまったく基準点が欠けているのに対し、山歩きの目的地が近づくにつれて立て札や標柱の指示が増えていくのと同じように、突出して目立つ出来事の周辺に、同じように目立つ出来事がしばしば数多く折り重なっているからである。社会は技術的・宗教的、または道徳的概念を、現在よりも過去のうちに位置づけているわけではないのだが、それらの概念と同じように、基準点となる出来事は、時間の流れを区分するだけでなく、社会の思考を育んでいるのである。歴史家は今日、過去の出来事から一般的結論や教訓を引き出さなくなりつつある。しかし、生きて活動している人や死んでしまったばかりの人、また現に起こりつつあるさまざまな出来事に判断を下すとき、実際に社会は、経験の断片だけでなく、反省的思考の反映を個々の大切な思い出のなかに含み込ませるのである。過去の事実とは教訓であり、亡くなった人は励ましであり忠告であるのだから、本書で記憶の枠組みと呼ぶものは、観念と判断の連鎖でもあるのだ。

反対に、社会にとって、その歴史のなかのいずれかの時期にみずからを関係づける機会にならないような一般的概念はほとんど存在しない。社会がみずからを認識し、その制度や構造や法や習俗について反省しようとするとき、それは自明の前提となっている。したがって、たとえば平均的な教養を身に付けたフランス人が、イギリスやアメリカといった国の一連の政治思想のなかに入っていこうとすると大変な思いをするし、それらの国の憲法を書き写すだけでは、そのフランス人の心のなかには、せいぜい言葉のうえでの記憶しか残らない。どうしてそうなるのだろうか。それは、彼が、この司法制度を生み出すもとになった一連の重大な出来事を知らないか、あるいは生き生きとした現実としては知らないからである。憲法上のさまざまな概念は、歴史の光の下ではじめて鮮明になる。その他の多くの概念についても同様である。科学も例外ではない。たしかに科学は歴史と一体ではない。しかし、学者が現在の地平のうえにだけ位置しているというのは誤りである。科学はきわめて集合的な作業なので、学者は、新しい実験や独自の考察に専心しているときでさえも、自分の背後にその起源と出発点がある研究の方向性に従い、理論的努力を継承しているという感覚を抱かずにはいられない。優れた学者は、それぞれに日付をもつみずからの発見を、科学の歴史のなかに位置づけ直すものである。すなわち、科学的法則は、科学者の目から見れば、単に時間を超えたところに建てられた壮大な建造物の要素にとどまるものではない。そその法則とともに、またその背後に、この領域における人間精神の努力の歴史の総体を見ているのである。そこうした視点に立って、本書では、すべての人、またはそのほとんどがそこで生活を過ごす場所のいくつか、すなわち家族、宗教社会、社会階級を考察してきた。私たちはそれらをどのように思い描いているのだろうか。それらは私たちの心のなかに、どのような思考を目覚めさせ、どのような思い出を残しているのだろうか。ある時代の、ある地域の家族組織については、外部からそれを記述し、抽象的な形で親族関係とそれに伴う義務の種類を規定することができる。家族の精神の強度を測ることができる。家族生活の枠組みを描き出し、その成員の数やそこに生じた出来事や生じなかった出来事に従って、家族をいくつかのカテゴリーに分類することもできる。しかし、人々がそれぞれに属している家内集団を思い描いているのは、間違いなく、こうしたやり方によってではない。たしかに、親族関係のなかには、自然法則の客観性を思わせるようなものがある。家族の義務は外部から私たちに課せられる。それは私たちが自分で作り出したものではないし、自分では何一つ変えることができない。しかもそれは、自分の心と精神のありようや親族の人格によってはまったく説明することができない。その義務について語るとき、私たちはまさに心のなかに一般概念を思い浮かべている。父の概念、配偶者の概念、子どもの概念などである。それでもやはり、個々の家族は、その成員のそれぞれが他の人々から見れば固有の相貌を有しているのと同じように、みずからの歴史を有している。自分の家族のなかで、一連の個人的経験を代価として、私たちはこれらの関係のすべてを区別することを学んできたのである。自分の家族に対して抱く感情ほど、抽象化されておらず、比類のないものと思われるものはほかにない。

言い換えれば、家族とは〔その一面で〕一つの制度である。反省的思考を介すれば、この家族という制度を他のさまざまな制度のなかに位置づけたり、家族のなかにいくつかの機構を見いだしたり、家族機能の本質を理解したりすることができる。その一方で、家族生活は相当数の出来事を含んでいる。私たちはそれを思い起こし、そこに登場した人々の思い出もまた保ち続ける。しかし、家族集団のこの二つの側面は、実際には一つに融合しているのだから、両者を対置したり、別々に考察する必要はない。両者が一つのものだと考えなければ、家族の思い出を呼び起こしたり、再構成したりすることができるということが理解できなくなるだろう。たしかに、どちらかと言えば思考が親族関係のほうに向き、家族の歴史からそれてしまうように見える場面は存在する。たとえば、遺産をめぐって利害が対立して、親族が口論になり、葛藤状態に陥るような場合がそうだ。あるいはまた、個人的な関係が前面に出て、親族が親族であることを忘れているように見え、友人同士が感じるような情動的感覚が示される場面もある。しかし、このいずれかの方向に極端に進んでしまえば家族の外に出てしまうのであって、人は、自分の親族を単なる抽象的な単位としてではなく、また単なる親近感によって接する諸個人としてでもなく扱うかぎりで、家族のなかにとどまるのだということは、誰の目にも明らかだろう。すでに述べたように、親族とは没人格的な規則によって押し付けられる存在なのに、その親族を他の人々以上に慣れ親しんだものと感じ、あたかも自分で選んだかのように、他の人々以上に好んでいるところに、家族の特異なところ、そして少し不思議なところがある。親族関係の概念は、自分の親族の個人的なイメージと密接に結び付いている。自分の視点、あるいは自分の家族集団の視点に立てば、自分の親族のなかの一人は、比類のない、実質的にかけがえのない存在に見えてくるし、同時に家族全員の目にもそのように見えていることがわかる。家族の精神は、この二重の性格をもった思考から構成されている。それは概念であり、同時にイメージ、またはイメージの集合体である。

しかし、宗教的信念についてもまた同様である。一般的には、宗教を実践するとかしないとかといった言い方をされる。つまり、儀礼や秘蹟や典礼の言葉の朗唱や祈禱は、継起するそれぞれの時点で実行され更新されていく行為として、それ自体で永続的な価値と直接的な有効性を有すると見なされているのである。新生児の洗礼は、司祭が執りおこなうその行為が何を意味するのかを、その子が知りえないにもかかわらず、その子を生まれ変わらせる。告解や聖体拝領をするとき、多くの場合人は、それまで重荷に感じていて清められたいと願う罪のことや、将来に期待される善きこととして手にしたいと願っている恩寵のことばかりを考えているものである。このように捉えるとき、宗教上の物事は、時間を超えて存在するように見える。教義は、永遠の真理として正しいのである。ある意味で、宗教的思考以上に抽象的なものはない。崇拝の対象とされ、特にきわめて一般的な属性によって性格づけられている神や超自然的存在を考えるとき、神と人間の関係や原罪、贖罪、恩寵、天国に関する観念を手にしようとするとき、人は象徴をイメージし、言葉を発する。しかし、それらは、自分では把握しきれない現実についての不明瞭な、あるいは言葉のうえでの表現であるということを知っている。もしもそこにとどまるならば、宗教的思考がそれ以外の何ものでもないならば、それは、どのようなイメージにも感覚的現実にも対応しない観念、すなわち、素材を欠いた形式に適用されるものになるだろう。しかし、カントが根本から考察したように、一切の内容を伴わない抽象概念は、行動を導くことはできるかもしれないが、何の教えももたらさない。もしも「理性の限界にある宗教」が、この種の観念にしか立脚しないのであれば、それは、実践道徳以外の何ものでもありえないのである。

しかし、宗教は決してそのようなものではなく、それ以上のものを含んでいる。教義や儀礼が純粋に合理的な動機づけからは説明されない場合、その存在理由は、現在のなかにではなく、過去のなかに求められるにちがいない。事実、どのような宗教も過去の遺物である。それは、遠い昔に終わった、もしくはいなくなった、聖なる出来事や人物の記念にほかならない。少なくとも司祭が、またできれば信者たちが、神格化された人物や聖人に対する信仰を保っていなければ、宗教実践であり続けることはできない。その人物はかつて実在し、ある時代にある場所で行動したのであり、司祭や信者たちの実践は、少なからず象徴化した形で、その人物の身ぶりや言葉や思考を再現しているのだ。したがって、すべての宗教表象は、一般的であると同時に個別的・抽象的であると同時に具体的・論理的であると同時に歴史的なものである。神学的な論証を伴う信仰箇条を検討してみよう。神学は、厳格な推論の方法を、明確に定義された概念に適用する。したがって、信仰箇条は合理的な真理である。しかし、これをもう少し詳細に見てみれば、信仰箇条は、キリストの存在、その言葉と生と死、そしてその復活の現実性を前提としていることがわかる。論理的な真理であると思われたものは、思い出となったもの、あるいはむしろ、はじめから思い出だったものである。

たしかに、その時代や場所や人ごとに、前面に出てくるのは、宗教の論理的な側面だったり、歴史的な側面だったりする。先に示したように、教義派の神学者たちは宗教を論証しようとし、神秘派はこれを経験していると主張する。前者は、教義の時間を超えた一面を強調し、後者は、その起源において、その宗教が生まれた時点で現れていたままの形で、人として姿を見せた神的存在との、思考と感情の合一《コミュニオン》に入ろうと願うのである。しかし、ここでもまた、いずれかの方向へ極端に進んでしまうと、宗教の外に出てしまうことになるだろう。宗教は、観念の体系に帰することはできない。しかし、個別的経験のなかに尽きてしまうものでもない。教義派が神秘派に対置させているものは、頭で作られたものではなく、そこから宗教が生じた出来事についての集合的で伝統的な解釈である。神秘派のほうも、自分たちの固有の感覚を、教会の考え方に対置させているわけではない。彼らの見神や法悦は教義という形をとってはじめて、宗教のなかに呼び込まれる。それらは、伝統的な信仰の枠組みのなかに位置を占めているのである。人々が神秘派の感覚をその枠組みのなかで認めるとすれば、それは、幾何学において定理の応用として出された問題を解くことがその定理の意味を明解にし、より理解を深めてくれるのと同じように、それらが枠組みを全体として強固なものにするからである。

したがって、観念として理解することができない宗教的思考は存在しないが、同時に、一連の具体的な思い出、空間と時間のなかに位置づけることができる出来事や人物のイメージから作られていないような宗教的思考もまた存在しないのである。そのことが示しているのは、そこにあるものが、一方は知的で他方は感覚的であるような二種類の要素、いわば一方のうえに他方が貼り付けられているような、もしくは一方のなかに他方がはめ込まれているような二種類の要素ではないということである。そうではなく、教義の内実は神秘神学がそこに呼び込んでいくものによってこそ充実していくのであり、神秘主義者の経験は、それが教義の視点を取り込んでいけばいくほど先鋭化し、より一層人格的な形で示されるものになる。神秘神学と教義のなかで循環しているのは、同一の実体である。宗教的思考とは、観念としての強制力と一般性を備えた具体的イメージなのであり、もしくは、こう言ってよければ、唯一無二の人物や出来事を表象する観念なのである。

最後に、社会階級について論じたが、それは人々がある種の敬意によって他の人々から区別されることで構成されるものであった。人々は階級のなかでも互いに敬意を払い、他の階級の人々からもそれが示されるのである。旧体制期には、貴族階級は、身分の序列として現れていた。貴族の一員であるためには、その身分のなかのいずれかを占めなければならなかったのである。したがって、貴族の集合意識の前面、および社会が彼らに目を向けるときの社会全体の前面に出てくるものは、この身分の序列に関する観念だった。ある意味で、社会と貴族階級のなかでの区分や下位区分を捉えるためには、その時点での身分の序列の存在理由を理解すれば十分だった。封建時代に最も高く評価されていた戦士としての勇敢さや騎士としての忠誠心といった資質を、その最高の水準で保有していた人や家は、名誉と特権によって、庶民階級よりも上位に押し上げられ、その仲間たちからも、下位に位置づけられた人々からも、尊敬の念を向けられなければならなかった。こうした特典の種類と順序は、その時代の社会組織の定常的な特徴に対応していて、言うなれば、社会の構造のなかに書き込まれていた。そこにはいつでも、彼らの特典を見いだし、読み取ることが可能だったのである。貴族の概念、およびそれに含まれる他のすべての概念の論理的側面、またこう言ってよければ、基本的な受け止められ方は、このようなものだった。しかし、他の側面で、貴族階級は、ある発展の論理、すなわち、その全体では同時代の社会的状況に適合していたとしても、細部では偶発的で予見不可能な発展の結果として、現れてきたものであった。さまざまな貴族の地位は、巧みな立法家が作り上げた枠組み、つまりそれを占めるにいたった人々や彼らのなかのより人格的な部分を考慮の外において作った枠組みだったわけではない。そうではなく、貴族の称号は、父から子へ、世代から世代へ、遺産と同じものとして、ただし精神的で分離不可能な遺産として、継承されていった。その価値の一切は、それを打ち立て、それによって永続化される、栄えある、または名誉ある思い出の数と質のなかにあった。したがって、最初にそれを獲得した人々、いわばその刻印を記した人々、現在の保有者の前にそれをもっていた人々のことを思い起こすことなしには、称号を考えることはできなかったのである。このように、身分の論理的概念の背後には、一群の歴史的事実が見いだされていた。称号は、まさにこのような二つの顔を示していたのである。称号を保持していた人が、たとえば革命が起こったからといって、かつての貴族とのあいだにまったく親族関係をもたない新しい人々にすべてを譲ってしまうなどというのは、考えられないことだった。そうなれば、称号はもはやかつての伝統的な意味での称号ではなくなってしまう。しかし、反対に、社会がそのおこないのなかに、それを成し遂げた者はしかじかの地位を占めるにふさわしく、すでに権利として、はるか昔からその地位を占めていたに等しいというしるしを見いださなかったならば、輝かしい功績も偉業も壮挙も、貴族の地位を授けるには決して十分ではなかった。貴族的な組織の枠組みのなかで、貴族階級の考え方や習慣に従うことによって、貴族志願者は、名誉と勇気の人として振る舞っていたのであり、その褒賞になるべき称号はあらかじめ彼の偉業に結び付いているように見えていたのである。このように、貴族的な考え方のなかでも、事実と観念は区別されるものではなかった。

現代社会では、称号はほぼ消え去ってしまったが、人々は、自分たちの集団のなかで最も高く評価される資質に恵まれた（あるいはそのように見なされている）人間を、庶民階級から区別し、上流階級の成員として敬意を払い続けている。その資質は、職務を最善の形で果たすこと、すなわち、完全に技術的ではない種類の活動、とりわけ、人を知り、当該の社会のなかで認められた、あるいは定着した人間的価値の感覚を有することを前提とするような活動の展開を可能にするものである。したがって、人々は、自分がおこなっている活動の種類を思い描き、それを遂行することができるようになるとともに、自分がその一員である階級についての意識を獲得していくのである。たしかに、司法官や医師や官吏についての、また（営利的な職務に目を向けるならば）産業家や商人やさまざまなカテゴリーの資本家などについての、社会的概念が存在している。しかし、そのような概念は抽象的なものではなく、そのような地位に就くためには、社会の現時点での構造を考察し、そのなかでのさまざまな職務を理解するだけでは十分ではないだろう。それを担っている人を分類するとき、思い浮かべているのは、その職務ではなく、その人たちのなかに想定される資質である。しかし、それらの資質は、人を知り、その判断について知っていることを前提とするので、何よりもまず人物に関心が向けられるような社会環境のなかでしか、生まれ育つことがないし、またその価値が正当に評価されることもない。そのために、たとえば裁判官の概念は、常に、自分たちが知っていた特定の司法官、あるいはそうでなくとも、自分たちの知らなかった特定の司法官についての社会が抱いた判断の記憶を伴っている。上流階級の商人のことを考えるときには、商業活動の一般的な特徴と同時に、個人的な付き合いがあったしかじかの人物、上流の商売にふさわしい高いレベルの能力を有していた人物のことを思い描いたり、あるいは少なくとも、商人自身の目から見てもまた他の人々の目から見ても、商業に属する社会的身分を長く正当化してきた伝統的な商号・社名の思い出を呼び起こしたりしている。

階級を定義するためにある特定の職務に関する抽象的な観念にこだわるとすれば、かなり逆説的な結果にたどり着いてしまうことだろう。というのも、観念は人物を表象できないが、これに対して、階級についての意識のなかでは、人格的資質こそが前面に出てくるからである。しかし、逆に、家族との触れ合いや社交の場のなかで発達した個人的な能力は、それが社会にとって有益な場合、つまりその能力ゆえに社会的な職務の一つを遂行することが可能な場合にだけ、社会の関心を引き付けるものである。したがって、現在と過去の双方に目を向けていないような階級表象は存在しない。というのも、職務は現在にあり、社会生活の恒常的な条件になっているのだが、それを遂行するのに必要な個人的資質を私たちにもわかるほど高度に有している人々は、それを過去においてしか表現しえなかったからである。

記憶の枠組みは、時間的持続のなかにあると同時に、外にある。時間的持続の外にあるものとして、記憶の枠組みは、それ自体のもとになっている具体的なイメージや思い出に、いくらかの安定性と一般性をもたらしている。しかし、枠組みはある部分では時間の流れのなかにとらわれたままである。それは長い水路を下っていく筏に似ている。非常にゆっくりと動いているので、その筏の上を端から端まで渡っていくことができるが、それでも筏は進んでいて不動なわけではない。記憶の枠組みも同様である。私たちは、その枠組みに従って、一連の反省や推論をめぐらせることで、いずれも一般的で時を超えた概念から概念へと渡っていくことができるし、同時に、時間の流れを下ったりさかのぼったりして、一つの思い出からまた別の思い出に移動することもできる。より正確に言えば、私たちがそこを渡っていく方向に応じて、つまり流れをさかのぼるのか、それとも一方の岸から他方の岸に移るのかによって、同じ表象が、ときには思い出に、またときには一般的な概念や観念に見えるのである。

＊

個人は、社会的記憶の枠組みの助けを借りて、みずからの思い出を呼び起こす。言い換えれば、社会が分化してできたさまざまな集団は、個々の瞬間ごとに、みずからの過去を再構成することができるのである。しかし、これまでに見てきたように、ほとんどの場合、集団は思い出を再構成すると同時に、変形してしまう。たしかに、他の人々がその思い出をかわりに保持していなかったならば、個人は、多くの事実やその事実の細部を忘れてしまうだろう。しかし他方で、社会は、社会を構成する個人や集団のあいだに十分な視点の統一が存在しなければ、存続することができない。人間集団の多元性と多様性は、欲求の増大によってもたらされるが、同時に、社会に備わる知的な組織化の力の結果でもある。社会は、個人の寿命の限られた長さに適応しなければならないのと同様に、こうした条件に適応している。人々が家族や宗教集団や社会階級といった限定された集団（さしあたりこれらだけに言及するとすれば）のなかに閉ざされていることの必然性は、限られた寿命のなかに閉ざされていることの必然性に比べれば不可避的でも宿命的でもないのだが、それでも、全体が一つにまとまろうとする社会的欲求と対立しているし、それは、個人の寿命が限られていることの必然性が、永続しようとする社会の欲求と対立するのと同様のことである。そのために、社会はみずからの記憶から、個人を分離させ、集団を互いに遠ざけかねないものの一切を遠ざけようとするのであり、また、それぞれの時代にみずからの思い出を再編し、その均衡の条件の移り変わりに適合させようとするのである。

個人意識だけを考慮するにとどまるなら、そこには以下のような事態が起こると思われる。非常に長いあいだまったく思い返されることがなかった思い出は、変化することなく再生される。しかし、反省的思考が介在するとき、すなわち過去がおのずからよみがえるのに任せるのではなく推論の努力によってそれを再構成するときには、そこにより高い一貫性をもたらそうとするので、過去を変形してしまうことがある。理性あるいは知性こそが、思い出を選択し、そのなかのある部分を取り逃し、その他の部分をその時点での自分の観念にかなう順序で配置してしまう。そこから、多くの変更が生じるのである。しかし、これまでに示したように、記憶とは集合的機能である。したがって、集団の視点に立ってみることにしよう。その場合、思い出がよみがえるとすれば、それは社会がそのときどきに思い出を再生させるのに必要な手段を準備するからだと言えるだろう。そしておそらく私たちは、社会の思考のなかにある二種類の活動を識別することになる。その一つは記憶、すなわち、私たちにとっての基準点として役立ち、もっぱら過去に関連づけられるさまざまな概念からなる枠組みである。もう一つは、合理的活動であり、これは、社会が現状において存在している条件のなかに、すなわち現在のなかにその出発点を置いている。このとき、記憶はこの理性の統制のもとでしか機能しえないだろう。ある社会がみずからの伝統を放棄したり、修正したりするのは、合理的要求を満たすためであり、まさにそのような要求が現れる時点においてではないだろうか。

しかし、なぜ伝統は理性に譲歩するのだろうか。思い出はなぜ、社会によって対置された観念や反省的思考を前にして後退するのだろうか。それらの観念は、言ってみれば、現在の状況について社会が抱く意識を表している。それは、過去にあったものではなく、いま存在するものだけを考慮に入れるような、どんな立場性からも解放された集合的反省から生まれたものである。それは現在である。しかし、たしかに現在を修正することも困難だが、少なくとも潜在的な形でやはり現在に存在している過去のイメージを変化させることは、いくつかの点で、さらにずっと困難ではないだろうか。なぜなら、社会は常にその思考のなかに記憶の枠組みを備えているからである。結局のところ、現在は、それが集合的思考のなかに占める部分を考えるならば、過去に比べて大したものではない。過去から続く表象は過去の社会のなかで集合的な形をとったのであり、そこから生まれる力によって現在の人々に押し付けられる。それは古ければ古いほど、またその表象を採用してきた人の数が多ければ多いほど、集団の広がりが大きければ大きいほど、強力である。こうした集合的な力には、より大きな集合的な力を対置させなければならないだろう。しかし、現時点での観念は、これよりもずっと短い時間の広がりしか有していない。では、伝統に反抗しうるだけの集合的実体の力を、現時点の観念はどこから引き出してくるのだろうか。

可能な説明は一つしかない。現時点の観念が思い出に対抗し、それを凌駕して変化させることができるとすれば、それは、観念が同じくらい古いとは言えないまでも、少なくともより広範な集合的経験に対応しているということであり、(伝統がそうであるように) 当の集団の成員だけのものではなく、同時代の他の複数の集団の成員にも共有されているということである。理性は伝統に対して、より大きな社会がより小さな社会に対するように、対置されるのである。とはいえ、現在の観念は、それが浸透していく集団の成員にとってだけ、真に新しいものである。それは、このような集団の伝統とぶつかりあうことがなかったさまざまな場所で、自由に発展し、それ自体が伝統の形をとることができた。集団がみずからの過去に対置させるもの、それはみずからの現在ではなく、みずからが同一化しようとしている他の集団の過去 (それはごく最近のものであるかもしれないが、いずれにせよ) なのである。

本書では次の点を見てきた。家族が強固に構成されている社会では、その家族が外部からの影響に対してみずからを閉ざす傾向にあり、あるいは少なくとも、自分たちの精神や考え方にかなうものだけをより分けて浸透させる。しかし、まず、その成員の一人が他の家族の成員と結び付いて新しい家族が形成されることによって、家族生活の連続性が断ち切られるということが起こりうる。このとき、その新しい家族がいずれかの古い家族の延長にすぎない場合でも、新たな個人が加わるとともに、その人が経験してきた雰囲気の一部がそこに呼び込まれ、精神的な環境が変化していくことになる。今日の社会で広くそうであるように、個々の婚姻が実質的に新しい家族集団の出発点をしているのであれば、その夫婦の双方が自分の親たちと触れ合うなかで身に付けてきた伝統や思い出を忘れないとしても、彼らはその親たちよりもずっと、外部の潮流に開かれていることだろう。まだ若い夫婦は、何が自分たちを他の夫婦から区別しているのかを把握し、明確に意識する以前に、「外に向かって自分たちを開いていく」。他方、やはり今日の社会では、家族は、友人の家族や社交の場で出会った家族と関係をもつだけでなく、それらを媒介として、ますます頻繁に、さらに多くの他の家族と、いくつもの家族がそこに身を置いている社会的世界全体と関係するようになる。その世界には、特にどれか一つの家族を引き合いに出すのではなく、すべての家族に課せられる習慣や信念が生まれ、広がっているのである。このようにして、家族は周囲を取り巻く社会の浸透を受け入れるものになる。その構造を規定している規則や習慣やその成員相互の義務が、この社会によって固定され、家族に課せられているのだから、ほかにどうありようがあるだろうか。そもそも、ある家族がみずからについて抱く考え方はそれ自体、多くの場合、他の家族がその家族について抱いている考え方に依存してはいないだろうか。

こうした新しい観念は、家族の伝統的な信念に取って代わり、新しい光のもとでその家族自身の過去を提示する。新しい観念は、それが家族それ自体の内部に生まれたものだったならば、たとえば、その成員の一部が突然に感じた独立や刷新の欲求に応えるものだったならば、その課題には成功しないだろう。そのような一時的な抵抗や反抗は、すぐにも伝統が打ち負かしてしまうだろう。すべての家族が一致して家父の絶対的な権威を認め、婚姻の破棄を許さないような孤立した社会では、平等や自由の名のもとになされる個人の要求が反響を呼び起こすことはないだろう。原理は原理によって、伝統は伝統によってだけ置き換えることができる。実際に、新しい原理や伝統は、一部の家族や、家族の集合体のなかにすでに存在していたものであり、それらの家族は、より古い伝統や原理が浸透している他の家族と同じ社会のなかに含まれていたのである。この新しい原理や伝統を存在させていた家族は、さまざまな事情によって、過去に定められた信念の圧力を多少なりとも免れていたのである。過去の威信よりも現在の状況に敏感なそれらの家族は、人間とその行為に関する新しい視点を採用していった。たしかに、少なくとも当初は、このような家族は例外的で少数だった。しかし、それらの家族を他の家族とは別のものにしていった条件がさらに更新され、明確なものになっていくにつれて、その数は増えてくる。それらは、個々の伝統が家族集団のあいだに立てる障壁が低くなり、家族生活が個人全体を包摂しなくなり、家族が拡張して、部分的には他の集団形成の形式に溶け込んでいくような社会の特徴を描き出す。その観念や信念は、そこに古い家族が吸収されていくであろう、より大きな広がりをもった集団の、生まれつつある伝統を体現しているのである。

また、先に見たように、すべての宗教は、その真の原泉に関わるものとして、その出現をしるしづける啓示や超自然的出来事に結び付けられている。しかし、そこに結び付けられているのは原泉だけではなく、ある意味でその宗教の全体であると主張しうるだろう。つまり、教会の神父や、公会議や、神学者や、司祭の役割は、それぞれの時代において常に、単純に、キリストと最初の数世紀間のキリスト教徒たちが言ったこと、おこなったことのすべてをよりよく理解することにあったのである。キリスト教は、それが実践されたさまざまな環境によって規定されて展開してきたように思われるのだが、それに対して教会は、ただ一つの発展しか存在しなかったのだと主張する。あたかも、特定の思い出にそのまなざしと思考を固定させることによって、信徒たちは、時代を経るにしたがってその新たな細部を見いだし、その意味をよりよく理解するようになったのだと言うかのようである。しかし少なくとも、信徒は自分たちの宗教のなかに、それぞれの時代ごとに同一ではない条件のなかにあっても、自分たちの行動を導くことができるものを探し求めている。彼らがさまざまに異なる答えを受け取るのは当然である。だが、それらの答えははじめからその宗教のなかに含まれていたものだということになる。それは、その宗教が時代を経るなかで見せるさまざまな様相、ただしいずれも等しく実質的な様相を表しているにすぎないのだとされる。そうだとすれば、宗教の基盤にある思い出は、人々がそれを現在に結び付け、そこから新たな用途を引き出していくなかで、変形され変質していったのではなく、より見識豊かなものになっていったのだと言わなければならないだろう。

しかし、キリスト教の教義がどのように構成されてきたのか、次々とどのような形式を踏んでそれが今日にいたるまで示されてきたのかを研究していくと、まったく異なる結論にたどり着く。原始キリスト教のなかに、それ以降ずっとキリスト教の構成要素をなしてきたもののすべてが渾然とした形で含まれ、それがのちに発展をとげてきたわけではないのである。次々と付け足されていく形で、新しい観念や視点が加えられてきた。古い原理を発展させるのではなく、人々は多くの点でそれを制限してきた。しかし、ある部分では原始キリスト教には無縁で、あとからそこに組み込まれていった新しい観念は、古くからの所与に対する単なる反省の努力によってもたらされたわけではない。どのようなものの名のもとで、どのような力をもって、反省的思考や個人的直観が伝統に対抗しえたのだろうか。人々は単なる論理的必然に従うわけではない。新しい要素のなかの、ある部分は古いものよりも合理性を欠くように見えるかもしれないし、もとより人々は多くの矛盾を受け入れてきたのである。しかし、これらの観念の一部は、ある程度古くから存在していたのであって、キリストの預言にまだ触れていなかった集団のなかで、人々はそれを信じ、そこから着想を得ていた。しかも、原初のキリスト教会は、いくつかの側面では互いに独立的に発展してきた多数の共同体を包摂していた。教会が、公式の真理のなかには加えることなく黙認していたいくつもの教え、すなわち教会が異端として非難しながらも、やはりひそかに存続してきたその他の教えが存在していたのであり、その一部は少なくとも、最終的には教義の本体の一部に入り込んでいった。ここでもまた、外部の伝統が、内部の伝統との葛藤状態に入り、競合するようになったのである。たしかに、教会はこの新たな参入者のなかからより分けをおこなってきた。しかし、教会は、より大きなキリスト教共同体に共有された伝統と同等の役割を果たしうるような観念であれば、きわめて寛容に迎え入れていったことを示せるだろう。言い換えれば、教会は古くからあるみずからの伝統を、より最近の一群の信念のなかに置き直していったのだが、それらの新しい信念は、教会がこれらと一つになってより大きな宗教社会を形成しうると期待された複数の集団に由来するものだった。にもかかわらず教会がプロテスタンティズムを退けたとすれば、それは信仰の自由検討という教義によって、プロテスタンティズムが個人の反省を伝統の上位に置いていたからである。キリスト教の思考は他の集団的思考とのあいだであれば妥協を許しえたのであり、同様に、その伝統は他の伝統に対してならば適応しえたのである。

私たちが階級と呼ぶ社会集団は、人々がその社会のなかで最も評価されている種類の資質を有しているか、有していないかによって分けられている。しかし、社会が存続する状況は変化を被らざるをえず、時代を経るにしたがって、集合意識が重視する資質が同じものではなくなることがある。したがって、上流階級に対して、その優越性についての異議が唱えられる時期が存在する。それが、過去の評価の体系に基礎づけられているからである。では、どのような条件のもとで、古い称号に立脚する者たちと、それを奪い取ろうとする者たちとの闘いがおこなわれるのだろうか。古い伝統が遭遇する障害とは、現在の状況であると考えられるだろう。新しい欲求はすでに生まれていて、古い伝統に根ざす社会はもはやそれを充足することができない。社会は、その構造を変えなければならないのである。しかし、社会は、その過去から解放されるのに必要な力をどこに見いだすのだろうか。そして、どのような筋道をたどって、みずからを再構築するのだろうか。社会は、その制度が強固な集合的信念のうえに立ってはじめて、存立しうるものである。だが、そのような信念は、単なる反省的思考から生まれるものではない。支配的な世論を批判して、それがもはや現在の状況にはそぐわないことを示し、悪弊を非難し、抑圧や搾取に抗議するだけではだめなのである。社会が古い信念を放棄するのは、そこにまた別の信念を見いだしうると信じられるときに限られる。

実際に、貴族階級は、社会のなかのかなり広範な部分のなかに、戦争での武勲の達成よりも有益な種類の活動があり、貴族の地位を授ける資質以上に貴重で立派な資質が存在するのだという信念が植え付けられてはじめて、その特権を手放すことが可能になったのである。協同組合が作る自由都市のなかで、商人や職人の集まりのなかで、人々はそのような考え方になじんでいった。こうした集まりのなかから、すでに伝統という形をとった観念が生まれ、それが貴族自身の世界にも浸透していったのである。貴族の特権が後退していったのは、人々がそれ自体を批判したからではなく、それに対して、同様に伝統的な信念に基礎づけられた他の特権を対置したからである。しかし、その次には、産業と商業の条件が変わっていくにつれて、このブルジョア的伝統に攻撃が加えられるようになった。金融家や実業家の集まりのなかで、また同様に、現代の経済手法に最もよく通じている産業家や商人の世界のなかで、つまりは、古い産業の伝統やかつての個人主義的商業が持続しているような階級の外部で、新しい資質の体系が評価され始めたのである。古くからのブルジョアジーが、その伝統を修正し、集合的力の感覚、生産と流通の社会的流行の把握、適材を適所に配置して働かせ、使用する能力といった新しい観念のいくつかを採用するとすれば、それは、これらの観念のなかに、進歩的な人間からなるかなり大きな集団によってしばらく前から共有されている信念を認めたということであり、それらの観念の背後に、組織化されつつある社会、古い伝統でも事足りていたときよりも大きく複雑な社会、そしてすでにある程度の一貫性を備えている社会を、見いだしたということなのである。

要するに、社会的信念は、その起源がどのようなものであるにせよ、二重の性格を有しているものである。社会的信念は、伝統あるいは思い出であり、同時に、現在の知識から生じた観念であり取り決めでもある。（この意味で）純粋に取り決めに基づく社会的思考があるとすれば、それは純粋に論理的なものになるだろう。それは、現時点での状況のなかでふさわしいものしか認めないだろう。それは、集団のすべての成員から、彼らを少しでも過去に引き留めるすべての思い出を、彼らがある部分では今日の社会に生きながら、また別の部分ではかつての社会に生きることを許すような思い出を、消し去ることに成功するだろう。他方、純粋に伝統的な社会的思考があるとすれば、それは、その古い信念に少しでも抵触するような観念、さらには事実を、一つとして入り込ませようとしないだろう。したがって、いずれの場合にも、社会は、現在の状況に対する意識と伝統的信念に対する愛着とのあいだに、どのような妥協も許さず、いずれか一方に完全に同一化してしまうだろう。しかし、社会的思考は抽象的なものではない。それが現在に対応し、現在を表現するときでさえも、社会が保有する観念は常に個人または集団のなかに具現化している。称号や美徳や資質の背後に、社会的思考はすぐにもそれを保有する人々を見る。あるいは、集団や個人は時間の流れのなかに生きていて、人々の記憶のなかにその痕跡を残している。その意味で、同時に社会の思い出ではない社会的観念は存在しない。しかし他方で、社会が、みずからの記憶に強い刻印を残した人や出来事を、純粋に具体的な形でつかみ直そうとしても、そうはいかない。あらゆる人物や歴史的出来事は、社会の記憶のなかに入り込むや否や、ある情報、概念、象徴へと置き換えられる。それは意味を受け取る。そして、社会の観念体系の一要素になる。このようにして、伝統と現時点の観念とが調和しうるということが説明される。つまり、実際のところ、現時点での観念は同時に伝統なのであり、それぞれは同時に、また同じ資格で、言うなればそこにみずからが生命力を得た、過去もしくは最近の社会生活をよりどころにしているのである。ローマ帝国の神殿《パンテオン》は、それが祭礼であるかぎり、すべての祭礼を保護していたが、それと同様に、社会は、それが伝統であるかぎり、すべての伝統を（ごく最近のものであっても）許容する。同様に、社会は、それが観念であるかぎり、すなわちそれが社会の思考のなかに位置を占めることができ、今日の人々の関心をまだ引き付け、人々がそれを理解しうるものであるかぎり、すべての観念を（きわめて古いものであっても）許容する。したがって、社会の思考とは本質的に記憶であり、その内容のすべては集合的思い出から作られたものでしかない。ただし、さまざまな思い出のなかでも、それぞれの時代に、その時点の枠組みのうえに作動する社会が再構成しうるものだけが、その一つひとつだけが、存続していくのである。

注

（1）これがおおよそアンリ・ピエロン（Henri Piéron）が論じていることである。「こうした（言語的）象徴体系の介入によって、感覚的支点の役割は著しく明確さを失っていく。注意は、それによって象徴が呼び起こされた感覚的形態よりも、象徴がもつ喚起力に向けられるからである。感覚的形態は、単純に視覚的だったり、聴覚的だったり、運動感覚的だったり、あるいはその混合であったりするにせよ、二次的な重要性しかもたないのである」（Piéron, *op. cit.*, p. 25）

（2）Ulrich von Wilamowitz-Moellendorff, *Platon*, 1er Band, Weidmann, 1920, p. 348 sq. たしかに、『国家（*République*）』507b（ステファヌス版全集〔H. staphanus, *Platonis opera quae extant omnia*, 1578〕のページ・段落を示す）では、観念は完全にイメージから切り離されている（それが、形相〔forme〕と訳すことができるエイドス〔ειδος〕と呼ばれるとしても）。したがって、観念は論理的概念として現れうる。こうした方向づけのなかで、プラトンとその弟子たちの思考は、弁証術と学校での教育の影響下に展開したにちがいない。しかし、それは事後的な発展である。

訳者あとがき

鈴木智之

本書は、モーリス・アルヴァックス（Maurice Halbwachs）『記憶の社会的枠組み（*Les Cadres sociaux de la mémoire*）』の全訳である。原著の初版は一九二五年にアルカン書房（Librairie Alcan）から刊行されたものだが、本訳書は、アルバン・ミシェル社（Albin Michel）による九四年の版に基づいている。ただし、この版に付された、ジェラール・ナメールによる「後記」は訳出しなかった。七十ページに及ぶ「後記」を加えると、本訳書のボリュームがあまりにも大きなものになってしまうことを考えての判断である。しかし、ナメールの解説には、本書の内容と成立文脈の理解を助ける豊かな情報や見解が含まれているので、その一部は以下の「あとがき」のなかで紹介する。

1　著者のプロフィール

著者については、既出の翻訳書でも紹介されているが、フランス社会学の専門家以外には、その経歴や業績の全体像が広く共有されているようにも思われないので、あらためて略歴を示しておこう。

モーリス・アルヴァックスは、一八七七年三月十二日、フランス北東部・マルヌ県の町ランスに生まれる。彼の父親ギュスターヴ・アルヴァックスは、アルザス地方出身のドイツ語の教員で、七一年のドイツによるアルザス併合の際にフランスへの帰属を選択した人物である。モーリス・アルヴァックスの学問形成を考えるとき、この出自の環境でのドイツ（語）文化との近接性は、少なからぬ意味をもっている。みずからもドイツ語に堪能だったモーリスは、マックス・ウェーバーの社会学をいち早くフランスに紹介し、またグスタフ・フォン・シュモーラー、ヴェルナー・ゾンバルトなどの歴史学派の経済学を学び、その批判的検討を通じてみずからの理論的立場を鮮明にしていった。また、一九〇四年には、ゲッティンゲン大学に留学し、ゴットフリート・ライプニッツの未発表原稿の研究にも着手している。

しかし、アルヴァックスの知的自己形成とキャリア形成は、フランスの教育機関の中心的な場でなされていったと言えるだろう。リセ・ミシュレからリセ・アンリ四世に学んだアルヴァックスは、アンリ四世校のカーニュ（グラン・ゼコールへの進学準備クラス）で哲学の教員をしていたアンリ・ベルクソンに出会い、この哲学者から多大な影響を受けたことが知られている。その後、一八九八年、パリの高等師範学校に入学。シャルル・ペギー、リュシアン・エール、ジャン・ジョーレスなどに出会い、社会主義思想に接近し、政治的な論戦にも加わるようになる。フランス各地のリセで教鞭を執りながら、社会学領域での研究活動を継続。フランソワ・シミアンの仲介によってデュルケムおよびデュルケム学派の社会学者たちと接するようになり、一九〇五年から「社会学年報」へも寄稿するようになる。〇九年に「パリにおける土地収用と地価」で法学博士号を、一二年には「労働者階級と生活水準」および「平均人の理論――ケトレと道徳統計についての試論」で文学博士号を取得。一八年、カーン大学の哲学講師に、一九年、ストラスブール大学で社会学と教育学の教授に就任（同じ時期に、ストラスブールには歴史学者リュシアン・フェーヴル、マルク・ブロック、心理学者シャルル・ブロンデルがいた）。三七年にはソルボンヌ大学の教授となり、「科学の論理と方法」を講じる。三九年には「社会学」を、四一年には「社会経済史」を担当し、四四年にはコレージュ・ド・フランスの「集合心理学」の教授に就任している。

このように、フランスの高等教育の世界で順調に経歴を積んでいったアルヴァックスだったが、ドイツ占領下の一九四四年七月二十六日、社会主義的思想を理由としてゲシュタポに捕らえられ、八月二十日、ブーヘンヴァルト収容所へ送られる。劣悪な環境のなかで赤痢にかかり、四五年三月十六日、非業の死を遂げる。

アルヴァックスは、その研究者としてのキャリアを通じて、多岐にわたる課題に取り組み、精力的に論文・著作の執筆を続けた。前述の博士論文以外に、主な著書だけでも、一九二五年に『デュルケムにおける宗教的感情の起源』と『記憶の社会的枠組み』（本書）が刊行され、『自殺の諸原因』（一九三〇年）、『労働者階級における欲求の発展』（一九三三年）、『集合心理学』（一九三八年）、『社会形態学』（一九三八年）、『聖地における福音書の伝説的地誌』（一九四一年）と続き、さらに没後、『集合的記憶』（一九五〇年）と『社会階級の心理学』（一九五五年）が出版されている。アルヴァックスは、「異端のデュルケム派」（Gilles Montigny, *Maurice Halbwachs: Vie, oeuvre, concepts*, Ellipses Marketing, 2005, p.3.）とも評されるが、フランス社会学派第二世代の中心的担い手の一人であったことは間違いない。日本語でも、『社会階級の心理学』（清水義弘訳、誠信書房、一九五八年）、『集合的記憶』（小関藤一郎訳、行路社、一九八九年）がすでに刊行されている。

2　『記憶の社会的枠組み』について

では、『記憶の社会的枠組み』は、どのような位置にある著作なのだろうか。

社会学史の文脈で振り返ってみると、本書はまず、エミール・デュルケムの集合意識論を引き継ぎながら、多元的に分化した社会集団の統合と分節化に果たす「記憶」の役割を明らかにしようとした書物として位置づけられる。ただし、デュルケム社会学に対しては、継承と批判の二側面を含みもっている。周知のようにデュルケムは、産業化の進展に伴って分化し、個人の人格的自律性を高めていく近代社会が、いかなる原理のうえに統合されうるのかを問い、集合意識が個人存在に及ぼす道徳的な力の意義を強調していた。アルヴァックスはこの問題意識を受け継ぎ、社会集団の構成に関わる「表象」と「記憶」の重要性を語る。しかし、「集合的なもの」が社会統合に果たす役割だけでなく、社会集団の分節化と対立をもたらす一面にも鋭く目を向けていた。本書を通して読むと、家族集団や宗教集団、社会階級は、それぞれに固有の記憶を有していて、それらは一つに融合するというよりも、相いれない性格を保ったまま、並列的な形で社会を編成しているという印象を受ける。また、本書の第6章では、「宗教」をまさに「記憶」の体系として論じているが、宗教集団（特に、キリスト教会）で共同化される「思い出」は、社会全体を統合に導くというよりも、他の社会領域からの影響を排除しようとして、相対的に閉じた自律的意味世界を構成するものと見なされている。またアルヴァックスは、社会の階層的分化と階級の生活条件に関する実証的研究にいち早く取り組んだ社会学者であり、その際、物質的・経済的基盤の規定力を一面的に強調するのではなく、諸階級の生活条件に「表象」を与えていく精神や意識のはたらきを重視する立場を打ち出していった。しかし、本書の第7章を読むと、階級社会を構成する記憶は、必ずしも全体社会の統合に貢献するものとしては語られていない。社会の分化と統合という問題系のなかでの、デュルケム社会学との連続性と不連続性。これをどのように読み取るかが、アルヴァックス理解の一つの鍵である。

また別の学説史的文脈に立てば、本書は、近年ますますその重要性を認められつつある「記憶の社会学」の嚆矢として位置づけることができる。十九世紀から二十世紀の初頭にかけてのヨーロッパでは、「記憶」への問いが、文学や人間科学の領域で大きな意味をもって浮上していた。文学史研究者リチャード・ターディマンが言う「記憶の危機（memory crisis）」、すなわち過去の出来事の思い出が現在の生活にうまく接続せず、記憶が過剰な負担となって現れたり、現在の生を支える記憶が欠落（不足）しているように感じられたりする状況が持続的に現れていたのである。ターディマンは、著書『現在の過去』で、十九世紀——一七八九年から一九一五年まで——のヨーロッパ、特にフランスで「過去との関係の不確かさがとりわけ強度を増していった」のだと論じ、その痕跡を同時代の文学のなかに広く読み取っていった（Richard Terdiman, *Present Past: Modernity and the Memory Crisis*, Cornell University Press, 1993.）。「記憶をめぐる人文学」の系譜をたどったアン・ホワイトヘッドは、この著作を参照しながら、フロイトやベルクソンによる記憶論を、「記憶の危機」の亢進のなかから生まれたものと位置づけている（Anne Whitehead, *Memory*, Routledge, 2009、アン・ホワイトヘッド『記憶をめぐる人文学』三村尚央訳、彩流社、二〇一七年)。このように文学、心理学、哲学の領域で構成されてきた「記憶」への問いを、社会学のなかにはじめて明確な形で呼び込んだのが、アルヴァックスである。ポール・コナトンが言うように、アルヴァックスは社会にとっての記憶の重要性を認めただけでなく、「記憶の社会的構築の方法に継続的・組織的な関心をもち続けた社会理論家」であった(Paul Connerton, *How Societies Remember*, Cambridge University Press, 1989、ポール・コナトン『社会はいかに記憶するか——個人と社会の関係』芦刈美紀子訳、新曜社、二〇一一年、六三ページ)。記憶は個人心理のうちに閉じた現実ではなく、人々は他者との関係のなかで、社会集団の一員として過去を想起するのであり、記憶と想起の可能性は現在の社会生活の文脈に強く依存している。集団の生活のなかで想起される過去は、個人的事実としての記憶を構成するだけでなく、集団のメンバーによって「集合的記憶」として組織され、共同化されていく。「記憶の社会学」の起点となるこのテーゼを最初に打ち出した著作が『記憶の社会的枠組み』だった。

ただし、「記憶の社会学」の創設者という一面だけを強調してアルヴァックスを論じるのは、彼の社会学の全体像に対してフェアなものではないかもしれない。(本書の刊行もその傾向を後押しするかもしれないが)彼が残した知的遺産を「記憶論」の文脈に回収してしまうのは、多岐にわたる研究成果の蓄積から見れば、ややバランスを欠いた評価だと言わざるをえないだろう。

ともあれ、『記憶の社会的枠組み』は社会学史の展開のなかでかなり大きな役割を果たした重要文献の一つである。にもかかわらず、長く日本語訳は刊行されなかった(初版の刊行からすでに一世紀近くがたち、アルバン・ミシェル版からも二十年以上が過ぎてしまった)。しかし、自分でこの仕事を手掛けてみると、なかなか翻訳が出なかった理由もわからなくはない、という気になる。正直に告白すれば、何度途中で放り出してしまいたくなったかわからないし、自分の力量には見合わない難しい作業であると感じられた。それは、理論的に難解であるとか、文体が修辞的に凝っていて解読に手間取る、ということではない。むしろ本書が、著者の試行錯誤のプロセスをそのままさらけ出していることに起因しているように思われる。

では、アルヴァックスは、ここで何を試み、どのような思考の筋道を示しているのだろうか。『記憶の社会的枠組み』は、大きく二つのセクションに分かれている。前半の第1章から第4章まででは、主に哲学や心理学の研究を批判的に検討し、記憶は個人的事実としては成立しておらず、すべての「思い出」は「社会的枠組み」の作動のうえに可能になっていることを論じている。これに対して、後半の第5章から第7章では、それぞれ「家族」「宗教集団」「社会階級」を主題化し、さまざまな社会集団が、歴史的過程のなかでいかに過去を想起しているか、「記憶」という観点から見たときに各集団の個性をいかに記述しうるのかを問うている。あえて単純化すれば、前半は「記憶の枠組み」論であり、後半は「集合的記憶」論である。前半は心理学のフィールドに社会学的な視点を持ち込み、後半は社会学本来の舞台に戻って論を展開している、と言い換えてもいいだろう。

翻訳という観点から見て厄介なのは、とりわけ前半部分である。後半部分でも、アルヴァックスの豊富な知識、特に宗教史の知識に私（訳者）の認識が追いつかず、文意の理解は必ずしも容易ではなかったのだが、これに加えて第4章までは、テクストの構成そのものが読みを妨げるように感じられる。前半部では特に、自他の視点が次々に移り変わり、「ある人の見方からすればこうなるだろうが、別の見方からはこういう反論もあるだろう」という形で、うねるような論述が続いていくからである。論理の展開を懸命に追いかけていても、いま読んでいる（訳している）一節がアルヴァックス自身の立場から発せられているのか、それとも論敵の視点に立って仮想された意見なのかがつかみにくい。そこにいつの間にか生じている視点の移動を捉え損ねると、何がどう主張されているのかがたどれなくなってしまう。少なくとも私には、迷路のようなテクストに思えた。それだけに、翻訳にあたってはこの点にかなり注意を向け、「このような視点に立てば」「あるいはこのように言う人もいるだろう」というような語句を積極的に挿入している。その結果として、筋立てや論理展開を追いきれる訳文になっているかどうか、読者のご批判を仰ぎたい。

ご存じの方も多いはずだが、本書には、ルイス・コーザーの手による英訳書（Maurice Halbwachs, *On Collective*

Memory, Lewis A. Coser trans., University of Chicago Press, 1992.）がある。ただし、コーザーは本書の前半部分については全訳せず、各章のサマリーだけを示している。その理由については、第1章から第4章まではおおむね後半部分のための「準備的」な考察だから、と注に記している。たしかに社会学者の視点から見れば、そこでの論述は冗長な思弁に終始しているようにも見え、「要約」ですませるというのは一つの判断だったと言える。しかし、いま『記憶の社会的枠組み』を読み返すうえで特に興味深く感じられるのは、むしろこの前半部分でのアルヴァックスの悪戦苦闘の跡をたどることにあるようにも思える。ベルクソンをはじめ、フロイト、ブロンデル、デルブッフなど、「記憶」を主題とした名だたる研究者たちの思考に対して、あえて彼らの土俵に上がって正面から闘いを挑んでいる。そうすることで、一体アルヴァックスは何をしようとしていたのか。なぜ「記憶の社会性」という視点に、これほど強くこだわらなければならなかったのか。それを問うことは、「記憶の社会学」がどのような思考の文脈から立ち上がってきたのかを考えることでもある。

3　記憶の社会学の生成文脈

ナメールがアルバン・ミシェル版に寄せた「後記」でも、なぜアルヴァックスがこの時期に「記憶の社会学」に取り組んだのかが問われている。「一九一四年以前からすでに、政治経済学的統計や欲求や労働者階級の社会学の専門家として認められていたアルヴァックスがなぜ、心理学の教育をまったく受けてこなかったにもかかわらず、四年から五年かけてこの本に取り組んだのであろうか」（Maurice Halbwachs, *Les cadres sociaux de la mémoire*, Albin Michel, p.318.）

この問いに答えるためには、アルヴァックスが置かれていた歴史的状況の多層性を考慮に入れなければならない。ナメールの解説を参照しながら、いくつかの関連文脈を確認しておこう。

ベルクソンとの闘い

そもそも、なぜ「記憶」が問題なのか。ナメールによれば、その背景にはまず、十九世紀の末から一九一四年の戦争までの期間に顕在化してきた、近代主義の問い直しと、伝統への回帰や記憶の召還の動きを見ることができる。「民主的で産業的で近代的な都市社会」への容易ならざる移行のプロセスは、ヨーロッパ全域で「加速と危機の様相」をもって経験されている。そのなかで、合理主義や民主的および科学的な進歩への信頼は大きく揺らぎ、世俗化と近代化の帰結を再審しようとする知的潮流が生まれてくる。フランスでは、君主制への回帰と、農村的で地域的な文化の復活を求める「伝統主義」の思潮が高まる。「ブーランジェ将軍が共和国に反旗を翻す最初の軍事的襲撃を企て、これが失敗に終わった後は、バレスが反共和主義的な記憶のイデオロギーを打ち立てることになる」。「幻想の「民族（エトニー）」にもとづくレイシズム」、「農村的で、反パリ的で、反産業的なポピュリズム」。この思想が想定する「物質的で無意識的な記憶」、「農村的なものの基底をなす存在を作り上げている大地の記憶」。「そうしたものが、共和主義的思想家であったアルヴァックスが遭遇した、第一の敵」（*ibid.*, p.301.）だったのである。

伝統や記憶の名のもとに、合理主義的な思想や進歩主義的な価値観が攻撃される状況。それは、同時に、デュルケム学派の社会学の正統性が危ういものとなる場面でもあった。そして、この文脈で、ベルクソンの思想との対峙があらためて大きな課題として浮上してくる。「第一次世界大戦が終わり、デュルケムが死去したあと、ベルクソンだけが残る。ベルクソンは勝利をおさめ、合理主義にも社会学にも打ち勝ったように見える」（*ibid.*, p.305.）。この局面で、「心理学に対する社会学の勝利、スピリチュアリズムに対する合理主義の勝利」を取り戻すこと。それが、アルヴァックスの知識人としての思想的課題であり、同時に、デュルケムの継承者の地位をめぐる争いのなかでの戦略的課題でもあった。ここに、「一九二五年になって突然ベルクソンに噛みつこうとした」（*ibid.*, p.318.）理由がある、とナメールは見るのである。

たしかに、こうした文脈を置いてみると、本書前半の論述の意味が、ようやく理解可能なものになるように思える。実際、第4章までの考察を導いているモチーフは、ベルクソンの記憶論、とりわけ『物質と記憶』に示された「記憶＝イメージ」実在論の批判的な問い直しにほかならなかった。

周知のように、ベルクソンは『物質と記憶』で、「精神の実在性」と「物質の実在性」をそれぞれに肯定し、両者が交差する地点に「記憶」の領域を見いだしていた。それによれば、人間主体は、一面において、身体として現在時の世界に接していて、それぞれの時点での行動の必要に応じて外部世界の知覚を構成している。他面において、身体は「過去が未来のなかに絶えず進入してゆくその可動的先端部」(Henri Bergson, *Matière et mémoire: essai sur la relation du corps à l'esprit*, F. Alcan, 1896、アンリ・ベルクソン『物質と記憶——身体と精神の関係についての試論』竹内信夫訳〔「新訳ベルクソン全集」第二巻〕、白水社、二〇一一年、一〇七ページ)にほかならず、主体は過去とのつながりのなかで時間的な持続を生きている。このとき、過去は二つの異なった形式のもとに存続するのだとされる。一つは「運動メカニズム群」として。つまり、以前の経験が運動の態勢を身体のうちに作り出し、過去の反復的な再演として現時点での行動を可能にするという形ではたらきかける。もう一つは「イメージ記憶群」として。すなわち、過去の各時点で経験した状況のイメージが保持され、それらが継起した順序に従って呼び起こされていくという形で再現前化されるのである。ここで、記憶の領域にある過去のイメージ(思い出)は、それ自体としては純粋な精神的実在であり、脳神経システムのような物質的実在に何ら依存せず存続するものとされている。ただし、その思い出が具体的なイメージとして現働化する際には、純粋な記憶のままではありえない。現在の世界にあって常に行動を目指している意識主体は、過去の経験の総体を想起するのではなく、「過去の知覚群のうちから、現在の知覚と有機的に結合され」、行動にとって「役立つ」ものだけを選んで「物質化」しているからである(同書二〇〇ページ)。しかし、ベルクソンによれば、各瞬間に想起される記憶が限定的・部分的であるということは、その他の「過去のイメージ」が消失してしまったということを意味するわけではない。過去は、潜在的にはすべて想起可能な形で、全体的に存続している。ここから、有名な逆立ちした円錐形のモデルが導き出される（本書第4章訳注〔3〕を参照）。現在時に主体は円錐の頂点に位置し、物質的・空間的世界に接触し、この平面を構成するすべてのイメージ群から発出される作用を受け取っている。他方、過去の総体は円錐の底面にあって、失われることなく存続しているが、主体は現時点での行動に有用な一部分しかイメージとして再現前化させない。ただし、主体が現在時の関心を離れ、自由に過去の想起へと向かえば、意識に現れる思い出の平面は次第に底面へと近づき、想起されるイメージはより広く、より細密なものになっていく。こうしてベルクソンは、物質的実在に規定されない精神的実在の所在として、過去のイメージの総体がそのままの形で保持されている次元（純粋記憶）を想定したのである。

アルヴァックスが本書で批判しようとしているのは、現在の行動と思考の枠組みから完全に自由な「過去」そのものの実在という、このベルクソンのテーゼである。このとき、デュルケム派の社会学者としてのアルヴァックスが、現在時の知覚や行動、さらには過去のイメージの想起を限定する論理を、徹底して「社会的」なものと見ていることに留意しておくべきだろう。人々が何かを知覚し、思考し、何かを思い起こすときには、社会生活のなかで人々が共同的な意味世界を構成するために必要な概念や言語、あるいは共通の経験に基づく理解や想起の枠組みが介在する。そこには、人々が所属する集団にとっての合理性、つまり社会的理性とでも呼びうるものがはたらいている。アルヴァックスから見て、ベルクソンの議論は、この社会的理性の外部に「精神的《スピリチュアル》なもの」の依り代として「記憶」を位置づけてしまうものにほかならなかった。本書が否定しなければならなかったのは、「社会的なもの」（そのためにまた「合理的なもの」）と「記憶」とを対立項として置いてしまう、このベルクソン的なヴィジョンだった。

記憶を、集合的生活によってもたらされた思考の枠組みの外部に置いて実体視する思想を批判し、人々による想起の営みを「社会的なもの」として位置づけ直そうとする。このアルヴァックスの試みは、記憶の社会学的な研究を準備するためのものと見るだけでは、十分に捉えきれないように思える。ベルクソンもまた、現実の想起の場面では「純粋な状態にある記憶」がそのままよみがえりはしないことを認めているのだから、過去のイメージがその時点での経験のままに存続する可能性を完全に否定しなくとも、記憶の社会学的探究の遂行が妨げられることはない。ところがアルヴァックスは、社会生活上の必要性から解放された「夢」の体験を隈なくたどり、そこにも「過去のイメージ」そのものの再現は起こらないことを必死に証明しようとし、人々が思い出を位置づけようとするときにも常に「社会的枠組み」が先行していることを論証しようとする。いささか不器用で、かなり執拗にも思える、この追求の徹底ぶりは、ベルクソンとの闘いが「記憶の社会学」の「準備」のためだけになされているのではなく、それ自体として思想的な意味を有していたことを示している。

とはいえ、ベルクソンに対してアルヴァックスは、異なる立場をとって外部から批判するという単純な関係をとっていたわけではない。若き日に心酔した「師」の思想に対する挑戦は、自分自身の身に刻まれた思考の様式を剝ぎ取っていくような、自己相対化の一面を伴っている。本書の前半部分の記述が読み取りにくいのは、ベルクソンに寄り添いつつ思考を進めながら、結論でベルクソンの枠組みを否定するという、厄介な批判的企てとして進められているからだと思われる。

実際、一切の枠組みによる再構成から完全に独立した「記憶＝イメージ」の実在については徹底した否定を試みながら、たとえば、過去のイメージを継続的に想起し続けながら時間的な持続を生きる存在としての人間像は、ベルクソンから受け継がれ、守られている。アルヴァックスは、単純に合理主義的で進歩主義的な立場をとって記憶や伝統への回帰を批判しているのではないし、思い出を現在時の社会的状況に応じた構築物にすぎないものと見ているわけでもない。アルヴァックスの記憶論には「現在主義的」で「構築主義的」な一面があるものの、すでに指摘されているように（金瑛「アルヴァックスの集合的記憶論における過去の実在性」、ソシオロゴス編集委員会編「ソシオロゴス」第三十四号、ソシオロゴス編集委員会、二〇一〇年）、その構築を可能にしている「枠組み」それ自体が記憶によって、また記憶として形作られているのであり、人々が過去を想起するという営みは、過去とのつながりのうえにこそ可能になるという認識がある。アルヴァックスが「過去の実在性」をどう考えていたのかについてはさまざまな解釈がありうるだろうが、少なくとも、社会生活のなかで思い出を呼び起こすという振る舞いが、記憶の持続性のうえに可能になると見ていたことは疑いえない。その意味で、記憶が記憶を生み出し続ける過程こそが重視されていたと言える。

したがって、アルヴァックスが「進歩」と「合理性」を重んじる社会理論家であったとしても、それは「伝統」や「記憶」の重みを軽視するものではない。むしろ、記憶こそが社会集団の生命力の源泉であり、持続の根拠であり、人々を「社会的存在」たらしめる条件でもあるのだ。

労働者の生活条件

記憶が社会を支え、社会が記憶を再生産する。その循環的な過程こそ、社会的存在としての人間が十全な人間性をもって生きるための条件である。その認識は、近代産業社会の階級的編成に対する批判の根幹に関わるものである。アルヴァックスの階級論と記憶論の関係については系統的な検討が求められるところであり、ここではその一端を示すことしかできないが、記憶の社会学の生成文脈を考えるうえで、労働者階級の生活条件に関する考察を無視することはできない。

ここで、アルヴァックスが一九二〇年に「哲学雑誌」に発表した論文「物質と社会」を参照してみよう。いかなる社会も、物質的世界（自然）との接触から自由ではないという命題から、この論考は出発する。「人々は物質にはたらきかけ」、「人間の組織と非有機的な物のあいだには、作用と反作用のはたらきがあり」、「人間は物質的なものから利益を引き出し、社会は自然に対して少しずつ適応していく」（Maurice Halbwachs, “Matière et Société,” *Revue philosophique*, 90, 1920, p.59.）。これは、歴史を通じて変わることがない基本的な条件である。しかし近代の産業社会は、「物質へのはたらきかけ」をもっぱらとし、その他の社会的思考の流れから切り離されてしまう特異な一階級を生み出すにいたった。これが「労働者階級」である。この階級の人々は、職務の遂行において「物質に向かわねばならず」、それは同時に「社会の外に退出する」（ibid., p.64.）ことにほかならない。そこでは、物質的な対象との関係が、労働者の関心のすべてを覆い尽くし、それは、人々がともに考え、ともに感じるなかで作り上げてきた「思考」の流れから、その人間を切断する。「物質に向かって労働する者たちにとっては、事物のイメージは相互に結び付き、それによって、意識の残りの部分から切り離され、孤立したシステムを形成し、そこには、物質の自己に対するはたらきかけと、自己の物質に対するはたらきかけの表象しか関わらない」(ibid., p.63)。したがって、労働者の生活は、物質のある側面との持続的な接触に限定され、その意識は「人々の意識のあいだに還流する流れの外に置かれ」、個人は「孤立的で縮小した存在」と化し、「断片化した、不連続な無機的世界にだけ関わる」(ibid., p.64.) ものとなる。こうして「労働者」とは「社会から切り離される形で、物質に向き合うことを強いられる人々の集合」(ibid., p.79.) である。彼らが、その労働で熟練していくとしても、それは、彼らの姿を捉え、承認する人々のまなざしの外部に置かれているのであって、労働の正統性や人格的価値を保証するしるしは、いつまでたっても与えられることはない。

アルヴァックスはここで、カール・マルクスのそれとは別の形で、労働者階級の「疎外状況」を捉えようとしていると言えるだろう。すなわち、自然と向き合ってこれにはたらきかける「人間本性」の発現が妨げられているのではなく、どれほど自然(物質的世界)にはたらきかけ、そこから人間にとって有用なものを生産することができても、労働者の生活はもっぱら「物」との関わりのなかに封じ込められ、集合的なもの(共同の意識、言葉、精神)から切り離されているために、社会的な意味づけや承認のシステムの外部に放置されてしまう。その意味で、労働者とは「社会」から疎外された者、なのである。

本書の第7章を中心に展開された「社会階級の伝統」に関する考察は、労働者階級の没社会性に関するこの批判的認識とセットで読むことができる。それは、もっぱら「物質」と向き合っている労働者が、そこから切り離されてしまった「社会」というものの成り立ちを、記憶と伝統という視点から問い直す試みであったと言えるだろう。

本書で論じているのは、主に貴族階級とブルジョア階級を構成する記憶の様相である。貴族の地位を下支えしているのは、その個人や家と系譜的につながる人の過去の偉業や、これまでに積み上げてきた他の家々との関係に関する「思い出」にほかならない。だからこそ「貴族の地位を評価するためには、過去にさかのぼらなければならない」のであり、「貴族の姿」は「過去と現在が密接に重なり合い溶け合っている画布のなかに、複数の貴族の家が見渡され、そのうえに浮かび上がってくる」（本書三〇六ページ）ものなのである。これに対して、ブルジョア階級は、古くからの貴族階級のようには、記憶を資源としてみずからの威信を基礎づけることができない。しかし、それでも、彼らに対する評価の様式は「貴族の判断の仕方を模倣し」、「人々は家族の歴史を想起し、その威信は血筋の古さや婚姻関係など」（本書三二二ページ）によって大きく左右されてきた。たしかに今日では、社会がその成員を評価しようとするときには、職務を遂行するうえでの力量が重視される傾向にある。しかし、職務の担い手の人格的価値は、その技術的能力には還元されず、その前提に想定される資質が問われ続ける。このとき社会は、その人の「家族や社交の場での生活についても評価し」て、資質を見極める。その評価の枠組みは時代とともに推移し、新しく台頭した階級は伝統の拘束力に対する抵抗や攻撃を示すものである。しかし、階級の文化として構成される思考や行動の様式は、まったく過去をもたないものではありえない。人々が、営利的目的だけを重視し、合理性だけに頼って、伝統を軽んじているように見えるときでも、その行動様式は、隣接する社会のなかで培われ、他の集団の伝統としてすでに存在していたものなのである。こうして、「現時点の社会状態と最も新しい欲求や生産様式」にばかり関心を向けているように思われる「進歩的な階級」もまた、過去に立脚し、集合的記憶の介在のうえに日々の活動をおこなっている。彼らの経済活動と職業労働はすべて「人間同士の世界のなかでおこなわれていて、原則的に人と人との関係の機会となっている」（本書三一九ページ）。そして、職業生活を支える思考様式は、職場の外にある家族や社交の場との往復のなかで養われる。そのようにして、階級の文化は、伝統と記憶の土台のうえに築かれていく。

しかし、労働者階級だけは、このような伝統とのつながりを断ち切られている。「労働者階級をそれ以外の集団から区別しているのは、産業労働者が仕事の場で、人間ではなく物と接触しているという点にある」（本書三一九ページ）。しかも、「日常生活の二つの部分」（工場とその外にある社会）が特異な形で分断され、社会的思考が労働の場に流れ込むことがなく、逆に「もっぱら物質的素材と接触することによってもたらされる思考の習慣、または考えない習慣が、工房の外で労働者が過ごす社会の領域に流れ込んでくる」（本書三二〇ページ）。人間と人間のあいだではなく、人間と物のあいだに労働が限定され、その労働の世界が「社会的思考」の影響を断ち切る形で自立する。それは、彼らの生活が他の諸階級を支えていたような集合的記憶とのつながりのなかに置かれていないことを意味する。労働者とは、記憶から疎外された者のことなのである（ちなみにナメールは、本書の冒頭に描かれた幼い頃の記憶を失った「奴隷」の少女の逸話を、記憶なき階級としての労働者の寓意と解釈している）。

そのように考えるならば、本書では明示的に語られていないものの、記憶の社会性の探究は、どのようにしてすべての階級の生活に、人と人とのつながりのしるしでもある記憶の共同性を回復するか、という課題に応えようとするものだった。「記憶」（過去へのまなざし）と「合理性」（現在へのまなざし）を切り離して、技術的に労働生活を管理編成しようとする思考に抗して、伝統に根ざし、人々の日々の関わりによって更新されていく評価の体系に、その職務を埋め込んでいくこと。そこに、アルヴァックスなりの「人間性回復」のプログラムがあったと言えるだろう。

シャルル・ブロンデルとの競合関係

このように、歴史・社会的状況に対する批判的認識が、記憶の社会学という企てを浮上させたと見ることができる。だが、研究実践は同時に研究者（知識人）相互の関係に媒介され、具体化していくものでもある。アルヴァックスが参入した「知的場（champ intellectuel）」の構造や人的ネットワークについての探究も、社会学史の文脈では大きな課題の一つとしてある。その一端としてここでは、ジョン・クレイグやローラン・ミュシエリの研究を参照しながら、心理学者シャルル・ブロンデルとの競合関係に触れておこう。既述のようにアルヴァックスは一九一九年に、フランス領に返還されたばかりのストラスブール大学に赴任するのだが、同じ年に、ブロンデルもまた同大学の教員に任命されている。二人はパリの高等師範学校時代からの知り合いで、非常に親密だったわけではないが、ストラスブール時代には一定の交流があったことが知られている。クレイグによれば、ストラスブール大学には、ディシプリンを異にする複数の研究者が共同的な実践を進める試みがなされていて、たとえば、毎週「土曜日の集まり」としてフォーラムが開催されていた。こうした知的環境にあって、アルヴァックスは哲学者や歴史学者らとの交流を重ねていて、そのネットワークのなかにブロンデルも存在していたのである(John E. Craig, "Maurice Halbwachs à Strasbourg," *Revue française de sociologie*, 20(1), 1979.)。

実際、『記憶の社会的枠組み』には色濃くブロンデルの影響が及んでいて、アルヴァックスのフロイト理解がブロンデルの著作『精神分析』(一九二四年)によって支えられていることも、本書のなかに書き記されている。ブロンデルは、アルヴァックスと同世代のノルマリアン(高等師範学校卒業生)で、彼もまた、ベルクソンとデュルケムの双方に多くを学びながら「集合心理学(psychologie collective)」の体系化を図っている。彼が、『集合心理学序説』を刊行するのは、『記憶の社会的枠組み』の翌年、一九二六年のことだった。

両者の並走と競合は、たまたま同じ職場に身を置いた二個人間の関係史にはとどまらない。社会学を「ひとつの集合心理学」として規定したデュルケムとその継承者たちは、同時代の心理学に強い関心を向け、社会的なものの影響を強調することで、伝統的な心理学への批判を展開していた。他方、十九世紀の終わりに心理学の制度化に貢献したテオデュール・リボーと彼に続く心理学者たちは、これに刺激されながら、「個人心理」と「集合心理」の関係についての議論を洗練させようとしていた。一九二〇年代は、社会学と心理学の接近と競合が、ある種の熱を帯びて進められていた時代である。アルヴァックスとブロンデルの関係も、その時代の物語の一コマとして位置づけることができるし、『記憶の社会的枠組み』での心理学批判は、同時代の論争の場に投じられた言表として読むことができる(Laurent Mucchielli, "Pour une psychologie collective: l'héritage durkheimien d'Halbwachs et sa rivalité avec Blondel durant l'entre-deux-guerres," *Revue d'Histoire des Sciences Humaines*, 1, 1999.)。

では、両者の考え方はどこまで共通の土台に立ち、どこから袂を分かっているのだろうか。『集合心理学序説』を読むかぎり、ブロンデルの心理学にはデュルケムからの強い影響が感じられ、社会学から見てまったく異質な思考が展開されているという印象を与えるものではない。たとえば、この著作の結論を先取り的に要約した一節で、ブロンデルは次のように述べている。「個々の人間は、常に、またいたるところで、深く社会化されている。常に個人意識のうちに閉ざされていながらも、心理現象はすべて集合的なものの寄与を伴っている。したがって、集合心理学は、心理学の基本的な一分野である。通常一般心理学によって扱われている知的・感情的・意志的生活に関する問いのほとんどは、全面的にであれ部分的にであれ、集合心理学の領域に属している」(Charles Blondel, *Introduction à la psychologie collective*, Librairie Armand Colin, 1928, p.3-4.)。また、この著作には「記憶」に捧げられた一章があり、そこでは『記憶の社会的枠組み』がたびたび参照されている。純粋に個人的な記憶だけでは、人々は一貫性と持続性をもった思い出を呼び起こしえない。想起が可能であるには、集団によって共有される日付や暦のような「時系列システム」や、集団が共有している歴史的事実、日常生活を組織化する経験的図式が必要であるとブロンデルは言う。それは、「社会的枠組み」なしにはいかなる想起もなされえないとしたアルヴァックスの主張を再確認するものである。「実際に、思い出すためには、自分がいま所属しているか過去に所属していた集団に共有された概念や事実認識から、その集団によって確立され支えられている経験的枠組みから出発し、この社会的枠組みのなかで、集合的認識や概念の独自の結び付きを生み出しつつ、かつての自分の姿、かつて見たものやおこなったことを再発見していかなければならないのである」(*ibid.*, p.133.)。このようにブロンデルは、記憶は社会的に構成されていくというアルヴァックスのテーゼを承認することで、記憶を集合心理学の主要テーマとして位置づけていく。そのかぎりでは、両者の考え方は並走的で相互支持的である。

しかし、まったくの留保なしにアルヴァックスの主張が受け入れられたわけではない。ブロンデルは、記憶の再構成が社会生活の外部では実現しえないことを認めたうえで、さらに残されるであろう問題を指摘している。まず、想起を可能にする複数の「枠組み」が存在するなかで、なぜ個人は一つの像を自発的に選び取ることができるのだろうか。また、人々は、個人的な生活史の文脈のなかにだけ位置づけられるような一定数の思い出を有している。たしかに、その思い出を明確に位置づけるためには、日付や集合的概念枠組みの助けを借りなければならないのだが、そもそも何がその再構成をうながす「起点」になったのだろうか。こうした問いかけから、ブロンデルは、記憶の枠組みの作動に先立つ「感覚的直観」の役割を指摘し、それは「完全に個人的」な性格をもつものだと位置づける。思い出が十分に組織化された像として構成されるためには「社会的枠組み」のはたらきが必要だとしても、想起の営みのすべてが「集合的なもの」に還元されるわけではない。ここに、ブロンデルとアルヴァックスを分かつ一線がある。

たしかに、個人心理のなかに観察される事象のすべてが集合的なものとの関わりを避けられないということと、心理的現象はすべて社会的なものであるということとのあいだには、かなり大きな隔たりがある。純粋に個人的な記憶の存在を否定し、すべての想起は「社会的枠組み」の媒介なしには成立しないというアルヴァックスの論は、ブロンデルの目にはいささか過剰なものに見えたようで、彼はそれを「社会学帝国主義」「汎社会学主義」として批判している（Mucchielli, op.cit., p.116.）。

このように、『記憶の社会的枠組み』と『集合心理学序説』の刊行は、両者の思考の近接性と相反性を同時に明らかにすることになった。アルヴァックスとブロンデルは、お互いをライバルと見なして、心理学と社会学の境界設定、あるいは覇権争いを演じた、と言っていいだろう。そして、ミュシエリによれば、二人の論争はこのあと、「自殺の原因」に関する「社会的なもの」と「個人的なもの」の位置づけの問題へと引き継がれていくことになる。

いずれにしても、こうした競合関係のなかで、同時代の近接的な学問領域から、さまざまな知的潮流が、アルヴァックスの思考のうちに呼び込まれていく。たとえば、本書で論じられた夢と記憶に関する研究（バトラーやフロイトなど）や、失語症に関する研究（ブローカ、ウェルニッケ、マリー、ヘッドなど）。十九世紀後半から戦間期にいたる諸科学の競合状態のなかで、アルヴァックスはどのような理論的立場を選択していったのか。その「立場取得」の過程を「知的生産の場」の構造のうちに位置づけていく作業は、「社会学」という学の歴史的構成と展開を考えるうえでも、興味深い研究課題である。

4　アルヴァックス再発見・再評価の文脈

すべての理論的思考は、それぞれの時代の歴史・社会的な状況のなかから生まれる。正確な理解のためには、可能なかぎりその成立文脈を再構成し、間テクスト的な関係のなかに原著を位置づけなければならない。とはいえ、古典理論に対する関心は、その歴史的過去への興味だけから生まれるわけではない。アルヴァックスが本書で主張したように、私たちが過去を想起するのは、現在の社会生活に対して有意な関係性が見いだされるからにほかならない。では、すでに一世紀近く前に刊行されたアルヴァックスの著作をいま読み直すことにどのような意味があるのだろうか。

ここでまず確認しておくべきは、フランスでも近年アルヴァックスの再発見、再評価の動きが起こり、一九九〇年代から二〇〇〇年代にかけて、その成果が続々と産出されてきたことである。

クリスチャン・ボードロとロジェ・エスタブレの『モーリス・アルヴァックス――消費と社会』の刊行が一九九四年。「人間科学史雑誌」がその創刊号で「モーリス・アルヴァックスとその時代の人間諸科学」という特集を組んだのが九九年。アルヴァックスが家族（妻や姉妹）と交わした書簡を中心的な資料として、「世界大戦」の時代を生きた知識人の軌跡を描いた、アネット・ベッカーの伝記的著作『モーリス・アルヴァックス――世界大戦期の一知識人　一九一四―一九四五』は二〇〇三年。この社会学者の仕事の全貌を簡潔にまとめたジル・モンティニーの『モーリス・アルヴァックス――生涯・仕事・概念』の刊行が〇五年。マリー・ジェソンとクリスチャン・ボードロの編による論文集『モーリス・アルヴァックス、再発見された社会学者』と、ブルーノ・ペギニョの編による『モーリス・アルヴァックス――時間、記憶、感情』がともに〇七年の刊行である。もちろんそれ以前から、アルヴァックス自身の著作・論文の編集と刊行は継続的になされてきた。たとえば、『労働者階級と生活水準』（原著：一九一二年）は、一九七〇年に再版されている。ヴィクトール・カラディの編集による論文集『社会階級と形態学』の刊行は一九七二年。本書『記憶の社会的枠組み』も、七五年にムートン社から新しい版が刊行されている。しかし、研究文脈での再読の動きは世紀の転換点を挟む二十年間に顕著である。こうした「再発見」の文脈を読み解いていく作業はこれからの課題だが、一連の著作や論文を概観してみると、フランスでは記憶論の文脈に限定せず、アルヴァックスの研究業績の多面性や隣接科学（心理学・哲学・経済学）との境界性が着目され、統計的技法も含めた方法論上の貢献を評価する傾向があることがわかる。個別科学（ディシプリン）が強く分立的に制度化される以前の時代に、人間と社会の学を構想し、実現していった一科学者としてのアルヴァックス。その思考の流れをたどり直すことで、人文・社会科学（者）の社会的な役割や位置取りを問い直そうとする志向性があるように思われるのである。

日本でも、特に二〇〇〇年代に入ってから、アルヴァックスに関する研究が少なからず刊行され、ささやかな再評価の機運が見られる。ただし、これまでのところ、記憶研究の枠組みのなかでの言及が圧倒的に多数である。私（訳者）もまた記憶という現象への関心からアルヴァックスに接近している読み手の一人であるので批判的なことを言える立場にはないのだが、アルヴァックス研究という文脈を想定するならば、もう少しバランスよく、他の研究領域にも目を配るべきではないかと思う。自戒の意も込めて、これもまた今後の課題としたい。

とはいえ、「記憶」という主題に対する関心の高まりが、アルヴァックスの読み直しをうながしていることは、紛れもない事実である。周知のように日本でも、第二次世界大戦（アジア・太平洋戦争）の終結から長い年月を経て、戦場の実体験者が姿を消していく一方で、冷戦の時代が終結し「記憶の五五年体制」とも呼びうる強い「枠組み」が消失していくなかで、過去の争いと災いをいかに想起し表象していくのかが、重要な政治的係争の焦点に浮上するようになった。それはまた、メディア環境の急速な変容によって、記憶と記録をめぐる技術的条件が根本から変質していく時代でもあった。そのなかで、度重なる大規模な自然災害や暴力的紛争や原発事故などをいかに記憶し、次の世代へと継承していくのかという課題が、立て続けに浮上している。個人の心理過程においても、過去の外傷的な経験をどのように受け止め、その後の生を生き延びていくのかという臨床的課題が、顕著な時代性を帯びたものとして語られるようになった。私たちは、いま新たに「記憶の危機」の時代を生きていると言っていいだろう。

この状況に、社会学の視点から対峙しようとするとき、アルヴァックスが残した著作は、単に「古典的理論」や「概念」の源泉であるというだけでなく、その思考の危うさをも含めて、「論点」を提示する力を備えている。一面でアルヴァックスは、私たちが集合的記憶を失うことなく、歴史的持続を生きることによってだけ「社会的存在」としての尊厳を保ちうると教える。しかし、同時に彼の理論は、私たちが準拠すべき過去は、現在の視点から再構成されることによってだけ現出しうることを示す。「過去」に生かされながら、「過去」を産出し続ける存在としての人間。そして、その過去とのつながり〈記憶〉は、「集団」ごとに異質な枠組みに依存するがゆえに、人々を互いに結び付けるとはかぎらず、むしろ容易には乗り越えがたい対立の源泉となる。集団の数だけ、枠組みの数だけ、記憶は成立する。そこに現出する多数の「過去」は、容易に収斂するポイントをもてない。こうして見ると、アルヴァックスの社会学は、社会の統合や連帯の可能性を語るというよりも、その拡散と対立を説明するモデルを提供するようにも思われる。しかし、こうした理論内在的な「問い」を抱えているからこそ、そのテクストは、現在の状況を思考するための媒体となりうる。『記憶の社会的枠組み』をいま読み直す一つの理由は、そのあたりにあるのではないだろうか。

また、訳者の個人的な関心の流れで言えば、アルヴァックスの記憶論は、個人存在の「複数性」を考えるための理論的源泉でもある。ピエール・ブルデューの社会学を批判的に継承しようとしているベルナール・ライールは、『複数的人間』(一九九八年)のなかで繰り返しアルヴァックスに言及している。それは、アルヴァックスの「記憶の社会的枠組み」という概念が、文脈依存的で可変的な、したがってまた複数的な「想起」の可能性を捉えることを可能にしてくれるからである。ブルデューのハビトゥス概念が、過去の経験を通じて形作られる「図式」を、単一の持続的な性向システムと見なすのに対し、ライールは、現在の行為の文脈の種差性に応じて、自己の身体のうちにストックされた複数のレパートリーのなかから、そのつど適合的な図式を選択的に呼び起こすのだと主張する。人は、現在の社会的文脈に応じて、そのつど異なる記憶を呼び起こすことができる。この「複数的」な想起の可能性を示唆しているのが、「記憶の社会的枠組み」という考え方なのである。

私たちは過去とのつながりを生きている。それは過去に拘束され、制約されるということでもある。しかし、「私」にとっての過去は単一の揺らぎない「履歴」としてあるのではなく、現在の社会生活の文脈に応じて可変的である。現在と過去との相互依存性をふまえながら、時間的持続を生きる人間を記述するモデルとしての、アルヴァックス社会学。そこに、一つの理論的展開の可能性が見えてくるのではないだろうか。

いずれにしても、アルヴァックスが残した膨大なテクストは、多様な可能性を秘めながら、未開拓の鉱脈として私たちのもとに残されている。本書の刊行が、その掘り起こしの動きを後押しする一つの契機となれば幸いである。

*

最後に、本書の訳出にいたった経緯について、付記したい。

大学院時代に、エミール・デュルケムの社会学理論についての修士論文を書いたあと、博士課程に進学したものの、正直なところ何を研究すればいいのか、まったくわからなくなってしまった時期があった。いろいろなテーマに手を出して、すぐに投げ出してしまう悪癖はその時期に形作られたように思うのだが、「理論」や「学説」の研究を続けるのであれば、次はアルヴァックスを読もうという思いがあった。実際、少しだけ読みかじって、未熟な報告をしたこともある。しかし、その課題に専心するだけの勇気がもてず、作業は途中で頓挫してしまった。

それでも、記憶論への関心がいくつかの文脈で高まってきたこともあって、いつかはアルヴァックスを読み直そうと、心の隅で思っていた。そんな気持ちから、自分なりに本書の訳文を作り始めたのは、二〇〇七年頃だったと記憶している。それから十年以上がたって、訳書の刊行にまでたどり着けたのは本当にうれしいことである。
しかし、先にも述べたように、これほど大変な翻訳は初めての経験で、いまでも、身の丈に合わない仕事をしているという思いがある。私なりに最善を尽くしたつもりではあるが、訳書として許される水準に達しているかどうか。読者のご判断を待つしかない。そのような状態でも、なんとか最後までたどり着くことができたのは、ひとえに青弓社の矢野未知生さんの、粘り強い支援のおかげである。心からの感謝を表したい。ありがとうございました。

鈴木智之

事項索引

人名索引

［著者略歴］
モーリス・アルヴァックス（Maurice Halbwachs）
1877年生まれ、1945年没。フランスの社会学者。デュルケム学派第2世代の中心的存在の一人として、社会階級論、記憶論、社会形態学、集合心理学など多岐にわたる領域で研究をおこなった。ストラスブール大学、ソルボンヌ大学、コレージュ・ド・フランスの教授を歴任するが、1944年、ナチスドイツに捕らえられ、45年にブーヘンヴァルト収容所で病死する。著書に『労働者階級と生活水準』『自殺の諸原因』『社会形態学』『聖地における福音書の伝説的地誌』など、邦訳書に『社会階級の心理学』（誠信書房）、『集合的記憶』（行路社）がある

［訳者略歴］
鈴木智之（すずき ともゆき）
1962年、東京都生まれ
法政大学社会学部教授
専攻は理論社会学、文化社会学
著書に『村上春樹と物語の条件』『「心の闇」と動機の語彙』『顔の剝奪』（いずれも青弓社）、『眼の奥に突き立てられた言葉の銛』（晶文社）、共編著に『失われざる十年の記憶』（青弓社）、『ケアとサポートの社会学』、訳書にベルナール・ライール『複数的人間』、ジャック・デュボア『現実を語る小説家たち』、クレール・マラン『熱のない人間』（いずれも法政大学出版局）、アーサー・W・フランク『傷ついた物語の語り手』（ゆみる出版）、共訳書にジグムント・バウマン『個人化社会』（青弓社）など

ソシオロジー選書5

記憶《きおく》の社会的枠組《しゃかいてきわくぐ》み

発行 ―――― 2018年11月27日　第1刷
2020年 8 月31日　第2刷

定価 ―――― 4800円＋税

著者 ―――― モーリス・アルヴァックス

訳者 ―――― 鈴木智之

発行者 ――― 矢野恵二

発行所 ――― 株式会社青弓社
〒162-0801 東京都新宿区山吹町337
電話 03-3268-0381（代）
http://www.seikyusha.co.jp

印刷所 ――― 三松堂

製本所 ――― 三松堂

ISBN978-4-7872-3443-8 C0336